Enriquecimento sem Causa

Enriquecimento sem Causa

E O ENRIQUECIMENTO POR INTERVENÇÃO

2021

Renato Duarte Franco de Moraes

ALMEDINA

ENRIQUECIMENTO SEM CAUSA
E O ENRIQUECIMENTO POR INTERVENÇÃO
© Almedina, 2021

Autor: Renato Duarte Franco de Moraes

Diretor Almedina Brasil: Rodrigo Mentz
Editora Jurídica: Manuella Santos de Castro
Editor de Desenvolvimento: Aurélio Cesar Nogueira
Assistentes Editoriais: Isabela Leite e Larissa Nogueira

Diagramação: Almedina
Design de Capa: Roberta Bassanetto

ISBN: 9786556272016
Abril, 2021

Dados Internacionais de Catalogação na Publicação (CIP)
(Câmara Brasileira do Livro, SP, Brasil)

Moraes, Renato Duarte Franco de
Enriquecimento sem causa: e o enriquecimento por intervenção /
Renato Duarte Franco de Moraes. – 1. ed. – São Paulo:
Almedina, 2021

Bibliografia.

ISBN 978-65-5627-201-6

Índice:
1. Direito civil 2. Direito civil – Brasil 3. Enriquecimento sem causa
4. Enriquecimento sem causa – Leis e legislação – Brasil 5. Gestão de negócios
6. Responsabilidade civil I. Título.

21-55708 CDU-347.551

Índices para catálogo sistemático:

1. Enriquecimento sem causa: Direito civil 347.551

Maria Alice Ferreira – Bibliotecária – CRB-8/7964

Este livro segue as regras do novo Acordo Ortográfico da Língua Portuguesa (1990).

Editora: Almedina Brasil
Rua José Maria Lisboa, 860, Conj. 131 e 132, Jardim Paulista | 01423-001 São Paulo | Brasil
editora@almedina.com.br
www.almedina.com.br

AGRADECIMENTOS

Escrever uma tese é uma jornada de crescimento e perseverança, e foram muitos os que me acompanharam e me ajudaram nesse longo caminho. Minha mulher, Sabrina, e meus filhos, Eduardo e Fernando, foram únicos nesse projeto. Ela, pelo companheirismo, pela dedicação à nossa família e pela renúncia a tantas coisas em exercício de irrestrito altruísmo. Eles, pela alegria incessante e pelo amor de quem sequer imagina o que um doutorado seja.

O restante da minha família também teve participação essencial no trabalho. Meus pais, Heloisa e Luiz Antonio, que por muitas vezes deixaram de fazer aquilo que queriam, apenas para almoçar comigo nos intervalos de pesquisa. Também foram essenciais minha sempre presente avó, Iaiá, minha irmã, Maria Beatriz, meu cunhado, Francisco, meus sobrinhos, Alice e Antonio, além de meus tios, Luiz e Ana Maria, e dos meus queridos primos, Ana Luisa, Roberto, Guilherme e Paula, sem esquecer jamais dos inesquecíveis Vô Lú, Vó Eva e Vô Nico.

Na parte acadêmica, meu orientador Francisco Marino conseguiu realizar a difícil tarefa de estimular a constante busca pela excelência, sem perder a proximidade de um amigo. Juntamente a ele, a amiga Deborah Nery não apenas dividiu monitorias e provas, mas também compartilhou muitas ideias comigo, sendo importante companheira ao longo da pós-graduação.

Agradeço, ainda, aos meus sócios e amigos de Cascione, Pulino, Boulos Advogados, que deixo de nomear por serem muitos, bem como aos demais colegas que me acompanharam ao longo da vida profissional. Lembro-me, por fim, de outros amigos que estiveram comigo e me apoiaram nesses anos de estudo, destacando os amigos Karina Elias, Deysi, Guilherme Kappáz, Ricardo Costa, Carolina Rodrigues, Walter Sanches, Daniel Tardelli, Mark Kreidel, Renato Jabur, sem esquecer dos corredores Guilherme Ramos, Cristiano Mazza, Antonio Coltro, Marcos Paim, Marcelo Fiuza, Marcos Joaquim e Luizito, que me ajudaram a manter o corpo são para que a mente funcionasse melhor.

Todos esses – e tantos outros – foram parte fundamental desta tese e merecem minha total gratidão.

PREFÁCIO

Por conta de uma viagem ao exterior, Tício fecha a sua casa, não sem antes recusar propostas de locação. Pouco após a sua partida, Caio ocupa o imóvel e o aluga para terceiros. Antes do regresso de Tício, Caio restitui a casa ao estado em que se encontrava, de modo que Tício não sofre prejuízo algum ao retornar da viagem. Esta hipótese, formulada há mais de sessenta anos, inicia a obra do genial Rodolfo Sacco (*L'arricchimento ottenuto mediante fato ingiusto. Contributo alla teoria della responsabilità estracontrattuale*, Torino, UTET, 1959) dedicada ao estudo do sentido e do alcance, no direito italiano, das regras da restituição do enriquecimento.

Caso muito semelhante ilustrava as aulas de meu saudoso mestre, Antonio Junqueira de Azevedo. Na versão junqueiriana, não se tratava de uma vila italiana, mas de um terreno em Barretos, usurpado com o objetivo de convertê-lo em estacionamento durante os dias da tradicional Festa do Peão. Conservavam-se, entretanto, as demais variáveis: vantagem patrimonial obtida com a usurpação do imóvel e ausência de prejuízo por parte do seu titular.

Naturalmente, os exemplos podem se diversificar e se sofisticar. Ao invés de um imóvel ocupado sem o conhecimento do seu proprietário, pense-se na utilização indevida do nome, da imagem, da voz, de uma obra intelectual protegida, de uma marca ou de uma patente, conduzindo ao enriquecimento do usurpador sem, necessariamente, gerar prejuízo ao respectivo titular, que pode até mesmo vir a colher um benefício a partir da exposição, ao público, do atributo violado. A solução se torna mais complexa quando se distingue a boa-fé ou a má-fé do interventor.

Considere-se, ainda, o eventual dispêndio de esforços pessoais ou mesmo de recursos por parte do usurpador, a compor a equação do objeto da restituição.

Esses são, em grossas linhas, os casos subjacentes à tese de doutoramento de Renato Duarte Franco de Moraes, ora dada ao público. Brilhantemente defendida na Universidade de São Paulo em junho de 2020, perante rigorosa banca – composta pelos Professores João Alberto Schützer Del Nero, Marco Fabio Morsello, Gisela Sampaio da Cruz Costa Guedes, Giovanni Ettore Nanni e Cláudio Fortunato Michelon Junior –, que a aprovou por unanimidade e a recomendou para publicação, a tese de Renato Moraes contribui para o preenchimento de uma lacuna na literatura jurídica nacional.

De fato, a despeito de importantes monografias tendo por objeto o enriquecimento sem causa em geral (dentre as quais podem ser lembradas, em ordem cronológica, as de José do Valle Ferreira, Pedro Paes, Giovanni Ettore Nanni, Cláudio Michelon Jr. e Rodrigo da Guia Silva), o enquadramento dogmático do enriquecimento por intervenção foi objeto, somente, da obra de Sérgio Savi (*Responsabilidade civil e enriquecimento sem causa. O lucro da intervenção*, São Paulo, Atlas, 2012).

Para além de sua importância prática, a tese de Renato Moraes traz importante análise teórica, que se desdobra em dois planos: (i) construção do enriquecimento sem causa e dos seus requisitos em geral e (ii) análise do enriquecimento por intervenção em direitos alheios, compreendendo, notadamente, o exame das teorias que buscam justificar a figura e do objeto da restituição. Nesse ponto, vale exaltar a profundidade e precisão com que o autor enfrentou questões árduas, tais como, a título de exemplo, a discussão sobre se a ilicitude da intervenção se presta a fundamentar a obrigação de restituir, ou se, ao revés, a teoria do conteúdo da destinação oferece resposta dogmática preferível.

Tive o privilégio de orientar o Renato durante o seu doutorado, acompanhando com satisfação o nascimento e a consolidação do seu trabalho. Resta-me, agora, recomendar com orgulho a leitura de sua obra, verdadeira tese que honra as melhores tradições da Academia.

FRANCISCO PAULO DE CRESCENZO MARINO
Professor Associado da Faculdade de Direito da Universidade de São Paulo

SUMÁRIO

INTRODUÇÃO

A constante busca pela riqueza integra a natureza humana. Por mais que exista reprovação moral à cobiça excessiva, o exercício moderado da ambição é aceitável, decorre da autonomia da vontade, e é considerado, inclusive, importante para proporcionar a geração de riquezas no sistema de produção capitalista.

A questão consiste em definir o limite para o enriquecimento aceitável e aquele reprovável. Dentre os adágios jurídicos, um dos mais conhecidos é o clássico *Juris praecepta sunt haec: honeste vivere, alterum non laedere, suum cuique tribuere*. Trata-se de ensinamento de autoria do jurisconsulto Ulpiano, cuja tradução livre é "Tais são os preceitos do direito: viver honestamente, não ofender ninguém, dar a cada um o que lhe pertence"[1]. Tamanha a importância dessa passagem que, para Moitinho de Almeida, o *alterum non laedere* e o *suum cuique tribuere* consistem em princípios de direito natural[2].

A interpretação do excerto de Ulpiano indica que a conduta de "viver honestamente" deve ocorrer de duas formas diversas e complementares entre si: a omissão quanto à prática de condutas ofensivas aos outros, de um lado, e a atribuição a cada um daquilo que lhe é de direito, de outro.

O enriquecimento por intervenção reflete bem esses dois parâmetros. Antes de qualificar esse conceito como instituto jurídico, é necessário compreendê-lo como hipótese fática, consistente em situação na qual

[1] D. 1.1.10.1.

[2] ALMEIDA, L. P. Moitinho de. *Enriquecimento sem causa*. 2ª ed., Coimbra: Almedina, 1998, p. 11.

determinado sujeito se beneficia a partir da intervenção realizada sobre direito alheio. Essa premissa é essencial, pois a primeira das investigações realizadas ao longo do presente trabalho consiste justamente em definir como esse tipo fático deve ser enquadrado juridicamente, à luz das diversas qualificações jurídicas que lhe são potencialmente aplicáveis.

Tanto em sede doutrinária, quanto no âmbito jurisprudencial, diversos precedentes utilizaram institutos como a responsabilidade civil, a gestão de negócios, o enriquecimento sem causa, e chegam a mencionar até mesmo os institutos anglo-saxões do *restitutionary damages* e do *account and disgorgement of profits*, para lidar com o enriquecimento por intervenção. Cada um desses conceitos possui peculiaridades e limitações, devendo-se definir qual deles se revela compatível e apropriado para regular hipóteses de benefício originado da intervenção sobre direitos alheios.

A partir da análise realizada nesse capítulo, verifica-se que o enriquecimento sem causa consiste no instituto mais adequado para lidar com hipóteses fáticas de benefício gerado pela intervenção. Por essa razão, ingressa-se nas bases teóricas desse instituto, analisando-se sua estrutura conceitual e todas as características e controvérsias que lhe são inerentes. Afinal, o enriquecimento por intervenção apenas pode ser compreendido a partir do enriquecimento sem causa. Mais especificamente, o exame da tese parte do exame de análise histórica e do direito estrangeiro, recaindo posteriormente sobre as teorias do enriquecimento sem causa e na análise (i) do enriquecimento; (ii) da justa causa; (iii) da imediação; e (iv) da subsidiariedade.

O enfoque do trabalho se volta, então, para as características e limitações particulares do enriquecimento por intervenção. É fundamental analisar se – e em que medida – a intervenção sobre qualquer direito confere margem para o enriquecimento por intervenção, ou se apenas direitos como determinadas características se submetem a esse modelo. Identificar as modalidades de direitos sujeitas ao enriquecimento por intervenção significa compreender a essência desse instituto.

Também é relevante analisar a destinação do aumento patrimonial, principalmente considerando que houve a violação do direito do titular, mas que a iniciativa do interventor contribuiu para a obtenção do benefício. Parte-se, em suma, da violação de direito, para se definir qual o sujeito legitimado para receber o benefício dela originado. Existe verdadeira dialética entre o direito do titular e a iniciativa do interventor, pois, se é inaceitável atribuir a integralidade do enriquecimento àquele que interveio sobre direito alheio, tampouco parece correto conferir esse benefício ao sujeito cujo único mérito consiste na titularidade do direito, principalmente nas hipóteses nas quais a intervenção foi decisiva para o aumento patrimonial.

Paralelamente, surge outra questão não menos importante, relativa à importância da boa-fé das partes. Busca-se compreender os reflexos do estado subjetivo do interventor sobre a destinação dos proventos originados da intervenção, definindo-se se o tratamento conferido ao sujeito que ignora a titularidade do direito alheio deve ser equivalente àquele atribuído ao indivíduo que interfere dolosamente na esfera jurídica de outrem.

A adoção da expressão "enriquecimento por intervenção" no título e ao longo da presente tese decorre das peculiaridades inerentes à hipótese fática sob exame. A utilização de "lucro da intervenção" ou "lucro por intervenção", feita por parcela relevante da doutrina[3], pode conferir ideia

[3] Dentre os autores que utilizam a expressão "lucro da intervenção", incluem-se Sérgio Savi (*Responsabilidade Civil e Enriquecimento sem Causa – o Lucro da Intervenção.* São Paulo: Atlas, 2012), Thiago Lins (*O lucro da intervenção e o direito à imagem.* Rio de Janeiro: Lumen Juris, 2016), Carlos Nelson Konder (*Dificuldades de uma abordagem unitária do lucro da intervenção.* In: Revista de Direito Civil Contemporâneo, v. 13/2017, outubro-dezembro/2017, p. 231/248), Anderson Schreiber e Rodrigo da Guia Silva (*Lucro da Intervenção. Perspectivas de qualificação e quantificação.* In: Direito Civil: Estudos | Coletânea do XV Encontro dos Grupos de Pesquisa – IBDCivil, HIRONAKA, Giselda Maria Fernandes Novaes; SANTOS, Romualdo Baptista (coord.) 1ª ed., 2018, p. 175/206). Por sua vez, preferem "enriquecimento por intervenção" Luís Manuel Teles de Menezes Leitão (*O enriquecimento sem causa no Código Civil Brasileiro.* Conferência proferida na II Jornada de Direito Civil, realizada pelo Centro de Estudos Judiciários do Conselho da Justiça Federal, de 17 a 25 de novembro de 2003; *O enriquecimento sem causa no Direito Civil. Estudo dogmático sobre a viabilidade da configuração unitária do instituto, face à contraposição entre as diferentes categorias de enriquecimento sem causa.* Coimbra: Almedina, 2005), António Menezes Cordeiro (MENEZES CORDEIRO, António. *Tratado de Direito Civil.* Direito das Obrigações. Gestão de negócios. Enriquecimento sem causa. Responsabilidade civil. v. VIII. Coimbra: Almedina, 2017). Alguns autores italianos, como Rodolfo Sacco (*L'arricchimento ottenuto mediante fatto ingiusto.* Torino: Editrice Torinense, 1959) e Paolo Gallo (GALLO, Paolo. *Trattato di Diritto Civile. Arricchimento senza causa e quasi contratti*, 2ª ed., Turim: UTET, 2008), utilizam "enriquecimento obtido mediante fato injusto". Júlio Manuel Vieira Gomes segue "lucro ilicitamente obtido através da ingerência na esfera jurídica alheia" (VIEIRA GOMES, Júlio Manuel. *O conceito de enriquecimento, o enriquecimento forçado e os vários paradigmas do enriquecimento sem causa.* Braga: Universidade Católica Portuguesa, 1998), expressão semelhante

equivocada quanto à limitação do objeto da tese somente ao resultado líquido da intervenção, ou seja, àquele montante sobressalente após a dedução de todos as despesas realizadas na atividade desempenhada.

O escopo do trabalho vai além disso, pois se volta ao exame da moldura jurídica aplicável à integralidade dos benefícios originados da intervenção sobre direitos alheios. A distinção é sutil, porém relevante: a noção de enriquecimento reflete melhor o valor bruto do aumento patrimonial, enquanto o conceito de lucro parece se aproximar mais apenas do resultado final da exploração do direito alheio.

àquela utilizada Aline Miranda Valverde Terra e Gisela Sampaio da Cruz, que adotam "lucro ilícito" (*Considerações acerca da exclusão do lucro ilícito do patrimônio do agente ofensor*. In: Revista da Faculdade de Direito da Universidade do Estado do Rio de Janeiro, nº 28, dezembro-2015), embora a primeira das autoras também utilize "enriquecimento por intervenção" (*Privação do uso: dano ou enriquecimento por intervenção*. In: Revista Eletrônica Direito e Política, Programa de Pós-Graduação Stricto Sensu em Ciência Jurídica da UNIVALI, Itajaí, v.9, n.3, 3º quadrimestre de 2014. Disponível em: www.univali.br/direitoepolitica).

1.
A Qualificação Jurídica do Enriquecimento por Intervenção

O propósito deste capítulo consiste em definir o regime jurídico adequado para regular o incremento patrimonial originado da intervenção sobre direitos alheios. Antes de ser um instituto jurídico, o enriquecimento por intervenção é uma hipótese fática, havendo controvérsia sobre sua qualificação e sobre o regime que lhe é aplicável.

Existem, basicamente, quatro possíveis alternativas de enquadramento conceitual de hipóteses fáticas nas quais a intervenção sobre direito alheio proporciona aumento de patrimônio: (i) a responsabilidade civil extracontratual; (ii) a gestão de negócios; (iii) o instituto da escola do *common law* conhecido como *disgorgement*; e (iv) o enriquecimento sem causa.

As peculiaridades de cada ordenamento jurídico podem interferir na definição do regime jurídico aplicável a essas hipóteses fáticas. Ainda assim, é possível definir linhas gerais que indiquem qual desses institutos se revela mais propício para tratar de situações nas quais a intromissão sobre direitos alheios proporciona benefício patrimonial.

1.1. A responsabilidade civil extracontratual

Provavelmente em razão da flexibilidade conceitual que lhe é inerente[4], a responsabilidade civil extracontratual é considerada por muitos como a

[4] Sérgio Savi suscita justamente a flexibilidade da responsabilidade civil como razão de sua utilização para lidar com intervenções sobre direitos alheios (*Responsabilidade civil e enriquecimento sem causa*. São Paulo: Atlas, 2012, p. 65).

alternativa adequada para tratar do enriquecimento proporcionado pela intervenção sobre direitos alheios.

A principal dificuldade em compatibilizar a responsabilidade aquiliana com situações de intervenção sobre direitos alheios decorre, basicamente, do enfoque que a responsabilidade civil possui sobre os prejuízos sofridos pelas vítimas do evento danoso. Em contrapartida, as situações de intromissão sobre direitos normalmente proporcionam benefícios ao infrator, que não se relacionam necessariamente com os prejuízos sofridos pelo titular, e podem inclusive superá-los.

O sujeito que intervém sobre a propriedade alheia, locando-a para terceiro, aufere benefício à custa do patrimônio do proprietário. Todavia, caso o proprietário não demonstre que locaria – ou teria probabilidade razoável de locar – o imóvel a terceiro, inexiste prejuízo decorrente da ação do interventor. Por se voltar essencialmente à reparação do dano sofrido, é duvidoso se a responsabilidade extracontratual é apta a lidar com essa situação e proporcionar reequilíbrio patrimonial entre as partes.

Na tentativa de superar essa dificuldade, e compatibilizar a responsabilidade civil com situações de intervenção sobre direitos alheios, existem as seguintes linhas principais adotadas na esfera doutrinária e jurisprudencial: (i) a indenização é estabelecida a partir do suposto dano sofrido pelo titular do direito, mas o benefício econômico auferido pelo infrator é adotado como parâmetro de quantificação da condenação, conferindo à responsabilidade civil contornos de dissuasão e até mesmo de sanção; (ii) define-se a indenização a partir dos lucros cessantes da vítima, pressupondo-se a utilização lucrativa do direito, caso a intervenção não tivesse ocorrido; (iii) realiza-se a quantificação da indenização a partir de valoração equitativa do julgador; e (iv) qualifica-se a violação do direito como danos morais, definindo-se a indenização a partir desse conceito.

Na Alemanha, a responsabilidade civil foi adotada, durante parcela significativa do século XX, como modelo adequado para tratar de situações que envolvessem a intervenção sobre direitos imateriais alheios. Tradicionalmente, os julgados recorriam ao regime da responsabilidade civil, conferindo indenização pelo prejuízo sofrido, ainda que com base no benefício auferido pelo infrator[5].

[5] MENEZES LEITÃO, Luís Manuel Teles de. *O enriquecimento sem causa no Direito Civil. Estudo dogmático sobre a viabilidade da configuração unitária do instituto, face à contraposição entre as diferentes categorias de enriquecimento sem causa*, p. 694.

Ao mesmo tempo em que recorria à tradicional disciplina da responsabilidade civil aquiliana, a jurisprudência buscava suprir as limitações inerentes a esse regime. No âmbito da violação de direitos imateriais, surgiram três fórmulas diferentes para a quantificação dos danos: (i) pagamento por lucros cessantes, adotando-se como pressuposto os lucros que seriam auferidos pelo curso normal dos fatos; (ii) pagamento de valor correspondente àquilo que seria a contraprestação adequada pelo direito de utilização dos direitos; e (iii) ganhos recebidos pelo infrator em razão do interventor, presumindo-se que esse montante corresponderia ao prejuízo sofrido pelo detentor do direito[6].

Tratando especificamente das violações de direitos autorais, Luís Manuel Teles de Menezes Leitão menciona situações específicas – inclusive anteriores ao Código Civil alemão[7] –, nas quais se determinou a devolução do enriquecimento auferido pela intervenção sobre direitos autorais alheios, com fundamento no regime geral aplicável à responsabilidade civil extracontratual[8].

De forma semelhante, a jurisprudência germânica recorreu à responsabilidade civil para tratar da violação a direitos da personalidade. A predominância dessa disciplina para tratar dos benefícios originados da intervenção sobre direitos é ilustrada no conhecido caso *Paul Dahlke*, julgado na década de 1950. O autor da ação, Paul Dahlke, era ator e consentiu em posar para determinado fotógrafo, realizando ensaio fotográfico com motocicleta, sob a suposição de que o trabalho seria publicado em revista.

O autor da ação se surpreendeu, então, ao descobrir que o fotógrafo havia realizado o mesmo trabalho com outros artistas famosos, que também fingiam conduzir a mesma motocicleta nas fotos tiradas. Tratava-se, na realidade, de campanha publicitária, que era totalmente desconhecida por Paul Dahlke e para a qual o ator jamais havia consentido em ceder sua imagem[9].

[6] *idem*, p. 695.

[7] O autor faz referência a julgado de 8 de junho de 1895.

[8] Luís Manuel Teles de Menezes Leitão faz referência específica à restituição dos ganhos auferidos pela utilização indevida de uma canção (*O enriquecimento sem causa no Direito Civil. Estudo dogmático sobre a viabilidade da configuração unitária do instituto, face à contraposição entre as diferentes categorias de enriquecimento sem causa*, p. 699).

[9] GIGLIO, Francesco. *The foundations of restitution for wrongs*. HART: Portland, 2007, p. 111. Gerhard Dannemann afirma que o tribunal também utilizou o enriquecimento sem causa

Como resultado do ilícito praticado, o tribunal condenou a parte requerida indenização por aquilo que teria recebido, em circunstâncias normais, pelo ensaio fotográfico. A técnica do chamado contrato fictício – que recria o negócio jurídico que seria celebrado entre as partes, caso o ilícito não tivesse ocorrido – se tornou bastante recorrente no âmbito de violações ao direito de imagem, principalmente na esfera do enriquecimento sem causa, por retirar do interventor o enriquecimento originado pela não realização da despesa com a cessão regular da imagem.

A condenação adotou como fundamento supostos lucros cessantes, indicando o apego jurisprudencial à responsabilidade civil. Presumiu-se, em suma, que o autor da ação teria cedido onerosamente sua imagem, caso a intervenção não tivesse ocorrido. Todavia, o tribunal afirmou que eventual pedido baseado no enriquecimento sem causa seria acolhido, indicando que esse regime também possibilitaria que o titular do direito recebesse o valor devido para a campanha publicitária[10].

Em 14 de fevereiro de 1958, o Tribunal Federal de Justiça proferiu outra decisão relevante, ao apreciar caso envolvendo fabricante de medicamentos farmacêuticos, que havia produzido substância para melhorar a atividade sexual masculina, e publicado anúncio utilizando fotografia do autor sobre cavalo, com o intuito de transmitir a imagem de virilidade. Todavia, a imagem do sujeito havia sido obtida em competição de equitação, e sua utilização para fins publicitários não havia sido autorizada.

Diante disso, o autor requereu indenização pelos danos sofridos em decorrência da divulgação indevida da fotografia, correspondente àquilo que receberia caso tivesse cedido voluntariamente a imagem. Alegando que sua posição social e profissional não permitiria a cessão voluntária da fotografia, e que suas condições econômicas não o levariam a fazê-lo, o autor requereu indenização em valor não inferior a DM 15.000[11].

A primeira instância estabeleceu condenação no valor de DM 1,000, que foi elevada para DM 10.000 pela Corte de Apelação, estimando que esse montante seria devido pela cessão regular da imagem. Muito embora

como fundamento para a condenação imposta à revista (DANNEMANN, Gerhard. *The German Law of Unjustified Enrichment and Restitution. A Comparative Introduction.* Nova York: Oxford University Press, 2009, p. 95, nota 25).

[10] GIGLIO, Francesco. ob. cit., p. 111.

[11] DANNEMANN, Gerhard. ob. cit., p. 96.

tenha concordado com o resultado do julgamento, o Tribunal Federal de Justiça entendeu que a fundamentação adotada pela instância inferior era inadequada. A corte inferior não poderia ter adotado como fundamento a linha do chamado contrato fictício, que recria as condições da regular cessão do direito, para definir o valor da indenização. Esse fundamento seria inaplicável, pois seria incontroverso que o autor jamais teria autorizado a utilização de sua imagem para fins publicitários.

Tampouco seria possível utilizar o enriquecimento sem causa para justificar os valores devidos ao autor, à luz da ausência de prejuízos sofridos por ele, o que afastaria a aplicação do § 812 do Código Civil alemão. Na realidade, como a conduta do réu havia violado direitos da personalidade, a alternativa correta seria estabelecer indenização por danos não pecuniários, definindo o valor a partir de estimativa equitativa, nos termos do §847 do Código Civil[12].

A utilização da responsabilidade civil para tratar da violação de direitos da personalidade se manteve na década de 1990, por ocasião do julgamento do conhecido caso *Caroline de Mônaco*[13]. Ao invés de adotar o contrato fictício, ou mesmo a indenização por danos não pecuniários, esse famoso julgado preferiu conferir contornos punitivos à responsabilidade civil, e afirmou que os lucros auferidos pelo autor do ato ilícito deveriam ser utilizados como parâmetro da indenização.

A ação foi ajuizada pela famosa princesa do pequeno principado localizado ao sul da França, que questionava a utilização indevida de sua imagem em capa de revista. A publicação ainda trazia suposta entrevista de Caroline – que, na realidade, jamais havia ocorrido – com falsas declarações acerca de sua vida, incluindo sua suposta intenção de se casar novamente[14].

[12] Inteiro teor da decisão obtido em https://law.utexas.edu/transnational/foreign-law-translations/german/case.php?id=739. Consulta realizada em 5.10.2019.

[13] A literatura jurídica alemã denomina esse caso como *Caroline I*, distinguindo-o do *Caroline II*, que envolvia a falsa notícia que informava suposto câncer desenvolvido pela princesa, e do *Caroline III*, que tratava de fotografias obtidas de almoço realizado pela princesa com seu convivente em área privativa de restaurante público.

[14] Caso julgado em 15 de novembro de 1994, pela 6ª Câmara Civil do Tribunal Federal de Justiça, cujo inteiro teor foi analisado a partir de tradução inglesa. Obtido em https://germanlawarchive.iuscomp.org/?p=166. Consulta realizada em 2.11.2019.

O Tribunal Federal de Justiça da Alemanha[15] condenou a revista (i) a publicar retratação com o mesmo destaque anteriormente conferido à notícia; e (ii) a realizar o pagamento de quantia para a autora, pois a simples correção da notícia falsa inicialmente publicada seria insuficiente para proporcionar a reparação dos danos sofridos.

A inovação da decisão ocorreu em relação à qualificação jurídica conferida ao caso, que gerou reflexos na quantificação dos valores devidos à autora. Para a corte, a imposição de indenização por danos morais, nos termos do § 847 do Código Civil alemão, seria inadequada para lidar com casos envolvendo violações a direitos da personalidade. Na realidade, a reparação decorreria de modalidade legal de indenização decorrente dos artigos 1º e 2º[16] da Lei de Direitos Fundamentais da República Federativa da Alemanha[17].

Ao adotar essa fundamentação, o Tribunal Federal de Justiça se contrapôs frontalmente à decisão proferida pelo Tribunal de Apelação no caso. A corte inferior havia afirmado que os lucros porventura auferidos pela editora não deveriam ser levados em consideração na quantificação dos valores devidos para a autora da ação, estabelecendo indenização no valor de DM 30.000,00 por danos não pecuniários.

[15] O Tribunal Federal de Justiça é a instância máxima do sistema judiciário alemão em relação à interpretação da legislação infraconstitucional.

[16] Artigo 1. Dignidade Humana – Direitos Humanos – Força legal vinculante dos direitos fundamentais

(1) A dignidade humana é inviolável. Protegê-la e respeitá-la deve ser o dever de toda autoridade estatal.
(2) O povo alemão, portanto, reconhece os direitos humanos invioláveis e inalienáveis como base de toda comunidade, de paz e justiça no mundo.
(3) Os seguintes direitos fundamentais vinculam a legislatura, o executivo e o judiciário como lei diretamente aplicável".

"Artigo 2. Liberdades pessoais.

(1) Toda pessoa possui o direito de livre desenvolvimento de sua personalidade desde que não viole os direitos de outros ou ofenda a ordem constitucional e a lei moral.
(2) Toda pessoa possui o direito de integridade física. A liberdade da pessoa é inviolável. Esses direitos apenas podem sofrer interferência nos termos da lei".

[17] O trecho do julgado afirma o seguinte: "Nesses casos, a reparação não consiste em reparação por danos morais (*Schmerzensgeld*), nos termos previstos no § 847 BGB, mas sim uma forma legal de reparação baseada na proteção prevista nos artigos 1 e 2 da GG [Lei Básica]" (trad. livre do inglês. Colchetes nossos).

Já o tribunal superior afirmou que o propósito da condenação de prevenir a eventual reiteração do ilícito apenas seria atingido, na esfera dos direitos da personalidade, caso a quantificação do valor devido levasse em consideração a finalidade lucrativa do infrator. A corte ressalvou que não pretendia extrair a integralidade dos lucros auferidos, mas afirmou que, diante dos interesses envolvidos no caso, era essencial que os benefícios do infrator fossem incluídos dentre os parâmetros do cálculo da indenização.

Como resultado disso, e considerando que o Tribunal Federal de Justiça não analisa questões de fato, houve a anulação do julgamento proferido pela instância inferior, determinando-se que a corte recorrida estabelecesse novo valor de indenização, adotando o enriquecimento auferido pela editora da revista como critério de quantificação.

Muito embora tenha recorrido ao regime da responsabilidade civil, o *Caroline de Mônaco* inovou ao afastar eventual indenização equitativa por danos não pecuniários, utilizando expressamente o benefício auferido pela parte infratora como parâmetro de reparação. Sob a ótica da corte, situações de intervenção sobre direitos da personalidade deveriam se submeter à égide da responsabilidade aquiliana, mas o enriquecimento do infrator deveria influenciar no cálculo da indenização. Houve, em última análise, controversa introdução de função punitiva da indenização no direito alemão[18].

Nas palavras de Peter Schlechtriem, a decisão do Tribunal Federal de Justiça compreendeu que a "intenção de obter lucros deve, em outras palavras, ser um fator de quantificação dos danos sofridos pela autora, mesmo que a ação não se volte remover a integralidade dos lucros obtidos pelo réu. Finalmente, a enorme gravidade do caso também deveria ser levada em consideração". Em contrapartida, e tendo em vista a necessidade de se preservar a liberdade de imprensa, "a quantificação da indenização não deveria resultar na remoção da integralidade dos lucros da parte requerida"[19].

[18] GIGLIO, Francesco. ob. cit., p. 113. O próprio autor ressalva que a questão é controversa na doutrina, e aponta que houve a rejeição na Alemanha a pedido de homologação de sentença da Califórnia, Estados Unidos da América, que impunha indenização por *punitive damages*.

[19] SCHLECHTRIEM, Peter. *Some Thoughts on the Decision of the BGH concerning Princess Caroline of Monaco*. In: MARKENSINIS, Basil (org.). Protecting Privacy, Oxford: Oxford University Press, 1999, p. 135/136 (trad. livre do inglês).

A decisão sofreu críticas por parte da doutrina. Ao invés da responsabilidade civil extracontratual, dotada de questionável função sancionatória, afirmou-se que o enriquecimento sem causa consistiria na alternativa adequada para lidar com os benefícios originados da violação dos direitos da personalidade verificada no caso *Caroline de Mônaco*[20].

Tratando da questão de forma genérica, Gerhard Dannemann aponta que situações de violação de direito alheio são enquadradas no regime da responsabilidade civil e afirma que essa qualificação é "inconsistente com o direito alemão da responsabilidade civil"[21].

No direito italiano, é possível que a utilização da responsabilidade civil tenha sido incentivada por peculiaridade na redação da norma que regula o enriquecimento sem causa. A fórmula geral desse instituto está presente no artigo 2.041 do Código Civil, cujo teor estabelece que "aquele que, sem justa causa, enriquece à custa de outra pessoa, deve, no limite do enriquecimento, restituir a outra pela respectiva diminuição patrimonial"[22].

Ao mesmo tempo em que define que a restituição deve ocorrer "na medida do enriquecimento", a norma a limita a restituição à perda financeira sofrida pela titular do direito, dificultando a aplicação do enriquecimento sem causa em situações nas quais o lucro supera o prejuízo, ou nas quais o dano simplesmente não existe[23].

Como consequência desse regime jurídico bastante restritivo, a doutrina e a jurisprudência italianas passaram a recorrer a institutos típicos da responsabilidade civil aquiliana – tais como os lucros cessantes, ou os danos morais –, e a aumentar excessivamente o âmbito de incidência desses conceitos, para lhes conferir – ainda que por vias oblíquas – funções semelhantes àquelas desempenhadas pelo enriquecimento sem causa.

Rodolfo Sacco menciona caso julgado em Turim, que envolvia a reprodução ilícita de fotografia cujos direitos pertenciam exclusivamente a determinada revista[24]. Muito embora o ato ilícito fosse evidente, inexistia prejuízo para a parte prejudicada, pois os direitos de imagem não

[20] GIGLIO, Francesco. ob. cit., p. 115.

[21] *The German Law of Unjustified Enrichment and Restitution. A Comparative Introduction*. Nova York: Oxford University Press, 2009, p. 95.

[22] Trad. livre do italiano.

[23] A norma será analisada, com maior profundidade, nos capítulos relativos aos requisitos do enriquecimento sem causa.

[24] SACCO, Rodolfo. ob. cit., p. 16.

teriam sido cedidos para terceiros caso a intervenção não tivesse ocorrido. Sem possuir prova de dano, a autora requereu indenização baseada no custo de produção da fotografia cujos direitos haviam sido violados pelo interventor[25].

A sentença rejeitou o pedido, qualificando a hipótese fática a partir do artigo 2.043 do Código Civil italiano, que introduz a responsabilidade civil extracontratual. Como resultado da tipificação normativa conferida ao caso, o tribunal considerou indispensável a existência de provas sobre eventuais prejuízos sofridos pela autora, sendo irrelevante o enriquecimento porventura auferido pela ré[26].

As decisões judiciais que adotam a responsabilidade civil extracontratual acabam enfrentando dificuldades justamente diante da ausência de prejuízos sofridos pelos titulares nas hipóteses de intervenção sobre direitos. À luz das limitações inerentes à caracterização dos danos na responsabilidade aquiliana, e para propiciar satisfação aos interesses do sujeito lesado, diversos precedentes acabam adotando concepção excessivamente extensa – e altamente questionável – do conceito de lucros cessantes.

Em termos mais específicos, prescinde-se da probabilidade objetiva inerente ao conceito de lucros cessantes, aceitando-se a caracterização do instituto em situações nas quais o benefício não obtido seria claramente hipotético. Impõe-se, em suma, o pagamento de indenização por lucros cessantes, em razão da privação do exercício do direito pelo titular, mesmo diante da ausência de elementos indicando que o curso regular dos fatos proporcionaria retorno financeiro, caso a intervenção não tivesse se concretizado[27].

No caso *De Carlo c. Genio*, julgado em 1950, a Corte de Cassação examinou recurso interposto por indivíduo que teria violado os direitos autorais de obra literária. Por ocasião do julgamento, o tribunal afirmou que as lesões de direitos são reparadas por meio (i) da transferência do patrimônio do titular do direito, que teria sido recebido como resultado

[25] É interessante notar que, mesmo sob a perspectiva do enriquecimento sem causa, o pedido não possuiria fundamento. A razão disso é que o custo de produção da fotografia não se confunde com o benefício recebido pelo interventor.

[26] SACCO, Rodolfo. ob. cit., p. 16.

[27] *idem*, p. 19.

da prática ilícita, nos termos dos artigos 156, 158 e 159 da Lei nº 633 de 1941[28]; bem como pela (ii) remoção da situação de fato que causou a violação do direito, e que confere margem para a reparação do prejuízo sofrido pela vítima, nos termos do artigo 2.043 do Código Civil italiano.

A menção ao artigo 2.043 do Código Civil italiano se voltava especificamente aos danos sofridos pelo titular do direito, e passava necessariamente pela análise da existência de culpa ou dolo por parte do infrator. Em contrapartida, a restituição do benefício auferido pela utilização indevida do direito alheio decorreria do regime estabelecido pela Lei nº 633 de 1941, que regula os direitos autorais. Merece especial destaque, neste ponto, o artigo 158, nº 2, da norma, que é mencionado pelo julgado e estabelece que o "lucro cessante" devido ao autor deve ser definido a partir "dos lucros auferidos em violação ao direito", ou pelo "valor que dos direitos que fossem reconhecidos, caso o autor da violação tivesse requerido ao titular autorização para utilização do direito"[29].

Por conseguinte, e até mesmo pelo teor do artigo 158, nº 2, da Lei nº 633, de 1941, os benefícios auferidos pelo infrator de direitos autorais foram qualificados pelo julgado como lucros cessantes sofridos pelo titular do direito, reforçando-se a confusão entre o regime da responsabilidade civil e aquele do enriquecimento sem causa. A partir do texto normativo, a decisão judicial insistiu em utilizar a responsabilidade aquiliana na fundamentação, definindo o valor da indenização a partir do benefício obtido pelo infrator, e não com base nos lucros que o titular do direito teria deixado de receber.

A mesma linha de raciocínio foi seguida posteriormente pela Corte de Apelação de Roma, em situação envolvendo a violação não culposa de direito autoral. A corte afirmou que, sem prejuízo do elemento subjetivo envolvido no caso, a reprodução total ou parcial de obra sempre resulta na devolução dos benefícios econômicos auferidos pelo infrator. A imposição

[28] Rodolfo Sacco destaca esse ponto do julgado (ob. cit., p. 16/17).

[29] O teor da norma no original é o seguinte: "2. Il risarcimento dovuto al danneggiato è liquidato secondo le disposizioni degli articoli 1223, 1226 e 1227 del codice civile. Il lucro cessante è valutato dal giudice ai sensi dell'art. 2056, secondo comma, del codice civile, anche tenuto conto degli utili realizzati in violazione del diritto. Il giudice può altresì liquidare il danno in via forfettaria sulla base quanto meno dell'importo dei diritti che avrebbero dovuto essere riconosciuti, qualora l'autore della violazione avesse chiesto al titolare l'autorizzazione per l'utilizzazione del diritto".

da devolução do enriquecimento possui fundamento na responsabilidade civil e na busca pela restauração da situação anterior à prática do ato ilícito[30].

Já a Corte de Apelação de Turim impôs obrigação de restituição dos benefícios auferidos pelo infrator, afirmando que o ilícito teria lhe concedido a possibilidade usufruir do direito lesado entre o momento da lesão e aquele da restituição[31]. Rodolfo Sacco aponta certa ambiguidade na decisão judicial e questiona se o julgado determinou a restituição dos lucros efetivamente recebidos pelo infrator ou se teria apenas estabelecido a indenização a partir da noção de proveito, presumindo que o infrator teria se beneficiado a partir da utilização do direito alheio[32].

A utilização dos lucros cessantes também foi adotada pelo Tribunal de Gênova, em situação envolvendo a utilização indevida de imagem de atriz. A corte afirmou que o dano patrimonial deve ser ressarcido, mesmo que fosse meramente potencial ou teórico, devendo ser determinado apenas pela idoneidade da imagem utilizada de forma indevida[33]. Com isso, dispensou a necessidade de elementos indicando que a autora da ação se beneficiaria pela utilização de sua imagem, caso a intervenção ilícita não tivesse ocorrido.

De forma semelhante, o Tribunal de Torino impôs condenação por lucros cessantes em razão do uso indevido de imagem, afirmando que o ato ilícito teria subtraído do titular do direito a possibilidade de utilizar o respectivo direito de forma lucrativa. A decisão entendeu que a indenização seria devida pela mera privação da possibilidade que o indivíduo teria de realizar outro anúncio publicitário, caso sua imagem não tivesse sido utilizada irregularmente, dispensando evidências que indicassem a possível ocorrência dessa contratação[34].

Os conceitos de lucros cessantes e enriquecimento sem causa acabam se aproximando de forma confusa, e sem a necessária fundamentação, em alguns casos. Em julgamento proferido pelo Tribunal de Turim, em 1954, a decisão fundamentou a condenação com base em lucros cessantes, mas

[30] *idem*, p. 18.

[31] *idem*, *ibidem*.

[32] *idem*, *ibidem*.

[33] *idem*, *ibidem*.

[34] *idem*, p. 20.

afirmou que pretendia afastar o enriquecimento indevido do agente que causou a lesão[35]. Em outro julgamento, impôs-se condenação por lucros cessantes, afirmando-se que o titular do direito deveria ser ressarcido do enriquecimento auferido de forma indevida pelo interventor[36].

O caso *Gino Bartali* também se tornou referência dentre os precedentes da Corte de Cassação. O autor da ação era famoso ciclista italiano, que havia participado do *Tour de France*, e se tornado bastante conhecido perante o público em razão de episódio no qual dividiu garrafa de água com outro competidor[37].

Aproveitando-se da notoriedade do evento, sociedade denominada s.p.a. *Emilio Bozzi*, detentora da marca *Legnano*, veiculou promoção chamada *Chi ha preso da boccaccia?*. Para promover o concurso, e adquirir publicidade perante o público, a sociedade publicou cartazes com a imagem de Gino Bartali, sem obter previamente sua autorização[38].

Ao analisar o caso, o Tribunal de Milão rejeitou o pedido formulado pelo autor e pela s.a.s. *Bartali International Corporation*, que também integrava o polo ativo da lide. A decisão afirmou, em síntese, que (i) a fotografia havia sido obtida no curso de evento público – no caso, a prova de ciclismo –, afastando-se a necessidade da obtenção de prévia autorização para sua divulgação; e (ii) a divulgação da imagem não teria gerado prejuízos aos autores.

A Corte de Cassação cassou a decisão da instância inferior, por entender, dentre outras razões, que (i) a s.a.s. *Bartali International Corporation*, detentora da marca *Bartali*, exercia atividade concorrente à ré; e que, (ii) enquanto na esfera jornalística a imagem poderia ser utilizada sem prévia autorização, o consenso do titular era indispensável para o uso com finalidade publicitária.

A decisão se torna particularmente relevante quando afirma que "o comportamento ilícito da divulgação não autorizada – juntamente com outras hipóteses de utilização não autorizada de bens alheios – faz surgir

[35] *idem*, p. 21.

[36] *idem, ibidem.*

[37] Acórdão da 1ª Seção Cível. Julgamento ocorrido em 6 de fevereiro de 1993. *Il Foro Italiano*, v. 118, No. 5, maio/1995, pp. 1617/1622. Obtido em http://www.jstor.org/stable/23189998?read-now=1&seq=1#page_scan_tab_contents. Consulta realizada em 1º de abril de 2018.

[38] A tradução livre do italiano é *"Quem pegou o cantil/garrafa?"*.

a obrigação de ressarcir o dano, nos termos do artigo 2.043 do Código Civil"[39]. Em seguida, o tribunal conclui que "se não se pode afirmar, como regra geral, que o dano originado da divulgação não autorizada da imagem seja *in re ipsa*, é possível todavia presumir dano de natureza patrimonial, decorrente da impossibilidade de se oferecer o próprio retrato para publicidade, uma vez que, para tal fim, houve sua utilização por outro, reduzindo-se o valor comercial (que é proporcional à raridade do uso) da imagem"[40].

Pelo teor da fundamentação, verifica-se que a Corte de Cassação realizou verdadeiro esforço argumentativo para conferir a solução que lhe parecia mais adequada ao caso. Ao mesmo tempo em que enfatiza que os lucros cessantes não possuem natureza *in re ipsa*, dependendo de prova quanto à sua ocorrência, a decisão acaba reconhecendo a ocorrência dessa modalidade de prejuízo no caso, pois pressupõe – sem qualquer elemento para tanto – que a intervenção teria privado o titular de utilizar os direitos de imagem com finalidade lucrativa.

Muito embora a premissa do julgado esteja correta – pois, de fato, os direitos de imagem poderiam ser utilizados pelo seu detentor para a obtenção de lucro –, ela não leva necessariamente à conclusão deduzida pela Corte de Cassação. A caracterização dos lucros cessantes não depende da mera possibilidade teórica quanto ao recebimento do benefício econômico, sujeitando-se necessariamente à probabilidade objetiva quanto à concretização da vantagem no caso concreto, caso o ato ilícito não tivesse ocorrido.

Para que houvesse coerência no julgado da Corte de Cassação, seria fundamental que os autores da ação demonstrassem a existência de elementos concretos indicando que os direitos de imagem do ciclista seriam usados com finalidade lucrativa, e que essa possibilidade teria sido frustrada pela atuação ilícita da parte requerida.

A Corte de Apelação de Roma seguiu linha diversa em julgamento realizado em 1955, embora tenha mantido a responsabilidade civil como fundamento para apreciar a intervenção sobre direitos alheios. Ao analisar situação envolvendo a utilização indevida de imagem, o tribunal rejeitou

[39] Tradução livre do italiano.

[40] Tradução livre do italiano.

pedido vinculado ao valor dos lucros originados pela intervenção, e definiu o valor da indenização a partir da equidade[41].

Em outro caso, revista italiana denominada *Epoca*[42] publicou artigo intitulado "Vittorini direto do autor", o tribunal seguiu a linha do dano moral[43]. Tratava-se de relato sobre correspondências mantidas entre o famoso escritor italiano Elio Vittorini e sua tradutora Lucia Rodocanache[44]. A partir do teor das comunicações, o artigo jornalístico conclui que Vittorini teria abusado da relação mantida com a tradutora, apropriando-se, perante o público, do trabalho realizado pela profissional.

A Corte de Apelação de Milão apreciou os pedidos formulados na ação, ressaltando a prevalência da intimidade das comunicações epistolares em relação à propriedade das correspondências e a consequente necessidade de autorização do autor e do destinatário da respectiva carta para a publicação de seu conteúdo. A decisão também menciona a falta de cuidado da revista com a divulgação da verdade, e o tom sensacionalista adotado pela matéria jornalística.

Tendo reconhecido a existência do ilícito consistente na violação da privacidade da correspondência, a corte italiana enfrentou dificuldades em encontrar fundamento para a imposição de indenização, à luz da ausência de prejuízos pecuniários da parte autora. O tribunal reconheceu que inexistiriam danos materiais, e recorreu ao conceito de danos morais, estabelecendo a quantia da indenização segundo os critérios que seriam utilizados pela própria jurisprudência e que não são esclarecidos no acórdão[45].

Francesco Giglio afirma que a Corte de Apelação milanesa teria se valido da maior flexibilidade do conceito de danos morais, para estabelecer valor de indenização com base no benefício auferido pelo autor do ato ilícito[46]. De fato, o tribunal se aproveitou da ausência de normas específicas

41 *idem, ibidem.*

42 A publicação não possui relação com a revista brasileira de mesmo nome.

43 Tradução livre de "Vittorini diritto d'autore".

44 Acórdão da 1ª Seção Cível. Julgamento ocorrido em 30 de junho de 1994. *Il Foro Italiano*, v. 118, No. 5, maio/1995, pp. 1667/1672. Obtido em http://www.jstor.org/stable/23190010?read-now=1&seq=1#page_scan_tab_contents. Consulta realizada em 29 de abril de 2018.

45 GIGLIO, Francesco. *The foundations of restitution for wrongs.* HART: Portland, 2007, p. 117/118.

46 *idem*, p. 118.

sobre a responsabilidade pela violação dos direitos da personalidade, para conferir a solução que lhe parecia mais adequada ao caso concreto.

De forma semelhante àquilo que ocorre com os lucros cessantes, o conceito de danos morais não pode ser utilizado para compelir o infrator a devolver o lucro auferido como resultado do ato ilícito. Francesco Giglio é enfático ao criticar a posição adotada pelo tribunal milanês, afirmando que noções de responsabilidade civil não podem ser utilizadas para determinar a restituição do benefício recebido de forma indevida[47].

A crítica do autor italiano ao julgado parece um tanto exagerada, pois, pelo teor do acórdão, não se verifica eventual menção à restituição do enriquecimento porventura obtido pelo veículo jornalístico. É possível que, na essência, a ação envolvendo a publicação tenha se limitado a tratar dos danos morais decorrentes do prejuízo causado pela matéria à imagem do escritor, sem ingressar no benefício injustamente auferido em razão da reportagem.

Os benefícios originados da intervenção sobre direitos alheios também adquirem importância no âmbito do direito ambiental, à luz das peculiaridades legislativas existentes sobre a matéria, e do caráter sancionatório conferido à responsabilidade civil nesse caso. Na Itália, o artigo 18 da Lei nº 349, de 1986, estabelece que qualquer "fato doloso ou culposo em violação às disposições da lei ou dos provimentos adotados com base na lei, causando dano, alterando, deteriorando, ou destruindo o meio-ambiente em todo ou em parte, obriga o autor ao ressarcimento de danos ao Estado"[48]. Discute-se sobre a natureza dessa modalidade de danos, havendo posicionamentos que compreendem esses prejuízos como patrimoniais e outros qualificando-os como extrapatrimoniais, sendo que o último entendimento tende a prevalecer[49].

A inovação relevante surge no item 6 do dispositivo legal que estabelece que "o juiz, nas situações nas quais não seja possível estabelecer uma precisa quantificação do dano, deve definir a quantia pela via equitativa, levando

[47] *idem, ibidem.*

[48] Tradução livre do italiano. O texto original da norma é o seguinte: "Qualunque fatto doloso o colposo in violazione di disposizioni di legge o di provvedimenti adottati in base a legge che comprometta l'ambiente, ad esso arrecando danno, alterandolo, deteriorandolo o distruggendolo in tutto o in parte, obbliga l'autore del fatto al risarcimento nei confronti dello Stato".

[49] GIGLIO, Francesco. ob. cit., p. 119.

em consideração a gravidade da culpa individual, o custo necessário para a reparação e o lucro auferido pelo transgressor, como consequência de seu comportamento lesivo aos bens ambientais"[50]. O artigo 18 da Lei nº 349, de 1986, possui como escopo conferir aos juízes maior flexibilidade para estabelecer o valor da indenização, de forma semelhante àquilo verificado no artigo 1226 do Código Civil italiano[51].

O ponto fundamental do dispositivo normativo reside na introdução do benefício auferido pelo ofensor, em razão do ato ilícito, dentre os critérios existentes para a quantificação do dano. A norma ambiental gerou controvérsia quanto à natureza jurídica dos danos ambientais, questionando-se se a utilização do benefício econômico como parâmetro da indenização corresponderia ao reconhecimento dos chamados danos restitutórios, de forma semelhante àquilo ocorrido no *common law*. Trata-se, em suma, de definir se o ato ilícito poderia conferir à vítima a alternativa de obter a restituição do lucro auferido pelo infrator, ao invés de indenização dos prejuízos sofridos pela vítima[52].

O artigo 18 da Lei nº 349, de 1986, não corresponde ao reconhecimento dos danos restitutórios no direito ambiental italiano. De forma semelhante àquilo verificado no caso *Caroline de Mônaco*, o lucro auferido pelo infrator é apenas um dos elementos considerados na quantificação da indenização devida pelo ilícito ambiental.

Na realidade, o recurso aos benefícios obtidos pelo autor do dano decorre da natureza punitiva que essa modalidade de indenização adquiriu, por força de lei, na esfera ambiental, do que propriamente da intenção

[50] Tradução livre do italiano. O teor original da norma é o seguinte: "Il giudice, ove non sia possibile una precisa quantificazione del danno, ne determina l'ammontare in via equitativa, tenendo comunque conto della gravità della colpa individuale, del costo necessario per il ripristino e del profitto conseguito dal trasgressore in conseguenza del suo comportamento lesivo dei beni ambientali".

[51] Artigo 1226. "Se o dano não puder ser provado no seu montante preciso, pode ser liquidado pelo juiz com avaliação equitativa (2.056 e seguinte)".
No original: Articolo 1226. "Se il danno non pu essere provato nel suo preciso ammontare, liquidato dal giudice con valutazione equitativa (2056 e seguenti)".

[52] O autor faz referência ao chamado restitution for wrongs. Nas palavras de Graham Virgo, a matéria se volta para definir "se, demonstrada a prática de ato ilícito por parte do réu, o autor pode obter um remédio restitutório" (*The principles of the Law of Restitution*, 2ª ed., Oxford: Oxford University Press, p. 425, trad. livre do inglês).

de se retirar do agente a integralidade do lucro originado da prática ilegal. Ao tratar do item 6 do artigo 18 da Lei nº 349, de 1986, Franco Giampietro afirma que "se acentua, por outro lado, o caráter sancionatório, ao lado daquele ripristinatório, estabelecendo-se que, na avaliação do dano, o juiz deve levar em consideração (além da gravidade da culpa e do custo da reparação) o lucro obtido pelo transgressor como consequência do comportamento lesivo aos bens ambientais"[53].

Na esfera jurisprudencial, também existem precedentes que reforçam o caráter punitivo da indenização ambiental, reduzindo a potencial influência de eventual finalidade restitutória sobre a norma. A Corte de Cassação analisou situação envolvendo companhia farmacêutica, que havia contratado empresa para tratar dos dejetos provenientes de sua produção. A sociedade prestadora de serviços utilizou contêiner que possuía vazamento, causando contaminação ambiental[54].

A empresa responsável pelo armazenamento teve sua falência decretada, e o Estado buscou indenização da companhia farmacêutica, recorrendo à noção de *culpa in vigilando*. Na fundamentação, a corte afirmou que a *Differenztheorie* – que calcula o prejuízo com base na diferença entre o patrimônio antes e após o ilícito – não poderia ser aplicada, pois danos ambientais seriam modalidade de "punição civil", sendo influenciado por diversos elementos, tais como a malícia e o benefício auferido pelo ofensor[55].

Também possui relevância precedente jurisprudencial que analisou situação na qual a cidade de Napoli havia exigido que cidadão realizasse consertos imediatos em imóvel que estava na iminência de desabar, mesmo sem a instauração prévia de processo administrativo. Realizado o reparo, o ente público se recusou a reembolsar o sujeito, alegando a nulidade do

[53] *Responsabilità civile per danno all'ambiente. Iniziative internazionali ed esperienza italiana.* In: Il foro italiano, v. 109, nº 12, p. 496, trad. livre do italiano.

[54] GIGLIO, Francesco. ob. cit., p. 119.

[55] Francesco Giglio é enfático ao criticar a decisão. O autor afirma que "inexiste margem para se estabelecer vínculo entre regra que possui apenas relevância contratual e delitual e o enriquecimento sem causa. Na realidade, sequer há necessidade de se estabelecer esse vínculo. A avaliação do enriquecimento sem causa já implica em parcela de discricionariedade judicial para se definir se a transferência de riqueza foi injusta. Logo, o critério do art. 1.226 não adiciona nada relevante às tarefas das corte". (ob. cit., p. 120, tradução livre do inglês).

contrato celebrado entre as partes, em razão da ausência da observância das formalidades legais cabíveis.

O cidadão ingressou com ação, alegando o enriquecimento sem causa do ente público. A pretensão foi acolhida, mas a Corte de Cassação determinou que o valor devido fosse calculado com base no artigo 1.226 do Código Civil italiano[56], que autoriza a fixação da indenização por equidade nas situações nas quais é difícil definir o prejuízo. A decisão distorceu a finalidade da norma, cujo escopo consiste em superar dificuldade pontual de quantificação da indenização, não podendo ser utilizada como mecanismo para a definição do valor de dano que simplesmente não ocorreu[57].

Na França, François Terré, Philippe Simler e Yves Lequette discutem os potenciais fundamentos jurídicos para a correção de situações de desequilíbrio patrimonial, antes da inclusão expressa do enriquecimento sem causa na reforma feita no Código Civil em 2016. Os autores mencionam que a responsabilidade civil extracontratual é dificilmente sustentável, pois o enriquecido normalmente aufere benefício patrimonial sem ter praticado eventual conduta para obtê-lo ou mesmo sem tê-lo desejado, não incorrendo em ato ilícito[58].

Diogo Leite de Campos menciona a existência de posição na doutrina portuguesa que defende a maior extensão da responsabilidade civil, que possuiria finalidade preventiva e de garantia. A observância desses propósitos somente poderia ocorrer caso a obrigação de indenizar também incluísse a devolução do benefício recebido pelo ofensor[59].

A adoção da responsabilidade civil com escopo mais amplo seria influenciada por "uma concepção do enriquecimento sem causa que o considera uma simples indenização dos danos causados sem culpa"[60]. O instituto restitutório seria, em suma, alternativa para a responsabilidade

[56] Artigo 1.226. "Se o dano não pode ser provado na sua quantia precisa, deve ser liquidado pelo juiz a partir de avaliação equitativa" (trad. livre do italiano. O original é o seguinte: "Se il danno [1218, 1223] non può essere provato nel suo preciso ammontare, è liquidato dal giudice con valutazione equitativa [2056].

[57] GIGLIO, Francesco. ob. cit., p. 122.

[58] TERRÉ, François; SIMLER, Philippe; LEQUETTE, Yves. *Droit Civil. Les obligations.* 9ª ed., Paris: Dalloz, 2005, p. 119.

[59] *Enriquecimento sem causa, responsabilidade civil e nulidade.* In: Revista dos Tribunais, v. 560, ano 71, junho/1982, p. 264.

[60] *idem, ibidem.*

civil em situações envolvendo o incremento patrimonial do ofensor, sem que houvesse necessidade de se provar dolo ou culpa.

A visão restritiva que equipara o enriquecimento à responsabilidade civil não poderia ser acolhida, pois esse último instituto apenas se voltaria à situação do lesado. Por sua vez, no enriquecimento sem causa, "é unicamente ao enriquecimento que a lei se refere, transferindo-o do patrimônio do enriquecido para o patrimônio do titular dos bens à custa dos quais ele foi obtido. A fonte do enriquecimento pode ser das mais variadas, interessando só que seu resultado seja criticado pela ordem jurídica"[61].

Ainda sob a perspectiva da responsabilidade civil, Pereira Coelho menciona posição doutrinária que defende que a obrigação de restituir deveria ser calculada a partir do "dano direto avaliado objetivamente, segundo o valor real do bem subtraído ou da prestação não efetuada, e que seria o limite mínimo da indenização a prestar"[62]. Esse posicionamento, segundo o autor português, significaria a admissão de "uma obrigação de restituir o lucro, até o limite do dano real, porventura superior ao dano concretamente sofrido pelo lesado"[63].

Também seria possível conferir à responsabilidade civil funções sancionatórias e preventivas, utilizando-as como modelo para lidar com o enriquecimento por intervenção. O autor se opõe a essa alternativa, afirmando que tais finalidades autorizariam a introdução de "distorções ou desvios no regime que a obrigação de indenizar teria, logicamente, se quisesse apenas reparar os prejuízos sofridos"[64], conferindo âmbito de incidência mais amplo à responsabilidade civil, que deixaria de buscar apenas a restauração do equilíbrio patrimonial afetado pelo ato ilícito.

Para Pereira Coelho, "a ideia de inserção do enriquecimento do responsável na obrigação de indenizar não tem na lei apoio de qualquer espécie"[65]. O autor português menciona especificamente o artigo 562 do Código Civil lusitano, que define a regra geral da reparação patrimonial, e estabelece que "quem estiver obrigado a reparar um dano deve reconstituir a situação que existiria, se não se tivesse verificado o evento que obriga

[61] *idem*, p. 265.

[62] COELHO, Francisco M. Pereira. *O enriquecimento e o dano*. Coimbra: Almedina, 1970, p. 35.

[63] *idem, ibidem*.

[64] *idem*, p. 37.

[65] *idem*, p. 39.

à reparação". A quantificação da indenização, por sua vez, é definida pelo artigo 566, que prevê que o valor deve ser definido a partir da "diferença entre a situação patrimonial do lesado, na data mais recente que puder ser atendida pelo tribunal, e a que teria nessa data se não existissem danos".

Até seria possível a utilização da responsabilidade civil nas hipóteses de intervenção sobre direito alheio, mas não para a restituição do enriquecimento obtido pelo interventor. Nas palavras do autor, "já que o conceito de dano relevante em matéria de responsabilidade civil é o 'patrimonial', daí vem resultar que o titular do direito, invocando os princípios da responsabilidade civil e nos quadros deste instituto, não poderá exigir do interventor mais que a indenização do dano concreto sofrido, da diferença para menos que exista no seu patrimônio; o enriquecimento do interventor que exceda o dano concretamente sofrido pelo titular do direito, a diferença para mais que exista no patrimônio do primeiro, não poderá pois ser exigida do segundo"[66].

No ordenamento brasileiro, a tendência predominante consiste em qualificar situações de intervenção sobre direitos alheios dentro da disciplina da responsabilidade civil. As poucas normas que tratam dessas hipóteses remetem ao regime da responsabilidade civil aquiliana, influenciando entendimento jurisprudencial que já não possui tradição em aplicar conceitos vinculados ao enriquecimento sem causa.

A violação de direito autoral, por exemplo, é regulada pelos artigos 103 e 107 da Lei nº 9.610, de 9 de fevereiro de 1998. A eventual utilização indevida de direito do autor resulta na aplicação das seguintes consequências: (i) perda dos exemplares eventualmente editados em contrariedade ao direito autoral; (ii) pagamento do valor dos exemplares vendidos; (iii) pagamento do valor equivalente a 3.000 (três mil) exemplares, caso não se conheça a quantidade de livros vendidos; e (iv) pagamento de indenização por eventuais perdas e danos, que não podem ser inferiores ao valor do preço dos exemplares.

O tratamento conferido pela jurisprudência ao caso, embora possua contornos restitutórios, recai fundamentalmente na sistemática da responsabilidade civil, chegando a utilizar a expressão "perdas e danos", no artigo 107, para definir as consequências decorrentes da violação de direitos autorais.

[66] *idem*, p. 81/82.

Esse entendimento fica bastante claro a partir da análise do acórdão proferido no julgamento do Recurso Especial nº 1.185.943[67], no qual a corte superior analisou pedido indenizatório formulado pela *Microsoft Corporation* contra sociedade que havia comercializado indevidamente 28 (vinte e oito) cópias de *software*, reconhecendo suposta finalidade punitiva na responsabilidade civil[68].

O tribunal de origem fixou indenização com base no valor correspondente ao preço alcançado pela venda das cópias ilícitas, seguindo o teor literal do artigo 103 da Lei nº 9.610/98, que estabelece que o valor equivalente a 3.000 (três) mil exemplares somente é devido quando se desconhece o número de cópias comercializadas.

A parte autora interpôs recurso especial, requerendo o aumento da indenização. Ao analisar o recurso, o Superior Tribunal de Justiça afirmou que a reparação não deveria se limitar ao valor dos 28 (vinte e oito) exemplares comercializados indevidamente, pois "a responsabilidade civil, como sistema de natureza complexa no qual transitam uma série de finalidades sociais, que não se exaure numa mera função compensatória, necessita de uma aplicação punitiva que traga ínsita não apenas o caráter compensador mas, ainda, o inibidor da prática do ilícito".

[67] Posicionamento semelhante foi adotado pelo Superior Tribunal de Justiça por ocasião do acórdão proferido no Recurso Especial nº 1.136.676 (3ª Turma, Relatora: Ministra Nancy Andrighi, j. 17.6.2010), no Recurso Especial nº 1.016.087 (3ª Turma, Relatora: Ministra Nancy Andrighi, j. 6.4.2010).

[68] RESPONSABILIDADE CIVIL. DIREITO AUTORAL. PROGRAMA DE COMPUTADOR (SOFTWARE). AUSÊNCIA DE PREQUESTIONAMENTO DOS ARTIGOS 186, 944 e 927, DO CÓDIGO CIVIL. POSSIBILIDADE DE IDENTIFICAÇÃO NUMÉRICA DA CONTRAFAÇÃO. INAPLICABILIDADE DO ARTIGO 103, PARÁGRAFO ÚNICO DA LEI 9610/98. INDENIZAÇÃO DEVIDA NOS TERMOS DO ARTIGO 102 DA LEI 9.610/98. RECURSO ESPECIAL PROVIDO. 1. "A pena pecuniária imposta ao infrator não se encontra restrita ao valor de mercado dos programas apreendidos. Inteligência do art. 102 da Lei 9.610/98 – 'sem prejuízo da indenização cabível.' – na fixação do valor da indenização pela prática da contrafação" (REsp 1.136.676 – RS, Rel. Min. Nancy Andrighi) 2. O simples pagamento, pelo contrafator, do valor de mercado por cada exemplar apreendido, não corresponde à indenização pelo dano causado decorrente do uso indevido, e muito menos inibe a sua prática. 3. O parágrafo único do art. 103 da Lei nº 9.610/98 tem sua aplicação condicionada à impossibilidade de quantificação dos programas de computador utilizados sem a devida licença, o que não é o caso dos autos. 4. Recurso especial parcialmente conhecido e provido. (4ª Turma. Relator: Ministro Luís Felipe Salomão, j. 15.2.2011).

Com base nesses fundamentos, a corte aumentou a indenização para 10 (dez) vezes o valor de mercado de cada programa indevidamente utilizado. A fundamentação do acórdão residiu exclusivamente à responsabilidade civil e no suposto caráter punitivo do instituto. Logo, situação envolvendo a intervenção sobre direitos alheios foi qualificada a partir do regime jurídico destinado à reparação dos danos, adotando-se suposta finalidade sancionatória da responsabilidade civil como fundamento para aumentar a indenização em valor muito superior àquele estabelecido na Lei nº 9.610/98.

Já no âmbito da propriedade industrial, a legislação confere tratamento unificado às violações de direitos. Utiliza-se o artigo 210 da Lei nº 9.279, de 14 de maio de 1996, que segue a mesma sistemática inicialmente adotada na violação dos direitos imateriais na Alemanha, estabelecendo que os "lucros cessantes serão determinados pelo critério mais favorável ao prejudicado", ao mesmo tempo em que define os seguintes parâmetros de indenização: (i) "os benefícios que o prejudicado teria auferido se a violação não tivesse ocorrido"; ou (ii) "os benefícios que foram auferidos pelo autor da violação do direito"; ou ainda (iii) "a remuneração que o autor da violação teria pago ao titular do direito violado pela concessão de uma licença que lhe permitisse legalmente explorar o bem".

Pelo próprio teor da norma – que utiliza o termo "lucros cessantes" ao introduzir os critérios de reparação –, verifica-se a tendência de se enquadrar a violação de direitos de propriedade industrial dentro do regime da responsabilidade civil, ainda que a partir de critérios típicos do enriquecimento sem causa, tais como os benefícios auferidos pelo interventor e o preço devido pela utilização regular do direito[69].

A jurisprudência brasileira segue a mesma linha da legislação, enquadrando a intervenção sobre direitos de propriedade industrial sob o regime da responsabilidade civil. Sequer existe eventual controvérsia acerca do assunto, sendo praticamente pressuposto que a análise dessas hipóteses

[69] Nas palavras de Sérgio Savi, "a Lei de Propriedade Industrial Brasileira estabelece que uma das fórmulas de cálculo dos 'lucros cessantes' à disposição do titular do direito de propriedade industrial violado leva em consideração os benefícios auferidos pelo ofensor. Esta norma acaba contribuindo para a confusão existente entre requisitos e funções da responsabilidade civil e do enriquecimento sem causa (ob. cit., p. 65).

deve ser realizada sob a ótica da reparação do dano, e não da restituição do benefício.

No acórdão proferido no Recurso Especial nº 1.327.773, o Superior Tribunal de Justiça reconheceu "a existência de dano material no caso de uso indevido da marca, uma vez que a própria violação do direito revela-se capaz de gerar lesão à atividade empresarial do titular, como, por exemplo, no desvio de clientela e na confusão entre as empresas, acarretando inexorável prejuízo que deverá ter o seu *quantum debeatur*, no presente caso, apurado em liquidação por artigos"[70].

[70] RECURSO ESPECIAL. PROPRIEDADE INDUSTRIAL. USO INDEVIDO DE MARCA DE EMPRESA. SEMELHANÇA DE FORMA. DANO MATERIAL. OCORRÊNCIA. PRESUNÇÃO. DANO MORAL. AFERIÇÃO. IN RE IPSA. DECORRENTE DO PRÓPRIO ATO ILÍCITO. INDENIZAÇÃO DEVIDA. RECURSO PROVIDO. 1. A marca é qualquer sinal distintivo (tais como palavra, letra, numeral, figura), ou combinação de sinais, capaz de identificar bens ou serviços de um fornecedor, distinguindo-os de outros idênticos, semelhantes ou afins de origem diversa. Trata-se de bem imaterial, muitas vezes o ativo mais valioso da empresa, cuja proteção consiste em garantir a seu titular o privilégio de uso ou exploração, sendo regido, entre outros, pelos princípios constitucionais de defesa do consumidor e de repressão à concorrência desleal. 2. Nos dias atuais, a marca não tem apenas a finalidade de assegurar direitos ou interesses meramente individuais do seu titular, mas objetiva, acima de tudo, proteger os adquirentes de produtos ou serviços, conferindo-lhes subsídios para aferir a origem e a qualidade do produto ou serviço, tendo por escopo, ainda, evitar o desvio ilegal de clientela e a prática do proveito econômico parasitário. 3. A lei e a jurisprudência do Superior Tribunal de Justiça reconhecem a existência de dano material no caso de uso indevido da marca, uma vez que a própria violação do direito revela-se capaz de gerar lesão à atividade empresarial do titular, como, por exemplo, no desvio de clientela e na confusão entre as empresas, acarretando inexorável prejuízo que deverá ter o seu quantum debeatur, no presente caso, apurado em liquidação por artigos. 4. Por sua natureza de bem imaterial, é ínsito que haja prejuízo moral à pessoa jurídica quando se constata o uso indevido da marca. A reputação, a credibilidade e a imagem da empresa acabam atingidas perante todo o mercado (clientes, fornecedores, sócios, acionistas e comunidade em geral), além de haver o comprometimento do prestígio e da qualidade dos produtos ou serviços ofertados, caracterizando evidente menoscabo de seus direitos, bens e interesses extrapatrimoniais. 5. O dano moral por uso indevido da marca é aferível *in re ipsa*, ou seja, sua configuração decorre da mera comprovação da prática de conduta ilícita, revelando-se despicienda a demonstração de prejuízos concretos ou a comprovação probatória do efetivo abalo moral. 6. Utilizando-se do critério bifásico adotado pelas Turmas integrantes da Segunda Seção do STJ, considerado o interesse jurídico lesado e a gravidade do fato em si, o valor de R$ 50.000,00 (cinquenta mil reais), a título de indenização por danos morais, mostra-se razoável no presente caso. 7. Recurso especial provido. (Recurso Especial nº 1.327.773. 4ª Turma. Relator: Ministro Luis Felipe Salomão, j. 28.11.2017).

Tamanho o enfoque indenizatório sobre a questão, que o Superior Tribunal de Justiça não apenas qualifica a violação de marcas como dano moral, mas também chega a discutir se a indenização depende de provas sobre eventual prejuízo. No julgado acima apresentado, por exemplo, definiu-se que o "dano moral por uso indevido da marca é aferível *in re ipsa*, ou seja, sua configuração decorre da mera comprovação da prática de conduta ilícita, revelando-se despicienda a demonstração de prejuízos concretos ou a comprovação probatória do efetivo abalo moral".

A mesma abordagem foi adotada no acórdão proferido no Recurso Especial nº 1.635.556. Naquela ocasião, o Superior Tribunal de Justiça afirmou que "o dano patrimonial causado ao titular de direito de marca configura-se com a violação dos interesses tutelados pela Lei de Propriedade Industrial, sendo despicienda a comprovação da intenção do agente em prejudicar a vítima ou do prejuízo causado, devendo o montante ser apurado em liquidação de sentença"[71].

A impressão que surge é que, diante de situação envolvendo a violação de direito e a ausência de prejuízo ao titular, o Superior Tribunal de Justiça recorre ao conceito de dano *in re ipsa*, ao invés de utilizar mecanismos de natureza restitutória. Provavelmente em razão da técnica legislativa observada no artigo 210 da Lei nº 9.279/96, a corte acaba utilizando conceitos da responsabilidade civil para estabelecer a restituição dos benefícios auferidos em razão da intervenção sobre direito. De forma paralela, o tribunal presume a existência de dano moral, mesmo que

[71] RECURSO ESPECIAL. AÇÃO DE ABSTENÇÃO DE USO DE MARCA, REPARAÇÃO POR DANOS MATERIAIS E COMPENSAÇÃO POR DANOS MORAIS. PROPRIEDADE INTELECTUAL. MARCA. INSULFILM. VIOLAÇÃO. PREQUESTIONAMENTO. AUSÊNCIA. SÚMULA 282/STF. DANO PATRIMONIAL. PRESUNÇÃO. APURAÇÃO DO MONTANTE DEVIDO EM LIQUIDAÇÃO DE SENTENÇA. 1- Ação distribuída em 10/6/2008. Recurso especial interposto em 22/5/2014 e concluso à Relatora em 10/10/2016. 2- Controvérsia que se cinge em definir se a pretensão de reparação por danos patrimoniais decorrentes de violação a direito de propriedade industrial impõe à vítima que comprove o dolo de quem praticou o ato e os prejuízos sofridos. 3- A ausência de decisão acerca dos dispositivos legais indicados como violados impede o conhecimento do recurso especial. 4- O dano patrimonial causado ao titular de direito de marca configura-se com a violação dos interesses tutelados pela Lei de Propriedade Industrial, sendo despicienda a comprovação da intenção do agente em prejudicar a vítima ou do prejuízo causado, devendo o montante ser apurado em liquidação de sentença. 5- Recurso especial provido. (Recurso Especial nº 1.635.556/SP. 3ª Turma. Relatora: Ministra Nancy Andrighi, j. 10.11.2016).

inexista elemento indicando prejuízo à imagem da parte, para aumentar o valor da indenização, proporcionando a concretização daquilo que considera reequilíbrio patrimonial.

A mesma tendência se verificou em ação ajuizada pela Confederação Brasileira de Futebol contra a Coca-Cola, em razão de anúncio publicitário da marca de refrigerante no qual os jogadores Bebeto, Biro-Biro e Dario usavam camisas nas cores verde e amarela, aparecendo o número 7 na camisa do primeiro.

A autora ingressou com ação, sob a alegação de exclusividade do direito de uso, gozo, posse e propriedade da bandeira, emblema e uniforme da seleção. No pedido, requereu (i) a imposição de obrigação de não fazer, para impedir a exibição da peça publicitária; (ii) indenização por danos morais e materiais; além (iii) da restituição do lucro auferido pela Coca-Cola em razão da propaganda exibida[72].

O Superior Tribunal de Justiça reconheceu a intervenção ilícita ocorrida sobre símbolos de titularidade da Confederação Brasileira de Futebol. O valor devido foi definido a partir do conceito de lucros cessantes e dos valores pagos pelos demais patrocinadores da Confederação Brasileira de Futebol pela utilização dos símbolos da seleção brasileira, afirmando-se que os danos originados da violação do direito a imagem seriam *in re ipsa*[73].

[72] O acórdão é comentado por Rodrigo da Silva Guia. *Contornos do enriquecimento sem causa e da responsabilidade civil: estudo a partir da diferença entre lucro da intervenção e lucros cessantes.* In: civilistica.com, a. 5. n. 2. 2016.

[73] Recurso Especial no 1.335.624. 3ª Turma. Relator: Ministro Ricardo Villas Bôas Cueva, j. 5.12.2013.

"RECURSO ESPECIAL. RESPONSABILIDADE CIVIL. INDENIZAÇÃO. UTILIZAÇÃO NÃO AUTORIZADA DE IMAGEM DA SELEÇÃO BRASILEIRA DE FUTEBOL. NEGATIVA DE PRESTAÇÃO JURISDICIONAL AFASTADA. INTUITO EXCLUSIVAMENTE INFRINGENTE DOS EMBARGOS DE DECLARAÇÃO. LUCROS CESSANTES. CONTRATOS FIRMADOS COM PATROCINADORES OFICIAIS. MERO PARÂMETRO PARA A LIQUIDAÇÃO POR ARBITRAMENTO. ANTECIPAÇÃO DO EXAME DE MATÉRIAS RELATIVAS À LIQUIDAÇÃO DO JULGADO. IMPOSSIBILIDADE. 1. A fundamentação levantada na prefacial confunde-se com a linha argumentativa que desafia o mérito do acórdão recorrido, motivo pelo qual, ausentes os pressupostos de cabimentos dos embargos de declaração, se afasta a negativa de prestação jurisdicional alegada. 2. Tendo o Tribunal de origem fixado a responsabilidade, reconhecido o dever de indenizar, e determinado a liquidação, por arbitramento, do valor da indenização, as indagações da agravante revelam-se prematuras, porque afetas à fase de liquidação da sentença. 3. O acórdão recorrido

Em se tratando de direitos da personalidade, a principal norma brasileira que regula as consequências originadas de intervenção sobre direitos é o artigo 20 do Código Civil, cujo teor estabelece que "salvo se autorizadas, ou se necessárias à administração da justiça ou à manutenção da ordem pública, a divulgação de escritos, a transmissão da palavra, ou a publicação, a exposição ou a utilização da imagem de uma pessoa poderão ser proibidas, a seu requerimento e sem prejuízo da indenização que couber, se lhe atingirem a honra, a boa fama ou a respeitabilidade, ou se se destinarem a fins comerciais".

Ao utilizar o conceito de indenização, a norma indica a preferência pela perspectiva da responsabilidade civil para lidar com a violação dos direitos da personalidade. É provável – uma vez mais – que a ausência de tradição jurídica quanto à utilização do enriquecimento sem causa tenha influência sobre esse enfoque, pois a visão tradicional da doutrina também segue a linha da responsabilidade civil, vinculando, por exemplo, a violação do direito à imagem para fins publicitários ao dano moral *in re ipsa*, sem considerar o regime do enriquecimento por intervenção[74].

Existem diversos precedentes jurisprudenciais que analisam a violação ao direito à imagem exclusivamente sob a ótica da responsabilidade civil. No recurso de apelação nº 1126481-26.2016.8.26.0100, apreciado pelo Tribunal de Justiça do Estado de São Paulo, analisou-se ação ajuizada por

é claro o bastante para propiciar a regular liquidação do julgado, sendo inegável a possibilidade de a recorrente, oportunamente, acessar os documentos que servirão de base de cálculo da indenização, bem como de impugnar as conclusões do laudo pericial que deverá ser apresentado (art. 475-D, parágrafo único, do CPC). Sob essa perspectiva, não se justifica a reabertura da instrução processual para a juntada dos contratos de patrocínio firmados pela CBF e a polemização prévia a respeito desses documentos. 4. Não trata o caso da apropriação da camisa e da bandeira nacional, mas da sua utilização dentro de um contexto que remete, de forma inequívoca, ao escrete canarinho, cuja titularidade dos direitos de imagem são pertencentes à CBF. 5. Também não cuida a hipótese de mera presunção de lucros cessantes, circunstância que a jurisprudência consolidada nesta Corte Superior repudia, mas de evidente prejuízo, pois, segundo a prática comercial usual, somente patrocinadores oficiais obtém autorização para a utilização da imagem da seleção brasileira de futebol. 6. A apreciação do quantitativo em que autor e réu saíram vencidos na demanda, bem como a verificação da existência de sucumbência mínima ou recíproca, encontram inequívoco óbice na Súmula nº 7/STJ, por revolver matéria eminentemente fática. Precedentes. 7. Recurso especial não provido".

[74] LINS, Thiago. *O lucro da intervenção e o direito à imagem*. Rio de Janeiro: Lumen Juris, 2016, p. 222.

jogador de futebol em face da *Konami Digital Entertainment Co.*, em virtude do alegado uso indevido de sua imagem no jogo de *videogame* denominado *Pro Evolution Soccer*[75].

O Tribunal de Justiça do Estado de São Paulo acolheu a pretensão do autor, por entender que sua imagem havia sido veiculada pela ré sem a necessária autorização, nos termos do artigo 87-A, da Lei nº 9.615, de 24 de março de 1998[76]. Em contrapartida, o julgado afastou o pedido do autor relativo ao cálculo do valor devido a partir de percentual do lucro auferido pela empresa ré com a comercialização de seus produtos, pois a imagem do autor corresponderia a apenas 0,006⊠ dos personagens utilizados no jogo.

A corte afirmou que "o critério para a fixação da indenização, na responsabilidade civil, é a extensão do dano, inclusive, para a fixação da indenização por uso indevido de imagem". Partindo dessa premissa, o julgado (i) aplicou a Súmula 403, do Superior Tribunal de Justiça, que estabelece que "independe de prova do prejuízo a indenização pela publicação não autorizada de imagem de pessoa com fins econômicos ou comerciais"; e (ii) reconheceu a existência de danos morais sofridos pelo autor, em razão da utilização não autorizada de sua imagem no jogo.

A perspectiva do dano nessas situações não é completamente despropositada, particularmente nos casos nos quais a exposição da imagem ocorre de forma vexatória, conferindo margem para danos morais. Todavia, essa abordagem se mostra insuficiente por duas razões fundamentais: (i) recorre-se ao conceito de dano moral *in re ipsa*, que se mostra de duvidosa aplicação quando a exposição da imagem é desautorizada,

[75] Apelação nº 1126481-26.2016.8.26.0100. 6ª Câmara de Direito Privado. Relator: Desembargador Rodolfo Pellizari, j. 8.2.2018. Pesquisa realizada em 11.6.2018 não apontou a existência de eventual recurso das partes perante o Superior Tribunal de Justiça.

[76] Artigo 87-A. O direito ao uso da imagem do atleta pode ser por ele cedido ou explorado, mediante ajuste contratual de natureza civil e com fixação de direitos, deveres e condições inconfundíveis com o contrato especial de trabalho desportivo.
Parágrafo único. Quando houver, por parte do atleta, a cessão de direitos ao uso de sua imagem para a entidade de prática desportiva detentora do contrato especial de trabalho desportivo, o valor correspondente ao uso da imagem não poderá ultrapassar 40% (quarenta por cento) da remuneração total paga ao atleta, composta pela soma do salário e dos valores pagos pelo direito ao uso da imagem".

mas não vexatória[77] (Súmula nº 403 do Superior Tribunal de Justiça[78]); e (ii) deixa-se em segundo plano o benefício auferido pelo ofensor em razão da exploração indevida da imagem alheia.

Carlos Nelson Konder afirma que a qualificação dos benefícios originados de intervenção sobre direitos alheios na responsabilidade civil é "mais convidativa". Esse ramo do direito teria passado por "significativa expansão (...), com a grande ampliação das possibilidades de demandas indenizatórias", tornando-se apto a tutelar novos interesses. O fenômeno do alargamento do escopo da responsabilidade civil poderia ser identificado a partir do "aumento dos danos considerados ressarcíveis, da flexibilização da averiguação do nexo causal, mediante teorias mais abertas

[77] No Recurso Especial nº 1.177.785, o Superior Tribunal de Justiça aplicou o conceito de dano moral *in re ipsa*, embora nada indicasse que a exposição da imagem do autor – mesmo em tese – teria ocorrido de forma vexatória. Confira-se a ementa do acórdão:
AGRAVO INTERNO NO AGRAVO EM RECURSO ESPECIAL. PROCESSUAL CIVIL. NEGATIVA DE PRESTAÇÃO JURISDICIONAL. NÃO OCORRÊNCIA. INDENIZAÇÃO POR DANO MORAL. DIREITO À IMAGEM. VIOLAÇÃO. FOTOGRAFIA. PUBLICAÇÃO SEM AUTORIZAÇÃO. PRESCRIÇÃO. TERMO INICIAL. DANO MORAL IN RE IPSA. SÚMULA Nº 403/STJ. CERCEAMENTO DE DEFESA. INEXISTÊNCIA. JULGAMENTO ANTECIPADO DA LIDE. SUFICIÊNCIA PROBATÓRIA. JUROS DE MORA. TERMO INICIAL. CITAÇÃO. 1. Recurso especial interposto contra acórdão publicado na vigência do Código de Processo Civil de 1973 (Enunciados Administrativos nºs 2 e 3/STJ). 2. Na hipótese, não subsiste a alegada ofensa ao art. 535 do CPC/1973, pois o tribunal de origem enfrentou as questões postas, não havendo no aresto recorrido omissão, contradição ou obscuridade. 3. A violação do direito de imagem ocorre a cada publicação não autorizada, renovando-se o prazo prescricional a cada ato ilegítimo. 4. A jurisprudência do Superior Tribunal de Justiça consolidou-se no sentido de que os danos morais em virtude de violação do direito à imagem decorrem de seu simples uso indevido, sendo prescindível, em casos tais, a comprovação da existência de prejuízo efetivo à honra ou ao bom nome do titular daquele direito, pois o dano é in re ipsa. (Súmula nº 403/STJ). 5. Ao magistrado é permitido formar a sua convicção com base em qualquer elemento de prova disponível nos autos, bastando para tanto que indique na decisão os motivos que lhe formaram o convencimento. A intervenção desta Corte quanto a tal valoração encontra óbice na Súmula nº 7/STJ. 6. Não há cerceamento de defesa pelo julgamento antecipado da lide que, de forma fundamentada, resolve a causa sem a produção da prova requerida pela parte em virtude da suficiência dos documentos dos autos. 7. Em se tratando de indenização por danos morais decorrentes de responsabilidade contratual, os juros moratórios fluem a partir da citação. Precedente. 8. Agravo interno não provido. (3ª Turma. Relator: Ministro Ricardo Villas Bôas Cueva, j. 3.12.2018).

[78] Súmula n 403. "Independe de prova do prejuízo a indenização pela publicação não autorizada de imagem de pessoa com fins econômicos ou comerciais".

e presunções de causalidade, bem como em decorrência da passagem da culpa para o risco como fundamento de responsabilização", devendo-se considerar, ainda, "a maleabilidade dos instrumentos da responsabilidade civil, decorrente da utilização de conceitos indeterminados e cláusulas gerais"[79].

O enfoque da jurisprudência brasileira na responsabilidade civil é influenciado, em grande medida, pela técnica legislativa adotada pelas normas esparsas que regulam o enriquecimento originado da intervenção sobre direitos alheios. Anderson Schreiber e Rodrigo da Guia Silva apontam que o entendimento dos tribunais "parece refletir-se diretamente na redação do inciso II do artigo 210 da Lei de Propriedade Industrial (Lei n. 9.279/1996). Referido dispositivo alude, entre os critérios para determinação dos lucros cessantes, aos 'benefícios que foram auferidos pelo autor da violação do direito'. Observa-se, assim, em ao menos uma hipótese, a consagração normativa expressa da proposição teórica que identifica a relevância do lucro auferido pelo interventor para a delimitação da indenização a ser paga em favor da vítima do dano injusto"[80].

Por outro lado, o enquadramento conferido a essas hipóteses pela legislação não decorre de inovação do legislador brasileiro, refletindo a perspectiva adotada em outros países, como na Alemanha – já visto acima – e na Espanha[81].

A principal dificuldade da qualificação dessas hipóteses sob o regime da responsabilidade civil decorreria do "princípio geral de que a indenização

[79] KONDER. Carlos Nelson. *Dificuldades de uma abordagem unitária do lucro da intervenção.* In: Revista de Direito Civil Contemporâneo, v. 13/2017, outubro-dezembro/2017, p. 236. Aline Miranda Valverde Terra e Gisela Sampaio da Cruz Guedes também apontam a ocorrência desse fenômeno. Nas palavras das autoras, "observa-se, contemporaneamente, no direito brasileiro, nítida mudança de foco da responsabilidade civil, a que já se designou 'giro conceitual do ato ilícito para o dano injusto', resultado da constatação de que há inúmeros danos provenientes de condutas outras, que não atos ilícitos, a exigirem, também, reparação. O dano injusto não se identifica, portanto, com antijuridicidade, com violação de direito ou norma; a injustiça do dano está, sim, na lesão a interesse jurídico merecedor de tutela" (*Considerações acerca da exclusão do lucro ilícito do patrimônio do agente ofensor.* In: Revista da Faculdade de Direito da Universidade do Estado do Rio de Janeiro, nº 28, dezembro-2015, p. 3).

[80] *Lucro da Intervenção. Perspectivas de qualificação e quantificação.* In: Direito Civil: Estudos | Coletânea do XV Encontro dos Grupos de Pesquisa – IBDCivil, p. 182.

[81] *idem, ibidem.*

se mede pela extensão do dano, positivado entre nós no *caput* do art. 944 do Código Civil. Enquanto na primeira hipótese – em que a vantagem é inferior ao dano – o modelo se adequaria, porque a indenização do dano cobriria também a devolução do lucro, na segunda e terceira hipóteses, em que a vantagem é superior ao dano, haveria um problema, pois, a indenização iria além do dano sofrido pela vítima"[82].

As potenciais alternativas para ultrapassar essas limitações são aquelas já vistas acima, que consistem em (i) considerar a vantagem obtida pelo agente como um "lucro cessante presumido", indenizando-se o titular do direito pela mera possibilidade auferir receita pela cessão regular do direito, caso a intervenção não tivesse ocorrido; e (ii) conferir função punitiva à responsabilidade civil, ultrapassando-se os limites do dano sofrido pela vítima para sancionar o autor e dissuadir a reiteração da prática ilícita[83].

Embora minoritária, existe posição doutrinária no Brasil que entende que a responsabilidade civil possui função punitiva[84], e que essa finalidade se volta – dentre outros propósitos – para o afastamento do lucro ilícito obtido pelo agente. É esse o entendimento de André Gustavo Corrêa de Andrade, que afirma que a "uma vez presente um ganho ilegítimo como consequência do ato ilícito, a indenização punitiva é cabível independentemente da gravidade da culpa do agente"[85].

A atribuição de função punitiva à indenização possui relação direta com o intuito dos *punitive damages* do direito anglo-saxão. No *common law*, os chamados *compensatory damages* se voltam a reparar o prejuízo sofrido pela vítima, reposicionando-a – dentro do possível – no estado anterior à ocorrência do ato ilícito, de forma semelhante àquilo que se verifica no modelo continental da responsabilidade civil extracontratual. Por sua vez, os *punitive damages* não possuem função compensatória, consistindo em condenação imposta ao agente que praticou o ato ilícito em razão

[82] KONDER. Carlos Nelson. *Dificuldades de uma abordagem unitária do lucro da intervenção.* In: Revista de Direito Civil Contemporâneo, v. 13/2017, outubro-dezembro/2017, p. 236.

[83] *idem*, p. 237.

[84] Geneviève Viney e Patrice Jourdain mencionam que Grossfield, na Alemanha; Vinding Kruse, na Dinamarca; e Hugueney, na França, defendem o caráter punitivo da responsabilidade civil (*Les effets de la responsabilité*, 2ª ed., Paris: L.G.D.J., 2001, p. 4/5).

[85] *Indenização punitiva.* In: Revista da EMERJ, v. 9, no 36, 2006, p.152.

da prática de conduta reprovável, cujo respectivo valor é somado àquele resultante da indenização compensatória[86].

Os *punitive damages* não se caracterizam como direito subjetivo da vítima do evento danoso, havendo discricionariedade do júri quanto à concessão dessa modalidade de indenização. Existem exceções à regra, havendo jurisdições anglo-saxãs nas quais a existência de determinadas provas impõe ao júri o dever de estabelecer indenização punitiva em favor da parte ofendida. Por outro lado, os *punitive damages* não podem ser impostos como resultado da violação de obrigação contratual, podendo ser aplicados somente na esfera extracontratual, e como consequência da aferição dos elementos subjetivos conhecidos como *malice*, *wantonness*, *willfulness*, *oppression*, *fraud*, entre outros, os quais se aproximam do conceito de dolo do direito continental[87].

Existe movimento por parte da doutrina pela adoção dos *punitive damages* nos ordenamentos continentais. Pedro Serpa, por exemplo, defende a aplicação de indenização punitiva diante da constatação dos seguintes requisitos: (i) a necessidade de tutela de "interesses da mais alta relevância", como aqueles "existenciais e metaindividuais", e a "manutenção do equilíbrio social (...)", bem como o "desenvolvimento de uma 'sociedade livre justa e solidária' (art. 3º, I, da CF/88)"; e (ii) a prática de "condutas do mais alto grau de reprovabilidade, marcadas pela intencionalidade do agente (...) ou por sua irresponsável desconsideração pelos direitos alheios (conduta esta que, ainda que não se repute intencional, é, no mínimo, marcada pela culpa grave)"[88].

Judith Martins-Costa e Mariana Pargendler afirmam que esse anseio doutrinário pela adoção da indenização punitiva decorre "da própria insuficiência das respostas oferecidas pela responsabilidade civil como mecanismo meramente ressarcitório, com o montante da indenização limitado ao quanto efetivamente sofrido (...)"[89]. No entanto, as autoras entendem que a adoção da indenização punitiva é desnecessária, pois

[86] SERPA, Pedro. *Indenização Punitiva*. Dissertação de Mestrado apresentada na Faculdade de Direito da Universidade de São Paulo, 2011, p. 24.

[87] MARTINS-COSTA, Judith; Pargendler, Mariana. *Usos e abusos da função punitiva (punitive damages e o Direito brasileiro*. In. Revista CEJ, 9(28), p. 19. Obtido em https://revistacej.cjf.jus.br/revcej/article/view/643. Consulta realizada em 28 de dezembro de 2019.

[88] ob. cit., p. 24.

[89] ob. cit., p. 21.

"a rigor, não é preciso a invocação aos *punitive damages* para lograr, na responsabilidade extrapatrimonial, o caráter 'exemplar' que, em certas hipóteses, faz-se necessário. Também não é preciso – para dar-se ao autor de danos especialmente graves uma justa punição pecuniária – buscar critérios outros que não o da legislação já existente. A regra da simetria do art. 944, caput, do Código Civil, incide só em danos patrimoniais, pois não há como mensurar monetariamente a 'extensão' do dano extrapatrimonial: nesse caso, o que cabe é uma ponderação axiológica, traduzida em valores monetários"[90].

A atual disciplina jurídica da responsabilidade civil impede a adoção de viés punitivo da indenização no ordenamento jurídico brasileiro, à luz do artigo 944 do Código Civil, que estabelece que a indenização se mede pela extensão do dano, não podendo superá-lo. Embora defenda a aplicação da indenização punitiva, Pedro Serpa entende que a admissão desse instituto depende de "cominação legal, sob pena de violação do princípio da reserva legal (insculpido no art. 5º, XXXIX, CF/88)"[91].

De forma semelhante, Carlos Konder afirma que a finalidade sancionatória da responsabilidade civil seria problemática, pois, por não estar prevista em lei, "a função punitiva significa punição sem prévia cominação, conferindo um cheque em branco para o juiz cível ferir o princípio criminal da tipicidade (*nullum crimen, nulla poena sine lege*)". Também não seria possível utilizar a responsabilidade civil para lidar com casos em que não houve conduta culposa ou dolosa do interventor, nem se caracterizou qualquer hipótese de responsabilidade objetiva[92].

[90] *idem*, p. 22.

[91] *Indenização Punitiva*. Dissertação de Mestrado apresentada na Faculdade de Direito da Universidade de São Paulo, 2011, p. 186.

[92] *idem*, p. 237. No mesmo sentido, Nelson Rosenvald e Bernard Korman Kuperman afirmam que "Face à inviabilidade jurídica de estabelecimento de duas condenações autônomas – uma pela reparação de danos da vítima e outra pela punição do demandado – cada qual com os seus pressupostos e requisitos, a prática do judiciário brasileiro é a de implicitamente inserir a função punitiva na reparação por danos extrapatrimoniais. Porém, sem um suporte legislativo que justifique um montante indenizatório superior à extensão do dano, a referida "compensação sincrética" perde a sua legitimidade, diante dos brocardos *nulla poena sine culpa* e *nulla poena sine lege* em sua aplicação. Se assim não fosse, estaríamos diante de violação dos princípios da reserva legal e culpabilidade, dado o presente sincretismo jurídico entre o direito civil e penal" (*Restituição de ganhos ilícitos: há espaço no Brasil para o disgorgement?* In: Revista Fórum de Direito Civil, ano 6, nº 14, janeiro-abril/2017, p. 13).

Gisela Sampaio da Cruz e Aline Valverde Miranda Terra também rejeitam a possibilidade de aplicação da responsabilidade civil em casos de benefícios originados da intervenção de direitos alheios. As autoras entendem que eventual indenização apenas pode ser reconhecida em situações de danos materiais ou morais, inexistindo "nova categoria autônoma de dano, a qual se poderia designar 'dano decorrente de lucros ilegítimos', cujo escopo residiria na retirada, do patrimônio do agente, dos lucros obtidos a partir da violação de direitos de terceiro, não já na compensação da vítima"[93].

Tampouco seria possível realizar interpretação extensiva do artigo 944, parágrafo único, do Código Civil brasileiro[94] – que, a princípio, permite a redução da indenização quando houver desproporção entre dano e culpa –, para aumentar a indenização e punir o ofensor que lucrou com o ato ilícito. Na realidade, o dispositivo se volta especificamente para situações nas quais a culpa do indivíduo é reduzida e o dano relevante, inexistindo fundamento para se estender seu suporte fático para hipótese absolutamente diversa[95].

Partindo do modelo anglo-saxão do *disgorgement*[96], Nelson Rosenvald sugere a utilização da responsabilidade civil extracontratual como modelo para regular situações de enriquecimento decorrente da violação de direitos alheios. Para sustentar essa conclusão, o autor adota como premissa a evolução do princípio da reparação integral dos danos, à luz (i) da expansão das hipóteses de responsabilidade objetiva, que reduz o alcance da culpa; (ii) da simplificação do nexo causal, havendo situações

[93] *Considerações acerca da exclusão do lucro ilícito do patrimônio do agente ofensor*. In: Revista da Faculdade de Direito da Universidade do Estado do Rio de Janeiro, nº 28, dezembro-2015, p. 5.

[94] Art. 944. "A indenização mede-se pela extensão do dano.
Parágrafo único. Se houver excessiva desproporção entre a gravidade da culpa e o dano, poderá o juiz reduzir, equitativamente, a indenização".

[95] Esse também é o entendimento de Sérgio Savi (ob. cit., p. 74/75). A opinião é confirmada pelo Enunciado nº 46, das Jornadas de Direito Civil do Centro de Estudos do Conselho da Justiça Federal, cujo teor é o seguinte: "A possibilidade de redução do montante da indenização em face do grau de culpa do agente, estabelecida no parágrafo único do art. 944 do novo Código Civil, deve ser interpretada restritivamente, por representar uma exceção ao princípio da reparação integral do dano.

[96] Cf. item 1.3.

nas quais se presume sua existência; (iii) e na reparabilidade plena dos danos extrapatrimoniais[97].

A reparação integral não estaria satisfeita somente pela compensação dos danos sofridos pela vítima. Na realidade, o princípio teria viés duplo, voltando-se à recondução de ambas as partes ao estado anterior ao ilícito. Nas situações em que o ofensor obtém benefício patrimonial a par do prejuízo sofrido pela parte prejudicada, "a 'melhor indenização' terá que incluir entre seus critérios alternativos a restituição ou o resgate de benefícios econômicos, sob pena de violentarmos a justiça corretiva que anima a *restitutio in integro*"[98].

Se, por um lado, o enriquecimento sem causa seria inadequado e insuficiente para lidar com essas situações[99], por outro, a responsabilidade civil refletiria o melhor regime para regular a matéria. No direito brasileiro, a posição do infrator é levada em consideração em diversas hipóteses no âmbito dos danos extrapatrimoniais, como se verifica no prejuízo causado por agente incapaz (artigo 928 do Código Civil), ou na mitigação da indenização quando a culpa do agente é mínima em relação à dimensão do dano (artigo 944, parágrafo único, do Código Civil). Como possui relevância nesses casos, seria natural que a situação do ofensor também tivesse repercussão nas hipóteses nas quais o sujeito se beneficia do ilícito[100].

A partir dessas premissas, Nelson Rosenvald sugere alteração legislativa, com a introdução de dispositivo no artigo 944 do Código Civil, na qual se estabeleceria a possibilidade de indenização fundada no benefício do ofensor, bem como os potenciais critérios de quantificação do valor devido[101].

[97] ROSENVALD, Nelson. *A reponsabilidade civil pelo ilícito lucrativo. O disgorgement e a indenização restitutória.* Salvador: JusPudivm, 2019, p. 448/449.

[98] *idem*, p. 454.

[99] Cf. item 1.4.

[100] ROSENVALD, Nelson. *A reponsabilidade civil pelo ilícito lucrativo. O disgorgement e a indenização restitutória*, p. 460.

[101] O autor sugere a introdução de §1º no artigo 944 do Código Civil, com o seguinte teor: "Em alternativa à reparação de danos patrimoniais, a indenização compreenderá uma soma razoável correspondente à violação de um direito e, quando necessário, a remoção dos lucros ou vantagens auferidas pelo lesante em conexão com a prática do ilícito" (*idem*, p. 524 e 533).

A par da necessidade de alteração legislativa – decorrente dos nítidos limites impostos pelo artigo 944 do Código Civil –, a adoção da responsabilidade civil como modelo para lidar com situações de enriquecimento originado de violação de direitos enfrenta outras dificuldades, pois utiliza sistema concebido para lidar com a reparação das perdas, e cuja evolução ocorreu para propiciar a satisfação dessa finalidade, sem se voltar para a restituição de benefícios. Dentro desse contexto, o direcionamento da responsabilidade civil para o ganho do ofensor modifica alguns de seus pilares conceituais, propiciando o surgimento de novas dificuldades, sem tornar o sistema mais justo ou eficiente.

Sob a perspectiva conceitual, inexiste fundamento para se afirmar que a responsabilidade civil deve ir além da função reparatória do prejuízo, voltando-se para a restituição do ganho do ofensor. Já sob o viés pragmático, a responsabilidade civil (i) enfrenta dificuldades em regular a alocação de ganho patrimonial; e (ii) deixa lacunas ao direcionar seu enfoque no comportamento do ofensor.

Nesse sentido, a expansão das hipóteses de responsabilidade objetiva, a eventual simplificação do nexo causal, havendo situações nas quais se presume sua existência e reparação dos danos extrapatrimoniais não indicam eventual preocupação da responsabilidade com a posição patrimonial do ofensor. Indicam, na realidade, o enfoque sobre a situação da vítima, vislumbrando-se as diversas formas que o dano pode assumir, bem como a necessidade do desenvolvimento de mecanismos que propiciem a reparação.

Ao tratar do maior alcance das hipóteses de responsabilidade objetiva, Alvino Lima já suscitava a necessidade de se propiciar mecanismos de reparação do prejuízo, afirmando que "o que se deve ter em vista é a vítima, assegurando-lhe a reparação do dano e não a ideia de infligir uma pena ao autor do prejuízo causado"[102]. Em ocasião mais recente, Giselda Hironaka explica que o enfoque da matéria "deslocou-se, nas últimas décadas, de uma preferência para atender os interesses do responsável, por meio da exoneração de sua responsabilidade, para atender ao interesse da vítima e seu direito de ser ressarcida"[103]

[102] *Culpa e risco.* São Paulo: Revista dos Tribunais, 1960, p. 121.

[103] *Responsabilidade Pressuposta,* Belo Horizonte: Del Rey, p. 149. Na Argentina, Carlos Alberto Ghersi trata da reforma introduzida pela Lei 17.711 de 1968, afirmando que, naquela

O propósito da responsabilidade civil consiste, portanto, no retorno ao estado patrimonial anterior ao dano somente no que diz respeito somente à vítima. Esse não apenas é o modelo legislativo atualmente adotado em praticamente todos os países que acolhem a tradição jurídica romano-germânica, como também é resultado de longa tradição da responsabilidade civil. No direito romano, por exemplo, a restituição como consequência de atos ilícitos apenas foi reconhecida de forma bastante pontual e absolutamente excepcional, principalmente nas situações nas quais a responsabilidade civil era insuficiente para proporcionar reequilíbrio patrimonial. Jamais houve a pretensão de se colocar a restituição dos benefícios como elemento central da responsabilidade civil[104].

Logo, a responsabilidade civil jamais se voltou a regular o estado patrimonial do ofensor, inexistindo eventuais elementos indicando a pertinência ou a necessidade de se alterar esse sistema de forma tão drástica. Enfocar a situação patrimonial do causador do dano significa introduzir de forma artificial finalidade que jamais integrou a responsabilidade civil extracontratual, sem que haja justificativa para tanto.

Mesmo que se considerasse que o retorno de ambas as partes ao estado anterior ao ato consiste em consequência do ilícito extracontratual, a responsabilidade civil se revela incapaz de satisfazê-la. Pois, ao invés de proporcionar a restauração do cenário que precede à violação do direito, a restituição aloca para uma das partes o aumento patrimonial originado no caso. É justamente neste ponto em que surge a primeira dificuldade da responsabilidade civil de lidar com o benefício do ofensor: enquanto as hipóteses tradicionais de responsabilidade civil regulam situações de *soma zero*, pois envolvem o pagamento de indenização para reparar a perda patrimonial, o enriquecimento se volta a hipóteses nas quais o acervo patrimonial posterior ao ilícito é superior àquele existente antes da conduta, cabendo ao direito definir para onde destinar o acréscimo auferido.

Em última análise, a recomposição das partes ao estado anterior à violação do direito é impossível nas situações de enriquecimento, à luz do aumento de patrimônio que normalmente ocorre nessas hipóteses.

oportunidade, "começou-se a estudar o fenômeno desde a perspectiva do prejudicado e do dano, e não exclusivamente a partir do causador (...)" (*Teoría general de la reparación de daños.* 3ª ed., Buenos Aires: Astrea, 2003, p. 21 – trad. livre do espanhol).

[104] Cf. item 2.1.

Por ter evoluído para propiciar a recomposição do patrimônio da vítima, a responsabilidade extracontratual enfrenta obstáculos para lidar com o acréscimo do acervo patrimonial, e não consegue propiciar o retorno de ambas as partes ao cenário anterior ao ilícito.

A responsabilidade civil também se mostra insuficiente para lidar com hipóteses de benefício patrimonial, à luz de seu enfoque sobre a conduta do ofensor, e não sobre o deslocamento patrimonial. Todo o sistema da responsabilidade extracontratual possui como pressuposto a análise do comportamento do potencial responsável, que deve, como regra geral, (i) caracterizar-se como culposo ou doloso; ou (ii) consistir em atividade que possa implicar, por sua natureza, risco para os direitos de outros indivíduos (artigo 927 do Código Civil)[105]. Trata-se, em suma, da responsabilidade subjetiva e da responsabilidade objetiva pelo risco da atividade.

Esses requisitos se revelam insatisfatórios para lidar com os benefícios originados sobre a intervenção sobre direitos alheios, pois é possível – quiçá comum – que atos de intromissão ocorram sem culpa ou dolo e muito menos no exercício de atividade geradora de riscos. É o que ocorre, por exemplo, nas hipóteses nas quais o sujeito realiza o ato de intervenção acreditando ser o legítimo titular do direito, por ter recebido o direito em cessão de terceiro que aparentava ser o verdadeiro titular. Por se preocupar com a conduta do sujeito, e não com o acréscimo patrimonial em si, a responsabilidade civil extracontratual se revela omissa para lidar com essas situações, mostrando-se insuficiente para estabelecer a restituição de benefícios auferidos sem a existência prévia de comportamento caracterizador de responsabilidade.

Diante desse cenário, verifica-se que o escopo da responsabilidade civil extracontratual consiste na reparação do prejuízo sofrido pela vítima, sem se preocupar com a situação patrimonial do ofensor. Para tanto, o sistema se apoia na conduta do ofensor, estabelecendo a culpa e o risco da atividade como os principais fatores de atribuição do dever de indenizar.

[105] Existem outras hipóteses de responsabilidade objetiva a par daquela originada do risco da atividade, prevista no artigo 927, parágrafo único, do Código Civil. Como exemplos, é possível mencionar (i) a responsabilidade pelo fato e vício do produto ou serviço fornecido na esfera de relação de consumo (artigos 12 e18 do Código de Defesa do Consumidor), que surge mesmo diante da inexistência de risco criado pelo fornecedor; e (ii) a responsabilidade por fato de terceiro (artigo 932 do Código Civil).

Orientar a responsabilidade civil para a alocação do ganho significa alterar sua substância, com o surgimento de novos obstáculos, em razão da dificuldade do instituto em lidar com ganhos patrimoniais, principalmente nas hipóteses nas quais o benefício não se origina de condutas atribuidoras de responsabilidade.

Por outro lado, é equivocado vincular o conceito de lucros cessantes a situações de intervenção sobre direitos alheios, presumindo-se que o titular teria cedido onerosamente o direito caso a intervenção não tivesse se verificado. Na esfera dos lucros cessantes, exige-se a existência de "uma probabilidade objetiva resultante do desenvolvimento normal dos acontecimentos conjugados às circunstâncias peculiares do caso concreto"[106], afirmando-se que os danos apenas incluem "todas as consequências normalmente previsíveis de um evento danoso cujos efeitos começaram a se manifestar no momento em que a responsabilidade é apreciada"[107].

Eventuais normas que definam lucros cessantes a partir dos "benefícios que foram auferidos pelo autor da violação do direito", como se verifica no artigo 210 da Lei nº 9.279/1996, refletem técnica legislativa equivocada, embora confiram fundamento para as decisões judiciais que as utilizem. Como são modalidade de dano e integram o arcabouço conceitual da responsabilidade civil aquiliana, os lucros cessantes se caracterizam pela perda patrimonial da vítima – e não pelo benefício do ofensor –, e sua caracterização depende da existência de probabilidade concreta da obtenção de incremento patrimonial não auferido.

O enquadramento dessas hipóteses como dano moral tampouco se mostra adequado. Situações de intervenção em direitos alheios possuem natureza patrimonial, não possuindo relação com hipóteses de "dor, vexame, sofrimento ou humilhação que, fugindo à normalidade, interfira intensamente no comportamento psicológico do indivíduo, causando-lhe aflições, angústia, desequilíbrio em seu bem-estar"[108].

É possível que, em situações envolvendo a intervenção sobre direitos da personalidade, haja danos morais sofridos pelo indivíduo. Todavia, esses

[106] AGUIAR DIAS, José de. *Da responsabilidade civil.* v. II, 5ª ed., Rio de Janeiro: Forense, 1973, p. 349.

[107] VINEY, Geneviève; JOURDAIN, Patrice. *Les conditions de la responsabilité,* 3ª ed., Paris: L.G.D.J., p. 85.

[108] CAVALIERI FILHO, Sérgio. *Programa de responsabilidade civil,* 8ª ed, São Paulo: Atlas, p. 83.

danos divergem completamente dos benefícios obtidos pelo interventor: uma coisa é o prejuízo – ainda que imaterial – sofrido pela vítima, outra – completamente diversa – é o enriquecimento obtido pelo agente como resultado da intervenção irregular sobre direito alheio. Sob qualquer ângulo que se analise a questão, verifica-se que a responsabilidade civil extracontratual é inadequada e insuficiente para regular as consequências originadas dos benefícios obtidos a partir da intervenção sobre direitos alheios. Inadequada porque, por se voltar à perda patrimonial sofrida pela vítima do evento danoso, a estrutura conceitual da responsabilidade aquiliana é inapta para lidar com o incremento de patrimônio. Insuficiente porque a responsabilidade civil extracontratual é baseada – via de regra – na culpa ou dolo do agente, ou no risco da atividade por ele desenvolvida, não atingindo hipóteses fáticas de benefício patrimonial obtido fora desses casos.

O eventual reconhecimento legislativo de conceitos típicos da responsabilidade civil para lidar com hipóteses de benefício patrimonial não altera esse cenário. Muito embora confiram fundamento para decisões judiciais que imponham a restituição do enriquecimento, essas potenciais normas partem de pressupostos conceituais equivocados, sendo incompatíveis com a natureza jurídica da responsabilidade civil extracontratual.

1.2. Gestão de negócios

A gestão de negócios[109] adquire importância para a análise do enriquecimento por intervenção, em razão da proximidade entre as hipóteses fáticas tratadas pelos institutos[110].

[109] Pontes de Miranda afirma que "A expressão 'gestão de negócios' é ambígua, porque há gestão de negócios alheios e gestão de negócios próprios. Dizer-se gestão de negócios alheios não bastaria, porque tal gestão não poderia ser em virtude de negócio jurídico *(e. g.*, mandato ou de lei). Costuma-se dizer, mais explicitamente, gestão de negócios alheios sem mandato, mas também não seria suficiente: o contrato de que se irradia o dever ou o direito de gestionar pode não ser o de mandato. Daí preferirmos: gestão de negócios alheios sem outorga. Sem outorga de direito ou de poder; portanto, sem prévia relação jurídica entre o gestor de negócios e o *dominus negotii*" (*Tratado de Direito Privado. Direito das Obrigações: Mandato. Gestão de negócios alheios sem outorga.* Mediação. Comissão. Corretagem. t. XLIII, 3ª ed, São Paulo: Borsoi, 1972, p. 180).

[110] Embora possua relevância reduzida na atualidade, a gestão de negócios ainda possui utilidade na solução de problemas concretos. Em caso bastante interessante, menor embarcou

Diante desse cenário, tem-se aqui por escopo definir (i) a adequação do regime da gestão de negócios para disciplinar situações envolvendo acréscimos patrimoniais originados da intromissão indevida em direitos alheios; (ii) os eventuais requisitos para a aplicação desse regime jurídico; e (iii) as consequências decorrentes da adoção do modelo da gestão de negócios e o confronto dessas consequências com aquelas que se originariam a partir do enriquecimento sem causa.

Em termos mais simples, busca-se verificar se a gestão de negócios consiste em alternativa viável para regular a destinação dos benefícios originados da intervenção indevida sobre os direitos alheios, e esclarecer se – e em que medida – é possível admitir a convivência desse instituto com o enriquecimento sem causa nessas hipóteses específicas.

A estrutura conferida pelo Direito Romano à gestão de negócios[111] envolvia os seguintes requisitos fundamentais: (i) a ausência do titular do direito (*dominus*); (ii) a utilidade da intervenção do gestor; e (iii) a satisfação do interesse do titular[112], havendo controvérsia sobre esse último requisito[113]. Logo, sob a perspectiva tradicional, a gestão de negócios apenas se caracterizaria em situações nas quais o titular não estivesse presente, houvesse utilidade na atuação do gestor e – ao que tudo indica – houvesse a observância do interesse do dono do negócio.

clandestinamente em voo de Munique para Nova York, utilizando-se de passagem comprada para Hamburgo. Ao chegar em território norte-americano, o menor foi compelido a retornar para a Alemanha. A mãe do menor se recusou a pagar os custos da viagem de ida e de volta e eventual pedido com fundamento no enriquecimento sem causa possuiria chances reduzidas de êxito, pois a companhia aérea possuía consciência da situação por ocasião da viagem de volta (§814 do Código Civil alemão). A solução para a cobrança pelo bilhete de retorno foi a gestão de negócios. Como as autoridades norte-americanas haviam imposto o retorno do menor para Munique, a companhia aérea pode alegar que realizou o transporte no interesse do passageiro (DANNEMANN, Gerhard. *The German Law of Unjustified Enrichment and Restitution. A Comparative Introduction.* Nova York: Oxford University Press, 2009, p. 112).

[111] A gestão de negócios é mencionada nas Institutas de Justiniano (3, 27, I), que trata da importância do instituto para evitar o perecimento ou deteriorização dos bens que não possam ser geridos pelos respectivos titulares (LORENZEN, Ernest G. *The negotiorum gestio in Roman and modern civil law.* In: Cornell Law Review, v. 13, n. 2, fevereiro/1928, p. 190).

[112] VICENTE, Dário Moura. ob. cit., p. 540.

[113] A controvérsia sobre a necessidade da satisfação do interesse do titular no direito romano será abordada mais adiante.

No contexto atual, a gestão de negócios se caracteriza, em linhas gerais, na presença dos seguintes requisitos: (i) o caráter alheio do negócio gerido, também conhecido como alienidade[114]; (ii) a atuação do gestor no interesse (*animus negotia aliena gerendi*) e por conta do dono do negócio; e (iii) a ausência de autorização por parte do titular do negócio[115]. A neces-

[114] Pontes de Miranda reconhece a dicotomia entre a alienidade objetiva e subjetiva, apontando a diferença entre negócios objetivamente alheios e negócios subjetivamente alheios. Nas palavras do tratadista, "dizem-se *negócios objetivamente alheios* aqueles cujo conteúdo é de interesse alheio (pagamento das contas de outrem, recebimento de encomendas do ausente, apagamento do fogo que o foguete lançou na plantação alheia). *Negócios subjetivamente alheios* são aqueles que se percebe ou se supõe ou se crê que neles teria interesse alguém (*e. g.*, A dá o sinal para a compra de apartamento, que E queira adquirir, sem que A tivesse sido incumbido de tal contrato). Aí a intenção de praticar o ato para outro é de grande relevância. O ônus de afirmar e provar que se praticou o ato para outrem incumbe ao gestor" (*Tratado de Direito Privado. Direito das Obrigações: Mandato. Gestão de negócios alheios sem outorga. Mediação. Comissão. Corretagem.* t. XLIII, 3ª ed, São Paulo: Borsoi, 1972, p. 179).
Menezes Leitão afirma que a alienidade deve ser determinada pelo "critério subjetivo da intenção do gestor de atuar para outrem. Retornando à ideia de que tínhamos partido de que a alienidade constituiria a exclusão de uma relação entre dois termos, pensamos que o primeiro pressuposto da alienidade na gestão de negócios é o de que o gestor não atue exclusivamente em seu proveito. O fim da atuação do gestor, que esta se exerça sobre um objeto onde seja possível determinar uma relação de pertença jurídica a outra pessoa, quer se exerça sobre um objeto onde essa relação seja indeterminável, não pode ser o seu exclusivo proveito. Se o for não existe alienidade" Esse entendimento pode gerar alguma confusão com a intenção da gestão (*animus negotia aliena gerendi*), que é compreendida pelo mesmo autor como "a intenção de destinar para o *dominus* os efeitos da gestão" (*A responsabilidade do gestor perante o dono do negócio.* Coimbra: Almedina, 2005, p. 186 e 199).

[115] ANTUNES VARELA, João de Matos. ob. cit., p. 450. Existem diferenças pontuais entre os autores na definição dos requisitos necessários para a caracterização da gestão de negócios, a partir da perspectiva adotada por cada um. Antônio Chaves, por exemplo, entende que o reconhecimento do instituto depende da constatação (i) de *absentia domini*, ou seja, da ausência do titular do negócio; (ii) do caráter voluntário da intervenção do gestor; (iii) da alienidade do negócio; (iv) do desinteresse do gestor, que não age em benefício próprio; e (v) no *animus negotia aliena gerendi*, ou seja, na finalidade da gestão de beneficiar o gestor (*Gestão de negócios alheios.* In: Revista de Informação Legislativa, v. 13, n. 51, julho/setembro 1976, p. 101/114).
Alguns autores ainda inserem a *utiliter coeptum*, que consiste na utilidade inicial da gestão para o titular, como requisito da gestão de negócios. Rodolfo Sacco analisa a questão tratando dos requisitos da *absentia domini* e da *utiliter coeptum* – esse último também reconhecido por parte da doutrina, para a caracterização da gestão de negócios. No primeiro caso, a *absentia domini* se relaciona à ausência do interessado no lugar do negócio, ou à impossibilidade/dificuldade do interessado de realizar o negócio, ou apenas à ausência de proibição do interessado quanto à

sidade de observância do interesse do titular possui bastante relevância, a ponto de Clóvis Beviláqua mencionar os ensinamentos de Moulon e definir a gestão de negócios como "o ato voluntário de uma pessoa que, sem ter recebido mandato para este efeito, age, estipula ou promete, no interesse de terceiro"[116].

É justamente a atuação do gestor para a satisfação do interesse do titular – também conhecida como *animus negotia aliena gerendi* – que possui relevância para analisar a compatibilidade entre o regime da gestão de negócios e o enriquecimento originado da intervenção sobre direitos alheios. A razão disso é que, nas hipóteses sob análise, o interventor age em prol do seu interesse, seja por acreditar ser o verdadeiro titular do direito, seja por pretender obter benefício indevido à custa do titular. Deve-se, então, definir se, nessas situações, é possível aplicar o regime da gestão de negócios e todas as consequências inerentes ao instituto.

À medida que foi introduzida e regulamentada nos diversos ordenamentos jurídicos, a gestão de negócios adquiriu contornos próprios, de acordo com as peculiaridades de cada legislação. Existem vários dispositivos normativos que reconhecem a gestão de negócios em situações nas quais o gestor age em interesse próprio. Destacam-se particularmente o §687 do Código Civil alemão[117], o artigo 423 do Código de Obrigações

realização dos negócios. Esse requisito é exigido apenas para conceder ao gestor ação contra o interessado, ou para se exigir a obrigação do gestor de continuar a gestão, mas não é requerido para fim da obrigação, imposta ao gestor, de prestar contas de sua administração. É o que se verifica do artigo 2.028, que afirma que a obrigação de continuar a gestão cessa quando o interessado tenha realizado a gestão de forma satisfatória, ou o artigo 2.031, na segunda parte, nega o direito de indenização em caso de contradição do interessado. Por sua vez, a *utiliter coeptum*, relativa a necessidade de utilidade da gestão em seu início, é mero limite à ação do gestor, que se responsabiliza caso a utilidade não se verifique (*L'arricchimento ottenuto mediante fatto ingiusto*. Torino: Editrice Torinense, 1959, p. 118).

[116] ob. cit., p. 233.

[117] Artigo 687. "Gestão de negócios sem autorização específica.

1. As normas dos artigos 677 a 686 não incidem se o indivíduo realiza a gestão de negócios de terceiro, acreditando ser o verdadeiro titular.

2. Se o indivíduo trata os negócios de terceiros como seus, embora saiba que não possui direito a tanto, o titular pode ingressar exercer pretensão com fundamento nos artigos 677, 678, 681 e 682. Se ele exerce tal pretensão, ele possui obrigações junto ao gestor nos termos do artigo 684, 1" (trad. livre do inglês. Obtido em https://www.gesetze-im-internet.de/englisch_bgb/englisch_bgb.html#p3115. Consulta realizada em 17.8.2019).

suíço[118], o artigo 2.032 do Código Civil italiano[119] e artigo 472 do Código Civil português[120], que inserem – cada qual com suas peculiaridades – a gestão de negócios alheios realizada no interesse do gestor dentro do regime da gestão de negócios.

Diante desse contexto, passou-se a reconhecer – ao menos no âmbito legislativo – que a caracterização de determinada hipótese fática sob a disciplina da gestão de negócios não depende necessariamente da observância do interesse do titular por parte do gestor. Na realidade, a gestão de negócios poderia ser dividida nas seguintes modalidades: (i) a gestão altruísta, regular ou perfeita, na qual o gestor age de acordo com a vontade real ou presumível do titular; (ii) a gestão altruísta irregular, que envolve a atuação no interesse do titular, mas de forma incompatível com sua vontade real ou presumível; (iii) a gestão imprópria, imperfeita, ou interessada consciente, na qual o gestor sabe que o negócio pertence a terceiro, e age segundo seus próprios interesses; e (iv) a gestão interessada não consciente, também conhecida como gestão de negócios alheios julgados como próprios, n'a qual o gestor desconhece que o negócio pertence a terceiro, e atua de boa-fé na satisfação de seus interesses[121].

[118] Artigo 423, 1. "Quando a administração não for realizada no interesse do titular, o gestor não tem direito de se apropriar dos lucros resultantes".

[119] Artigo 2.032. "A aprovação do interessado produz, relativamente à gestão, os efeitos que seriam derivados do mandato, mesmo se a gestão é realizada por sujeito que acreditava gerir negócio próprio". (trad. livre do italiano. O texto original é o seguinte: "La ratifica dell'interessato produce, relativamente alla gestione, gli effetti che sarebbero derivati da un mandato, anche se la gestione è stata compiuta da persona che credeva di gestire un affare próprio").

[120] Artigo 472º "(Gestão de negócio alheio julgado próprio)
1. Se alguém gerir negócio alheio, convencido de que ele lhe pertence, só é aplicável o disposto nesta secção se houver aprovação da gestão; em quaisquer outras circunstâncias, são aplicáveis à gestão as regras do enriquecimento sem causa, sem prejuízo de outras que ao caso couberem.
2. Se houver culpa do gestor na violação do direito alheio, são aplicáveis ao caso as regras da responsabilidade civil".

[121] CHAPPUIS, Christine. *La restitution des profits illégitimes: le rôle privilégié de la gestion d'affaires sans mandat en droit privé suisse*. Bâle: Helbing & Lichtenhahn, 1991, p. 29 e ss.. A denominação "gestão imprópria" é adotada por outros autores, referindo-se à situação na qual o gestor atua em interesse próprio, sabendo que o negócio pertence a terceiro. Por sua vez, a denominação "gestão de negócio alheio julgado próprio" consta do artigo 472 do Código Civil português).

Para a análise das situações envolvendo o enriquecimento originado da intromissão indevida sobre direitos alheios, merecem particular destaque a chamada gestão de negócios imprópria e a gestão de negócios alheios julgados como próprios. Tal como se verifica no enriquecimento por intervenção, essas situações envolvem a utilização de direito alheio para a satisfação de interesse do beneficiado ou gestor. É justamente por isso que é necessário compreender como o enriquecimento sem causa e a gestão de negócios interagem nessas situações, e qual o âmbito de aplicação de cada instituto.

No tópico abaixo, passa-se a analisar o cabimento do regime da gestão de negócios para lidar com essas situações, tanto no direito estrangeiro, quanto no direito brasileiro.

1.2.1. A gestão de negócios alheios julgados como próprios e a gestão de negócios imprópria

Sem prejuízo de posicionamentos diversos, principalmente na jurisprudência, é possível apontar maior abertura da doutrina italiana de aceitar a utilização do regime de gestão de negócios em situações envolvendo a intromissão indevida sobre direitos alheios. A partir do artigo 2.032 do Código Civil italiano, afirma-se que, em situações envolvendo a gestão de negócios alheios julgados como próprios[122] ou a gestão imprópria, caberia ao titular do direito ratificar a atuação do gestor, submetendo-o ao regime da gestão de negócios, com a consequente restituição de eventuais benefícios auferidos pela utilização indevida do direito.

[122] Para Menezes Leitão, a gestão de negócios alheios julgados próprios é constituída pelos seguintes elementos: (i) a gestão de negócios alheia; (ii) a ausência de consciência quanto ao caráter alheio do negócio. De acordo com o autor, "o primeiro conceito implica, como já se referiu, a presença de uma alienidade objetiva. O gestor tem que se ingerir na esfera jurídica alheia. Essa ingerência implica a aplicação de uma categoria específica de ilicitude: a violação do direito de outrem. A atuação do gestor insere-se por esta forma no âmbito de uma permissão normativa específica de aproveitamento de um bem que não lhe vem a si dirigida. Este tipo de alienidade explica, pois, uma violação da ordenação jurídica da atribuição dos bens.
O segundo conceito relaciona-se com a falta de consciência dessa alienidade objetiva. A atuação do gestor não é consequentemente dirigida pelo fim de atribuir a outrem os efeitos dos atos que pratica mas antes pela intenção de os atribuir a si próprio. Falta assim o *animus* característico da gestão de negócios pela ausência do elemento cognitivo de que é composto" (*A responsabilidade do gestor perante o dono do negócio*. Coimbra: Almedina, 2005, p. 231).

A preferência dos autores italianos pela gestão de negócios decorre de razão peculiar inerente ao ordenamento local. Na esfera do enriquecimento sem causa, o artigo 2.041 do Código Civil italiano limita a restituição à "diminuição patrimonial" do prejudicado. Por maiores que sejam os esforços interpretativos sobre o assunto – que relacionam o requisito legislativo à mera violação do direito do prejudicado[123] –, é difícil desvincular a restituição da efetiva perda de bens do prejudicado.

A adoção da exegese tradicional, que observa a literalidade do texto legislativo e exige efetiva perda patrimonial, torna o enriquecimento sem causa praticamente inócuo, pois o transforma quase em reflexo da responsabilidade civil. Ainda que existam algumas diferenças entre os institutos – tal como a necessidade de culpa do ofensor como regra da responsabilidade civil e de benefício econômico, no enriquecimento –, a exigência de perda patrimonial esvazia a utilidade do enriquecimento sem causa nas situações nas quais o aumento patrimonial supera a perda, como normalmente se verifica no enriquecimento por intervenção.

Diante desse cenário, a gestão de negócios surge como alternativa interessante para lidar com o enriquecimento por intervenção. A tese parte do teor do artigo 2.032 do Código Civil italiano, que se volta inicialmente para a gestão de negócios alheios julgados como próprios, aplicando-se especificamente nas situações nas quais se verifique a existência (i) de todos os elementos objetivos da gestão, nos termos do artigos 2.028/2.031, ou seja, a propriedade alheia do negócio, o início útil das atividades (*utiliter coeptum*) e a ausência da titularidade pelo gestor; e (ii) do elemento subjetivo relativo à opinião equivocada do gestor, que acredita estar gerindo negócios próprios[124].

A linha doutrinária que sustenta a gestão de negócios defende a interpretação extensiva do artigo 2.032 do Código Civil italiano, que deveria ser aplicado não apenas na gestão de negócios alheios julgados como próprios, mas também na gestão de negócios imprópria. Afirma-se que a interpretação literal do dispositivo proporciona âmbito de aplicação excessivamente restrito e que a exegese sistemática e histórica da norma indica que o titular do bem pode ratificar a gestão e exigir a restituição

[123] Cf. item 4.2 abaixo.

[124] SACCO, Rodolfo. *L'arricchimento ottenuto mediante fatto ingiusto*. Torino: Editrice Torinense, 1959, p. 114/115.

também daquele que interferiu indevidamente nesse patrimônio, com a consciência da titularidade de terceiro[125].

A diferença fundamental entre a gestão de negócios alheios julgados como próprios – regulada expressamente no artigo 2.032 do Código Civil italiano – e a gestão imprópria consistiria somente no estado subjetivo do gestor. Enquanto a crença do gestor quanto à sua suposta titularidade sobre o bem caracteriza a boa-fé, o conhecimento acerca da titularidade de terceiro sobre os negócios confere margem para o reconhecimento da má-fé do gestor.

Esse é o entendimento de Rodolfo Sacco, que é provavelmente o maior expoente da tese da gestão de negócios no âmbito do enriquecimento por intervenção. O autor afirma que eventual interpretação literal do artigo 2.032 do Código Civil italiano confere margem para tratamento mais benéfico para o gestor de má-fé, criando situação de inadmissível iniquidade. Se, nas situações envolvendo a gestão de negócios alheios julgados como próprios, o titular pode aprovar a atuação do gestor e receber os benefícios originados da gestão, o mesmo deve se aplicar nas hipóteses envolvendo a gestão imprópria. Caso contrário, permite-se que o interventor que agiu de forma dolosa receba os benefícios originados do ato ilícito, enquanto aquele que agiu de forma inconsciente tenha que restituir os benefícios decorrentes de sua atuação[126].

De acordo com Rodolfo Sacco, a intenção de gerir coisa alheia não seria indispensável para caracterização da gestão de negócios. Verificada a existência dos demais elementos da gestão de negócios, a ausência do *animus negotia aliena gerendi* não impede que o titular possa obter a prestação de contas e a restituição do lucro daquele que tenha realizado intervenção indevida sobre direito alheio, qualquer que seja o estado de consciência do indivíduo sobre a titularidade do direito[127].

O principal obstáculo para a aplicação da gestão de negócios seria a necessidade de aprovação da gestão pelo titular. Com isso, o titular não apenas assumiria as consequências dos atos do gestor, como teria ainda que indenizá-lo pelos prejuízos sofridos no curso da gestão. Haveria, em suma, um sistema binário na gestão de negócios, que imporia uma difícil

125 *idem*, p. 115.

126 *idem, ibidem*.

127 *idem*, p. 117.

escolha ao titular do direito: ou bem aprova a gestão, obtém o lucro dela originado, mas aceita integralmente a atuação do gestor, e ainda o indeniza pelas perdas sofridas; ou bem recusa a gestão e fica desamparado, à luz da inexistência de mecanismo para obter o acréscimo patrimonial originado da atuação do gestor.

Ao tratar desse potencial óbice, Rodolfo Sacco afirma que a necessidade de aprovação das contas, prevista em lei, somente indica que o interessado não pode ser forçado a sofrer as consequências antijurídicas das ações do gestor. Todavia, inexiste eventual obrigatoriedade de se impor ao dono do negócio a aceitação das iniciativas do gestor de modo global e indiscriminado[128].

Na realidade, a aprovação da gestão não consistiria em sistema binário, impondo-se ao titular do direito a aceitação de todas ou de nenhuma de suas consequências. A pedido do interessado, o gestor tem o dever de prestação de contas, de indenizar eventuais prejuízos causados, sem prejuízo da restituição dos benefícios decorrentes da gestão realizada. Trata-se de situação semelhante àquela vivenciada pelo possuidor de má-fé que tenha alugado a coisa a terceiro e deve restituir os frutos civis recebidos, ainda que o proprietário possa obter a coisa perante o locatário[129].

Sob a perspectiva histórica, Sacco afirma que o *animus negotia aliena gerendi* não seria indispensável para a caracterização da gestão de negócios. Desde o fim do período dos glosadores, o direito comum teria conhecido duas figuras de gestão sem mandato: a gestão conduzida com o ânimo de gerir negócio alheio, de um lado, e aquela meramente objetiva, do outro. Tratava-se, na realidade, de duas modalidades diversas da gestão de negócios romana, originadas do instituto tal como previsto no *Corpus Iuris Civilis*[130].

A reconstrução do instituto justinianeu da gestão objetiva adotou como premissa que todos os pressupostos específicos da ação *negotiorum gestorum* deveriam ser abolidos, sendo substituídos por um requisito único, de cunho objetivo: o caráter alheio do negócio. Desse fato derivariam a obrigação do gestor de prestar contas da gestão ao dono do negócio e, em contrapartida, a obrigação desse último de ressarcir as despesas realizadas

[128] *idem*, p. 119.

[129] *idem, ibidem*.

[130] *idem*, p. 120.

pelo gestor. A gestão objetiva não exigiria o ânimo de gerir negócio alheio, o *utiliter coeptum*, a espontaneidade do gestor, e muito menos a ciência do gestor quanto ao caráter alheio do negócio[131].

Segundo Rodolfo Sacco, os intérpretes italianos que trataram da gestão de negócios ainda sob a vigência do Código Civil de 1865 não estavam certos acerca do cabimento da *actio negotiorum gestorum* nas situações envolvendo a gestão objetiva de coisa alheia. Com o Código Civil de 1942, essa potencial dificuldade deixou de existir, pois a interpretação correta do artigo 2.032 amplia o âmbito de incidência desse dispositivo para qualquer caso de gestão de negócios objetiva[132].

A opinião de Pietro Sirena segue a mesma linha, destacando-se pela análise sobre a natureza jurídica e os limites do enriquecimento sem causa. O autor entende que o artigo 2.028 do Código Civil italiano se aplica a qualquer um que interfira na esfera jurídica alheia, não importa se imbuído de egoísmo, ou se altruisticamente. Em contrapartida, o modelo do enriquecimento sem causa é insuficiente para lidar com essas situações, à luz do teor do teor do artigo 2.041 do Código Civil, que estabelece que o enriquecimento sem causa se limite à "diminuição patrimonial correspectiva" da parte prejudicada[133]. A perda de patrimônio corresponderia ao preço pela cessão do direito, enquanto o lucro líquido decorrente da intervenção sobre direito alheio pertenceria ao interventor, e não ao titular[134].

Sob o regime do enriquecimento sem causa, o sujeito que se beneficia sem causa de bens ou direitos alheios deve restituir apenas o valor do prejuízo, que corresponderia ao valor de mercado pela utilização regular do direito. A lucratividade obtida em virtude da capacidade profissional ou da expertise do interventor não ingressaria no objeto do enriquecimento sem causa, ainda que o sujeito tenha agido de forma consciente, sabendo que o direito utilizado integra patrimônio de terceiro[135].

131 *idem*, p. 120/121.

132 *idem*, p. 123.

133 *L'obbligo di protezione a carico di chi si ingerisce nell'altrui sfera giuridica e la restituzione del profitto ingiustificato*. In: Contratto e Impresa/Europa, 1-2010, p. 15.

134 SIRENA, Pietro. *La restituzione dell'arricchimento e il risarcimento del danno*. In: Rivista di Diritto Civile, ano LV, nº 1, janeiro-fevereiro/2009, p. 82.

135 SIRENA, Pietro. *L'obbligo di protezione a carico di chi si ingerisce nell'altrui sfera giuridica e la restituzione del profitto ingiustificato*. In: Contratto e Impresa/Europa, 1-2010, p. 16.

A ação geral de enriquecimento sem causa teria como escopo somente reestabelecer a situação de fato relativa à atribuição da utilidade prevista no direito do sujeito tutelado. O instituto corresponderia, em última análise, a sucedâneo da ação de reinvindicação, servindo exclusivamente para possibilitar o retorno do direito ao seu respectivo titular. Por conseguinte, seu escopo se limita ao valor devido pela utilização regular do direito, excluindo o enriquecimento do interventor, que não possui vínculo de sub-rogação com o direito utilizado, por decorrer da iniciativa do interventor[136].

Como a obrigação de restituir o lucro injustificado consiste em efeito jurídico inerente à gestão de negócios, a restituição surge exclusivamente nas hipóteses de ingerência indevida na esfera jurídica alheia. Logo, caso se verifique, por exemplo, o ilícito concorrencial, a obrigação de restituir o lucro apenas ocorrerá caso a ilegalidade decorra de intromissão ilícita em direito alheio, como, por exemplo, no uso de segredos industriais e comerciais[137].

Dentro do regime da gestão de negócios, Pietro Sirena defende que o autor da intromissão sobre o negócio alheio somente deva restituir o lucro quando tiver agido de má-fé. Nesse ponto, verifica-se potencial divergência desse autor com o posicionamento de Rodolfo Sacco, que afirma que o artigo 2.032 do Código Civil se aplica indistintamente para situações nas quais o gestor age de boa ou má-fé[138]. Para Sirena, a expressão "conscientemente", inserida no artigo 2.028 do Código Civil, indica a necessária existência de dolo por parte do beneficiado como requisito para a restituição[139].

Para justificar a necessidade de recurso à gestão de negócios imprópria, Sirena enfatiza o caráter limitado do enriquecimento sem causa, mencionando precedente da Corte de Cassação. Trata-se de decisão das Seções Unificadas, proferida em 11 de setembro de 2008, no qual a corte suprema italiana interpreta a extensão do âmbito de incidência do enriquecimento sem causa.

[136] *idem*, p. 17.

[137] *idem*, p. 19.

[138] ob. cit., p. 125/128.

[139] *L'obbligo di protezione a carico di chi si ingerisce nell'altrui sfera giuridica e la restituzione del profitto ingiustificato*, p. 20.

A ação envolvia basicamente os valores devidos à empreiteira que havia iniciado empreitada junto à prefeitura de Acireale, uma pequena cidade italiana na província de Catania, que se localiza na Sicília. No curso da execução dos serviços, houve a anulação do contrato, e a autora pretendia receber a remuneração devida pela parte da prestação contratual já realizada.

A controvérsia recaiu fundamentalmente no valor que seria devido à empreiteira, que poderia corresponder às seguintes quantias: (i) as perdas patrimoniais sofridas na execução do contrato anulado, ou seja, os custos realizados na obra, o que equivaleria aos danos emergentes da responsabilidade civil; ou (ii) aos benefícios que se originariam do contrato, tal como se o negócio jurídico tivesse produzido regularmente seus efeitos por determinado período de tempo, em situação próxima aos lucros cessantes[140].

A Corte de Cassação fundamentou a decisão no artigo 2.041 do Código Civil, enfatizando particularmente a expressão "diminuição patrimonial" prevista no dispositivo. De acordo com o tribunal, o conceito exclui do cálculo do valor devido aquilo que seria recebido a título de lucro cessante. Logo, a corte compreendeu que o enriquecimento sem causa, no direito italiano, não confere à parte prejudicada pela prestação realizada com fundamento em contrato inválido aquilo que seria obtido caso o negócio jurídico fosse válido e eficaz[141].

[140] Sentença nº 23385, Seções Unidas, julgamento em 11 de setembro de 2008.

[141] O principal trecho do julgado é o seguinte: "As Seções Unidas acreditam que o contraste deve ser composto por privilegiar a interpretação do art. 2041 cod. civ., que exclui do cálculo da compensação necessária para a 'diminuição patrimonial' sofrida pelo executor de um serviço em virtude de um contrato inválido, quanto o mesmo teria recebido como lucros cessantes se a relação de negociação tivesse sido válida e eficaz. Essa conclusão decorre particularmente da letra clara da norma, firmemente ancorada na tradição romanista, visando reparar o 'detrimento' sofrido pelo empobrecido através das numerosas 'condictiones indebiti' começando gradualmente a partir do direito clássico, a fim de garantir a restituição do que ele havia dado com base em uma justificativa que faltava desde o início, ou que tenha fracassado mais tarde" (trad. Livre do italiano. O trecho original é o seguinte: "Le Sezioni Unite ritengono che il contrasto debba essere composto privilegiando l'interpretazione dell'art. 2041 cod. civ., che esclude dal calcolo dell'indennità richiesta per la "diminuzione patrimoniale" subita dall'esecutore di una prestazione in virtù di un contratto invalido, quanto lo stesso avrebbe percepito a titolo di lucro cessante se il rapporto negoziale fosse stato valido ed efficace. A questo risultato induce anzitutto la chiara lettera della norma, saldamente ancorata alla

Por outro lado, Paolo Gallo rejeita a aplicação do regime da gestão de negócios em situações nas quais o gestor não possui a intenção de satisfazer os interesses do titular do direito. A argumentação do autor parece analisar de forma indistinta todas as situações nas quais o gestor atua em interesse próprio, sem diferenciar os cenários nos quais age conscientemente de forma egoísta, daqueles nos quais atua de boa-fé, por acreditar que o negócio lhe pertence.

Para Gallo, a intenção de gerir negócio alheio é absolutamente indispensável para a caracterização da gestão. O autor utiliza interpretação de cunho histórico, afirmando que o requisito do *animus negotia aliena gerendi* chegou a ser colocado em dúvida pela tradição jurídica medieval, mas que o Código Civil italiano de 1865 teria aparentemente exigido a consciência do gestor, ao utilizar o termo "voluntariamente" ao regular a gestão de negócios[142].

Eventual incerteza interpretativa a respeito desse ponto teria sido definitivamente solucionada com o artigo 2.028 do Código Civil de 1942, que utiliza a expressão "conscientemente" para definir a gestão de negócios, não deixando dúvidas sobre a necessidade de *animus* para a caracterização de relação de gestão. Logo, o ato de gestão praticado por erro não integra a gestão de negócios, e o direito do gestor de requerer eventual valor do titular depende do resultado positivo da gestão, à luz da disciplina do enriquecimento sem causa (artigo 2.041 do Código Civil)[143].

Antonio Albanese também entende que a restituição do enriquecimento por intervenção possui fundamento principalmente no artigo 2.032 do Código Civil italiano[144]. A mesma lógica estaria presente no artigo 535, 2, que regula a alienação de bens hereditários alheios, bem como no artigo 2.038, que trata da alienação de coisa alheia. A partir

tradizione romanistica rivolta a riparare il "detrimentum" sofferto dall'impoverito, attraverso le numerose "condictiones indebiti" via apprestate a partire dal diritto classico i onde garantirgli la restituzione di quanto avesse dato in base ad una giustificazione mancante fin dall'inizio, o venuta meno sucessivamente". Obtido em http://www.iuav.it/Facolta/facolt--di/OSSERVATOR/infrastrut/DOCUMENTI/PROGETTAZI/CASSAZIONE/Cass.--Sezioni-Unite--11-settembre-2008--n.-23385.pdf. Consulta realizada em 19 de agosto de 2019).

142 *Gestione d'affari altrui*. In: Digesto dele Discipline Privatistiche. Sezione Civile, p. 425.

143 *idem, ibidem*.

144 ALBANESE, Antonio. *Ingiustizia del profitto e arricchimento senza causa*, Verona: CEDAM, 2005, p. 322.

dessas normas, seria possível deduzir a existência de princípio geral do direito italiano, que estabelece que aquele que geriu interesses alheios, alienou bem hereditário de outrem ou coisa recebida indevidamente deve restituir a integralidade do preço ou dos proventos porventura obtidos[145].

Em sentido oposto, Pietro Trimarchi entende que a aplicação do artigo 2.032 é restrita. O autor afirma que existe princípio do direito que atribui o lucro líquido da intervenção ao agente que adota a iniciativa de boa-fé. Tanto é assim que o proprietário não pode ratificar a atuação do possuidor de boa-fé, obtendo para si os frutos originados no curso do exercício da posse[146].

Na realidade, a ratificação da gestão alheia opera efeitos somente nas situações envolvendo *animus depraedandi* por parte do gestor. Caso o gestor tenha agido de boa-fé, a ratificação apenas se volta somente aos efeitos futuros, mas não aos benefícios já originados da gestão. Logo, caso bem imóvel esteja locado, os valores de aluguel já recebidos pelo gestor não serão revertidos ao proprietário, que receberá apenas os aluguéis vincendos, à luz da aplicação conjunta do artigo 2.032 com o artigo 1.148 do Código Civil[147].

No âmbito do direito suíço, Christine Chappuis entende que a gestão de negócios, o enriquecimento sem causa e a responsabilidade civil possuem âmbitos de incidência específicos e delimitados entre si. É necessário compreender o suporte fático de cada um deles, principalmente em relação à repercussão do ato na esfera jurídica do lesado, para definir o instituto aplicável e as consequências jurídicas cabíveis.

No tocante especificamente ao enriquecimento sem causa, Christine Chappuis analisa as diversas posições acerca do significado de empobrecimento. A autora afirma que nenhuma delas é suficientemente convincente para afastar a teoria tradicional, que compreende o empobrecimento como simples diminuição patrimonial sofrida pelo indivíduo[148].

145 *idem, ibidem.*

146 TRIMARCHI, Pietro. *L'arricchimento senza causa*. Milão: Giuffrè, 1962, p. 70.

147 *idem, ibidem.*

148 A autora trata especificamente das seguintes teorias suscitadas pela doutrina (i) a inaplicabilidade do empobrecimento em situações envolvendo a poupança de despesas ou na intervenção sobre bens e direitos alheios; (ii) a interpretação gramatical do artigo 62 do Código de Obrigações da Suíça não estabeleceria a exigência de empobrecimento, limitando-se a exigir

Afastar o empobrecimento como requisito para o enriquecimento sem causa, regulado pelo artigo 62, 1, do Código de Obrigações suíço, significaria estender de forma excessiva o âmbito de incidência desse dispositivo. Haveria, nesse caso, indevida invasão na esfera de aplicação do artigo 423, 1, do Código de Obrigações[149], que regula a gestão de negócios e estabelece que quando "a administração não for realizada no interesse do titular, o gestor não tem direito de se apropriar dos lucros resultantes".

O artigo 423, 1, do Código de Obrigações possui redação diversa em relação ao artigo 2.032 do Código Civil italiano. Diferentemente dessa última norma – cujo teor se volta para o "sujeito que acreditava gerir negócio próprio" – o dispositivo suíço é mais genérico, indicando que a gestão de negócios pode ser aplicada, sendo possível a remoção dos lucros dela originados, quando "a administração não for realizada no interesse do titular".

Diante disso, Christine Chappuis entende que o dispositivo se volta especificamente para aquele que sabe – ou deveria saber – que interfere sobre o patrimônio alheio, e estabelece que os lucros obtidos por meio do patrimônio de terceiros sejam revertidos ao titular. Portanto, o dolo integra o suporte fático da norma. Por outro lado, o enriquecimento sem causa, nos termos regulados pelo artigo 62, 1, do Código de Obrigações não envolve a análise do elemento subjetivo do enriquecido[150].

Na opinião de Christine Chappuis, o requisito do empobrecimento – no sentido de diminuição de patrimônio – possuiria função relevante, na medida em que substitui a culpa ou dolo da parte na esfera do enriquecimento sem causa. Como o artigo 62 não faz qualquer referência ao estado subjetivo do sujeito beneficiado, é necessária a existência de outra razão

que o enriquecimento ocorra à custa do outrem; (iii) a interpretação teleológica do mesmo dispositivo também afastaria o requisito, sob pena de se permitir o enriquecimento daquele que interfere ilicitamente sobre bens ou direitos alheios; (iv) a interpretação sistemática do dispositivo indicaria que o empobrecimento não seria propriamente um limite da restituição, mas uma condição para a caracterização do enriquecimento sem causa; e (v) a análise histórica do enriquecimento sem causa afastaria a exigência do empobrecimento (ob. cit., p. 107/112).

[149] Tradução livre do francês. O original é o seguinte: "Lorsque la gestion n'a pas été entreprise dans l'intérêt du maître, celui-ci n'en a pas moins le droit de s'approprier les profits qui en résultent".

[150] CHAPPUIS, Christine. *La restitution des profits illégitimes: le rôle privilégié de la gestion d'affaires sans mandat en droit privé suisse*, p. 114/115.

particular para que a restituição seja imposta, que consistiria justamente na perda patrimonial do lesado[151].

Existem, portanto, dois regimes jurídicos distintos e independentes do direito suíço, de acordo com a posição defendida por Christine Chappuis. Em caso de dolo do interventor, seria aplicável a gestão de negócios imprópria (artigo 423, 1, do Código de Obrigações), com a restituição de todo o benefício decorrente da intervenção. Em contrapartida, a ausência do elemento doloso resultaria na incidência do regime do enriquecimento sem causa (artigo 62, 1, do Código de Obrigações), com a consequente limitação da restituição à redução do patrimônio do prejudicado.

Na esfera jurisprudencial, o Tribunal federal suíço analisou a questão em litígio envolvendo a violações de patentes. A corte inicialmente compreendeu que o ganho auferido pelo contrafator como forma de cálculo do prejuízo sofrido pelo titular das patentes, ou seja, apreciou a questão sob a ótica da responsabilidade civil[152].

À luz de críticas proferidas pela doutrina, o Tribunal federal reviu esse posicionamento a partir de 1971, passando a distinguir a hipótese de reparação do dano daquela de restituição do benefício. Passou-se a afirmar que a norma que trata das patentes (artigo 73, al. 1, LBI) engloba o artigo 423 do Código de Obrigações, ou seja, a interferência sobre direito de propriedade industrial alheio se tornou modalidade de gestão de negócios.

Essa alteração no posicionamento jurisprudencial possuiu reflexos sobre a questão da culpa. Até 1971, a restituição dos benefícios era submetida à disciplina do artigo 41 do Código de Obrigações, que regula a responsabilidade civil, sendo a culpa elemento essencial para a reparação. Após a mudança jurisprudencial, o âmbito de aplicação de diferentes pretensões era claro: a indenização pelo prejuízo sofrido se submetia ao

[151] *idem*, p. 115.

[152] No Brasil, o artigo 210 da Lei nº 9.279, de 14 de maio de 1996, adota lógica semelhante, ao classificar como lucros cessantes tanto os benefícios auferidos pelo interventor, quanto o valor devido pelo interventor pela utilização regular do direito. Confira-se o teor do dispositivo: Art. 210. "Os lucros cessantes serão determinados pelo critério mais favorável ao prejudicado, dentre os seguintes:

I – os benefícios que o prejudicado teria auferido se a violação não tivesse ocorrido; ou

II – os benefícios que foram auferidos pelo autor da violação do direito; ou

III – a remuneração que o autor da violação teria pago ao titular do direito violado pela concessão de uma licença que lhe permitisse legalmente explorar o bem".

artigo 41, 1, enquanto que o lucro era regulado pelo artigo 423, 1, do Código de Obrigações, que – segundo o Tribunal Federal – não inclui o elemento subjetivo como requisito de sua aplicação[153].

Diante desse cenário, Chappuis conclui que a jurisprudência anterior a 1971 aplicava fundamentação equivocada, porém alcançava resultados adequados, pois condicionava a restituição do enriquecimento à existência de culpa ou dolo da parte. Em contrapartida, os julgados proferidos a partir de então passaram a adotar fundamentação adequada – pois diferenciavam o enriquecimento sem causa da gestão de negócios –, mas chegavam a resultados equivocados, à luz do abandono do elemento subjetivo[154].

Dentro desse contexto, surge questão relativa à remuneração do gestor pela gestão realizada. Existe controvérsia na doutrina sobre o assunto, havendo posição que afasta qualquer remuneração do interventor que age de forma dolosa, ao passo que outro entendimento defende que, embora de má-fé, o gestor deve ser remunerado[155].

A última posição afirma que o cálculo do lucro deve levar em consideração o valor dos trabalhos realizados pelo gestor, ou que – sob a perspectiva da causalidade – a restituição deve levar em consideração somente os proventos efetivamente originados da interferência sobre a esfera jurídica alheia, resguardando-se para o gestor a parcela dos lucros originada das atividades desempenhadas por ele.

Ao tratar do assunto, o Tribunal Federal suíço já afirmou que não se pode impor ao interventor a obrigação de restituir a totalidade dos benefícios. Júlio Manuel Vieira Gomes concorda com essa posição, afirmando que o lucro é devido "em parte, também, à atividade, aos esforços do contrafator, o qual, mesmo se não tivesse utilizado indevidamente a invenção, poderia realizar alguns lucros, empregando um outro procedimento"[156].

[153] CHAPPUIS, Christine. ob. cit., p. 117.

[154] *idem, ibidem.*

[155] VIEIRA GOMES, Júlio Manuel. ob. cit., p. 805.

[156] Art. 468º.

1. "Se a gestão tiver sido exercida em conformidade com o interesse e a vontade, real ou presumível, do dono do negócio, é este obrigado a reembolsar o gestor das despesas que ele fundadamente tenha considerado indispensáveis, com juros legais a contar do momento em que foram feitas, e a indenizá-lo do prejuízo que haja sofrido. 2. Se a gestão não foi exercida nos termos do número anterior, o dono do negócio responde apenas segundo as regras do enriquecimento sem causa, com ressalva do disposto no artigo seguinte".

Na França, o artigo 1.301-4 do Código Civil estabelece que "o interesse pessoal do gestor de gerir negócios alheios não afasta a aplicação da gestão de negócios"[157]. Introduzido na reforma de 2016, o dispositivo inseriu no Direito francês a figura da gestão de negócios interessada ou no interesse comum.

Na realidade, o artigo 1.301-4 do Código Civil consolida na legislação entendimento já sedimentado na jurisprudência, definindo que a existência de interesses próprios do gestor não afasta a caracterização da gestão de negócios. Em última análise, a norma estabelece que a gestão de negócios não precisa resultar de escopo puramente altruísta do gestor[158]. A 1ª Câmara Civil da Corte de Cassação aplicou esse entendimento ao considerar que o pagamento de dívida alheia, realizada em interesse não exclusivo do pagador, mas igualmente do devedor, caracteriza a gestão de negócios[159].

Ao estabelecer que o "interesse pessoal do gestor em gerir interesse alheio não exclui a aplicação das regras da gestão de negócios", a primeira parte da norma parece indicar que a gestão de negócios se aplica mesmo que o gestor tenha atuado com intenção puramente egoísta. Sob essa perspectiva, a gestão de negócios alheios julgados próprios estaria inserida no regime da gestão de negócios[160], conferindo margem para que hipóteses nas quais benefícios são originados da intervenção sobre direitos alheios se sujeitassem a essa disciplina legal.

A segunda parte do artigo 1.301-4 do Código Civil afasta essa possibilidade. A norma estabelece a repartição proporcional das custas entre

[157] Art. 1.301-4.
"O interesse pessoal do gestor em gerir interesse alheio não exclui a aplicação das regras da gestão de negócios.
Nesse caso, a cobrança dos compromissos, das despesas e dos prejuízos se repartem na proporção dos interesses dos sujeitos do negócio comum". (trad. livre do francês. O original é o seguinte: L'intérêt personnel du gérant à se charger de l'affaire d'autrui n'exclut pas l'application des règles de la gestion d'affaires. Dans ce cas, la charge des engagements, des dépenses et des dommages se répartit à proportion des intérêts de chacun dans l'affaire commune).

[158] DESHAYES, Olivier; GENICON, Thomas; LAITHIER, Yves Marie. *Réforme du droit des contrats, du régime general et la prevue des obligations.* Paris: LexisNexis, 2016, p. 543.

[159] CHÉNEDÉ, François. *Le nouveau droit de obligations e des contrats.* 10ª ed, Paris: Dalloz, 2018, p. 174.

[160] DESHAYES, Olivier; GENICON, Thomas; LAITHIER, Yves Marie. ob. cit., p. 543.

o gestor e o titular 'na proporção dos interesses de cada um', indicando que os negócios devam ser realizados no interesse comum do gestor e do titular[161]. Por conseguinte, a gestão exclusivamente egoísta não se sujeita ao regime da gestão de negócios[162].

Consequência natural disso é que, no Direito francês, o escopo da disciplina normativa da gestão de negócios não é amplo suficiente para recair sobre situações nas quais o sujeito obtém benefícios ao interferir sobre direitos alheios por acreditar que são próprios. Nesses casos, a ignorância sobre a titularidade alheia do direito faz com que o gestor atue exclusivamente na persecução do próprio interesse. A hipótese se revela incompatível com a norma do artigo 1.301-4 do Código Civil que, embora admita a busca dos interesses do gestor, exige que a gestão também ocorra de acordo com os interesses do titular do direito[163].

François Terré e Yves Laquette afirmam que, à primeira vista, parece haver certa similitude entre a situação do gestor de negócios e do prejudicado, de um lado, e aquela do titular e do enriquecido, de outro, pois os últimos obtiveram vantagem à custa dos primeiros. Todavia, o espírito do enriquecimento sem causa e da gestão de negócios é diverso, pois o primeiro instituto possui como finalidade reestabelecer o equilíbrio injustamente rompido, enquanto a gestão de negócios revela ideal mais elevado, comportando a intenção de prestar serviços a outrem[164].

A doutrina portuguesa não enfrenta a mesma dificuldade verificada na Itália, pois o artigo 473º do Código Civil lusitano não possui expressão semelhante à questionável "diminuição patrimonial" do artigo 2.041 do Código Civil italiano. A ausência dessa verdadeira amarra legislativa facilita o trabalho dos juristas portugueses, conferindo maior liberdade na definição do regime aplicável para situações de intromissão indevida sobre interesses alheios.

[161] *idem, ibidem.*

[162] CHÉNEDÉ, François. *Le nouveau droit de obligations e des contrats.* 10ª ed, Paris: Dalloz, 2018, p. 174.

[163] CHANTEPIE, Gaël; LATINA, Mathias. *La réforme du droit des obligations. Commentaire théorique et pratique dans l'ordre du Code civil*, Paris: Dalloz, 2016, p. 621/622.

[164] *Enrichissement sans cause. Fournitures faites a un fermier. Action de in rem verso contre le propriétaire. Conditions d'exercice. Effet relatif des contrats.* In: Les grands arrêts de la jurisprudence civile, 12ª ed., 2008, p. 556.

A questão fundamental do direito português consiste em definir o âmbito de aplicação do artigo 472º do Código Civil, que regula a gestão de negócios alheios julgados como próprios, partindo da premissa da ignorância do gestor a respeito da identidade do titular do negócio. Eventual interpretação extensiva do dispositivo poderia não apenas estender seu âmbito de incidência às hipóteses nas quais o gestor age de má-fé, como também definir a gestão de negócios como o modelo viável para lidar com a intervenção indevida sobre direitos.

Dentre a parcela da doutrina que afirma que a gestão de negócios imprópria não foi reconhecida no direito português, destaca-se o entendimento de Pereira Coelho. O autor entende que seria injusto conceder a proteção da gestão de negócios ao sujeito que utiliza dolosamente bens e direitos alheios para a consecução de seus interesses. Por outro lado, o afastamento do regime da gestão de negócios poderia propiciar cenário mais favorável àquele que age de má-fé, pois ele não seria compelido a cumprir as obrigações impostas ao gestor[165].

Para solucionar a questão, Pereira Coelho adota argumento de natureza comparativa e histórica. Pois, diferentemente daquilo que se verifica nos Direitos alemão[166] e suíço, o Direito português não regula expressamente a gestão de negócios imprópria. A omissão legislativa teria ocorrido mesmo havendo proposta de norma no artigo 717 do Anteprojeto do Código Civil[167], que foi posteriormente excluído da redação final. A retirada do

[165] ob. cit., p. 107.

[166] Ao tratar do direito alemão, Ernest G. Lorenzen afirma que eventual intenção do agente em satisfazer interesse próprio, seja por desconhecimento da realidade, seja por pretender se beneficiar indevidamente, afasta o direito do gestor de obter a reparação que lhe seria devida dentro da gestão de negócios, ao mesmo tempo em que lhe impõe a responsabilidade pela gestão realizada (*Negotiorum Gestio in Roman and Modern Civil Law.* In: Cornell Law Review, v. 13, n. 2, fevereiro/1928, p. 208).

[167] A gestão de negócios imprópria foi reconhecida no Código Civil alemão e no suíço (§ 687, II, e artigo 423). Houve proposta de inclusão no Código Civil português (artigo 717º do anteprojeto), mas o instituto acabou não sendo reconhecido na legislação, gerando receio quanto à sua adoção na doutrina e na jurisprudência (MENEZES LEITÃO, Luiz Manuel Teles de. *A responsabilidade do gestor perante o dono do negócio.* Coimbra: Almedina, 2005, p. 234). O teor do artigo 717º da redação original era o seguinte: "Aquele que gere um negócio como próprio, sabendo que é alheio, é obrigado a reparar o dano, que assim causar ao dono do mesmo negócio, bem como a responder, para com este, de acordo com as regras da responsabilidade agravada por enriquecimento sem causa" (PEREIRA COELHO, Francisco M., ob. cit., p. 106).

texto sugerido não teria ocorrido por sua eventual inutilidade, mas por se entender que a situação qualificada como gestão de negócios imprópria já seria suficientemente regulada pelas normas da responsabilidade civil e do enriquecimento sem causa[168].

Já a doutrina que admite a aplicação da disciplina da gestão de negócios na gestão de negócios imprópria possui como maiores expoentes Antunes Varela e Menezes Leitão. A premissa fundamental dessa posição consiste na compreensão da gestão imprópria não como modalidade imperfeita da gestão de negócios, que seria diversa da gestão regular somente pela ausência da intenção de satisfazer interesses alheios (*animus negotia aliena gerendi*), decorrente da ausência de intenção do gestor de administrar os negócios do titular. A intenção de gerir interesses de outro sujeito seria requisito indispensável para a caracterização da gestão de negócios[169].

Na realidade, o artigo 472º do Código Civil português regularia hipótese de fato específica e absolutamente distinta da gestão de negócios. A inserção da administração inconsciente de negócios alheios no mesmo capítulo da gestão negócios não passaria, em última análise, de escolha decorrente da conveniência do legislador, e não de consequência da sistematização de instituto jurídico que admitiria variações à luz de determinadas peculiaridades[170].

Diante desse cenário, a aprovação da gestão pelo titular do direito teria função fundamental na definição do regime jurídico aplicável à hipótese. Cabe ao titular do direito a relevante prerrogativa de definir as normas aplicáveis à administração de negócios incompatível com seus interesses. Caso prefira aprovar a atuação do gestor, ele submete as atividades realizadas ao regime da gestão de negócios, inclusive em relação aos proveitos porventura originados pelo gestor. Caso deseje negar a aprovação, a disciplina adequada para a restituição do proveito da atuação do terceiro consiste no enriquecimento sem causa.

[168] *idem*, p. 109.

[169] Julio Manuel Vieira Gomes também defende a aplicação do artigo 472º nas situações envolvendo a gestão imprópria. Todavia, o autor segue a mesma linha de Christine Chappuis, que entende que a gestão de negócios se aplica em razão das limitações relativas ao objeto da restituição do enriquecimento sem causa (ob. cit., p. 801/804).

[170] MENEZES LEITÃO, Luiz Manuel Teles de. *A responsabilidade do gestor perante o dono do negócio*. Coimbra: Almedina, 2005, p. 230.

Em última análise, a gestão de negócios alheios julgados como próprios consiste em hipótese típica de enriquecimento por intervenção, sujeitando-se – via de regra – ao regime normativo dos artigos 473º e seguintes do Código Civil português. Admite-se, todavia, que o dono do negócio opte por aprovar a atuação do terceiro, submetendo-a à disciplina da gestão de negócios, que possui algumas diferenças pontuais em relação ao enriquecimento.

Nas palavras de Menezes Leitão, a lógica subjacente ao artigo 472º do Código Civil é "permitir a aplicação da gestão de negócios a uma situação que dela se distingue, mediante a prática pelo *dominus* do ato de aprovação da gestão. O legislador entende que pode haver interesse para o *dominus* em tratar uma ingerência na sua esfera jurídica não segundo o enriquecimento sem causa, o que determinaria a obrigação de restituição pelos limites constantes do art. 479º, mas sim de acordo com os parâmetros da gestão, a saber, obrigação de restituição de todos os ganhos (art. 465º, *e*) e obrigação de reembolso de despesas e indenização (art. 468º, nº 1). Trata-se, porém, de uma faculdade que fica inteiramente na disposição do *dominus*"[171].

No tocante especificamente à gestão de negócios imprópria, Menezes Leitão entende que a ausência de previsão expressa no Código Civil não afasta a possibilidade de tratamento da hipótese sob o regime da gestão de

171 MENEZES LEITÃO, Luiz Manuel Teles de. *A responsabilidade do gestor perante o dono do negócio*. Coimbra: Almedina, 2005, p. 232/233. Em outra obra, Menezes Leitão afirma que o "legislador entende que pode haver interesse para o titular do negócio em tratar uma ingerência na sua esfera jurídica, não pelo regime do enriquecimento sem causa, o que determinaria a sujeição da obrigação de restituição aos limites do artigo 479º, mas antes pelos parâmetros da gestão de negócios, o que implica sujeitar o interventor à obrigação de restituir todos os ganhos obtidos com sua atuação (art. 465º e)), sem qualquer sujeição aos limites do enriquecimento e empobrecimento" (*O enriquecimento sem causa no Direito Civil. Estudo dogmático sobre a viabilidade da configuração unitária do instituto, face à contraposição entre as diferentes categorias de enriquecimento sem causa*, p. 680).
A posição de Antunes Varela é semelhante. Nas palavras do autor, se "o gestor tiver atuado com a errônea convicção de que o negócio lhe pertence, o *dominus* só lhe poderá exigir a restituição de tudo quanto ele haja recebido se, aprovando a gestão, chamar direta ou indiretamente a si as obrigações a que se refere o artigo 469º. De contrário, terá de contentar-se com o direito de exigir a restituição daquilo que o gestor tenha enriquecido à sua custa (art. 472º, 1), sem prejuízo da responsabilidade civil a que possa haver lugar nos termos do nº 2 do mesmo artigo" (ob. cit., p. 465).

negócios. Se o titular do negócio pode aprovar a gestão de negócios alheios julgados como próprios, relativa àquele que agiu com boa-fé, é natural que possa fazer o mesmo em relação à gestão imprópria, que se refere ao sujeito que agiu com a intenção de se beneficiar indevidamente[172].

Rejeitar a possibilidade de aplicação da gestão de negócios à gestão imprópria significaria possibilitar a concessão ao interventor de má-fé de regime mais favorável em relação àquele conferido ao gestor que desconhece a realidade. Pois, como será visto abaixo, a incidência da gestão de negócios implica na devolução do proveito integral originado das atividades, enquanto o enriquecimento sem causa estabelece alguns limites mais restritos para a restituição[173].

Essa posição também é adotada por Júlio Manuel Vieira Gomes. Ao tratar do enriquecimento originado da intervenção sobre direitos alheios, o autor afirma que:

> "não se tem, no contexto de nosso ordenamento prestado, a este propósito, a devida atenção ao art. 472º do Código Civil, respeitante à gestão de negócios por quem, inconscientemente, gere negócio alheio. Pensamos que a possibilidade nele conferida ao titular do negócio de aprovar a gestão e chamar a si os proveitos realizados pelo 'gestor' se aplicará, até por maioria da razão, a quem agiu dolosamente"[174].

A interpretação do artigo 472º do Código Civil português segue linha bastante semelhante àquela do artigo 2.032 do Código Civil italiano. Em ambos os casos, permite-se que o titular utilize o tratamento da gestão de negócios para a gestão de negócios alheios julgados como próprios,

[172] MENEZES LEITÃO, Luiz Manuel Teles de. *A responsabilidade do gestor perante o dono do negócio*. Coimbra: Almedina, 2005, p. 234. O autor prossegue afirmando que "no direito alemão, o parágrafo 687 estabelece a não aplicação do regime da gestão de negócios à gestão de negócios alheios julgados próprios. Todavia, o titular pode impor ao gestor de negócios impróprio às normas dos parágrafos 677 e seguintes, desde que restitua seu enriquecimento ao gestor (parágrafo 684)".

[173] MENEZES LEITÃO, Luiz Manuel Teles de. *O enriquecimento sem causa no Direito Civil. Estudo dogmático sobre a viabilidade da configuração unitária do instituto, face à contraposição entre as diferentes categorias de enriquecimento sem causa*, p. 682.

[174] ob. cit., p. 801.

havendo margem para que a doutrina estenda a interpretação para a gestão de negócios imprópria[175].

Por outro lado, existem autores que rejeitam a possibilidade de aplicação do regime da gestão de negócios em hipóteses fáticas envolvendo a gestão imprópria. Afirma-se, em suma, que esse raciocínio seria "artificial"[176], e que o artigo 472º do Código Civil português se voltaria para a gestão de negócios alheios julgados próprios, sendo direcionado para hipóteses fáticas diversas da gestão imprópria. Chegaria a ser "caricato"[177] exigir que o dono do negócio fosse compelido a aprovar a gestão contrária a seus interesses, apenas para que pudesse receber os benefícios originados da atuação do terceiro.

A possibilidade que o titular do direito tem de definir o regime jurídico aplicável no caso da gestão de negócios alheios como próprios e na gestão imprópria tem consequências jurídicas relevantes, tanto na esfera da responsabilidade do gestor, quanto no âmbito da restituição dos proveitos originados da intromissão sobre direito alheio.

Com a aprovação da gestão, o titular do direito renuncia ao pedido de prestação de contas e a eventual direito à indenização por eventuais prejuízos causados pelo gestor. Diferentemente daquilo defendido por Rodolfo Sacco, a aprovação se refere à atuação geral do gestor, e não a atos específicos praticados por ele. Existem apenas duas alternativas ao titular do negócio: (i) ou bem aprova a gestão, recebe os benefícios, e aceita os atos praticados pelo gestor; ou bem (ii) rejeita a gestão, e busca eventual indenização e restituição pelas vias cabíveis.

[175] A situação é diversa nos direitos alemão e suíço. No primeiro caso, o § 687 do Código Civil alemãoexpressamente exclui a gestão de negócios alheios julgados como próprios do regime da gestão de negócios, reservando essa possibilidade apenas para as situações envolvendo gestão de negócios imprópria. Já o artigo 423 do Código de Obrigações suíço traz solução inovadora em relação aos demais direitos, pois (i) não distingue a gestão de negócios alheios julgados como próprios da gestão imprópria, e (ii) afirma que o gestor que age na satisfação de seus próprios interesses deve devolver aquilo recebido no curso da gestão, indicando que o gestor que atua no interesse do titular possui o direito de manter os benefícios originados da gestão.

[176] A expressão é de David Emanuel Chiquita Saraiva (*A tutela preventiva da responsabilidade civil*. Dissertação de mestrado apresentada na Faculdade de Direito da Universidade Nova de Lisboa, 2015, p. 40).

[177] *idem, ibidem.*

Por conseguinte, é incompatível com o regime da gestão admitir que o titular receba os benefícios originados pela atuação do terceiro, mas se reserve ao direito de analisar as contas e de imputar eventual responsabilidade. Se existe dúvida sobre a atuação do gestor, o titular deve exigir as contas, aferir eventual prejuízo e exigir a indenização cabível. A aprovação, em contrapartida, significa a plena e absoluta aceitação do trabalho do gestor, afastando o direito a questionamentos ou a indenização.

É esse o entendimento de Antunes Varela, que afirma que:

> "aprovação é o juízo global, genérico, indiscriminado, de concordância com a atuação do gestor emitido pelo dono do negócio. É um ato equivalente, nos seus efeitos práticos, à declaração de que considera a gestão, no geral, conforme ao seu interesse e à sua vontade. Como o proprietário ou possuidor é, em princípio, o melhor juiz dos seus interesses e pode dispor livremente de seus bens, a lei aceita o juízo de valor por ele emitido e extrai dele as necessárias consequências lógicas"[178].

A situação é diversa no enriquecimento sem causa. Por não depender de eventual aprovação do titular do direito, a restituição do benefício obtido do interventor não afasta necessariamente eventual direito à indenização pelos prejuízos causados ao titular do direito.

Também existem diferenças em relação aos benefícios porventura originados da atuação do gestor. Na gestão de negócios, o gestor deve entregar ao titular a integralidade dos bens eventualmente recebidos de terceiros, o que inclui não apenas

> "o produto de todas as prestações devidas ao dono do negócio, mas também todos os lucros que o gestor tenha arrecadado, quer através de atos celebrados

[178] ob. cit., p. 467. Mário Júlio de Almeida Costa possui entendimento semelhante. A seguinte passagem do autor é elucidativa a respeito da questão: "A propósito das obrigações do dono do negócio para com o gestor, aludiu-se à aprovação da gestão. Ela envolve, nos termos do art. 469º, duas consequências: significa renúncia ao direito ao direito de indenização pelos danos devidos a culpa do gestor; e, já o sabemos, vale como reconhecimento dos direitos que a este são conferido no art. 468º, nº 1, isto é, o 'dominus' fica obrigado a reembolsá-lo de certas despesas feitas e indenizá-lo dos prejuízos que sofreu com a gestão" (*Direito das Obrigações*, 12ª ed., Coimbra: Almedina, 2018, p. 486).

em nome daquele, quer mediante os atos realizados em nome próprio. Deve o gestor restituir não só o *lucrum ex re*, mas também o *lucrum propter negotiationem perceptum*"[179].

Já no enriquecimento sem causa, o objeto da restituição se limita efetivamente ao benefício auferido pelo interventor. Logo, eventual restituição deve observar os limites estabelecidos pelo artigo 479º do Código Civil português, que determina que o enriquecimento se limita àquilo obtido à custa do prejudicado. A interpretação do dispositivo confere margem a enorme controvérsia, havendo aqueles que defendem a restituição do preço de mercado pela utilização do direito ou do objeto, e outros que afirmam que a restituição se vincula a todos os benefícios relacionados à utilização do direito ou do bem, deduzindo-se apenas os valores relacionados à atuação do interventor[180]. Qualquer que seja a alternativa, a restituição será inferior à entrega da totalidade dos valores recebidos no curso da gestão.

Diante desses elementos, chega-se ao seguinte quadro: (i) na gestão de negócios, o gestor devolve a integralidade do que recebeu, mas é indenizado por aquilo que gastou; enquanto que (ii) no enriquecimento sem causa, o interventor devolve (a) os valores originados da utilização do bem ou direito, descontando-se os benefícios originados de sua participação, ou (b) somente o preço pela utilização regular do bem ou direito, e, em ambas as hipóteses, não recebe indenização por eventuais gastos realizados.

A fundamental diferença entre a gestão de negócios e a restituição dos valores originados a partir da utilização do bem (hipótese ii-a, acima) corresponde ao trabalho do interventor. Pois, à luz do caráter altruístico

[179] ob. cit., p. 464.

[180] cf. item 4.2 abaixo. De acordo com Menezes Leitão, a lógica subjacente ao artigo 472 é "permitir a aplicação da gestão de negócios a uma situação que dela se distingue, mediante a prática pelo *dominus* do ato de aprovação da gestão. O legislador entende que pode haver interesse para o *dominus* em tratar uma ingerência na sua esfera jurídica não segundo o enriquecimento sem causa, o que determinaria a obrigação de restituição pelos limites constantes do art. 479º, mas sim de acordo com os parâmetros da gestão, a saber, obrigação de restituição de todos os ganhos (art. 465º, *e*) e obrigação de reembolso de despesas e indenização (art. 468º, nº 1). Trata-se, porém, de uma faculdade que fica inteiramente na disposição do *dominus*" (*A responsabilidade do gestor perante o dono do negócio*. Coimbra: Almedina, 2005, p. 232/233).

da gestão, todo o esforço empregado pelo gestor é desconsiderado para a quantificação do valor devido pelo titular do direito. Já no enriquecimento sem causa, a contribuição do interventor para o benefício patrimonial é levada em consideração, sendo excluída do objeto da restituição, exceto nos casos de má-fé.

A divergência entre as disciplinas se torna maior caso se realize o contraste entre a gestão de negócios e a restituição do preço pela utilização regular do bem ou direito (hipótese ii-b, acima). Nesse caso, o interventor mantém não apenas o benefício vinculado ao seu trabalho, mas também o valor agregado que esse trabalho adquiriu em razão da utilização do direito alheio. Vislumbrando-se situações da utilização indevida da imagem alheia para a comercialização de determinado produto, concede-se ao interventor não apenas o benefício originado de suas atividades, como também o aumento de receita decorrente da vinculação do bem à imagem alheia. Na gestão de negócios, ambos os valores são destinados ao titular do direito.

O direito brasileiro apresenta peculiaridade na esfera da gestão de negócios, que coloca em dúvida a possibilidade de utilizar esse instituto para tratar das hipóteses fáticas normalmente qualificadas como gestão de negócios alheio como próprios e gestão de negócios imprópria. Diferentemente daquilo que se verifica nos ordenamentos da Itália e de Portugal, o Código Civil brasileiro não possui norma específica que regule a gestão de negócios alheios julgados como próprios, da forma que ocorre nos artigos 2.032 do Código Civil italiano e no artigo 472º do Código Civil português.

Deve-se, portanto, definir se em que medida essa omissão do legislador brasileiro possui repercussão no tratamento da intromissão indevida sobre bens e direitos alheios. À luz da ausência de dispositivo legal expresso, é necessário analisar se a inexistência do *animus negotia aliena gerendi* é suficiente para impedir a submissão dessas hipóteses fáticas ao regime jurídico da gestão de negócios.

O artigo 861 do Código Civil de 2002 traz elemento relevante para essa análise. De acordo com o dispositivo, "aquele que, sem autorização do interessado, intervém na gestão de negócio alheio, dirigi-lo-á segundo o interesse e a vontade presumível de seu dono, ficando responsável a este e as pessoas com quem tratar". A norma manteve exatamente a mesma redação do artigo 1.331 do Código Civil de 1916.

A norma introduz a gestão de negócios e define o instituto fazendo referência expressa à necessidade de observância do "interesse" do titular do negócio. Embora não seja explícito acerca da necessidade do *animus negotia aliena gerendi*, o teor literal do dispositivo legal consiste em elemento relevante sobre a importância da intenção do gestor de atender os interesses do titular para a caracterização da gestão de negócios.

Existem três posições diversas em relação à relevância do *animus negotia aliena gerendi* para a caracterização da gestão de negócios: (i) a primeira delas (teoria da gestão voluntária ou subjetiva) afirma que o conceito consiste em requisito essencial para a caracterização da gestão de negócios; (ii) a segunda (teoria objetiva da gestão) afirma que a exigência não é necessária para o reconhecimento da gestão de negócios; e (iii) uma terceira corrente (teoria mista ou objetivo-subjetiva) afirma que esse requisito apenas é necessário para a *actio contraria*, ou seja, para a ação que o gestor possui contra o dono do negócio pelas despesas realizadas no curso da gestão[181].

Para Pontes de Miranda, a intenção de gerir negócio alheio consiste em requisito indispensável para a caracterização da gestão de negócios. Verificada a ausência do *animus negotia aliena gerendi*, inexiste fundamento para a aplicação desse instituto, cabendo ao dono do negócio apenas a via do enriquecimento sem causa para obter eventual benefício auferido pelo gestor[182].

O autor afirma, ainda, que:

> "se o gestor de modo nenhum atendeu ao interesse do dono do negócio, mas o próprio, não há falar-se de gestão de negócios alheios sem outorga, mas sim

[181] MICHELON JR., Cláudio. ob. cit., p. 64. No mesmo sentido, Pontes de Miranda afirma que existem três teorias sobre a intenção do gestor, quais sejam: "*a) a teoria da gestão voluntária* (ou *teoria subjetiva da gestão*), que se prende ao *animus negotia aliena gerendi; b) a teoria do entro ato* (ou *teoria objetiva da gestão*, que abstrai do *animus* e só se interessa pelo ato de gestão; *c) a teoria mista* (ou *teoria objetivo-subjetiva*), que separa *a actio directa negotiorum gestorum*, para a qual basta ter havido a alienidade e a falta de outorga, e *a actio contraria negotiorum* gestorum, que se ateve à exigência do *animus*" (*Tratado de Direito Privado. Direito das Obrigações: Mandato. Gestão de negócios alheios sem outorga. Mediação. Comissão. Corretagem.* t. XLIII, 3ª ed, São Paulo: Borsoi, 1972, p. 193).

[182] *Tratado de Direito Privado. Direito das Obrigações: Mandato. Gestão de negócios alheios sem outorga. Mediação. Comissão. Corretagem.* t. XLIII, 3ª ed., São Paulo: Borsoi, 1972, p. 193.

de invasão da esfera jurídica alheia, de usurpação, de esbulho, de crime de apropriação ou de furto ou roubo. Rege a espécie, por analogia, o art. 1.382 do Código Civil. Se algum desproveito adveio ao dono do negócio, a ação do gestor, diante da alienidade do interesse, é a *ação de enriquecimento injustificado*, e não a *actio negotiorum gestorum*"[183].

A opinião de J. M. Carvalho Santos é semelhante. O autor afirma que "é essencial que o gestor tenha a intenção de obrigar o dono do negócio, não sendo admissível em todos os casos em que o indivíduo não pensa senão em administrar o seu próprio patrimônio, não tendo intenção ou vontade de gerir os negócios de outrem". Até seria admissível "que o gestor pense estar gerindo o negócio de uma pessoa, quando de outra pessoa diversa é o negócio", mas a intenção de favorecer terceiro seria indispensável para a caracterização do suporte fático do instituto[184].

Cláudio Michelon Jr. adota como pressuposto a omissão do Código Civil de 2002 de regular a vontade de gerir os negócios de outrem como requisito para a caracterização da gestão de negócios. À luz da ausência de norma expressa sobre a matéria, o autor afirma que a omissão legislativa

[183] A seguinte passagem da obra do autor confirma esse entendimento: "No direito brasileiro, não há referência explícita à volição fala-se de quem intervém na gestão de negócio alheio (Código Civil, art. 1.331) e de possível interessado contra a manifesta ou presumível vontade do interessado (art. 1.332). Mas o pressuposto do *animus* existe. Se o gestor pensa que o negócio é seu, não teve o animus. Nem há gestão de negócios alheios sem outorga se o gestor atua para si, em seu próprio proveito (animus depraedendi), ou sem querer que o dono do negócio se são atos de gestão de negócios alheios sem outorga. O que se exige é que o ato ou os atos sejam estranhos àqueles de que emane o dever de gerir" (*idem, ibidem*).

[184] *Código Civil Brasileiro Interpretado. Direito das obrigações. Arts. 1.265-1.362*. v. XVIII, 8ª ed., São Paulo: Livraria Freitas Bastos, p. 387. Vale conferir, ainda, o entendimento de Antonio Chaves sobre o assunto.
Nas palavras do autor, "não exigem os textos conheça o gestor a pessoa do dono do negócio: contentam-se em que tenha por finalidade beneficiá-lo.
Como demonstra ALESSANDRO CAGLI, o *animus negotia aliena gerendi* outra coisa não é senão saber de administrar coisas alheias.
Meio jurídico imaginado pela sabedoria romana para incentivar os cidadãos a cuidarem dos interesses abandonados, acrescenta, não pode ser concedido a quem não se moveu por sentimento altruístico: é este sentimento que justifica seu maior alcance frente a *actio de in rem verso*; se o gestor tomou a iniciativa porque pensava agir no próprio interesse a ele objetivando exclusivamente, não pode pretender ser reembolsado pelo *dominus*, a não ser nos limites do enriquecimento efetivamente proporcionado" (ob. cit., p. 104).

confere margem para se concluir que, em relação à ação do gestor contra o titular, "não é necessário que haja *animus* do gestor direcionado conscientemente ao benefício de outrem". Essa posição refletiria melhor o fundamento subjacente à gestão de negócios, que não consistiria propriamente no altruísmo do gestor, mas sim na compensação ao gestor pelo sacrifício injustamente suportado em favor do titular[185]

Por outro lado, o autor entende que, nas situações nas quais o sujeito pensa gerir seus próprios interesses, normas de caráter específico devem ser aplicáveis. Se houver o exercício da posse, pela crença do possuidor de poder exercê-la, eventuais benefícios recebidos devem se sujeitar ao regime dos frutos originados do exercício da posse, e não à disciplina da gestão de negócios. Na ausência de normas específicas, "aplicar-se-á ao caso descrito a regra geral do enriquecimento sem causa e não as regras da gestão de negócios"[186].

A controvérsia sobre a aplicação da gestão de negócios às situações de gestão de negócios alheios como próprios e de gestão imprópria envolve, basicamente, dois fatores fundamentais: (i) a natureza jurídica da gestão de negócios; e (ii) a forma pela qual o instituto foi recebido e regulamentado pelo direito brasileiro.

Nesse sentido, existem elementos relevantes indicando que o *animus negotia aliena gerendi* integra o suporte fático da gestão de negócios, à luz de sua concepção e desenvolvimento histórico. No Direito romano, existe controvérsia sobre a necessidade do requisito para caracterização da gestão de negócios, havendo parcela da doutrina que afirma que a intenção de resguardar interesses alheios passou a ser exigida a partir do período justinianeu, enquanto outros autores entendem que o requisito era exigido no período clássico, tornando-se prescindível no *Corpus Iuris Civilis*[187]. É provável que essa divergência tenha levado Rodolfo Sacco a

[185] MICHELON JR., Cláudio. *Direito Restitutório. Enriquecimento sem causa. Pagamento indevido. Gestão de negócios.* In: REALE, Miguel; MARTINS-COSTA, Judith. Estudos em homenagem ao Professor Miguel Reale. São Paulo: Revista dos Tribunais, 2007, p. 66.

[186] *idem, ibidem.*

[187] José Carlos Moreira Alves expõe bem essa divergência (*Direito Romano*, 13ª ed., v. 1 e 2, São Paulo: Forense, p. 215, nota 9). Por sua vez, Ernst G. Lorenzen afirma que, no direito romano, a gestão de negócios deveria ser realizada no interesse de outrem. Se o gestor agisse apenas em seu próprio interesse, ele não poderia obter restituição como gestor de negócios, mas poderia ter ação (*condictio*) contra o titular na medida em que esse último teria enriquecido à sua custa

afirmar que a intenção de satisfazer negócios alheios seria dispensável no Direito Romano[188].

Por mais que inexista certeza quanto aos contornos históricos do instituto, sua recepção pelos ordenamentos modernos indica que o *animus negotia aliena gerendi* integra a essência da gestão de negócios, havendo tratamento excepcional às situações nas quais o gestor atua imbuído no interesse próprio.

A interpretação sistemática das diversas legislações sustenta essa conclusão. Os ordenamentos mais relevantes que regulam a gestão de negócios introduzem o instituto com normas que indicam a necessidade de observância do interesse do titular do direito, enfatizando a relevância desse elemento. É o que se verifica do §677 do Código Civil alemão[189], do artigo 419 do Código de Obrigações suíço[190] e do artigo do Código Civil português[191]. O artigo 2.030 do Código Civil italiano[192] não inicia

(LORENZEN, Ernest G. *The negotiorum gestio in Roman and modern civil law*. In: Cornell Law Review, v. 13, n. 2, fevereiro/1928, p. 192). De forma semelhante, John P. Dawson, ao tratar da dificuldade dos juristas do século XIX de conciliar o direito romano com as teorias do individualismo que eram adotadas na época, afirma que, ainda que o gestor tivesse interesse no negócio, era indispensável que também houvesse algum interesse do titular do negócio (*Negotiorum gestio: the altruistic intermeddler*. In: Harvard Law Review, v. 74, n. 5, março/1961, p. 821).

[188] ob. cit., p. 117.

[189] §677. "Deveres do gestor de negócios.
"O indivíduo que conduz negócios para outro sujeito sem ser orientado a agir dessa forma ou sem possuir direito em relação ao titular deve conduzir os negócios de forma compatível com os interesses do titular em vista do interesse real ou presumido do titular" (trad. livre do inglês. Obtido em https://www.gesetze-im-internet.de/englisch_bgb/englisch_bgb.html#p3094. Consulta realizada em 26.8.2019).

[190] Artigo 419.
"Aquele que, sem mandato, gere negócio alheio, deve gerir conforme os interesses e a intenção presumível do titular". (trad. livre do francês. O trecho original é o seguinte: "Celui qui, sans mandat, gère l'affaire d'autrui, est tenu de la gérer conformément aux intérêts et aux intentions présumables du maître". Obtido em https://www.admIn:ch/opc/fr/classified-compilation/19110009/201401010000/220.pdf. Consulta realizada em 26.8.2019).

[191] Artigo 464º. "Dá-se a gestão de negócios, quando uma pessoa assume a direção de negócio alheio no interesse e por conta do respectivo dono, sem para tal estar autorizada".

[192] Artigo 2.030.
"O gestor é sujeito às mesmas obrigações que seriam derivadas de um mandato. Todavia, o juiz, em circunstâncias que tenham induzido o gestor a assumir a gestão, pode moderar o

a regulação da matéria, mas também possui relevância na sistemática da gestão de negócios, e indica que a regra também é a satisfação dos interesses do titular.

As hipóteses nas quais o gestor atua buscando satisfazer seu próprio interesse – seja pelo desconhecimento da titularidade dos bens ou direitos, seja pela intenção de obter benefício indevido – são dispostas, em termos sistemáticos, como hipóteses específicas, indicando potencial intenção do legislador de regular hipótese excepcional. O §687 do Código Civil alemão, o artigo 423 do Código de Obrigações suíço, o artigo 2.032 do Código Civil italiano e artigo 472 do Código Civil português estão inseridos nas respectivas disciplinas jurídicas como normas que regulam situações que fogem à regra geral, e que – justamente por isso – merecem regulação específica.

Por mais que a gestão de negócios não seja mais orientada apenas pelo altruísmo do gestor, possuindo respaldo em princípios como a autonomia privada e a conservação estática dos patrimônios[193], é inegável que seu caráter altruísta não pode ser desconsiderado. Esse é mais um elemento que indica que a administração de negócios alheios realizada no interesse

ressarcimento dos danos aos quais seriam originados do efeito da sua culpa" (trad. livre do italiano. O trecho original é o seguinte: "Il gestore è soggetto alle stesse obbligazioni che deriverebbero da un mandato. Tuttavia il giudice, in considerazione delle circostanze che hanno indotto il gestore ad assumere la gestione, può moderare il risarcimento dei danni ai quali questi sarebbe tenuto per effetto della sua colpa").

193 De acordo com Cláudio Michelon Jr., "muitos autores defenderam que o fundamento último do instituto da gestão de negócios seria o valor moral do altruísmo (...).
Especificamente no que toca à gestão de negócios, é importante perceber que a *actio direta* simplesmente não tem qualquer relação com o altruísmo. Ao contrário, o direito brasileiro agrava a responsabilidade do gestor e cria para ele uma série de deveres adicionais, uma vez iniciada a gestão. (...)
em relação à *actio direta*, o princípio que lhe subjaz é princípio da autonomia privada. A legislação impõe uma série de deveres especiais ao gestor que visam orientar a sua conduta de modo que permita, na maior medida possível, que a sua administração dos interesses alheios conflite na menor medida possível com a determinação autônoma do *dominus* sobre seus próprios interesses (...).
O segundo princípio que subjaz ao instituto é um corolário do princípio da conservação estática dos patrimônios, que é fundamental de todo direito restitutório. No caso da gestão de negócios, esse princípio se manifesta em um subprincípio segundo qual o investimento proveitoso na conservação ou no acréscimo do patrimônio de outrem deve ser restituído a quem interviu por quem se beneficiou do investimento" (ob. cit., p. 47/49).

do gestor – seja por desconhecimento, seja por má-fé – não integra a essência da gestão de negócios[194].

É justamente por isso que Menezes Leitão entende que o artigo 472º do Código Civil português consiste somente em mecanismo para possibilitar a aplicação do regime da gestão de negócios a hipótese inicialmente incompatível com o instituto. Essa mesma lógica se aplica para os demais ordenamentos que possuem normas semelhantes ao dispositivo lusitano, ou mesmo que regulam expressamente a gestão de negócios imprópria[195].

A necessidade de caracterização do *animus negotia aliena gerendi* também norteia o entendimento da Corte de Cassação francesa, que apenas reconhece a gestão de negócios caso o gestor busque satisfazer os interesses do titular do negócio, ainda que também atue em prol dos próprios interesses. De forma semelhante verificada em outros ordenamentos europeus, o artigo 1.301-4 do Código Civil francês, ao regular a gestão de negócios realizada no interesse do gestor, apenas estende o regime da gestão de negócios a hipótese fática que, na essência, não estaria inserida no suporte fático do instituto[196].

Dentro desse cenário, verifica-se que o direito brasileiro é peculiar em relação aos demais ordenamentos neste ponto. Diferentemente daquilo

[194] De acordo com o artigo 1490 do Código Civil de Quebec a "gestão realizada inoportunamente pelo gestor vincula o titular apenas na medida de seu enriquecimento". Robert Kouri e Charlotte Lemieux explicam que a gestão inoportuna não é a gestão sem *animus negotia aliena gerendi*. Na ausência de *animus negotia aliena gerendi*, o regime jurídico da gestão de negócios não se aplica (*La gestion d'affaires inopportune, l'indemnisation du faux gérant, et la portée de l'article 1490 c.c.Q.*. In: Revue de droit de l'Université de Sherbrooke, n. 93, 1993, p. 511/512. A redação original da norma é a seguinte: "La gestion inopportunément entreprise par le gérant n'oblige le géré que dans la seule mesure de son enrichissement").

[195] MENEZES LEITÃO, Luiz Manuel Teles de. *A responsabilidade do gestor perante o dono do negócio*. Coimbra: Almedina, 2005, p. 232/233.

A posição de Antunes Varela é semelhante. Nas palavras do autor, se "o gestor tiver atuado com a errônea convicção de que o negócio lhe pertence, o *dominus* só lhe poderá exigir a restituição de tudo quanto ele haja recebido se, aprovando a gestão, chamar direta ou indiretamente a si as obrigações a que se refere o artigo 469º. De contrário, terá de contentar-se com o direito de exigir a restituição daquilo que o gestor tenha enriquecido à sua custa (art. 472º, 1), sem prejuízo da responsabilidade civil a que possa haver lugar nos termos do nº 2 do mesmo artigo" (ob. cit., p. 465).

[196] CHÉNEDÉ, François. *Le nouveau droit de obligations e des contrats*. 10ª ed, Paris: Dalloz, 2018, p. 174.

que se verifica nas principais legislações europeias, o Código Civil brasileiro não regulamenta, no âmbito da gestão de negócios, a administração realizada no interesse do próprio gestor. Tanto a gestão de negócios alheios como próprios, quanto a gestão imprópria não são tratadas de forma expressa na legislação nacional.

Se essas hipóteses fáticas apenas são qualificadas como gestão de negócios, no Direito estrangeiro, em razão de expressa disposição legal, a ausência de norma específica impede que o regime da gestão de negócios seja aplicado a esses casos no Direito brasileiro. À luz da proximidade entre as hipóteses fáticas, e da ausência de fundamento para se conferir tratamento diferenciado ao gestor de boa e de má-fé, seria razoável a aplicação da disciplina normativa da gestão de negócios alheios julgados como próprios à gestão de negócios imprópria. Todavia, em razão da omissão do legislador em regular expressamente qualquer dessas hipóteses, resta somente a possibilidade de utilização do enriquecimento sem causa, que consiste em instrumento amplo para tratar de situações de indevido deslocamento patrimonial.

A partir desses elementos, é possível concluir que (i) o *animus negotia aliena gerendi* consiste em requisito necessário para a caracterização da gestão de negócios, seja pela possível origem histórica do instituto, seja pela sistematização que lhe foi conferida pelos ordenamentos modernos; (ii) a inclusão da gestão imprópria e da gestão de negócios alheios julgados como próprios na regulamentação da gestão de negócios decorre de opção legislativa de determinados ordenamentos; e (iii) à luz da inexistência desse tratamento específico, essas hipóteses não são reguladas pela gestão de negócios no direito brasileiro, e a intervenção indevida sobre direitos alheios se submete somente à disciplina do enriquecimento sem causa[197].

[197] Em texto tratando especificamente sobre o enriquecimento sem causa no direito brasileiro, Menezes Leitão afirma que a gestão de negócios, e não o enriquecimento sem causa, seria o instituto adequado para tratar das intervenções indevidas sobre direitos alheios, sem indicar os fundamentos dessa afirmação. Nas palavras do autor, "Com essa construção, chama-se a atenção para a insuficiência do enriquecimento sem causa para resolver certo tipo de questões. Assim, por exemplo, a restituição de lucros ilicitamente obtidos não pode assentar no enriquecimento sem causa, mas antes na figura da gestão imprópria de negócios. A figura dos *punitive damages* não pode fundar-se no enriquecimento sem causa, sendo antes uma nova construção da responsabilidade civil. Não obstante tais limitações, não há dúvida de que a hora atual

1.3. *Restitutionary damages* e *account and disgorgement of profits*

O propósito desse tópico consiste em analisar os conceitos do *common law* conhecidos como *restitutionary damages* e *account and disgorgement of profits*, comparando-os com a estrutura conceitual adotada pela tradição romano-germânica em situações de benefício originado da intervenção sobre direitos alheios. Por meio desse exercício, pretende-se definir se os institutos anglo-saxões são compatíveis com os regimes estabelecidos na escola civilística, ou se – no mínimo – eles contribuem como instrumento para propiciar eventual evolução na legislação e na interpretação realizada pela doutrina e jurisprudência.

O chamado direito restitutório (*law of restitution*) consiste em ramo do direito anglo-saxão relativo ao "grupo genérico de remédios originados pela aplicação do direito e que possuem uma função comum, qual seja, extrair o ganho do réu ao invés de compensar o autor pela perda sofrida"[198]. De forma semelhante àquilo verificado no enriquecimento sem causa da tradição civil, o instituto do *common law* se volta essencialmente à análise do benefício auferido pela parte enriquecida.

A diferença fundamental entre a disciplina do *law of restitution*, de um lado, e do enriquecimento sem causa, do outro, reside na lógica e no fundamento para a imposição do dever de restituir. A escola continental adota fórmula ampla e genérica, que impõe a devolução de incremento patrimonial ocorrido sempre que não se identifique fundamento que justifique o aumento. A restituição se verifica sob a perspectiva negativa da ausência de causa, pois a falta de base para a atribuição patrimonial resulta no afastamento do enriquecimento.

A lógica do instituto anglo-saxão segue sentido oposto. Verificado o enriquecimento à custa da parte prejudicada, é necessário identificar um

representa um profundo desenvolvimento do enriquecimento sem causa, manifestado pela sua exportação para os países anglo-saxônicos, onde ainda há dezenas de anos aparecia como totalmente desconhecido" (*O enriquecimento sem causa no Código Civil brasileiro*. Conferência proferida na II Jornada de Direito Civil, realizada pelo Centro de Estudos Judiciários do Conselho da Justiça Federal, de 17 a 25 de novembro de 2003, p. 31).

[198] VIRGO, Graham. *The principles of the Law of Restitution*, 2ª ed., Oxford: Oxford University Press, 2006, p. 3 (trad. livre do inglês. O original é o seguinte: "The law of restitution is concerned with the award of a generic group of remedies which arise by operation of law and which have one common function, namely to deprive the defendant of a gain rather gain to compensate the claimant for loss suffered").

fator ou fundamento específico para a restituição[199]. Deve-se demonstrar, por exemplo, a caracterização de (i) ausência ou vício de vontade (*absence/vitiated intention*); (ii) influência indevida (*undue influence*); (iii) erro (*mistake*); ou (iv) ausência de contraprestação (*failure of consideration*. A ótica adotada é positiva, pois a restituição não ocorre como resultado da ausência de causa, mas a partir da identificação de fundamento que caracterize a obrigação de restituir[200].

Dentro do direito restitutório anglo-saxão, o chamado *unjust enrichment* exige necessariamente que o enriquecimento tenha sido subtraído do patrimônio da parte prejudicada[201]. Já no *restitution for wrongs*, o fundamento reside no enriquecimento do enriquecido a partir de ilícito cometido contra ele. Modifica-se o conceito de "à custa" do prejudicado (*at the claimant's expense*), afirmando-se que, nesses casos, o enriquecimento se originou na prática de ato ilícito, e não do patrimônio da parte prejudicada[202].

Por sua vez, o conceito de *wrong* se refere a qualquer conduta relativa à violação de deveres. A parte prejudicada pode demonstrar que, para aquele específico ilícito, existem duas pretensões potencialmente cabíveis: a pretensão de natureza compensatória e aquela de cunho restitutório. Em termos mais simples, é possível que a parte requeira que a compensação devida seja aferida a partir de parâmetros restitutórios, e não reparatórios[203], definindo-se o valor devido a partir do benefício originado ao enriquecido ao invés do prejuízo sofrido pelo prejudicado.

A noção de *restitution for wrongs* se revela apropriada para os casos nos quais a parte prejudicada não consegue se vincular ao enriquecimento,

[199] *idem*, p. 119.

[200] Em ocasiões mais recentes, parte da doutrina inglesa, liderada por Peter Birks – que é o maior expoente do *law of restitution* inglês – passou a adotar linha doutrinária semelhante à escola do direito civil, defendendo a *absence of basis*, ou seja, um conceito amplo de ausência de causa para a restituição. A mudança repentina do posicionamento do jurista causou enorme controvérsia na doutrina daquele país. Essa matéria é bem tratada no artigo de Graham Virgo, *Demolishing the Pyramid – the Presence of Basis and Risk-Taking in the Law of Unjust Enrichment*, artigo digital fornecido diretamente pelo autor.

[201] VIRGO, Graham. *The principles of the Law of Restitution*, p. 426.

[202] *idem, ibidem.*

[203] BIRKS, Peter. *An introduction to the law of restitution*. Oxford: Oxford University Press, 2003, p. 313.

exceto se afirmar que o benefício se originou do ilícito praticado pelo enriquecido. Peter Birks ilustra esse conceito afirmando que, se alguém recebe £1.000 para agredir outra pessoa, o enriquecimento não se origina do patrimônio da vítima, e a única alternativa existente consiste em afirmar que esse enriquecimento é resultado do ilícito[204].

O instituto do *restitution for wrongs* é dividido em diferentes categorias. Existe alguma divergência na doutrina em termos de nomenclatura[205], mas é possível afirmar que nos *restitutionary damages* a prática de ilícito (*wrong*) resulta em enriquecimento originado diretamente do patrimônio do prejudicado, enquanto que o *account and disgorgement of profits* se aplicaria em situações nas quais o lucro foi obtido de outras fontes – tal como no caso de pagamento feito por terceiro –, cabendo ao enriquecido prestar contas e restituir o benefício obtido[206].

No precedente conhecido como *Reading v. A.-G*, sargento do exército britânico recebeu valores para auxiliar contrabandistas em postos de controle militares. Nesse contexto, o enriquecimento ocorreu como consequência da quebra da violação de dever do oficial militar perante a Coroa Britânica, sem que houvesse propriamente a identificação de prejuízo. Caso não se utilizasse a violação do dever como fundamento

[204] *idem*, p. 316.

[205] Graham Virgo explica que alguns doutrinadores entendem que o instituto do *restitutionary damages* serve para reverter a transferência ilícita de valores do réu para o autor, enquanto o *disgorgement* se aplica quando o enriquecimento não se originou diretamente do réu. Virgo, todavia, entende que a noção de *restitutionary damages* inclui todos os remédios restitutórios de natureza financeira, incluindo o *account of profits* e *money had and received*. O *account of profits* seria relativo a benefícios obtidos de fontes diversas do prejudicado, enquanto o *money had and received* se voltaria ao enriquecimento originado do patrimônio do prejudicado (*The principles of the Law of Restitution*, p. 438). No Brasil, Nelson Rosenvald e Bernard Korman Kuperman afirmam que "enquanto em *restitutionary damages* há reversão da transferência patrimonial entre as partes, no *disgorgement* há supressão da vantagem adquirida pelo réu com independência de qualquer translação de bens pelo autor. Pela primeira, beneficia-se o autor de uma quantia correspondente ao bem transferido ou subtraído do seu patrimônio. Pela segunda, suprime-se a vantagem que, sem correspondência com a utilização do patrimônio do autor, o réu obteve com a prática do ilícito" (*Restituição de ganhos ilícitos: há espaço no Brasil para o disgorgement?* In: Revista Fórum de Direito Civil, ano 6, nº 14, janeiro-abril/2017, p. 16/17). Para facilitar a compreensão do tema e o debate acadêmico, adota-se a nomenclatura seguida pelos autores brasileiros.

[206] VIRGO, Graham. *The principles of the Law of Restitution*, p. 436.

da restituição, seria simplesmente impossível vincular o enriquecimento auferido pelo oficial com o Estado britânico[207].

A decisão proferida em *Tang Man Sit v. Capacious Investment Ltd.* também é bastante elucidativa para a compreensão dos institutos. No caso, o proprietário de determinados imóveis havia concordado em transferi-los para outro sujeito, mas a escritura não chegou a ser celebrada. Aproveitando-se dessa situação, o proprietário alugou os imóveis para terceiros, recebendo os respectivos aluguéis.

Após o falecimento do proprietário, a parte prejudicada ingressou com ação contra os representantes do falecido por quebra de confiança (*breach of trust*), requerendo não apenas o *account of profits* relativo aos montantes recebidos de terceiros, mas também indenização pelos aluguéis perdidos, perda de valor dos imóveis e danos originados da ocupação pelos locatários. Por compreender que os lucros recebidos pelos requeridos representavam o mesmo valor dos aluguéis não recebidos, o *Privy Council*[208] determinou que o autor da ação escolhesse entre esses dois parâmetros de compensação[209].

Portanto, o *restitution for wrongs* adota como pressuposto a prática de ato ilícito e estabelece, como consequência dessa conduta, a reversão da integralidade dos lucros obtidos pelo infrator. Em certa medida[210], combinam-se os institutos continentais da responsabilidade civil e do enriquecimento sem causa, definindo-se que o reconhecimento da prática do ilícito não resulta somente na reparação do dano, podendo propiciar à parte prejudicada a reversão dos lucros obtidos pelo infrator.

Existem algumas normas pontuais na tradição continental que se aproximam da lógica subjacente ao instituto do *common law*, ao estabelecer a

[207] BIRKS, Peter. ob. cit., p. 319.

[208] O Comitê Judicial do *Privy Council* é o tribunal de última instância para os territórios britânicos ultramarinos e para as dependências da coroa, e para os países do *Commonwealth* que mantém o direito de apelar para a jurisdição britânica (https://www.jcpc.uk/).

[209] VIRGO, Graham. *The principles of the Law of Restitution*, p. 436.

[210] O instituto do direito anglo-saxão possui diversas peculiaridades, não sendo possível equipará-lo a simples soma da responsabilidade civil extracontratual com o enriquecimento sem causa. Existe regime jurídico específico e bastante intricado, que estabelece, por exemplo, quais ilícitos resultam em restituição, regras específicas de causalidade e de defesa que podem ser suscitadas pelo potencial infrator (VIRGO, Graham. *The principles of the Law of Restitution*, p. 436/452).

reversão dos benefícios originados do ato ilícito. O artigo 13 da Diretiva 48/2004 da União Europeia, por exemplo, estabelece que a compensação pela violação de direitos da propriedade intelectual deve ser definida a partir dos seguintes parâmetros: (i) "todos os aspectos relevantes, como as consequências econômicas negativas, nomeadamente os lucros cessantes, sofridas pela parte lesada, quaisquer lucros indevidos obtidos pelo infrator e, se for caso disso, outros elementos para além dos fatores econômicos, como os danos morais causados pela violação ao titular do direito"; ou, alternativamente (ii) "quantia fixa, com base em elementos como, no mínimo, o montante das remunerações ou dos direitos que teriam sido auferidos se o infrator tivesse solicitado autorização para utilizar o direito de propriedade intelectual em questão"[211].

Pelo teor do artigo 13 da Diretiva 48/2004 da União Europeia, verifica-se a existência de duas consequências restitutórias distintas originadas pelo ato ilícito: (i) a transferência da integralidade dos lucros auferidos pelo infrator; e (ii) o pagamento de quantia fixa, correspondente ao valor que seria devido pela aquisição regular do direito utilizado de forma ilícita.

Pietro Sirena chega a afirmar que a norma reconhece o *restitution for wrongs*. O pagamento de quantia fixa corresponde àquilo normalmente estabelecido pela jurisprudência inglesa para os casos de *proprietary torts*, principalmente em *trespass*, ou seja, na utilização indevida da propriedade alheia. Nessas hipóteses, as cortes inglesas determinam que o valor da restituição deve corresponder ao valor dos bens explorados de forma indevida. Em contrapartida, a possibilidade de restituição de "quaisquer lucros indevidos obtidos pelo infrator" se aproxima do *account and disgorgement of profits*[212].

Sem prejuízo da disposição normativa, o autor italiano entende que o *account and disgorgement of profits* não foi incorporado nos ordenamentos de origem romano-germânica, e dificilmente se revela compatível com essas legislações. A possibilidade de afastamento da integralidade dos lucros obtidos pela parte beneficiada se revela incompatível com o tradicional requisito que impõe que o benefício ocorra à custa da parte prejudicada[213].

[211] Obtido em https://eur-lex.europa.eu/legal-content/PT/TXT/PDF/?uri=CELEX:32004L0048R(01)&from=EN. Consulta realizada em 16.3.2019.

[212] *Towards a European Law of Unjustified Enrichment*. Società Editrice il Mulino, 2012, p. 128.

[213] *idem, ibidem.*

A parte interessante, neste ponto, consiste na alternativa concedida pelo direito comunitário europeu à parte prejudicada. Embora seja vedada a obtenção cumulada de reparação pelos prejuízos e de restituição pelos lucros, a diretiva europeia indica que é uma escolha da parte o recebimento de um ou de outro valor. Todavia, Sirena entende que a alternativa concedida pela diretiva europeia se contrapõe à subsidiariedade, pois a existência do direito à reparação pelos danos afastaria a restituição pelo enriquecimento sem causa[214].

Por sua vez, Francesco Giglio entende que, no âmbito do direito alemão, o enriquecimento sem causa se volta a questões diferentes daquelas inseridas no escopo do *restitution for wrongs* dos ordenamentos anglo-saxões, e que os dois conceitos não podem ser confundidos. O autor italiano afirma que essas duas noções apenas coincidiriam em casos pontuais e marginais. Na realidade, o enriquecimento sem causa e o *restitution for wrongs*se voltam a ganhos diferentes obtidos pelo beneficiado, ou pelo menos quantificam esse benefício de forma diversa[215].

A diferença dos institutos é bastante relevante para se compreender a razão pela qual Francesco Giglio é enfático ao afirmar que não existe, no direito continental, conceito semelhante ao *restitution for wrongs* anglo-saxão. O autor afirma que, na perspectiva do *common law*, as ações restitutórias pretendem obter valores sem qualquer referência ao prejuízo sofrido pelo titular do direito, ou seja, sem que haja relação direta com a violação do direito da parte prejudicada[216].

Como exemplo, pode-se mencionar a hipótese na qual determinado sujeito, agindo de má-fé, abusa da confiança que lhe foi depositada por outro indivíduo, orientando-o a adquirir imóvel por valor superior ao de mercado, pois o vendedor havia prometido lhe pagar determinada quantia caso isso ocorresse[217]. Trata-se, em suma, de verdadeira hipótese de suborno privado, na qual o corretor ou especialista do mercado imobiliário abusa da confiança de seu cliente para obter ganho indevido.

A questão é definir se, caso seja verificada a fraude, o adquirente pode obter restituição do valor recebido pelo sujeito que prestou a orientação

[214] *idem, ibidem.*

[215] ob. cit., p. 46.

[216] *idem*, p. 55.

[217] *idem, ibidem.*

indevida. A controvérsia tem enorme relevância, pois, como o benefício foi originado a partir de pagamento realizado por terceiro, inexiste relação direta entre o enriquecimento do infrator e a intervenção sobre o direito da outra parte.

Partindo do direito alemão, Francesco Giglio afirma que inexistem casos nos quais o infrator do direito alheio é compelido a desistir da integralidade dos benefícios originados de sua conduta[218]. As situações envolvendo os benefícios provenientes dos atos ilícitos são reguladas a partir do regime jurídico do enriquecimento sem causa, cujas restrições tornam a amplitude da restituição mais limitada. A ação prevista no §812 do Código Civil germânico se voltaria apenas a afastar do indivíduo beneficiado os valores auferidos como resultado direto da interferência sobre o direito alheio[219]. Em contrapartida, o regime do *restitution for wrongs* retira do infrator todo e qualquer benefício originado do ilicito, destinando-o ao respectivo titular[220].

No Brasil, Nelson Rosenvald e Bernard Korman Kuperman introduzem a análise da questão tratando a insuficiência dos institutos do direito civil para lidar com os lucros originados de atos ilícitos. Os autores mencionam especificamente caso envolvendo o cantor Caetano Veloso, cuja imagem teria sido utilizada de forma indevida em campanha publicitária realizada por companhia cervejeira. Mesmo após o pagamento da indenização devida ao artista, a parte infratora teria permanecido em posição favorável, pois os benefícios originados da publicidade superariam significativamente os valores pagos em razão do processo judicial[221].

De um lado, a responsabilidade civil seria insuficiente para lidar com essas situações, pois a limitação inerente ao artigo 944 do Código Civil

[218] *idem*, p. 65.

[219] No direito brasileiro, o pagamento do valor pelo vendedor ao intermediário seria regulado pelo artigo 883, parágrafo único, do Código Civil, cujo teor é o seguinte:
"Não terá direito à repetição aquele que deu alguma coisa para obter fim ilícito, imoral, ou proibido por lei.
Parágrafo único. No caso deste artigo, o que se deu reverterá em favor de estabelecimento local de beneficência, a critério do juiz".

[220] GIGLIO, Francesco. ob. cit., p. 67/68.

[221] ROSENVALD, Nelson; KUPERMAN, Bernard Korman. *Restituição de ganhos ilícitos: há espaço no Brasil para o disgorgement?* In: Revista Fórum de Direito Civil, ano 6, nº 14, janeiro--abril/2017, p. 12.

apenas permitiria que o artista fosse eventualmente reparado pelos prejuízos sofridos, não retirando da parte infratora os benefícios decorrentes do ato ilícito praticado[222]. De outro, a subsidiariedade inviabilizaria a eventual utilização do enriquecimento sem causa, justamente em razão da possibilidade de aplicação da responsabilidade civil aquiliana, pois "a partir de uma interpretação literal do art. 886/CC, observa-se que conferindo a lei meios ressarcitórios para reaver o prejuízo sofrido, o sujeito que teve sua esfera patrimonial subtraída não poderá se valer da tutela restituitória"[223].

Embora reconheçam que os institutos anglo-saxões não são aplicáveis no direito civil brasileiro, os autores entendem que

> "há espaço para realizar no ordenamento jurídico brasileiro dois ajustes para não tornar lucrativa a prática do ilícito: (i) a readequação do remédio restituitório para além dos confins do instituto do enriquecimento, convertendo-se em efetiva pretensão para o resgate do lucro ilícito; e (ii) uma alteração na fisionomia sistemática da responsabilidade civil mirando o escopo preventivo punitivo, especificamente para os casos em que é necessária uma alteração *in pejus* no patrimônio do responsável e não somente um retorno ao *status quo ante*"[224].

Diante desse cenário, algumas constatações são importantes: (i) a aplicação do *account and disgorgement of profits* é inviável nos ordenamentos da tradição romano-germânica; (ii) a eventual inclusão de mecanismos anglo-saxões para o afastamento do lucro obtido pelo infrator se mostra desnecessária, tendo em vista o escopo dos institutos já existentes.

Nas escolas da tradição romano-germânica, inexiste fundamento normativo para se admitir que a prática de ato ilícito, por si só, confira fundamento para o afastamento da integralidade dos benefícios auferidos pela parte infratora. Os dois principais institutos que poderiam lidar com essa situação – quais sejam, a responsabilidade e o enriquecimento sem causa – apresentam particularidades e limitações que impedem que a simples violação de direito resulte na restituição da totalidade do incremento patrimonial.

222 *idem, ibidem.*

223 *idem*, p. 13.

224 *idem*, p. 29.

No âmbito da responsabilidade civil aquiliana, a limitação é bastante clara, consistente na impossibilidade do pagamento de indenização superior ao dano sofrido pela vítima, nos termos do artigo 944 do Código Civil brasileiro. Toda a lógica dos sistemas continentais repousa em reposicionar a vítima no estado anterior ao dano, sem se preocupar com eventuais benefícios auferidos pelo infrator.

Já no enriquecimento sem causa, a situação é bem mais complexa. Esse instituto se volta a restituir o enriquecimento obtido de forma indevida, desde que tenha ocorrido à custa da outra parte. Em capítulo específico, ficará demonstrado que não é necessário que haja perda patrimonial do prejudicado – como se exige, por exemplo, no *unjust enrichment* anglo-saxão – mas é indispensável a existência de vínculo entre o enriquecimento do beneficiado e o patrimônio do lesado. Em determinadas circunstâncias, é possível inclusive que o sujeito que intervém em direitos alheios receba parte dos proveitos gerados, à luz da vinculação entre esses benefícios e a iniciativa e o trabalho por ele realizados[225].

De forma subjacente a essa diferença, existe distinção fundamental entre a lógica do *account and disgorgement of profits* e aquela do enriquecimento sem causa. O primeiro instituto busca simplesmente extrair do infrator a totalidade do benefício originado do ilícito, mesmo que favoreça indevidamente a outra parte, que muitas vezes teve prejuízo menor ou até mesmo inexistente em relação ao enriquecimento. Trata-se de nítida escolha, que possui inclusive conotação punitiva, e se volta simplesmente a impedir que a prática de ilícito proporcione qualquer forma de aumento patrimonial[226].

[225] Cf. item 4.2 abaixo.

[226] De acordo com Graham Virgo, "Quando o réu cometeu uma daquelas formas de ilícito, o direito restitutório considera que às vezes é preferível que o autor obtenha o benefício do ilícito ao invés the permitir que o réu lucre pela prática de ilícito, embora o resultado possa ser que o autor lucre pelo ilícito caso não tenha sofrido pouco ou nenhum prejuízo (*The principles of the Law of Restitution*, 2ª ed., Oxford: Oxford University Press, 2006, p. 432. trad. livre do inglês. O original é o seguinte: "Where the defendant has committed one of those types of wrong the law of restitution considers that it is sometimes prefereable that the claimant should obtain the benefit of the wrongdoing rather than allow the defendant to profit from the commission of the wrong, even though that the result may be that the claimant profits from the wrong since the claimant suffered little or no financial loss as a result of the wrong").

O princípio norteador do enriquecimento sem causa é absolutamente diverso. Ao invés de se preocupar com o afastamento do resultado do ilícito, o instituto da escola romano-germânica se volta a conferir a cada sujeito aquilo que lhe é devido, impedindo-se o incremento patrimonial sem a indispensável justificativa. Ao contrário daquilo verificado no *account and disgorgement of profits*, o enriquecimento sem causa não possui como pressuposto a prática de ato ilícito, vinculando-se à simples ocorrência de atribuição patrimonial injustificada, sem possuir o escopo punitivo verificado no *account and disgorgement of profits*.

Também não é possível afirmar que o direito da tradição romano-germânica precise se adaptar a algumas peculiaridades do instituto anglo-saxão. Na realidade, a construção normativa dos ordenamentos da escola civil possui plena capacidade de afastar o benefício obtido pelo ofensor nos casos de intromissão sobre direitos alheios. Como se verá nos capítulos específicos, o enriquecimento sem causa (i) não é afastado pela simples possibilidade de aplicação da responsabilidade civil ao caso concreto[227]; (ii) não limita a restituição à perda patrimonial do prejudicado; e (iii) é suficiente para direcionar ao titular os benefícios originados da exploração do direito, de acordo com o grau de contribuição que o direito e a iniciativa do interventor tiveram para o resultado[228].

Os elementos acima indicam que o *account and disgorgement of profits* não foi incorporado nos ordenamentos de origem romano-germânica. Confrontando-se esse conceito com os institutos que mais se aproximam dele no direito continental, constata-se que (i) a responsabilidade civil limita eventual indenização ao prejuízo sofrido pela vítima, afastando a eventual devolução dos benefícios auferidos pelo infrator em razão do ato ilícito; e (ii) o enriquecimento sem causa apenas admite a restituição do acréscimo patrimonial obtido à custa do outro sujeito, possuindo escopo mais restrito do que o instituto anglo-saxão. Por ser incompatível com as duas bases fundamentais que proporcionam o reequilíbrio patrimonial fora da esfera contratual, na tradição romano-germânica, o *account and disgorgement of profits* não pode ser introduzido nos ordenamentos que seguem essa escola jurídica.

[227] Cf. item 3.4.5.

[228] Cf. item 4.2.3.

1.4. O enriquecimento sem causa

A posição restritiva da jurisprudência alemã quanto à utilização do enriquecimento sem causa para tratar do benefício originado de violações a direitos alheios foi alterada nos casos *Kunststoffhohlprofil I* e *Kunststoffhohlprofil II*[229], julgados, respectivamente, em 1977 e 1981. Esses julgados verdadeiros consistem em verdadeiros marcos jurisprudenciais quanto à qualificação jurídica do enriquecimento por intervenção.

No âmbito da propriedade industrial, a doutrina alemã majoritária tinha enorme resistência quanto à aplicação do regime da responsabilidade civil, defendendo o enriquecimento sem causa para a violação não culposa sobre direitos de propriedade industrial. Essa posição da doutrina culminou na alteração da posição jurisprudencial em 1977, no caso *Kunststoffhohlprofil I*, no qual o Tribunal Federal alemão abandonou os 3 (três) critérios alternativos inicialmente adotados, reconhecendo a possibilidade de utilização do enriquecimento sem causa em caso de violação não culposa de modelos ou patentes industriais, sem se posicionar, todavia, sobre a extensão do enriquecimento.

Já na decisão proferida no caso *Kunststoffhohlprofil II*, o Tribunal Federal rejeitou a possibilidade ampla de restituição, que incluiria a integralidade dos ganhos obtidos a partir da intervenção, posicionando-se pelo pagamento da contraprestação devida pela utilização regular do direito[230]. A partir de então, definiu-se que a restituição se limita à remuneração devida pelo uso da coisa, tal como se houvesse contrato de licença autorizando exploração regular do direito[231].

Enquanto o julgado do caso *Kunststoffhohlprofil I* significa o reconhecimento do cabimento do enriquecimento sem causa para lidar com a intervenção sobre direitos alheios, o precedente do caso *Kunststoffhohlprofil II* significa a adoção, pela jurisprudência alemã, da chamada teoria do contrato fictício. Trata-se de modelo que vincula o benefício do interventor

[229] GIGLIO, Francesco. ob. cit., p. 112.

[230] MENEZES LEITÃO, Luís Manuel Teles de. *O enriquecimento sem causa no Direito Civil. Estudo dogmático sobre a viabilidade da configuração unitária do instituto, face à contraposição entre as diferentes categorias de enriquecimento sem causa.* Coimbra: Almedina, 2005, p. 705.

[231] *idem, ibidem.*

com a poupança de despesa relativa aos valores que seriam devidos pela utilização regular do direito[232].

A evolução da interpretação acerca do enriquecimento por intervenção no direito alemão decorre do teor do §812 do Código Civil. Adotando redação simples e ampla, o primeiro trecho da norma estabelece que "aquele que obtém algo como resultado da prestação alheia ou, de qualquer outra forma, à sua custa sem que haja causa, é obrigado a restituir"[233]. Com isso, a norma confere ao enriquecimento sem causa contornos de verdadeira cláusula geral, tornando-o instrumento relevante para o afastamento de situações de desequilíbrio patrimonial[234].

Rodolfo Sacco afirma que o dispositivo pode ser aplicado para situações envolvendo a violação de direitos alheios, inclusive quando o benefício obtido pelo infrator supera o dano sofrido pelo detentor do direito. Ressalva, todavia, a existência de posição minoritária na doutrina, que afasta a incidência da norma para incrementos patrimoniais superiores ao dano sofrido pelo detentor do direito[235].

Na atualidade, a doutrina reconhece o enriquecimento sem causa como fundamento amplo para lidar com intervenções de direitos alheios. Nesse sentido, Gerhard Dannemann afirma que o enriquecimento sem causa se aplica a todas as situações de intervenção de direitos alheios não inseridas no regime específico voltado à proteção do possuidor (§987 do Código Civil alemão)[236]. Já Brice Dickson aponta que a base para a aplicação do enriquecimento sem causa em situações de enriquecimento

[232] Fernando Noronha ensina que o "enriquecimento por poupança de despesas traduz-se na pura manutenção do ativo, em circunstâncias em que deveria ter diminuído, e só não diminuiu porque a pessoa utilizou coisas alheias, beneficiou de serviços não remunerados de outrem, ou simplesmente deixou de fazer despesas que normalmente seria obrigado a fazer" (*Enriquecimento sem causa*. In: Revista de Direito Civil, Imobiliário, Agrário e Empresarial. São Paulo: Revista dos Tribunais, v. 56, abril/junho-1991, p. 59).

[233] Trad. livre do inglês.

[234] De acordo com Paolo Gallo, "seja na Alemanha, seja nos países de common law, os vários remédios relativos ao enriquecimento sem causa integram um ramo seguramente muito importante do direito privado; existem autores especialistas na matéria, e a casuística jurisprudencial, diferente daquelas francesa e italiana, é vastíssima; característica incontroversa da notável vitalidade do instituto" (ob. cit., p. 44, trad. livre do italiano).

[235] SACCO, Rodolfo. ob. cit., p. 130.

[236] DANNEMANN, Gerhard. *The German Law of Unjustified Enrichment and Restitution. A Comparative Introduction.* Nova York: Oxford University Press, 2009, p. 91/92.

por intervenção consiste, de fato, na primeira parte do §812 do Código Civil alemão, afirmando que exemplos típicos de aplicação do dispositivo consistem no uso de máquina, ou no consumo de combustível ou material de construção alheios[237].

A situação é diferente no direito italiano. A restritiva fórmula do artigo 2.041 do Código Civil, que limita a restituição à "diminuição patrimonial" da parte prejudicada, dificulta a aplicação do enriquecimento sem causa em situação de intervenção sobre direitos, pois nesses casos o enriquecimento do interventor normalmente supera o prejuízo do titular. Tamanha a limitação imposta pela norma, que Paolo Gallo afirma que o legislador não seguiu o modelo alemão, conferindo ao enriquecimento sem causa posição "marginal" e "residual" dentro do ordenamento jurídico[238].

É bem verdade que existe, mesmo no direito italiano, posição doutrinária que defende a utilização do instituto do enriquecimento sem causa como fundamento para o dever de restituição dos benefícios auferidos pelo infrator. Esse posicionamento preexistia ao Código Civil de 1942, tendo sido desenvolvido em cenário no qual a legislação não regulava expressamente o enriquecimento sem causa[239], mas tampouco impunha restrição semelhante àquela prevista no artigo 2.041 do Código Civil.

Diante da redação da legislação em vigor, parte significante da doutrina entende que o regime do artigo 2.041 do Código Civil é incompatível com o enriquecimento por intervenção, principalmente em razão da limitação imposta ao dano do titular do direito. Rodolfo Sacco, por exemplo, entende que o modelo do enriquecimento sem causa é inadequado para lidar com o enriquecimento por intervenção, não apenas pela técnica legislativa adotada pelo Código Civil italiano de 1942, mas também pelas características do instituto.

No enriquecimento por intervenção, o benefício do interventor é obtido sem justa causa, em razão da violação do direito. Por outro lado, a atribuição desse enriquecimento ao titular do direito também é duvidosa, pois ele tampouco pode enriquecer à custa do trabalho do interventor[240].

[237] DICKSON, Brice. *The Law of Restitution in the Federal Republic of Germany: A Comparison with English Law*. In: International and Comparative Law Quaterly, v. 36, 1987, p. 776.

[238] GALLO, Paolo. ob. cit., p. 47.

[239] SACCO, Rodolfo. ob. cit., p. 132.

[240] *idem*, p. 134.

Diante desse cenário, Sacco entente que o regime do enriquecimento sem causa, previsto no artigo 2.041 do Código Civil italiano, é incapaz de sopesar essas duas causas em relação ao resultado obtido, sendo inapto para definir em que medida o benefício decorreria do fato ilícito relativo à intervenção, ou se seria consequência do trabalho exercido pelo interventor[241].

O entendimento de Pietro Trimarchi segue a mesma linha. Ao limitar a restituição à "diminuição patrimonial", o artigo 2.041 do Código Civil não atribui a integralidade do enriquecimento ao titular do direito, pois atribui ao interventor o valor que excede aquilo devido ao titular. Por outro lado, nas situações nas quais o enriquecimento se verifica no patrimônio do titular do direito – como nos casos de benfeitorias realizadas em coisas alheias –, o lucro líquido originado da atividade permaneceria com esse último, que apenas pagaria o valor devido pelo trabalho do interventor[242].

Pietro Sirena diverge da opinião que restringe o alcance do artigo 2.041 do Código Civil italiano, e dificulta sua aplicação na esfera da intervenção sobre direitos. Caso o valor do prejuízo seja inferior ao valor objetivo do bem sujeito a intervenção, o autor entende que o titular do direito pode se valer não apenas da tradicional ação de ressarcimento do prejuízo sofrido, como também da via do enriquecimento sem causa, obtendo a restituição do benefício auferido pelo infrator[243].

A conclusão decorre de interpretação sistemática realizada a partir de diversos dispositivos do Código Civil italiano. Pietro Sirena parte, por exemplo, dos artigos 935, item 1º, 936, item 3º, 937, item 3º e 939, item 3º, que estabelecem que a aquisição da propriedade, juntamente com todos os acessórios do bem, obriga o adquirente não apenas a restituir o valor dos materiais empregados – refletindo o princípio do enriquecimento sem causa –, mas também a ressarcir os danos causados ao proprietário anterior. A mesma conclusão decorreria do artigo 1.591 do Código Civil[244], que estabelece que o locatário em mora deve não apenas ressarcir os danos

[241] *idem*, p. 134/135.

[242] TRIMARCHI, Pietro. *L'arricchimento senza causa*. Milão: Giuffrè, 1962, p. 52/53.

[243] *La restituzione dell'arricchimento e il risarcimento del danno*, p. 78.

[244] Artigo 1591. "O locatário em mora que restitui o bem deve dar ao locador o valor acordado no momento da entrega, sem prejuízo de ressarcir o maior dano" (trad. livre do italiano. O original é o seguinte: "Il conduttore in mora a restituire la cosa è tenuto a dare al locatore il corrispettivo convenuto fino alla riconsegna, salvo l'obbligo di risarcire il maggior danno").

sofridos pelo locador, como também deve restituir a integralidade dos aluguéis acordados pelo período no qual o bem foi utilizado[245].

Também é necessário considerar que o princípio da eficiência da responsabilidade civil impõe a utilização de instrumentos adicionais, e que possuam potencial de dissuasão. Trata-se, no entendimento de Sirena, de institutos *ultracompensatórios*[246], pois dispensam a demonstração da ocorrência de danos emergentes e lucros cessantes na esfera jurídica do sujeito lesado.

No tocante especificamente à limitação da restituição à "diminuição patrimonial" do titular do direito, prevista no artigo 2.041 do Código Civil, Pietro Sirena entende que a norma teria como escopo exclusivo limitar a restituição ao valor devido pelo uso regular do direito, impedindo-se que o sujeito prejudicado receba o lucro decorrente da iniciativa do interventor[247]. Em suma, o dispositivo apenas restringiria o objeto da restituição ao preço pela cessão do direito, estabelecendo que o lucro líquido decorrente da intervenção sobre direito alheio pertenceria ao interventor, e não ao titular[248]. Em última análise, a expressão prevista na norma corresponderia à adoção da teoria do contrato fictício no direito italiano.

Por mais inovador que seja, o raciocínio de Pietro Sirena[249] é incompatível com a redação do artigo 2.041 do Código Civil italiano. O autor italiano trata de forma igual conceitos diversos entre si, pois identifica a noção de redução de patrimônio prevista na norma com o valor devido pela cessão regular do direito. Todavia, a perda patrimonial apenas poderia ser identificada com o preço pelo uso do direito caso houvesse elementos indicando a probabilidade objetiva da realização da cessão, nos termos normalmente exigidos na esfera dos lucros cessantes. Caso contrário, é

[245] SIRENA, Pietro. *La restituzione dell'arricchimento e il risarcimento del danno*, p. 79/80.

[246] O autor utiliza o termo "ultracompensativi" (ob. cit., p. 82).

[247] A extensão e os limites da restituição, na esfera do lucro da intervenção, serão tratados em capítulo próprio.

[248] SIRENA, Pietro. *La restituzione dell'arricchimento e il risarcimento del danno*, p. 82.

[249] Sem tecer considerações mais detalhadas, Luigi Capriello indica concordância quanto à possibilidade de aplicação do enriquecimento sem causa em situações envolvendo violações de direito. Nas palavras do autor, o remédio do art. 2.041 do Código Civil pode ser utilizado toda vez que, mesmo que se verifique um fato dano, não seja possível obter o ressarcimento do dano sofrido com base no elemento subjetivo do sujeito agente" (*L'arricchimento ingiustificato. Ipotesi applicative e profili processuali*. Santarcangelo di Romagna: Maggioli, 2019, p. 87).

simplesmente impossível vincular o valor do uso regular com o conceito de diminuição patrimonial.

É muito difícil ultrapassar as amarras impostas pelo artigo 2.041 do Código Civil italiano na esfera do enriquecimento por intervenção. Eventuais tentativas de conferir à restituição âmbito de incidência mais amplo do que aquele previsto na norma devem ser vistas com ressalvas. Sem prejuízo do compreensível escopo de se afastar o desequilíbrio proporcionado pela intervenção sobre direitos alheios, inexiste justificativa para que eventuais ativismos de origem doutrinária ou jurisprudencial se sobreponham ao texto legal.

A consequência disso é que, no direito italiano, o enriquecimento sem causa se aplica aos benefícios patrimoniais originados da intervenção sobre direitos alheios, mas é pouco útil para lidar com essa situação. A limitação do objeto da indenização à "diminuição patrimonial" sofrida pelo titular do direito reduz drasticamente o âmbito de incidência do dispositivo. Caso o benefício seja igual ou inferior ao dano, o enriquecimento sem causa se mostra útil somente por não exigir a análise do elemento subjetivo do agente, de forma diversa daquilo que ocorre na responsabilidade civil. Em contrapartida, caso o benefício seja superior ao prejuízo, o enriquecimento sem causa não pode ser utilizado para a restituição do valor sobressalente.

Na doutrina espanhola, Manuel de la Camara e Luis Diez-Picazo tratam do enriquecimento por intervenção como modalidade de enriquecimento sem causa, afirmando que esse instituto se volta para situações nas quais determinado sujeito recebe valores que não lhe pertencem, obtidos mediante intervenção indevida, ainda que não culposa, de bens alheios[250].

O enriquecimento por intervenção também foi analisado pelo Tribunal Supremo da Espanha. Em julgado proferido em 9 de fevereiro de 2012, a corte analisou recurso de cassação interposto pelo Administrador Infraestructuras Ferroviarias (ADIF), denominação atual da Red Nacional de los Ferrocarriles Españoles (RENFE), em ação ajuizada por essa entidade contra antigos proprietários de imóvel[251].

[250] *Dos estudios sobre el enriquecimiento sin causa*, Madri: Civitas, 1988. p. 116.

[251] Tribunal Supremo. Seção Civil. Recurso 202/2009. Juíza Encarnacion Roca Dias.

Os réus detinham a propriedade de terreno com área de 3.873m². Em julho de 1982, houve a desapropriação de 222m² do terreno, para a duplicação da via Atocha-Parla, com o pagamento de indenização em pesetas equivalente a 8.691,00€. Em 12 de junho de 2000, os antigos proprietários venderam a integralidade da área – incluindo a parcela desapropriada – para sociedade denominada Andria Inversiones Inmobiliarias, pelo valor em pesetas, equivalente a 7.072.277,17 €, ou seja, 6.980,40 € por metro quadrado.

A RENFE/ADIF ingressou com ação fundada no enriquecimento sem causa, requerendo a restituição de 693.277,00 €, que correspondia ao valor da área de 222m² inicialmente desapropriada em favor da companhia ferroviária, e alienada indevidamente pelos antigos proprietários a terceiro de boa-fé.

Por ocasião do julgamento do recurso de cassação, o Tribunal Supremo constatou a presença das condições necessárias para a caracterização do enriquecimento sem causa, na modalidade da intervenção sobre direitos alheios. Embora inexista norma expressa regulando o enriquecimento sem causa no Código Civil espanhol, o julgado menciona expressamente as diversas modalidades de *condictiones* previstas no Direito romano, e trata especificamente do enriquecimento por intervenção sobre direitos alheios. Com isso, verifica-se não apenas o reconhecimento do enriquecimento sem causa na jurisprudência espanhola, como também o enquadramento do enriquecimento por intervenção como modalidade desse instituto.

Em Portugal, o artigo 473 do Código Civil não vincula o enriquecimento sem causa à "perda patrimonial" sofrida pelo titular do direito. A norma adota redação mais ampla e flexível, limitando-se a estabelecer que "aquele que, sem causa justificativa, enriquecer à custa de outrem é obrigado a restituir aquilo com que injustamente se locupletou". O dispositivo legal ainda estabelece que a obrigação de restituir tem "por objeto o que for indevidamente recebido, ou o que for recebido por virtude de uma causa que deixou de existir ou em vista de um efeito que não se verificou".

Francisco Manuel Pereira Coelho afirma que o enriquecimento sem causa é compatível com situações envolvendo incrementos patrimoniais originados de intervenções sobre direitos alheios. Todavia, a restituição seria limitada sob esse regime jurídico, pois

> "pode o titular do direito exigir do interventor o que este obteve à custa dele, ou seja, o locupletamento, a diferença ou saldo existente no patrimônio do interventor à data em que lhe for judicialmente exigida a restituição, mas só até ao limite – pois só até aí o interventor se terá enriquecido 'à custa' do titular do direito – do valor objetivo do uso ou dos bens consumidos ou alienados"[252].

As restrições impostas pelo enriquecimento sem causa poderiam conferir margem a críticas nesses casos, principalmente em razão da necessidade de proteção a:

> "interesses gerais, como o interesse da não intromissão ou ingerência na esfera jurídica alheia ou ainda o interesse de uma eficaz sanção e prevenção dos fatos ilícitos, quando esses não causem dano ao lesado ou lhe causem dano inferior ao enriquecimento do agente"[253].

Embora reconheça a relevância dessas potenciais críticas, Pereira Coelho insiste na viabilidade do enriquecimento sem causa para lidar com o enriquecimento por intervenção. Pois, segundo o autor lusitano, o receio quanto a eventual incentivo na intervenção sobre direitos alheios não deveria ser superestimado, sendo viável – em circunstâncias envolvendo o dolo ou a culpa do agente – que a pretensão restitutória fosse acompanhada de pedido indenizatório relativo a eventuais danos morais sofridos pelo titular do direito[254].

De forma semelhante, Diogo Leite de Campos também entende que o enriquecimento sem causa é adequado para tratar do benefício proveniente da intromissão sobre direitos alheios. O autor defende o afastamento do lucro auferido pelo interventor e afirma que essa hipótese se sujeita ao regime do enriquecimento sem causa, por entender ser:

> "pouco crível que o legislador queira assegurar a alguém o gozo de certo bem, com todas as utilidades dele decorrentes, e, uma vez esse bem é usufruído *contra legem* por outrem, a proteção ao titular do direito lesado diminua.

[252] ob. cit, p. 84.

[253] *idem*, p. 86/87.

[254] *idem*, p. 87/88.

A obrigação de restituir o enriquecimento é uma continuação da atuação jurídica do direito, tendo por objeto o resultado da utilização ou emprego de bens jurídicos alheios"[255].

Nas situações de intervenção sobre direito alheio, o enriquecimento sem causa seria cabível para remover o enriquecimento superasse o dano sofrido pelo titular do direito e, por conseguinte, a indenização paga pelo interventor[256].

Diante desses elementos, verifica-se que a doutrina portuguesa tende a tratar as situações relativas ao incremento patrimonial originado da intervenção sobre direitos a partir do regime do enriquecimento sem causa. Por mais que exista posicionamento aproximando a hipótese da responsabilidade civil, a posição dominante defende a aplicação do artigo 473 do Código Civil português, até mesmo porque a redação da norma confere maior alcance ao enriquecimento sem causa, viabilizando sua aplicação em situações envolvendo a violação sobre direitos alheios.

A posição de Menezes Leitão segue a mesma linha. Nas palavras do autor:

> "a cláusula geral da proibição do enriquecimento sem causa contempla ainda a situação de alguém obter um enriquecimento por uma ingerência não--autorizada no patrimônio alheio, como sucederá nos casos de uso, consumo, fruição ou disposição de bens alheios"[257].

Na esfera jurisprudencial, o posicionamento dos tribunais lusitanos também é favorável à aplicação do enriquecimento sem causa em situações de intervenção sobre direitos alheios.

Em momento inicial, a jurisprudência reconhece a aplicação do enriquecimento sem causa a situações envolvendo a intervenção sobre direitos alheios, ainda que sem identificá-las como tais. Esse entendimento

[255] *Enriquecimento sem causa, responsabilidade civil e nulidade.* In: Revista dos Tribunais, v. 560, ano 71, junho/1982, p. 262.

[256] *idem*, p. 264.

[257] *O enriquecimento sem causa no Código Civil brasileiro.* Conferência proferida na II Jornada de Direito Civil, realizada pelo Centro de Estudos Judiciários do Conselho da Justiça Federal, de 17 a 25 de novembro de 2003, p. 29.

ocorreu (i) em julgado proferido em 1991, que reconheceu que a parte lesada pode requerer a restituição daquilo que perdeu em razão de ilícito criminal; (ii) em caso julgado em 1995, envolvendo alienação de parcelas de terreno, sem a entrega do preço ao prejudicado; e (iii) em ação julgada em 1996, envolvendo situação na qual arrendatário verificou a nulidade do contrato de arrendamento do imóvel que ocupava, e em seguida celebrou contrato de trespasse do estabelecimento comercial, recebendo valores que incluíam contraprestação pela transferência da posse do bem[258].

Posteriormente, os julgados lusitanos passam não apenas a reconhecer a aplicação do enriquecimento sem causa, como também utilizam expressamente a ideia de enriquecimento por intervenção. Essa fundamentação pode ser encontrada (i) em julgado proferido em 1999, no qual o Supremo Tribunal de Justiça afirmou que o dano do lesado seria dispensável para a caracterização do enriquecimento por intervenção, e determinou que a parte que havia ocupado indevidamente imóvel pagasse o valor devido pelo uso; (ii) em outra decisão de 1999, na qual a corte suprema aplicou o enriquecimento por intervenção em situação envolvendo a violação de patente de invenção; e (iii) em acórdão de 2003, que reconheceu o direito de restituição pela ocupação indevida de imóvel[259].

O enriquecimento por intervenção também foi aplicado, embora sem menção expressa, (i) em julgado do Supremo Tribunal de Justiça de 2004, no qual a corte impôs o pagamento de remuneração em razão da instalação não autorizada de postes em determinada área; e (ii) em outra decisão do tribunal supremo de 2004, que impôs a restituição a construtor que havia prolongado edifício sobre terreno alheio[260].

O tratamento do Supremo Tribunal de Justiça a respeito do enriquecimento por intervenção pode ser ilustrado a partir do julgamento proferido em situação envolvendo a utilização indevida de marca. A autora da ação afirmava ser detentora da marca *Colombo*, utilizando-a em empreendimento imobiliário em Lisboa. Suscitou, então, a ilegalidade quanto ao uso dessa nomenclatura pelas rés, que haviam incorporado outro imóvel,

[258] MENEZES CORDEIRO, António. *Tratado de Direito Civil. Direito das Obrigações. Gestão de negócios. Enriquecimento sem causa. Responsabilidade civil.* v. VIII. Coimbra: Almedina, 2017, p. 277.

[259] *idem*, p. 278.

[260] *idem, ibidem.*

denominado *Parque Colombo*, em região vizinha. Diante desse cenário, a autora requereu (i) a abstenção quanto ao uso da marca pelas rés; e (ii) a restituição do valor de 726.188,02 €, em razão do enriquecimento sem causa decorrente intervenção sobre direito alheio[261].

A perícia realizada na primeira instância concluiu que:

> "a simples utilização pelas Rés de uma denominação – a denominação 'Parque Colombo' – que incorporava o nome COLOMBO permitiu, só por si, um salto qualitativo de apresentação dos imóveis relativamente ao uso de uma desconhecida e irreconhecível denominação 'Parque B'".

Esse benefício corresponderia à "percentagem de 2,5% ao volume total de vendas" do empreendimento que teria se valido indevidamente da marca alheia.

Na fundamentação do julgado, a corte suprema lusitana reconhece que o "entendimento tradicional da Jurisprudência" exigia, como requisito do enriquecimento sem causa, a caracterização do "empobrecimento (prejuízo) de quem o invocava", tal como verificado no direito italiano. Esse posicionamento teria se alterado, e a "mais recente Jurisprudência aponta para a omissão do dano do âmbito do enriquecimento sem causa, na medida em que a sua finalidade tem por relevo central reprimir o enriquecimento injustificado e não o de compensar danos sofridos".

A corte portuguesa ingressa, então, na análise da expressão "à custa de outrem", prevista no artigo 473 do Código Civil lusitano, bem como em legislações de outros países. Para o tribunal, o requisito não se refere necessariamente ao empobrecimento da parte, mas sim à necessária relação entre o benefício da parte favorecida e a lesão do direito do sujeito prejudicado.

Partindo dessas premissas, o julgado deduz interessante conceito de enriquecimento por intervenção, afirmando tratar-se da situação

> "em que alguém enriquece através da ingerência em bens alheios, usando-os ou fruindo-os, sem consentimento do seu titular, o 'elemento central' do instituto é a obtenção do enriquecimento à custa de outrem, podendo este ocorrer sem que exista dano patrimonial do lesado".

[261] Supremo Tribunal de Justiça. Processo nº 04B4601. Relator: Custódio Montes, j. 24.2.2005.

Por conseguinte – e ao contrário daquilo afirmado pelo tribunal recorrido –, a mera ausência de dano patrimonial não afastaria a incidência do artigo 473 do Código Civil, à luz da correta interpretação que deveria ser conferida à expressão "à custa de outrem" presente no dispositivo.

Por outro lado, o acórdão aponta que a sentença de primeiro grau, embora correta quanto ao reconhecimento do enriquecimento sem causa, teria se equivocado na definição do montante da restituição. A decisão havia adotado o percentual de 2,5% das vendas como medida da restituição, com base nos parâmetros normalmente utilizados para a definição de *royalties* pela utilização de marcas alheias. A corte suprema portuguesa determinou que se realizasse liquidação de sentença para determinar o "valor do uso da denominação 'Colombo'", com base no "preço que normalmente [as rés] pagariam pela utilização do referido sinal distintivo", devendo-se considerar, em contrapartida, que "o sucesso do empreendimento das R.R. também se deveu à 'excelente relação preço/qualidade e à circunstância de o mesmo ter sido noticiado na imprensa'".

A partir dos elementos acima, verifica-se que o teor do artigo 473 do Código Civil português permitiu que a doutrina e a jurisprudência portuguesa se desenvolvessem sem as restrições inerentes à vinculação entre o enriquecimento do interventor e o empobrecimento do titular do direito. A maior flexibilidade inerente ao dispositivo conferiu liberdade para que doutrinadores e juízes inserissem hipóteses de benefícios originados de intervenção patrimonial dentro do âmbito de incidência do enriquecimento sem causa.

A doutrina brasileira também tem se manifestado favoravelmente à aplicação do enriquecimento sem causa em casos de intromissão indevida de direitos. O artigo 884 do Código Civil brasileiro possui conteúdo simples e bastante direto, estabelecendo que "aquele que, sem justa causa, se enriquecer à custa de outrem, será obrigado a restituir o indevidamente auferido, feita a atualização dos valores monetários".

Cláudio Michelon Jr. descreve o processo evolutivo enfrentado tanto pela doutrina, quanto pela jurisprudência, para a compreensão do regime jurídico aplicável a situações envolvendo o enriquecimento por intervenção, enfatizando a relevância do artigo 884 do Código Civil, bem como a influência do direito alemão sobre a matéria[262]. Nas palavras do autor:

> "[S]e a confluência de enriquecimento por intervenção e o delito é ainda comum no Judiciário brasileiro, o CC 2002 ao menos estimulou o interesse doutrinário (e, em menor medida, judicial) sobre as diferenças entre as fontes. Esse interesse resultou em tentativas de identificar a premissa subjacente do 'enriquecimento por intervenção' de modo que pudesse auxiliar o entendimento sobre se (e com quais consequências) o artigo 884 pode ser utilizado para conferir fundamento para ações de restituição de enriquecimento dessa modalidade (...) Esse movimento doutrinário, que ganhou força desde o novo CC e é claramente inspirado pela doutrina comparada (em particular pelo direito alemão) ainda está para produzir impacto significante nas decisões judiciais"[263].

A tentativa de se compreender a exploração econômica dos direitos alheios resultou em análises propondo distinção mais clara entre a responsabilidade civil e o enriquecimento sem causa, ao mesmo tempo em que forneceu parâmetros mais claros sobre a medida da restituição no enriquecimento por intervenção[264]. Carlos Nelson Konder, por exemplo, afirma que:

> "enriquecimento sem causa traz a grande vantagem de se coadunar à mesma lógica por trás do enriquecimento por intervenção, qual seja, a teoria da destinação dos bens. Trata-se da noção de que cabe ao titular de um direito as vantagens dele decorrentes e, portanto, não pode outrem reter para si essas vantagens sem autorização do titular ou outro fato idôneo a justificar essa retenção. Assim, o foco de ambos é a atribuição de uma vantagem àquele que é o verdadeiro titular do direito que deu origem àquela vantagem"[265].

[262] *Native sources and comparative resources: unjustified enrichment in Brazil after the 2002 Civil Code*, in Revista de Direito Civil Contemporâneo, v. 9/2016, outubro-dezembro/2016, p. 253, p. 154 – tradução livre do inglês.

[263] *idem, ibidem.*

[264] *idem, ibidem.*

[265] *Dificuldades de uma abordagem unitária do lucro da intervenção.* In: Revista de Direito Civil Contemporâneo, v. 13/2017, outubro-dezembro/2017, p. 237.

De forma semelhante, Aline de Miranda Valverde Terra e Gisela Sampaio da Cruz Guedes entendem que se:

> "tecnicamente, a responsabilidade civil não se presta a retirar o lucro ilegitimamente obtido do patrimônio do ofensor, o enriquecimento sem causa é o instituto, no ordenamento jurídico brasileiro, que se mostra apto para desempenhar referida função, presentes alguns requisitos"[266].

Esse entendimento é compartilhado por Sérgio Savi, em tese de doutorado dedicada exclusivamente ao enriquecimento por intervenção. Nas palavras do autor:

> "diante da ineficácia das tradicionais regras da responsabilidade civil para lidar com o enriquecimento por intervenção, buscou-se no ordenamento jurídico brasileiro uma solução alternativa. Em razão de suas características e funções, concluiu-se que o enriquecimento por intervenção deve ser dogmaticamente enquadrado no enriquecimento sem causa"[267].

Outros autores[268], como Giovanni Ettore Nanni[269] e Lucas Fajardo Nunes Hildebrand[270] também reconhecem que o problema relativo ao enriquecimento por intervenção é regulado pelos artigos 884 e seguintes

[266] *Considerações acerca da exclusão do lucro ilícito do patrimônio do agente ofensor*. In: Revista da Faculdade de Direito da Universidade do Estado do Rio de Janeiro, nº 28, dezembro-2015, p. 7.

[267] ob. cit., p. 92/93.

[268] José Eduardo da Rocha Frota afirma que "embora o credor não saísse lesado, o certo é que o lucro obtido pelo devedor pertence àquele, razão determinativa do ingresso da regra jurídica já várias vezes mencionada por nós de que: *nemo potest locupletari detrimento alteris*. Assim vê-se que o dano a ser ressarcido na ação de enriquecimento sem causa é um dano abstrato, por ter como medida, não o dano efetivamente sofrido pelo credor, que é, aliás, o que se passa na de responsabilidade civil, mas o seu próprio lucro, podendo ser superior ou inferior àqueles, como já se disse repetidas vezes" (*Ação de enriquecimento sem causa*. In: Revista de Processo, v. 36/1984, outubro-dezembro/1984, p. 56).

[269] ob. cit., p. 299 e seguintes.

[270] O autor menciona especificamente a redação do artigo 884 do Código Civil, afirmando que "No Brasil, pode-se considerar que a própria redação do art. 884 admite a formulação dessa categoria de enriquecimento sem causa, pois o dispositivo comanda genericamente a restituição do 'indevidamente auferido', expressão que engloba todo o tipo de incremento patrimonial, inclusive aquele não derivado de uma prestação" (ob. cit., p. 133).

do Código Civil[271]. Fernando Noronha compartilha do mesmo entendimento, afirmando que:

> "nas explorações de coisas, trabalho e outros direitos alheios, temos uma pessoa apropriando-se de um valor que não estava no patrimônio do prejudicado, que só impropriamente poderá ser chamado de 'empobrecido', mas cuja realização, segundo a ordenação jurídica dos bens, estava-lhe reservada. Aqui, o novo valor econômico nasce diretamente no patrimônio do enriquecido, mas era devido ao prejudicado"[272].

Já no âmbito jurisprudencial, existe precedente relevante reconhecendo a aplicação do enriquecimento sem causa em situação envolvendo os benefícios originados da utilização indevida sobre direitos. Trata-se do julgado proferido em ação ajuizada pela conhecida atriz *Giovanna Antonelli* em face de Dermo Formulações Farmácia de Manipulação Ltda., em razão da utilização não autorizada de sua imagem para a divulgação de produto denominado *Detox*.

A sentença de primeiro grau reconheceu a ilicitude relativa à utilização da imagem da autora. Em análise realizada sob a perspectiva da responsabilidade civil, a decisão condenou a ré (i) a fixar, pelo período de 90 (noventa) dias, campanha publicitária em seus estabelecimentos e em seu site na internet, esclarecendo a ausência de concordância da atriz com a utilização da imagem; (ii) a indenizar a parte autora "com o valor que se obteria pela utilização autorizada da sua imagem, montante a ser apurado em sede de liquidação de sentença"; (iii) ao pagamento de R$ 30.000,00 (trinta mil reais), em razão de danos morais, além de (iv) honorários advocatícios sucumbenciais.

A autora apelou pretendendo obter justamente a restituição do benefício auferido pela ré, em razão da exploração indevida da imagem.

[271] A posição da doutrina quanto ao enquadramento do enriquecimento por intervenção dentro do regime do enriquecimento sem causa se reflete no Enunciado nº 620, da VIII Jornada de Direito Civil, promovida pelo Centro de Estudos Judiciários do Conselho da Justiça Federal, que estabelece que "a obrigação de restituir o lucro da intervenção, entendido como a vantagem patrimonial auferida a partir da exploração não autorizada de bem ou direito alheio, fundamenta-se na vedação do enriquecimento sem causa".

[272] *Enriquecimento sem* causa. In: Revista de Direito Civil, Imobiliário, Agrário e Empresarial. São Paulo: Revista dos Tribunais, v. 56, abril/junho-1991, p. 60.

O Tribunal de Justiça do Estado do Rio de Janeiro deu provimento ao recurso, afirmando que "a apelante tem razão em buscar o *quantum* equivalente ao enriquecimento sem causa, ou o lucro da intervenção, obtido pela Ré, que, certamente, não alcançaria o mesmo volume de venda do seu produto sem o uso da imagem da Autora", pois "a simples indenização por danos materiais e morais, quando o lucro do ato ilícito é muito maior do que a soma daqueles dois, revela-se compensadora para o ofensor que violou a esfera de direitos de outrem sem, é claro, sua autorização"[273].

No julgamento do Recurso Especial nº 1.698.701, o Superior Tribunal de Justiça manteve a qualificação dos fatos dentro do regime do enriquecimento sem causa. A corte afastou a aplicação da responsabilidade civil extracontratual ao caso, por entender que:

> "a inclusão do lucro da intervenção na indenização devida àquele que tem o seu direito violado aparenta conflitar com o princípio da reparação integral e com o disposto no art. 944 do Código Civil – segundo o qual a indenização se mede pela extensão do dano –, não se mostrando a responsabilidade civil o instituto mais apropriado para lhe dar guarida".

Para o tribunal superior, a questão deve ser resolvida da seguinte forma:

> "o dever de restituição do lucro da intervenção, ou seja, daquilo que é auferido mediante indevida interferência nos direitos ou bens jurídicos de outra pessoa, surge não só como forma de preservar a livre disposição de direitos, nos quais estão inseridos os direitos da personalidade, mas também de inibir a prática de atos contrários ao ordenamento jurídico naquelas hipóteses em que a reparação dos danos causados, ainda que integral, não se mostra adequada a tal propósito".

Contrapondo-se ao entendimento majoritário na doutrina e na jurisprudência, Nelson Rosenvald rejeita o enriquecimento sem causa como modelo para lidar para situações de benefício originado da

[273] A autora interpôs recurso especial contra o acórdão proferido pelo Tribunal de Justiça do Rio de Janeiro. À luz da inadmissão do apelo, a autora apresentou recurso de agravo. O apelo foi recebido pelo Superior Tribunal de Justiça em 3.7.2017, e o Ministro Ricardo Villas Boas Cueva deu provimento ao agravo, admitindo o recurso especial (consulta realizada em 2.6.2018).

violação de direito alheio. A incompatibilidade do instituto decorreria das seguintes razões: (i) a restituição pelo lucro ilícito não se insere no campo do enriquecimento injustificado, devendo ser tratada na esfera da responsabilidade civil por se voltar às consequências do ato ilícito; (ii) o enriquecimento injustificado consiste em modelo no qual a existência de ato ilícito é prescindível, dispensando pressuposto essencial para a remoção dos benefícios indevidos; e (iii) a utilização do modelo do enriquecimento sem causa apenas proporcionaria a restituição do preço pelo uso do bem, mas não a expropriação de ganhos ilícitos[274].

O regime jurídico do enriquecimento sem causa é o mais adequado para lidar com o enriquecimento por intervenção por algumas razões. A primeira delas é a exclusão dos demais institutos jurídicos, cujas respectivas características revelam incompatibilidade para regular situações de benefício patrimonial originado da intromissão sobre direitos alheios. Até mesmo em razão do princípio da subsidiariedade, é necessário primeiro afastar a aplicação de outros conceitos, para somente então admitir a incidência do enriquecimento sem causa sobre a hipótese.

A responsabilidade civil é inviável por se voltar precipuamente à perda patrimonial, e não ao benefício originado da intervenção. Também é insuficiente por exigir a análise do elemento subjetivo do agente ou a natureza jurídica da atividade desenvolvida, possuindo âmbito de incidência que exclui situações nas quais o benefício decorre de simples intromissão sobre direito alheio[275].

Tampouco é possível utilizar o *disgorgement* para regular e compreender as hipóteses de enriquecimento por intervenção. O instituto do *common law* é incompatível com a essência tanto da responsabilidade civil, quanto do enriquecimento sem causa. Na tradição romano-germânica, o primeiro instituto se volta ao prejuízo, enquanto o último trata de acréscimos patrimoniais indevidos. Eventuais disposições normativas que adotem a estrutura conceitual anglo-saxã, estabelecendo a perda do enriquecimento como resultado da prática de ato ilícito extracontratual, são excepcionais e criam modalidade alternativa e disfuncional de responsabilidade civil aquiliana, não correspondendo à natureza jurídica do instituto e às suas características fundamentais.

[274] *A reponsabilidade civil pelo ilícito lucrativo. O disgorgement e a indenização restitutória*, p. 379.

[275] Cf. item 1.1.

Por sua vez, a caracterização da gestão de negócios demanda o *animus negotia aliena gerendi*, ou seja, a atuação do gestor no interesse do titular do negócio. As normas do §687 do Código Civil alemão, artigo 423 do Código de Obrigações suíço, artigo 2.032 do Código Civil italiano e artigo 472 do Código Civil português são exceções legislativas que permitem a aplicação do instituto em situações específicas nas quais o sujeito gere negócios alheios de acordo com seus próprios interesses. Inexistindo norma semelhante no direito brasileiro, a gestão de negócios não pode ser utilizada para qualificar o enriquecimento proveniente da intervenção sobre direitos alheios.

Por outro lado, o enriquecimento sem causa possui funções e características que indicam sua compatibilidade com o enriquecimento por intervenção. O instituto é orientado pelo princípio da conservação estática dos patrimônios, que estabelece que "as atribuições patrimoniais só podem ser alteradas por um conjunto de causas materiais justificativas"[276]. Trata-se, portanto, de instituto que, sem prejuízo de sua enorme complexidade, possui escopo muito claro: definir se existe causa justificadora para as atribuições patrimoniais conferidas aos sujeitos de direito.

No enriquecimento por intervenção, é possível afirmar que o benefício patrimonial é resultado da união de dois fatores fundamentais: o direito do titular e a iniciativa do interventor. O enriquecimento sem causa se mostra apto a lidar com essas situações pois, ao investigar a justa causa de atribuição patrimonial, busca definir em que medida o benefício patrimonial se vincula ao direito ou à iniciativa. Em última análise, a compatibilidade entre o instituto jurídico e a hipótese sob análise se verifica pois, em ambos os casos, a questão essencial consiste em desvendar a justificativa jurídica do aumento de patrimônio.

A ausência de vinculação entre o enriquecimento sem causa e o ato ilícito é pouco relevante para tratar a questão. É justamente por se vincular à causa de atribuição patrimonial, e não à conduta praticada pelo ofensor, que o enriquecimento reflete instrumento adequado para lidar com os benefícios originados da violação de direitos. Ao alterar o enfoque da questão, deixando de lado a prática de ato ilícito, em prol da ausência de justa causa da atribuição patrimonial, o enriquecimento sem causa supera eventuais dificuldades originadas da obtenção de patrimônio não

[276] MICHELON JR., Cláudio. ob. cit., p. 183/184.

originado de conduta que caracterize a responsabilidade civil subjetiva e objetiva. O comportamento do ofensor – ou mesmo a ausência dele – é irrelevante, importando tão somente definir se o incremento de patrimônio é amparado pelo ordenamento jurídico.

Já em relação ao objeto da restituição, é equivocado afirmar que o enriquecimento sem causa se revelaria excessivamente restritivo, por limitar a devolução ao valor de mercado devido pela utilização regular do bem ou direito. Na realidade, o enriquecimento sem causa busca definir em que medida o direito do titular e a iniciativa do beneficiado contribuíram para a obtenção do acréscimo patrimonial verificado. O instituto leva em consideração as peculiaridades do caso, ao invés de simplesmente atribuir à parte prejudicada a integralidade do resultado originado da violação do direito, desconsiderando por completo a eventual contribuição do enriquecido.

A chamada vertente econômica ou de valor de mercado, que sugere o pagamento do montante devido pelo uso regular do direito ou bem, consiste apenas em uma das teorias utilizadas para definir o objeto da restituição do enriquecimento sem causa. De forma paralela, parte relevante da doutrina adota a chamada teoria do grau de contribuição, que realiza divisão proporcional do enriquecimento, destinando-o de acordo com a participação do direito do titular e da iniciativa do enriquecido na obtenção do benefício patrimonial. Com isso, afasta-se eventual possibilidade de que a parte beneficiada realize o pagamento do valor de mercado pela utilização do direito alheio, mantendo para si a integralidade de eventual sobrepreço originado da intromissão indevida[277].

Diante desse cenário, a situação fática na qual a intervenção sobre direitos alheios gera benefício patrimonial, também conhecida como enriquecimento por intervenção, deve ser qualificada como modalidade de enriquecimento sem causa, pois a natureza jurídica e as características desse instituto se revelam compatíveis e suficientes para qualificar e regular hipóteses nas quais a intervenção sobre direitos alheios proporciona benefício patrimonial.

[277] Cf. itens 4.2.2 e 4.2.3.

2.
O Desenvolvimento do Enriquecimento sem Causa

2.1. Evolução histórica
2.1.1. O desenvolvimento do enriquecimento sem causa no *ius civile* do Direito Romano

A evolução do enriquecimento sem causa no Direito Romano não ocorreu por meio de marcos legislativos. Na realidade, o instituto se desenvolveu a partir de processo lento e gradual de abstração, que se iniciou a partir de institutos específicos inseridos na categoria de quase-contratos, cujo escopo consistia em regular situações relativas ao recebimento indevido de vantagens.

A base do enriquecimento sem causa consiste no princípio que estabelece que ninguém deve se enriquecer em prejuízo de terceiros. Trata-se de ideia presente na clássica passagem de Pompônio, cujo teor é o seguinte:

> "Pelo direito natural é équo que ninguém possa enriquecer-se em detrimento com o dano de outrem, não justificado pelo direito[278].
>
> De fato, é naturalmente equitativo que ninguém se enriqueça com o dano de outrem"[279].

[278] D. 50, 17, 206.

[279] *"Nam hoc natura aequum est neminem cum alterius detrimento fieri locupletiorem"* (D., 12, 6, 14), também citado por VICENTE, Dario Moura (ob. cit., p. 555). Detlev W. Belling afirma que existem ao menos duas passagens de Pomponius no Digesto com oposição a transferências injustificadas de riqueza (ob. cit., p. 43).

É interessante observar que o excerto de Pompônio traduz noções quase intuitivas de enriquecimento sem causa, ao mesmo tempo em que já prevê as bases conceituais da versão contemporânea do instituto.

Nesse sentido, o excerto chega a ser elementar ao afirmar que eventuais incrementos patrimoniais devem possuir respaldo em causa aceita como justa e razoável por parte das regras vigentes em determinada sociedade[280]. Por outro lado, a passagem já indica a noção de benefício patrimonial, sua vinculação com o patrimônio alheio e a necessidade de base jurídica para o incremento patrimonial, ou seja, justamente os pilares do enriquecimento sem causa na atualidade[281].

A doutrina do enriquecimento sem causa é normalmente relacionada ao sistema da *condictio*[282] romana. Trata-se de fórmula voltada à prestação de certa pecúnia ou *res*, e que possuía natureza abstrata, pois não exigia que a parte deduzisse o fundamento de sua pretensão[283].

A *condictio* poderia ser utilizada para qualquer situação na qual *datio*[284] houvesse sido realizada em favor de determinado sujeito, sem que esse último tivesse justificativa para manter o bem em seu patrimônio. Tratava-se de instrumento cuja finalidade consistia na restituição

[280] Citando trecho de Ulpiano (D. 12, 5 ,6), Samanta Midori Takahashi afirma que a vedação ao enriquecimento injustificado possui origem nos chamados *veteres*, que é a forma pela qual as fontes pós clássicas e justinianeias se referem aos juristas clássicos, tanto do período da república, quanto do principado (*Neminem cum alterius detrimento et iniuria fieri locupletiorem.* Bases romanísticas do enriquecimento sem causa. Dissertação de mestrado apresentada na Faculdade de Direito da Universidade de São Paulo, 2015, p. 20).

[281] TAKAHASHI, Samanta Midori. ob. cit., p. 15.

[282] Segundo Maurício Jorge Pereira Mora e Daniel Queiroz, a "*condictio* constitui o arquétipo de todos os modernos sistemas de repetição do indébito. Consiste em um antigo remédio cuja função era a de possibilitar a recuperação de um bem dado em execução em decorrência de um contrato inválido". (*O enriquecimento sem causa: uma análise histórico-comparada.* In: *Quaestio Iuris*, v. 4, N. 1, p. 171).

[283] MENEZES LEITÃO, Luiz Manuel Teles de Menezes. *O enriquecimento sem causa no Direito Civil. Estudo dogmático sobre a viabilidade da configuração unitária do instituto, face à contraposição entre as diferentes categorias de enriquecimento sem causa.* Coimbra: Almedina, 2005, p. 62. No mesmo sentido DANNEMANN, Gerhard. *The German Law of Unjustified Enrichment and Restitution. A Comparative Introduction.* Nova York: Oxford University Press, 2009, p. 8. José Antonio Alvarez-Caperochipi acrescenta que a causa de pedir não era incluída na fórmula, realizando-se a prova diretamente ao *iudex* (*El enriquecimento sin causa*, Granada: Comares, 1989, p. 39).

[284] José Antonio Alvarez-Caperochipi explica que a *datio* consiste em ato material de aquisição da propriedade (ob. cit., p. 37).

de deslocações patrimoniais que ocorressem sem causa justificadora, podendo ser utilizada para a restituição do mútuo e do furto[285], bem como para compelir alguém a entregar determinada *res*, ou a transferir soma em dinheiro, pouco importando o fundamento jurídico que qualificasse os fatos narrados pelo credor.

Existem duas posições doutrinárias distintas quanto à origem da *condictio*[286]. Parte da doutrina afirma que o instituto teria se originado da *condictio mutui*, que se voltava para situações relativas a contratos que envolvessem transferência de coisas, com a posterior promessa de restituição, que acabava não ocorrendo. A *condictio* corresponderia, em suma, a instrumento de extensão da *rei vindicatio*, que era a ação tradicionalmente utilizada para a restituição da coisa mantida indevidamente por terceiro[287].

Em momento posterior, passou-se a admitir a aplicação da *condictio* (i) caso houvesse a entrega da coisa, dispensando-se o compromisso de devolução do bem; (ii) caso houvesse a promessa de restituição, mesmo que a transmissão da propriedade não se verificasse. Como resultado desse processo evolutivo, o âmbito de incidência da *condictio* tornou-se mais amplo, incidindo, no primeiro caso, no pagamento indevido, no qual não havia promessa de devolução, e no segundo, na *stipulatio*, na qual havia transmissão ficta da propriedade[288].

[285] CAMARA, Manuel de la; DIEZ-PICAZO, Luis. *Dos estudios sobre el enriquecimiento sin causa*, Madri: Civitas, 1988, p. 72.

[286] MENEZES LEITÃO, Luiz Manuel Teles de. *O enriquecimento sem causa no Direito Civil. Estudo dogmático sobre a viabilidade da configuração unitária do instituto, face à contraposição entre as diferentes categorias de enriquecimento sem causa.* Coimbra: Almedina, 2005, p. 64.

[287] CAMARA, Manuel de la; DIEZ-PICAZO, Luis. ob. cit., p. 72. Nas palavras de José Carlos Moreira Alves, a *rei vindicatio* é "o meio por excelência de proteção da propriedade". O autor prossegue afirmando que no "direito clássico, pode intentar a ação de reinvindicação apenas o proprietário quiritário – no direito justinianeu –desaparecidas as diferentes espécies de propriedade – qualquer proprietário. Mas, é preciso que o dono tenha perdido a posse da coisa para terceiro. O unus casus (caso único) – a que aludem as Institutas de Justiniano – em que o proprietário, embora na posse da coisa, poderia intentar ação de reinvindicação contra terceiro, é muito controvertido, e, a nosso ver, jamais existiu no direito romano" (ob. cit., p. 317).

[288] MENEZES LEITÃO, Luiz Manuel Teles de. *O enriquecimento sem causa no Direito Civil. Estudo dogmático sobre a viabilidade da configuração unitária do instituto, face à contraposição entre as diferentes categorias de enriquecimento sem causa*, p. 64/65.

De forma diversa, outra parcela da doutrina vincula a *condictio* a noção de equidade que seria arraigada no Direito Romano, e que impunha o dever de restituição àquele que recebia coisa sem causa que justificasse a transferência[289]. A *condictio* teria evoluído influenciada por esse conceito, tornando-se aplicável para qualquer obrigação de restituir, pouco importando a razão ou o fundamento que tivesse proporcionado a atribuição do bem ao sujeito. Daí porque a *condictio* se aplicava, por exemplo, tanto para proporcionar o ressarcimento de mútuo, quanto para obter a devolução de objetos furtados ou roubados[290].

De acordo com Menezes Leitão, é "anacrônico considerar que o fundamento da *condictio* possa ser encontrado numa função geral de meio de luta contra o enriquecimento". Por outro lado, a caracterização das *condictio* como continuidade da *rei vindicatio* também é equivocada, pois "a *condictio* tem pressupostos restritos demais para serem explicados através dessa fórmula, que deixa na sombra que o objeto da ação é a restituição de uma prestação (*datio*)"[291].

Para o autor português, a *condictio* consistia, inicialmente, em "meio processual típico", originado na *legis actio per conditionem* introduzida pela *Lex Silia* para os créditos que tinham dinheiro por objeto, e estendido pela *Lex Calpurnia* para as obrigações que envolvessem outras coisas[292]. O escopo da *legis actio per conditionem* residia na obrigação de transmissão de propriedade de determinada coisa[293], sempre que se verificasse a ausência

[289] *idem, ibidem.*

[290] *idem*, p. 66/67.

[291] *idem*, p. 67. Mauricio Jorge Pereira da Mota e Daniel Queiroz Pereira afirmam que a *condictio* teria surgido como alternativa para lidar com as transferências abstratas de propriedade, nas quais não havia menção ao negócio jurídico subjacente à transmissão. Para as hipóteses tradicionais – nas quais se conhecia a causa da transferência –, aplicava-se a *rei vindicatio*. (*O enriquecimento sem causa: uma análise histórico-comparada*. In:*Quaestio Iuris*, v. 4, N. 1, p. 170).

[292] *idem*, p. 68. Samanta Midori Takahashi (ob. cit., p. 28) e Caio Martins Cabeleira (*A teoria das condictiones e o direito brasileiro: uma nova abordagem do enriquecimento sem causa.* Tese de doutorado apresentada junto à Faculdade de Direito da Universidade de São Paulo, 2018, p. 66) também mencionam que as *condictiones* teriam sido introduzidas no direito romano por meio da *lex Silia*, sendo aplicada somente para quantia determinada de dinheiro. Posteriormente, a *lex Calpurnia* estendeu a aplicação das *condictiones* a todas as outras coisas determinadas (*condictio certa rei*).

[293] De acordo com Giovanni Ettore Nanni, o regime geral da *condictio* foi "criada no século VI a.C. pela Lei Sília" e "adaptava-se às necessidades de uma civilização que se desenvolvia, embora essa fórmula fosse concebida apenas para repetir a dação de uma certa soma. A Lei

de fundamento para a manutenção do domínio, seja, por exemplo, em razão do mútuo inadimplido, em virtude do pagamento indevido, ou ainda em decorrência da prestação realizada sem o adimplemento da respectiva contraprestação[294]. A principal vantagem da *condictio* consistia na dispensa de menção à causa que conferia fundamento ao pedido, diferentemente daquilo que ocorria com outras ações com finalidade semelhante[295].

A partir desse regime, os juristas passaram a aplicar a *condictio* sempre que determinado sujeito tivesse adquirido bem corpóreo por meio de entrega (*datio*), sem que houvesse causa para tanto[296]. Ainda assim, o escopo da *condictio* não era suficientemente amplo para admitir sua aplicação, de forma genérica, em situações de ausência de causa de atribuição patrimonial, pois a *condictio* era cabível para impor o cumprimento de obrigações de restituir determinado bem.

Por exemplo, se o sujeito de boa-fé adquirisse a propriedade do bem por meio da especificação, a *condictio* não era cabível, embora houvesse enriquecimento sem causa. Em contrapartida, suponha-se que A devesse 100 para B, e B realizasse a remissão da dívida em favor de A como dote de casamento que se realizaria. Caso o matrimônio viesse a não ocorrer, B poderia exigir a restituição dos valores com fundamento da *condictio*, sem prejuízo da remissão realizada[297].

Calpúrnia aplicou-se à dação de uma coisa certa e a jurisprudência ampliou-a à dação das coisas incertas, quais sejam, condictiones certi e condictiones incerti. Esse conceito foi estendido da coisa até o patrimônio, pelo que a condictio aplicou-se afinal a toda espécie de obrigação unilateral, desde que se equiparou a obrigação à coisa incorpórea; e até à constituição do jus in re, considerado como obrigação de dar, e às obrigações de restituir, como modalidades daquela, para ir, afinal, pela fórmula *quid dare facere oportet* até as estipulações tendo por objeto um fazer ou não fazer" (Enriquecimento sem causa. 2ª ed., São Paulo: Saraiva, 2010, p. 7).

[294] MENEZES LEITÃO, Luiz Manuel. *O enriquecimento sem causa no Direito Civil. Estudo dogmático sobre a viabilidade da configuração unitária do instituto, face à contraposição entre as diferentes categorias de enriquecimento sem causa*, p. 68.

[295] Luís Menezes Teles de Menezes Leitão menciona a *iudicis per arbitrive postulatio*, voltada para pretensões autorizadas por lei, tais quais aquelas previstas na Lei das XII Tábuas, bem como a *actio per sacramentum*, que possuía alcance mais amplo, e não dependia de previsão legal expressa (*idem*, p. 69).

[296] SCHULZ, Fritz. *Derecho romano clásico*, Barcelona: Bosch, 1960, p. 586.

[297] *O enriquecimento sem causa no Direito Civil. Estudo dogmático sobre a viabilidade da configuração unitária do instituto, face à contraposição entre as diferentes categorias de enriquecimento sem causa*, p. 69.

Por conseguinte, inexiste base para se afirmar que essa modalidade de ação decorria de "qualquer princípio de restituição do enriquecimento", ou seja, a *condictio* – ao menos em sua concepção tradicional – não decorre de princípio que vedasse o enriquecimento sem causa[298]. A *condictio* se caracterizava como instrumento para restituição de prestação, de furto, ou ainda de bem ou dinheiro retido de forma indevida. Tratava-se, em suma, da ação movida por aquele que perdeu a propriedade, sem que houvesse causa que justificasse sua atribuição a outro sujeito[299].

2.1.2. Direito pretoriano

Esse processo evolutivo passou a ser influenciado também pelo direito pretoriano. À luz das restrições inerentes ao *ius civile* – que, como visto, limitava a aplicação da *condictio* aos casos de transferência patrimonial[300] –, o *ius honorarium* buscou alternativas para hipóteses excluídas do regime jurídico tradicional. Como resultado disso, os pretores adquiriram participação importante na estruturação do regime do enriquecimento sem causa, pois elevaram à categoria de ações situações fáticas específicas envolvendo a ausência de justa causa da atribuição patrimonial.

[298] De acordo com Guido Astuti, mencionando Perozzi, "se havia no injusto enriquecimento um uma causa típica extracontratual das obrigações, corresponde, em certos limites, ao direito justinianeu, mas era todavia ignorado no direito clássico". trad. livre do italiano. O texto original é o seguinte: "se avrebbe nell'ingiusto arricchimento una causa típica estracontrattuale d'obblighi, se corresponde entro certi limiti al diritto giustinianeo, era tuttavia ignota nel diritto clássico" (*Tradizione romanística e civiltà giuridica europea.* Napoli: Edizioni Scientifiche Italiane, 1984, p. 1.785). No mesmo sentido, MENEZES LEITÃO, Luís Manuel Teles de. *O enriquecimento sem causa no Direito Civil. Estudo dogmático sobre a viabilidade da configuração unitária do instituto, face à contraposição entre as diferentes categorias de enriquecimento sem causa*, p. 72.

[299] MENEZES LEITÃO, Luís Manuel Teles de. *O enriquecimento sem causa no Direito Civil. Estudo dogmático sobre a viabilidade da configuração unitária do instituto, face à contraposição entre as diferentes categorias de enriquecimento sem causa*, p. 75. Nesse sentido, Detlev W. Belling afirma que certos casos de enriquecimento injustificado passaram a ser tratados da mesma forma que os mútuos inadimplidos, enquadrando-se na *condictio* (BELLING, Detlev W.. *European Trends in the Law of Unjustified Enrichment – from the German perspective.* In: Korea University Law Review, v. 13, primavera de 2013, p. 47).

[300] Menezes Leitão se refere especificamente às obrigações *ex re*, que possuíam natureza real, tratando especificamente dos casos de *datio, stipulatio* e *expensilatio* (*O enriquecimento sem causa no Direito Civil. Estudo dogmático sobre a viabilidade da configuração unitária do instituto, face à contraposição entre as diferentes categorias de enriquecimento sem causa*, p. 114).

Em hipóteses envolvendo a apropriação indevida de bens excluídas da disciplina tradicional da *condictio*, passou-se a permitir que o indivíduo prejudicado utilizasse a *actio in id quod ed eum pervenit*, que se tornou instrumento para suprir as lacunas deixadas pelo *ius civile*[301].

Essa modalidade de *actio* foi utilizada em situação na qual certo indivíduo, prestes a falecer, pretendia realizar doação para outro sujeito. Determinou, para tanto, que seu devedor efetuasse o pagamento da respectiva dívida a terceiro, que seria credor do donatário. Todavia, o doador não faleceu, e houve por bem revogar a doação, cabendo ao antigo donatário reconstituir o crédito do doador perante o terceiro.

Como a hipótese fática não se sujeitava ao regime da *condictio* – pois não havia transferência de determinado objeto, ou mesmo de dinheiro –, os pretores concederam ao doador a chamada *actio in factum pretoria* – também conhecida como *actio utilis* –, para evitar a consolidação de situação de atribuição patrimonial sem justa causa[302].

A intervenção pretoriana também se mostrou relevante em situação envolvendo a responsabilidade do pupilo pelo incremento patrimonial originado de negócio jurídico maculado de invalidade, em razão da ausência de intervenção do tutor, bem como em hipótese envolvendo benefícios originados de doação entre cônjuges. Como o *ius civile* não reconhecia a existência de efeitos jurídicos nessas hipóteses, esses contratos não geravam efetiva transferência patrimonial[303].

Diante dessa dificuldade, concedeu-se contra o pupilo a *actio utilis*, que não se baseava na transferência patrimonial decorrente de negócio jurídico, mas sim no benefício indevido recebido por ele em razão do ato inválido. Essa ação também poderia ser aplicada na esfera das doações realizadas entre casais, e posteriormente revogadas, nas quais a obrigação de restituição se limitava ao enriquecimento recebido pelo cônjuge por ocasião da impugnação da ação. Logo, se um dos cônjuges utilizasse o valor da doação para adquirir um escravo, e o bem viesse a valer menos do que o preço da aquisição, a obrigação de restituir se limitaria à devolução do valor da *res* adquirida[304].

[301] *idem*, p. 115.

[302] *idem*, p. 116.

[303] *idem, ibidem*.

[304] *idem*, p. 118.

A atuação dos pretores também se mostrou relevante na aplicação da *actio de in rem verso*[305], cuja denominação acabou sendo utilizada para identificar a ação baseada no enriquecimento sem causa em diversos ordenamentos contemporâneos. Tratava-se de instrumento direcionado contra o *paterfamilias*, ou contra o proprietário, em razão do benefício auferido em razão do negócio celebrado pelo *filiusfamilias* ou pelo escravo. Tudo aquilo adquirido por esses últimos passava a integrar o patrimônio do patriarca, mas eventuais obrigações contraídas não eram assumidas pelo *paterfamilias*, e apenas poderiam ser satisfeitas caso o *filiusfamilias* ou o escravo tivessem patrimônio (pecúlio)[306].

Por meio da *actio de in rem verso*, buscava-se resguardar terceiro contra negócios jurídicos celebrados com sujeitos sem capacidade jurídica, estendendo ao *paterfamilias* e ao proprietário a responsabilidade pelas obrigações assumidas pelo *filiusfamilias* e pelo escravo, dentro do limite do enriquecimento[307]. Por outro lado, o remédio processual também reconhecia a atuação útil sobre o patrimônio alheio, concedendo-se àquele que praticou os atos proteção muito semelhante àquela atribuída ao mandatário ou ao gestor de negócios[308].

2.1.3. Direito justinianeu

A proibição do enriquecimento sem causa consta em diversas passagens do *Digesto*, a ponto de ser reconhecida como regra geral do Direito Romano[309].

[305] De acordo com Maurício Jorge Pereira da Mota e Daniel Queiroz Pereira, a "*actio in rem verso*, ao seu turno, permitia agir diretamente em face do dominus que houvesse obtido proveito do negócio realizado por seu pupilo ou escravo (alguém sob seu poder), mas apenas nos limites do efetivo enriquecimento" (ob. cit., p. 172). No mesmo sentido, HALLEBEEK, Jan. *Developments in Mediaeval Roman Law*. In: Unjust Enrichment. The Comparative Legal History of the Law of Restitution. SCHRAGE, Eltjo J.H. (org.), 2ª ed., Berlim: Duncker & Humblot,1999, p. 62.

[306] GALLO, Paolo. *Trattato di Diritto Civile. Arricchimento senza causa e quasi contratti*, 2ª ed., Turim: UTET, 2008, p. 4.

[307] CAMARA, Manuel de la; DIEZ-PICAZO, Luis. ob. cit., p. 72. No mesmo sentido, ASTUTI, Guido. ob. cit., p. 1.791.

[308] MENEZES LEITÃO, Luís Manuel Teles de. *O enriquecimento sem causa no Direito Civil. Estudo dogmático sobre a viabilidade da configuração unitária do instituto, face à contraposição entre as diferentes categorias de enriquecimento sem causa*. Coimbra: Almedina, 2005, p. 121.

[309] HALLEBEEK, Jan. ob. cit., p. 60/65. O autor aponta a existência de opiniões divergentes que, embora reconheçam a importância da vedação ao enriquecimento sem causa, suscitam

No período justinianeu, a evolução do instituto ocorre em relação à concepção unitária da *condictio*, predominante no período clássico, que é modificada a partir do trabalho realizado por juristas, sendo dividida a partir de diferentes situações de atribuição patrimonial injustificada[310].

No *Corpus Iuris Civilis*[311], a *condictio* passa a ser classificada nas seguintes categorias: (i) a *condictio indebiti*, que se voltava para situações de pagamento indevido, realizado por erro escusável e direcionado à satisfação de obrigação inexistente; (ii) a *condictio ob rem*[312], que era cabível nas prestações realizadas em vista de determinada finalidade que não se concretizava[313]; (iii) a *condictio ob turpem vel iniustam causam*, cujo escopo recaía nos casos em que se prometia algo com fins imorais ou legalmente vedados; (iv) a *condictio ex furtiva causa*[314], concedida ao proprietário da coisa furtada contra aquele que realizou o furto e seus respectivos herdeiros[315];

dúvidas sobre a efetividade da regra, afirmando que ela poderia se qualificar como argumento do direito natural.

310 MENEZES LEITÃO, Luís Manuel Teles de. *O enriquecimento sem causa no Direito Civil. Estudo dogmático sobre a viabilidade da configuração unitária do instituto, face à contraposição entre as diferentes categorias de enriquecimento sem causa*, p. 76.

311 De acordo com Alexis Posez, iniciou-se no fim da Repúlica o movimento, por parte dos jurisconsultos, de consolidação de consolidação das diversas ações de repetição concedidas pelos pretores. Essas ações passaram a ser denominadas como *condictiones*, e possuíam natureza pessoal, em oposição a ação real de restituição denominada *vindicatio* (*La subsidiarité de l'enrichissement sans cause: étude de droit français à la lumière du droit comparé.* In: Revue de droit international et de droit comparé, Emile Bruylant, 201, p. 194.

312 Também conhecida como *condictio ob causam datorum*, ou ainda, no direito justinianeu, como *causa data non secuta* (MENEZES LEITÃO, Luiz Manuel Teles de. *O enriquecimento sem causa no Direito Civil. Estudo dogmático sobre a viabilidade da configuração unitária do instituto, face à contraposição entre as diferentes categorias de enriquecimento sem causa*, p. 91).

313 A *condictio ob rem* ou *condictio causa data non secuta* se voltava para hipótese "consistente em uma prestação realizada visando uma condição futura e lícita que não era realizada. Por meio da *condictio*, o empobrecido buscava a devolução daquilo que havia dispendido", sendo que "a realização do ato visado deveria ser um elemento da *datio* ou pela natureza (p. ex. no caso de dote para futuro matrimônio)" (TAKAHASHI, Samanta Midori, ob. cit., p. 50/51).

314 A *condictio certa rei* era utilizada para a restituição de coisas furtadas, passando posteriormente a ser conhecida como *condictio furtiva* (CABELEIRA, Caio Martins. ob. cit., p. 68).

315 TAKAHASHI, Samanta Midori, ob. cit., p. 61. A autora ainda menciona (i) a *condictio triticaria*, de criação pós-clássica, cujo escopo residiria na "restituição de qualquer outra *certa res* que não dinheiro"; e (ii) a *condictio ex lege*, "aplicável aos casos em que a obrigação é criada por uma *nova lex*, sem que seja indicada a classe de ação correspondente" (ob. cit., p. 63/64).

(v) a *condictio ob honestam rem*, que se relacionava ao equilíbrio das prestações[316]; e (vi) a *condictio sine causa*, que possuía aparente função residual, sendo aplicável nas hipóteses nas quais havia deslocação de patrimônio sem causa que a justificasse[317]

Sem prejuízo de suas respectivas peculiaridades, todas as *condictiones* tinham como pressuposto a obrigação de restituição decorrente da entrega de coisa sem justificativa para tanto[318]. A *condictio sine causa* consistia na exceção a essa regra, pois se voltava, inicialmente, para os negócios jurídicos realizados por meio da *stipulatio*[319],

[316] MENEZES LEITÃO, Luís Manuel Teles de. *O enriquecimento sem causa no Direito Civil. Estudo dogmático sobre a viabilidade da configuração unitária do instituto, face à contraposição entre as diferentes categorias de enriquecimento sem causa*, p. 111.

[317] *idem, ibidem*. De forma semelhante, Dário Moura Vicente afirma o seguinte: "Na compilação justinianeia (Digesto e Codex), distinguiram-se várias modalidades de *condictiones* destinadas a tutelar as situações em que ocorre uma deslocação patrimonial injustificada. Entre elas podem referir-se: *a)* A *condictio indebiti, conditio ob rem* ou *causa data causa non secuta*, i.é., a restituição de uma prestação por não ter se verificado o resultado através dela visado; *c)* A *condictio ob turpem vel iniustam causam*, traduzida na restituição de uma prestação recebida por causa injusta ou reprovável; e *d)* A *condictio sine causa*, com caráter residual, na qual se incluíam as situações não previstas nas *condictiones* anteriores". (*Direito Comparado. Obrigações*. v. II, São Paulo: Almedina, 2018, p. 556).

[318] MENEZES LEITÃO, Luiz Manuel Teles de. *O enriquecimento sem causa no Direito Civil. Estudo dogmático sobre a viabilidade da configuração unitária do instituto, face à contraposição entre as diferentes categorias de enriquecimento sem causa*, p. 93. Nas palavras de Luciano de Camargo Penteado, "as *condictiones* do direito romano são corretivos ao excesso de confiança na causa formal que permite a prática de atos para fins injustos. Em verdade, englobam dois aspectos, um de direito estrito, visando recuperar o que se de por causa inexistente ou frustrada e outro de equidade" (*Doação com encargo e causa contratual*. Dissertação de mestrado apresentada na Faculdade de Direito da Universidade de São Paulo, 2002, p. 81).

[319] De acordo com José Carlos Moreira Alves, a *"stipulatio*, além de ser o contrato verbal por excelência, é o mais importante dos contratos do direito romano. Graças à simplicidade e – no período clássico – à natureza de negócio jurídico abstrato (a causa não era levada em consideração; a obrigação surgia exclusivamente da prolação de palavras solenes), a esfera de aplicação da stipulatio é muito ampla, servindo ela para tornar obrigatória qualquer convenção sobre coisa certa ou incerta, fato ou abstenção. Aliás, foi por causa da stipulatio que os romanos não sentiram os inconvenientes da tipicidade contratual rígida: por meio dela facilmente se dava eficácia obrigatória a qualquer conuentio (acordo de vontade). (...) A *stipulatio*, no direito clássico, é um contrato verbal e abstrato que se celebra por meio de perguntas e respostas, em termos orais e solenes, entre os futuros credor (stipulator; stipulans; reus stipulans) e devedor; réus promittendi)" (ob. cit., p. 138/139).

que possuía natureza abstrata, e não indicava o negócio jurídico subjacente[320].

À luz da abstração inerente à *stipulatio*, o *promissor* não podia recorrer à *condictio*, pois não podia questionar vícios inerentes à causa subjacente ao negócio jurídico[321]. A partir do final do período clássico, a *condictio* passa por verdadeiro processo de abstração: enquanto a *condictio ob honestam rem* e a *condictio indebiti*, por exemplo, se voltavam a situações concretas – pois tratavam, respectivamente, do equilíbrio do pacto de troca e de situações de pagamento indevido –, a *condictio sine causa* se voltava para os casos que não se enquadravam em nenhuma das demais hipóteses previamente definidas. Aliás, foi justamente por isso que a *condictio* adquiriu essa denominação[322].

Já no período justinianeu, a *condictio indebiti* passa a ser utilizada em diversas hipóteses que, no direito clássico, seriam tratados por remédios de natureza pretoriana. A *condictio* passa a sustentar uma nova concepção ampla das ações contra o enriquecimento injustificado, baseando-se no princípio de equidade natural consagrado por Justiniano[323].

A qualificação dessa modalidade de relação jurídica como obrigações faz com que passe a ser compreendida sob a categoria de quase-contratos. Esse mesmo raciocínio se estende a todas as hipóteses de aquisição injustificada, sujeitas à *condictio sine causa*. O fundamento das obrigações deixa de ser o ato do alienante e o defeito de uma causa de retenção, tornando-se o enriquecimento injustificado do adquirente. A *condictio* passa a ser

[320] Segundo Mauricio Jorge Pereira da Mota e Daniel Queiroz Pereira, a *condictio* se aplicava em outros atos de natureza abstrata, que envolvessem a transmissão de propriedade. Nas palavras dos autores, o "principal campo de aplicação das condictiones residia, portanto, no domínio das transmissões abstratas de propriedade, como, por exemplo, nos casos de mancipatio de determinadas coisas (as *res mancipi*: escravos, gado, propriedade fundiária na Itália) em que decisivo era o cumprimento de um determinado ritual pelo que o negócio assumia o caráter de um negócio real, formal e sem referência à causa material. Por conseguinte, cabia à condictio a tarefa de fazer regressar a propriedade à pessoa do queixoso, ripristinando a situação anterior" (ob cit., p. 170/171).

[321] MENEZES LEITÃO, Luís Manuel Teles de. *O enriquecimento sem causa no Direito Civil. Estudo dogmático sobre a viabilidade da configuração unitária do instituto, face à contraposição entre as diferentes categorias de enriquecimento sem causa*, p. 90.

[322] *idem*, p. 111/112.

[323] D. 50, 17, 206. ASTUTI, Guido. ob. cit., p. 1.789.

aplicável a situações que fugiam de seu escopo no direito clássico, seja por se sujeitarem a remédio diverso, seja por não possuíram amparo legal[324].

Por sua vez, a *condictio sine causa* perde sua natureza residual, tornando-se aplicável também para os casos inicialmente vinculados às outras *condictiones*. A *conditio sine causa* passa a se caracterizar como "critério geral de referência que permite novas decisões de casos singulares e serve de inspiração e motivo condutor no desenvolvimento da justiça do caso concreto, através de critérios de avaliação antigos como o *bonum et aequm* e a *bona fides*"[325].

Como resultado disso, surge evidente preponderância da *condictio sine causa* sobre as demais *condictiones*. Inicialmente caracterizada como instrumento para lidar com a ausência de causa em transferências realizadas por meio da *stipulatio*, essa *condictio* passa por processo de generalização, e a locução *sine causa* se torna aplicável não apenas a essa hipótese específica, mas também em todos os casos de atribuição patrimonial injustificada[326]. A *condictio* também passa a se confundir com as *actiones utiles*, e adquire âmbito de incidência muito mais amplo, passando a incluir qualquer prestação, desde que houvesse atribuição de patrimônio sem justa causa[327].

A partir dessa evolução, a expressão *sine causa* adquire feição dúplice: ao mesmo tempo em que se aplica a todas as modalidades então existentes de causas, ela passa a incidir também a todas as hipóteses de atribuição patrimonial injustificada, ainda não inseridas em *condictio* específica[328].

Essa evolução culminou na alteração do próprio conceito de justa causa. De noção que se vinculava à transferência patrimonial contrária ao ordenamento, a justa causa passa a se aproximar de padrões de equidade, e a *condictio* passa a ser compreendida, nas palavras de Menezes Leitão, "como uma ação geral para reagir em termos de equidade contra as aquisições injustificadas"[329]. De forma paralela, o enriquecimento da parte beneficiada se torna medida para a definição do objeto da restituição,

[324] ASTUTI, Guido. ob. cit., p. 1.789.

[325] MENEZES LEITÃO, Luís Manuel Teles, *O enriquecimento sem causa no Direito Civil. Estudo dogmático sobre a viabilidade da configuração unitária do instituto, face à contraposição entre as diferentes categorias de enriquecimento sem causa*, p. 113.

[326] *idem*, p. 131.

[327] *idem*, p. 123.

[328] *idem*, p. 132.

[329] *idem*, p. 124.

contrastando com o critério do direito clássico, que limitava a restituição à devolução do bem recebido sem justificativa adequada[330]. Surge, então, instituto que se aproxima e confere as bases conceituais para aquilo que se conhece atualmente como enriquecimento sem causa[331].

De acordo com Mauricio Jorge Pereira Mota e Daniel Queiroz Pereira,

> "[a] atitude dos compiladores parece ter sido influenciada por duas ordens de fatores. A primeira delas consiste na influência do Cristianismo, com o acento nas ideias da humanidade, generosidade e caridade. Por outro lado, verificou-se o desaparecimento do sistema pretoriano de remédios e a criação de uma estrutura unitária e hierárquica de tribunais responsáveis, face ao Imperador, tornando supérfluas muitas das distinções entre as condictiones. Deste modo, constatou-se uma generalização e abstração progressivas, responsáveis pela conversão das *condictiones* em uma figura unitária e universal: o enriquecimento injustificado"[332].

A partir desses elementos, ficam claras as diversas concepções da *condictio* em momentos diferentes da evolução do Direito Romano. No direito clássico, a *condictio* consistia em instrumento de escopo limitado, previsto e regulado no âmbito do *ius civile*, enquanto o *ius honorarium* desenvolveu ações específicas para tratar das lacunas deixadas pelas regras tradicionais. Já no direito justinianeu, a evolução do direito resulta no desaparecimento dessa divisão e da diferença entre os institutos, e o critério do benefício

[330] GUARINO, Antonio. *Diritto romano privato*. Napoli: Jovene Napoli, 2001, p. 971.

[331] David W. Belling menciona a evolução do enriquecimento sem causa no direito medieval. O oitavo mandamento da religião cristã ("Não roubarás") acabou sendo interpretado de forma ampla, aplicando-se às situações nas quais determinado indivíduo recebia algo de forma indevida. Hugo Grotius esteve entre os primeiros a desenvolver noções de enriquecimento sem causa com base na teologia. O jurista holandês apresentou conceito de enriquecimento sem causa com escopo amplo de aplicação, que incidiria nas hipóteses nas quais "o indivíduo recebe uma vantagem *sine causa* a partir do patrimônio alheio ou poderia receber essa mesma vantagem (no futuro)". Belling acrescenta que outros estudiosos consideraram que a fórmula de Grotius era mais evoluída do que o sistema das *condictiones* romanas (ob. cit., p. 48. O trecho entre aspas é tradução livre do inglês).

[332] ob. cit., p. 44. Alexis Posez, em contraposição, afirma que é provável que jamais tenha havido reconhecimento, no direito romano, de princípio geral de vedação ao enriquecimento sem causa (ob. cit., p. 195).

patrimonial se torna a regra geral da medida do enriquecimento[333]. É nesse momento que o enriquecimento sem causa adquire feições semelhantes àquelas existentes na atualidade, passando a ser compreendido como princípio amplo e geral que veda a atribuição patrimonial injustificada.

De forma paralela, o direito justinianeu aumenta o escopo da ação de *in rem verso*, que deixa de ser aplicável somente aos benefícios originados pelos negócios celebrados pelo *filiusfamilias* e pelo escravo, tornando-se cabível para as hipóteses envolvendo atos praticados por intermediários, os quais – ao menos a princípio – não poderiam vincular o titular do direito. Com a ação de *in rem verso*, o titular do direito se torna responsável no limite o benefício proporcionado pela prática do ato[334].

2.1.4. A restituição como consequência do ato ilícito

O escopo do presente tópico consiste em identificar eventuais elementos que indiquem o reconhecimento e o potencial tratamento conferido, pelo Direito Romano, a situações de enriquecimento originado da intervenção sobre direitos alheios.

No decorrer da evolução, o Direito Romano alternou o enfoque conferido para as consequências dos atos ilícitos, ora atribuindo preferência à reparação, ora dando maior ênfase para a punição. Sem prejuízo das alterações ocorridas ao longo da história, é possível afirmar que essas duas consequências – reparação e punição – prevaleceram de forma bastante clara até o surgimento do *ius commune*[335]. Nessa fase histórica, inexistem elementos indicando que a restituição dos benefícios integrasse as consequências da prática de atos ilícitos, mas apenas fatores que indicam que a reparação imposta ao ofensor não coincidia necessariamente com o prejuízo sofrido pela vítima.

333 *idem*, p. 125.

334 ASTUTI, Guido. ob. cit., p. 1.791.

335 De acordo com Fergus, Gordon e Robinson, o *ius commune* é "o complexo resultado da união – em proporções variadas de lugar para lugar e de tempo em tempo – de costume local com o direito feudal, com uma variação do direito romano, direito canônico e lei mercantil. É a culminação ou clímax do novo crescimento do direito e da jurisprudência que nasceu no renascimento do século XII. Também é o ponto de início ou fonte a partir dos quais sistemas municipais em desenvolvimento se desenvolveram a partir ou durante o século XVI quando sistemas locais se tornaram dominantes como parte do crescimento do Estado" (FERGUS, T.D.; GORDON, W.M.; ROBINSON, O.F. *European legal history*. 3a. ed., Oxford University: Oxford, 2000, p. 107).

Até o direito clássico, não havia diferenças entre a lei romana aplicável ao *delictum* – voltada à reparação dos danos – e aquela que incidia sobre o *crimen*, e que possuía como escopo a punição do ofensor. Em ambos os casos, a consequência decorrente do ato era denominada *poena*, e normalmente excedia o valor do prejuízo sofrido pela vítima. A distinção entre os regimes residia apenas no procedimento aplicável, bem como na destinação conferida aos valores pagos pelo autor do prejuízo. Enquanto, na esfera criminal, o julgamento era realizado pelo Estado, e os valores pagos eram destinados ao ente público, no âmbito do delito o processo era comandado por indivíduos sem vínculo estatal, e os valores pagos pelo ofensor eram destinados à vítima[336].

Por trás dessa semelhança entre os regimes, residia a noção de vingança privada que permeava o regime do delito civil em Roma, e influenciava a função punitiva da indenização[337].

O regime privado dos delitos foi desenvolvido antes do regime público voltado à esfera criminal, e teria se tornado eficiente a ponto de dispensar o surgimento de sistema jurídico de natureza penal. A prevalência do regime privado tende a ser confirmada a partir da Lei das XII Tábuas, que trazia regras esparsas acerca da esfera criminal, ao mesmo tempo em que estabelecia regime mais denso em relação à responsabilidade por ilícitos de natureza civil.

Pela Lei das XII Tábuas, a vítima possuía o direito de retirar a vida do ofensor, ou de aplicar a conhecida *pena do talião*, impondo ao autor do ilícito retaliação equivalente ao delito praticado[338]. A relação entre a

[336] De acordo Annick Dorsner-Dolivet, a Lei das XII Tábuas estabelecia uma diferença entre delitos civis e delitos criminais, mas apenas quanto à iniciativa quanto ao ajuizamento de ações. Enquanto a vítima poderia tomar a iniciativa nos delitos de natureza privada, caberia ao Estado ingressar com eventuais medidas caso houvesse delito de natureza pública (*Contribution a la restauration de la faute, conditions des responsabilités civile et penale dans l'homicide et les blessures par imprudence: a propos de la chirurgie*, Paris: Librarie Generale de Droit et Jurisprudence, 1986, p. 37).

[337] GIGLIO, Francesco. ob. cit., p. 130.

[338] De acordo com Sara Corrêa Fattori, "os delitos privados não eram punidos nesta época somente com penas pecuniárias. A pena era, em primeiro lugar, aflitiva (a vindicta), mas já na época monárquica a determinação da mesma não era mais deixada ao livre arbítrio da pessoa ofendida". (*A responsabilidade pela reparação do dano no direito romano*. In: Revista da Procuradoria Geral do Estado de São Paulo, n. 47/48, p. 135-153, jan./dez., 1997, disponível em http://www.pge.sp.gov.br/centrodeestudos/revistaspge/revista3/rev9.htm).

reparação e a punição também pode ser vista a partir das consequências aplicáveis ao furto não manifesto, ou seja, ao ilícito cujo ofensor não é capturado em flagrante. Nessa hipótese, a Lei das XII Tábuas estabelecia o pagamento de compensação equivalente ao dobro da quantia subtraída da vítima, impondo-se ao infrator reparação superior ao prejuízo sofrido pela parte prejudicada.

Em período subsequente, o ofendido passou a deter a faculdade de receber reparação pecuniária em substituição à vingança física, o que posteriormente se tornou procedimento padrão para essa modalidade de ilícito[339]. A alternativa encontrada foi permitir que a própria vítima apresentasse sua avaliação quanto ao dano sofrido, cabendo ao juiz estabelecer o valor da indenização a partir daquilo que ele considerasse justo, levando em consideração a estimativa da parte prejudicada. Tratava-se, portanto, de forma de compensação que não era definida a partir do prejuízo efetivamente sofrido, mas sim à luz da percepção do magistrado acerca do caso concreto.

Diante desse cenário, verifica-se que o regime de compensação do Direito Romano possuía fundamento no princípio de vingança e de auxílio à vítima. A noção de reparação dos prejuízos sofridos pelo ofendido possuía, ao que tudo indica, importância lateral e secundária dentro dessa sistemática, refletindo apenas uma das potenciais consequências cabíveis para prática de atos ilícitos[340].

Pela análise específica das *actiones*[341], é possível verificar que a punição consistia em um dos principais escopos do regime da responsabilidade

[339] A Tábua VIII possui indicações bastante elucidativas acerca do regime romano estabelecido para os delitos:

"2. Se alguém causou dano à parte [de um corpo], exceto de se compuser com a vítima, aplica-se o talião.
3. Se alguém quebrar o osso de um homem livre, 300 peças, ou se for um escravo, 150 constituem a penalidade.
4. Se um patrono causa dano ao cliente, deve ser considerado um sacer [i.e., indivíduo que se encontra contaminado para permanecer no mundo]". (GIGLIO, Francesco. ob. cit., p. 130, trad. livre do inglês).

[340] *idem, ibidem.*

[341] José Carlos Moreira Alves elucida o conceito das ações romanas da seguinte forma:
"As ações da lei em geral – e dizemos em geral porque uma delas (a actio per pignoris capionis) constitui exceção ao que vai se afirmar – submetidas ao ordo iudiciorum privatorum, isto é,

civil, bem como que a indenização não se relacionava necessariamente com o valor do prejuízo. Havia, basicamente, três grupos de *actiones* voltadas à reparação de prejuízos em Roma: (i) as ações reipersecutórias (*actiones ad rem persequendam*), cujo escopo residia na obtenção de determinada *res*; (ii) as ações penais (*actiones ad poena persequendam*), que buscavam a imposição de sanção sobre o autor do delito; e (iii) as ações mistas (*actiones mixtae*), que se voltavam tanto para a obtenção da coisa, quanto para a imposição de penalidade sobre o agente causador do prejuízo.

A principal característica das ações penais consistia no valor da indenização, que normalmente superava o prejuízo sofrido, possuindo conotação de punição. Mesmo a chamada *actio in simplum* – que pretendia, tão somente, a reparação do dano sofrido – não perdia sua natureza punitiva, na medida em que, (i) caso houvesse múltiplos infratores, cada um deles deveria arcar com a integralidade da indenização; (ii) o ajuizamento de ação de natureza penal não impedia a propositura de demanda reipersecutória; e (iii) o falecimento do causador do prejuízo impedia que a ação fosse direcionada aos herdeiros, pois a natureza punitiva da demanda a tornava personalíssima[342].

A existência de indenização com caráter punitivo, no Direito Romano, não resultava na restituição do enriquecimento obtido pelo infrator. A quantificação da indenização dependia da situação concreta, e era resultado de uma série de fatores, que tomavam como base o prejuízo sofrido pela vítima, mas envolvia a potencial aplicação de multiplicadores. Também havia compensação que poderia ser quantificada com base em critérios diversos do valor do prejuízo, tal como nos casos de *fractum* ou

processam-se, primeiramente, diante do magistrado (in iure), e, depois, do juiz popular (apud iudicem).

(...)

O processo das ações da lei é todo oral, quer diante do magistrado (in iure), que do juiz popular (apud iudicem). Caracteriza-se, principalmente, pela rigidez do formalismo a ser observado pelos litigantes a ponto de alguém – o exemplo é de Gaio – perder a demanda pelo fato de haver empregado em juízo a palavra uites (videira), ao invés do termo arbor (árvore), como preceituava a Lei das XII Tábuas com relação à actio de arboribus succisis (ação relativa a árvores cortadas), e isso apesar de, no caso concreto, as árvores abatidas terem sido justamente videiras" (*Direito Romano*, v. I, Rio de Janeiro: Forense, 2001, p. 193/194).

342 GIGLIO, Francesco. ob. cit., p. 132/133.

membrum ruptum[343], nos quais havia tarifação na Lei das XII Tábuas, sem que houvesse relação direta com o dano.

Situações pontuais de restituição passaram a surgir, principalmente nos casos nos quais a base punitiva/compensatória da indenização se revelava insatisfatória em termos de justiça no caso concreto. A iniquidade ocorria, por exemplo, nas hipóteses de falecimento do ofensor, nas quais se verificava a extinção do dever de indenizar, que era personalíssimo, justamente em razão de sua natureza punitiva.

Para contornar essas dificuldades, os pretores passaram a desenvolver mecanismos para atribuir responsabilidade a terceiros em caso de falecimento do ofensor. Nessas hipóteses, passou-se a permitir que a *actio de dolo* – que também possuía natureza penal – fosse direcionada, em determinadas circunstâncias, não apenas contra o autor do ilícito, mas também em face de seus sucessores[344].

Essa modalidade processual possuía peculiaridade bastante rara na esfera penal: seu escopo se restringia ao enriquecimento obtido pelo infrator em detrimento do indivíduo prejudicado[345]. Em suma, em algumas circunstâncias, o herdeiro poderia ser incluído no polo passivo da ação, mas sua eventual responsabilidade estaria limitada ao enriquecimento porventura auferido em razão da conduta praticada pelo falecido[346].

Discute-se a natureza dessa ação, havendo posição que identifica essa demanda com a *actio doli* inicialmente movida contra o infrator original. Em contrapartida, há posicionamento que atribui à ação ajuizada contra o sucessor fundamentos e características próprias, conferindo-lhe natureza reipersecutória, e absoluta autonomia em relação à demanda direcionada inicialmente contra o causador do prejuízo[347].

A ação *ex dolo defuncti* não era a única que permitia a restituição pelo enriquecimento. Situação semelhante ocorria na ação proposta contra o menor, em razão de obrigações assumidas pelo tutor em seu nome, e cujo

343 Trata-se da situação pela perda ou inutilização de órgão (cf. FATTORI. Sara Corrêa, ob. cit.).

344 GIGLIO, Francesco. op. cit., p. 134/135.

345 *idem, ibidem.*

346 *idem, ibidem.*

347 *idem*, p. 136.

valor da compensação estava limitado ao valor do benefício originado pelo negócio[348].

Na esfera contratual, Francisco Giglio trata de passagem do Digesto, de autoria de Juliano, acerca da venda de escravo[349]. Após a celebração do contrato, mas antes da entrega do objeto da prestação, o vendedor concedeu a *manumissio* ao escravo, libertando-o juntamente com seu pecúlio, ou seja, com o conjunto de bens geridos por ele. Como consequência disso, a prestação foi inadimplida pelo vendedor, questionando-se quais seriam as consequências desse inadimplemento.

De acordo com Juliano, o vendedor inadimplente deveria arcar (i) com o valor do pecúlio; (ii) com aquilo que o escravo teria adquirido após a *manumissio*; e (iii) com o valor da herança do escravo, cujos bens seriam revertidos em favor do vendedor, na condição de patrono, quando houvesse a abertura da sucessão[350].

As duas últimas consequências geram controvérsia na doutrina. Parte dos estudiosos afirma que haveria natureza indenizatória em ambos os casos: enquanto a indenização devida pela herança se limitaria apenas àquilo que passou a integrar o pecúlio após o julgamento da ação, a reparação pelo pecúlio corresponderia aos bens que ingressaram no patrimônio do antigo escravo entre a *manumissio* e a sentença. Caso contrário, o credor poderia receber reparação dúplice pelos mesmos prejuízos, pois os bens do pecúlio seriam aqueles que posteriormente integrariam a herança[351].

Em contrapartida, existe posição que afirma o valor da herança não deve ser inserida como modalidade de indenização pelo inadimplemento contratual. Enquanto a compensação pelo pecúlio corresponderia à indenização pelos bens que seriam adquiridos pelo escravo até o encerramento da ação, o valor da herança se voltaria a evitar que o vendedor inadimplente lucrasse a partir do ato ilícito praticado, afastando os benefícios originados pelo recebimento de patrimônio pela via sucessória[352].

A restituição do enriquecimento também poderia ser verificada em ação contra o menor, em razão de obrigações aceitas pelo tutor, com a

[348] *idem, ibidem.*

[349] D.19.1.23.

[350] GIGLIO, Francesco. ob. cit., p. 137/138.

[351] *idem*, p. 138.

[352] *idem*, p. 144.

limitação da responsabilidade ao benefício da parte. A restituição era aplicável, ainda, em ações ajuizadas contra crianças e escravos, que estavam sob o poder do *paterfamilias*, mas que tinham liberdade limitada para agir em nome desse último, cuja responsabilidade ficava restrita ao enriquecimento obtido[353].

Em relação a situações que poderiam ser potencialmente enquadradas como enriquecimento por intervenção, existe interessante passagem do *Codex* que estabelece que o indivíduo que intervém sobre direitos alheios, após proibição do titular, não possui eventual direito ao reembolso das despesas realizadas, mesmo que sua atuação fosse favorável[354].

Sem prejuízo da proibição do *Codex*, parcela dos glosadores medievais afirmava que a regra geral de vedação do enriquecimento sem causa impunha a devolução dos gastos realizados, devendo-se conceder ao interventor a *actio negotiorum gestorum utilis*, mesmo diante de proibição de intervenção por parte do titular do direito. Por outro lado, parte dos glosadores defendia aplicação literal da regra, afirmando que as despesas não poderiam ser reembolsadas caso houvesse vedação prévia em relação à atuação do interventor[355].

Diante desse cenário, verifica-se que é impossível reconhecer, no Direito Romano, o desenvolvimento de regime jurídico especificamente voltado à restituição dos benefícios originados de atos ilícitos. Noções próximas ao enriquecimento sem causa podem ter sido reconhecidas em situações pontuais envolvendo a violação de direitos alheios, mas jamais houve o surgimento de eventual regramento jurídico destinado ao tema, ou mesmo o reconhecimento doutrinário ou jurisprudencial desse instituto como categoria autônoma do direito.

2.2. As teorias do enriquecimento sem causa

A base conceitual do enriquecimento sem causa consiste na ideia de que, embora compatível com a lei, a transferência patrimonial não pode ser acolhida caso inexista causa que a legitime. O surgimento da obrigação de restituir possui como pressuposto a análise das circunstâncias que originaram a transferência patrimonial[356].

[353] *idem, ibidem.*

[354] C. 2.18.24, mencionado por HALLEBEEK, Jan. ob. cit., p. 70.

[355] *idem*, p. 70/71.

[356] VICENTE, Dario Moura. ob. cit., p. 555.

A origem moderna do enriquecimento sem causa pode ser atribuída a Friederich Carl von Savigny. O jurista alemão foi o primeiro a identificar a existência de princípio comum subjacente às diversas *condictiones* do Direito Romano, que vigorava no *ius commune* aplicável ao longo da Idade Média. Com base nessa premissa, ele apontou a existência do vínculo entre o deslocamento patrimonial indevido e a necessidade de restituição[357].

A partir de então, surgiu a divisão entre duas vertentes diversas do enriquecimento sem causa: aquele com fundamento contratual, e aquele com base extracontratual.

No primeiro caso, encontram-se todos os casos nos quais se verifica a realização de prestação. Incluem-se nessa categoria o pagamento indevido (a *condictio indebiti* do Direito Romano) e as prestações realizadas na expectativa da ocorrência de determinada causa que não se verificou ou que se revela ilícita ou imoral (a *condictio causa data causa non secuta* e *condictio ob turpem vel iniustam causam*)[358].

São consideradas contratuais todas as restituições decorrentes do pagamento indevido, mesmo que fora do contrato, como se verifica caso a reparação por danos seja feita por duas vezes. Também são contratuais as restituições as restituições de quaisquer transferências voluntárias de propriedade, mesmo que inexista o escopo do adimplemento de obrigação contratual[359].

Por sua vez, as restituições extracontratuais não possuem raízes históricas no sistema romano das *condictiones*. São, na realidade, resultado do desenvolvimento da *actio de in rem verso* do *ius commune* que vigorava na Idade Média, embora esse sistema já reconhecesse a existência da *condictio indebiti* romana dentro do modelo mais amplo de *condictio sine causa*.

De acordo com Pietro Sirena, essa razão histórica explicaria por que os Códigos Civis europeus mais antigos regulamentam a restituição contratual, mas se omitem quanto à vertente extracontratual do instituto[360].

[357] SIRENA, Pietro. *Towards a European Law of Unjustified Enrichment*. Società Editrice il Mulino, 2012, p. 115.

[358] *idem, ibidem.*

[359] *idem, ibidem.*

[360] Existe exceção pontual a essa regra. Trata-se do Código Civil austríaco de 1812, que já tratava do enriquecimento sem causa, na mesma linha daquilo que acabou se verificando no Código Civil alemão de 1900.

As normas são resultado da evolução do sistema romano das *condictiones*, sem receber influência direta do regime medieval aplicável ao instituto[361].

É o que se verifica nos Códigos Civis francês de 1804, italiano de 1865[362] e espanhol de 1889, que regulamentam apenas o pagamento indevido[363], mas silenciam quanto as demais vertentes do enriquecimento sem causa e tampouco estabelecem cláusula geral acerca do instituto.

Em contrapartida, os Códigos Civis italiano e português, de 1942 e 1967, trazem disciplina mais ampla a respeito do enriquecimento sem causa, possuindo regra geral que não se limita exclusivamente às hipóteses envolvendo a realização de prestação indevida. A exceção a essa regra é o Código Civil alemão que, embora mais antigo, possui regime geral voltado tanto às situações envolvendo a realização de prestação de forma indevida, quanto às hipóteses nas quais o enriquecimento sem causa se origina de fato diverso da prestação[364].

A partir dessas bases históricas, os diversos ordenamentos jurídicos desenvolveram regimes específicos para regular as transferências patrimoniais lícitas, mas sem causa que as justifique. Em última análise, o enriquecimento sem causa consiste em verdadeira válvula de escape do ordenamento, pois permite o afastamento de transferências patrimoniais incompatíveis com os princípios que conferem fundamento e sentido às normas jurídicas, mas que estejam formalmente compatíveis com as normas do ordenamento jurídico[365].

361 SIRENA, Pietro. *Towards a European Law of Unjustified Enrichment*, p. 116.

362 BARBIERA, Lelio. *L'ingiustificato arricchimento*. Napoli: Jovene Napoli, 1964, p. 89.

363 Artigo 1.376 do Código Civil francês e 1.895 do Código Civil espanhol.

364 O Código Civil suíço, de 1881, também parece ser uma exceção a essa regra, pois possui cláusula geral sobre o enriquecimento sem causa, sem se limitar a regular o pagamento indevido (artigo 62, parágrafo 1º). Por sua vez, o Código Civil grego, de 1946, também possui regra geral que abrange as diversas hipóteses de enriquecimento sem causa (artigo 904).

365 É interessante observar, a esse respeito, a seguinte passagem da obra de João Baptista Villela a respeito do enriquecimento sem causa: "Ainda assim não se impediu que a categoria do enriquecimento sem causa continuasse a exercer no imaginário jurídico o papel de medicina miraculosa, 'qual nova panaceia', na expressão de VALLE FERREIRA: *Enriquecimento ..., cit.*, p. 164. Uma observação que nem precisa ser atenta revelará, de resto, que em todas as épocas, umas ideias mais que outras tendem a se revezar nesta função de válvula de escape para os impasses daqueles que, no ofício do direito, não convivem bem com o esforço. Já foram *os fins sociais a que a lei se dirige*, que anda hoje um tanto em baixa". (*Equilíbrio do contrato: os números e a vontade*. In: Revista dos Tribunais, v. 900/2010, outubro/2010, p. 120).

Também se deve a Savigny o desenvolvimento da chamada teoria unitária do deslocamento patrimonial. O jurista alemão conseguiu compreender a estrutura e o conteúdo das diversas *condictiones* do Direito Romano, organizando-as de forma lógica e coerente. Todas aquelas hipóteses específicas consolidadas no período justinianeu poderiam ser compreendidas como situações nas quais se verificaria o aumento de um patrimônio mediante a diminuição de outro sem causa, ou cuja causa original tenha posteriormente desaparecido[366].

De acordo com a teoria, a pretensão do enriquecimento ocorreria sempre que houvesse deslocação patrimonial sem causa, diretamente entre o enriquecido e a parte prejudicada. Sob essa perspectiva, a caracterização do enriquecimento sem causa exigiria "que aquilo que produz o enriquecimento de uma pessoa tivesse pertencido anteriormente ao patrimônio de outra, só assim podendo esta recorrer à ação de enriquecimento"[367].

Analisando o instituto sob ótica diferente, Fritz Schulz desenvolveu a teoria da ilicitude, concebendo o enriquecimento sem causa substancialmente como conduta contrária ao direito[368]. Dentro desse contexto, haveria princípio jurídico amplo e geral que imporia o dever de restituir toda forma de benefício originado da intervenção ilícita sobre direito alheio[369].

Em termos mais simples, Fritz Schulz afirma que a base do enriquecimento não consiste no deslocamento patrimonial, mas em ação incompatível com o direito. Os indivíduos não poderiam se beneficiar patrimonialmente a partir da intervenção ilícita em direito alheio,

[366] *Sistema del Diritto Romano Attuale*. v. V, Turim: Unione Tipografico, 1898, p. 564 e seguintes e, particularmente, p. 629/630. Ver também CERVANTES, Carles Vendrell. *La acción de enriquecimiento injustificado por intromisión en los derechos al honor, a la intimidad y a la propia imagen*. In. ADC, tomo LXV, 2012, fasc. III, p. 1.125).

[367] MENEZES LEITÃO, Luiz Manuel Teles de. *O enriquecimento sem causa no Código Civil brasileiro*. Conferência proferida na II Jornada de Direito Civil, realizada pelo Centro de Estudos Judiciários do Conselho da Justiça Federal, de 17 a 25 de novembro de 2003, p. 25.

[368] *idem*, p. 26.

[369] Sérgio Savi afirma que a teoria da ilicitude *"utiliza o conceito de ilicitude delitual e qualifica a obrigação de restituir o enriquecimento como sendo uma sanção a todo tipo de comportamento ilícito"*. (ob. cit., p. 103).

havendo o necessário dever de restituição do benefício indevido porventura recebido[370].

Houve, então, nova evolução do pensamento relativo ao enriquecimento sem causa, com o surgimento da teoria da divisão do instituto, criada por von Caemmerer e Wilburg. Wilburg aponta os diversos inconvenientes de tratar todos os casos de enriquecimento sem causa sob a perspectiva do enriquecimento por prestação. Como alternativa, o autor sugere a divisão entre as ações originadas do enriquecimento por prestação e ações não originadas do enriquecimento por prestação. A divisão se enquadrava de forma adequada ao regime do §812 do Código Civil alemão – embora não tivesse sido inicialmente prevista –, e correspondia à noção savigniana de que, em determinadas ocasiões, o deslocamento patrimonial ocorre sem a existência de manifestação de vontade do prejudicado[371].

Em última análise, a partir da contribuição de Wilburg, passou-se a reconhecer a existência de duas categorias distintas e autônomas de enriquecimento: (i) a primeira baseada na prestação; (ii) a segunda envolvendo todas as situações nas quais inexiste prestação, havendo maior preponderância ao enriquecimento por intervenção[372]. Com isso, superou-se uma das grandes dificuldades da proposta inicialmente desenvolvida por Savigny, que enfrentava dificuldades em lidar com o enriquecimento originado da exploração de direitos alheios[373].

A obra de Wilburg é relevante por afastar a ideia de conceito único de enriquecimento sem causa, baseado na equidade. Inexistiria razão para se afirmar que o enriquecimento sem causa possuiria valor mais elevado do que os demais institutos do direito privado, e tampouco para

[370] Luiz Manuel Teles de Menezes Leitão afirma que *"Schulz aproxima o enriquecimento sem causa da responsabilidade civil, qualificando a obrigação de restituir o enriquecimento como uma sanção para todo o tipo de comportamentos ilícitos"* (*O enriquecimento sem causa no Código Civil brasileiro.* Conferência proferida na II Jornada de Direito Civil, realizada pelo Centro de Estudos Judiciários do Conselho da Justiça Federal, de 17 a 25 de novembro de 2003, p. 26).

[371] WILBURG, Walter. *Die Lehre von der ungerechtfertigen Bereicherung nach österreichischem und deutschem Recht,* Universitätbuchhandlung Leuschner & Lubensky, Graz, 1934, p. 94/96, *apud* CERVANTES, Carles Vendrell. *La acción de enriquecimiento injustificado por intromisión en los derechos al honor, a la intimidad y a la propia imagen.* In. ADC, tomo LXV, 2012, fasc. III, p. 1.125.

[372] *idem, ibidem.*

[373] *idem,* p. 1.120.

se vincular o enriquecimento por prestação e aquele sem prestação ao mesmo fundamento[374].

As bases conceituais do enriquecimento por prestação e daquele não baseado na prestação seriam distintas. O enriquecimento por prestação se vincularia ao direito contratual, baseando-se fundamentalmente em ato voluntário de seu autor, e no erro inerente a essa conduta. A ausência de causa jurídica – ou seja, de base legal ou contratual para o ato – seria o elemento essencial para a caracterização do dever de restituir. A justa causa do enriquecimento dependeria da existência de relação obrigacional, cuja eventual inexistência resultaria na restituição[375]. Em razão disso, a definição quanto aos sujeitos e ao objeto da obrigação de restituir decorreria diretamente da prestação realizada de forma indevida.

Em contrapartida, o enriquecimento não baseado na prestação não se vincularia à ausência de causa para a atribuição patrimonial, pois esse conceito se relacionaria especificamente ao enriquecimento por prestação. A pretensão do enriquecimento por intervenção é compreendida a partir da violação de direito pelo enriquecido, principalmente o direito de propriedade[376]. A análise, neste instituto, adotaria pressupostos diversos daqueles verificados na prestação realizada sob erro do agente, voltando-se à razão do caráter injustificado do enriquecimento, e não à falta de justificação para sua ocorrência.

Embora seja sutil, a distinção é bastante relevante. No enriquecimento baseado na prestação, basta a ausência de causa para a prestação realizada. Já no enriquecimento não baseado na prestação, é necessário ir além, investigando-se a razão pela qual aquela atribuição patrimonial se revela indevida[377].

[374] MENEZES LEITÃO, Luís Manuel Teles de. *O enriquecimento sem causa no Direito Civil. Estudo dogmático sobre a viabilidade da configuração unitária do instituto, face à contraposição entre as diferentes categorias de enriquecimento sem causa*, p. 400.

[375] *idem*, p. 402.

[376] *idem*, p. 399.

[377] Nas palavras de Luiz Manuel Teles de Menezes Leitão, no enriquecimento não baseado em prestação "não se procuraria averiguar da justificação do enriquecimento, mas antes atingir a razão de seu caráter injustificado, o que leva à inutilidade do conceito de causa jurídica nesta categoria de enriquecimento". Haveria, em suma, a análise do "fim material do direito atingido e na destinação da sua utilidade pelo titular". (*O enriquecimento sem causa no Código Civil brasileiro*. Conferência proferida na II Jornada de Direito Civil, realizada pelo Centro de Estudos Judiciários do Conselho da Justiça Federal, de 17 a 25 de novembro de 2003, p. 27).

Diferentemente daquilo que ocorre no enriquecimento por prestação, o enriquecimento não baseado na prestação não se baseia na ausência de causa, compreendida como relação obrigacional previamente existente, mas na finalidade material do direito violado. A propriedade, por exemplo, não se exaure pelo mero poder do proprietário sobre a coisa, conferindo ao proprietário, em caso de violação do direito, pretensões fundadas na responsabilidade civil e no enriquecimento sem causa. Ao estabelecer a reparação dos danos ou a restituição dos benefícios por aquele que viola o domínio alheio, o ordenamento aperfeiçoa o direito de propriedade, definindo sua finalidade[378].

Existe outra diferença relevante entre essas duas modalidades de desequilíbrio patrimonial. No enriquecimento baseado na prestação, é essencial a caracterização da chamada imediação, que consiste na relação direta entre o enriquecimento do beneficiado e o empobrecimento da parte prejudicada[379]. Também é essencial que se verifique a ocorrência de deslocamento patrimonial entre esses sujeitos, com a transferência de patrimônio diretamente entre as partes envolvidas.

A situação é diferente no âmbito do enriquecimento não baseado na prestação. Ao invés da imediação, bastaria que o credor fosse titular do direito violado. Nas palavras de Luís Manuel Teles de Menezes Leitão:

> "[a] pretensão de enriquecimento resultante da destinação não autorizada de bens não teria por base um dano do seu titular, mas antes um direito subjacente, que é lesado com o seu aproveitamento não-autorizado, sem que se tome em consideração, se o próprio titular teria obtido esse ganho ou não"[380].

[378] MENEZES LEITÃO, Luís Manuel Teles de. *O enriquecimento sem causa no Direito Civil. Estudo dogmático sobre a viabilidade da configuração unitária do instituto, face à contraposição entre as diferentes categorias de enriquecimento sem causa*, p. 404.

[379] Lucas Fajardo Nunes Hildebrand afirma que a "doutrina brasileira de forma geral, durante a vigência do Código Civil de 1916, também listava entre os pressupostos da restituição a correlação entre o enriquecimento e o empobrecimento. Além da ocorrência do enriquecimento e do empobrecimento, exige-se que haja uma relação mútua entre os fenômenos, que o enriquecimento tenha resultado do empobrecimento" (*Pressupostos da obrigação de restituir o enriquecimento sem causa no Código Civil brasileiro.* Dissertação de mestrado apresentada na Faculdade de Direito da Universidade de São Paulo. 2010, p. 48).

[380] ob. cit., p. 27.

A partir da doutrina de Wilburg, von Caemmerer desenvolveu as seguintes hipóteses envolvendo a noção de enriquecimento sem causa[381]: (i) o enriquecimento por prestação; (ii) o enriquecimento por liberação de dívida paga; (iii) o enriquecimento por intervenção; e (iv) o enriquecimento resultante de despesas realizadas em coisa alheia[382]. São essas as categorias de enriquecimento sem causa, que explicam todas as situações de benefício patrimonial indevido no direito moderno[383].

2.3. Direito estrangeiro

2.3.1. Direito francês

O reconhecimento do enriquecimento sem causa no direito francês ocorreu de forma gradual, preponderantemente em razão da evolução

[381] VON CAEMMERER, Ernst. Bereicherung und unerlaubte Handlung», en Dölle, H./ Rheinstein, M./Zweigert, K. (Hrsg.), *Festschrift für Ernst Rabel*, I, J. C. B. Mohr (Paul Siebeck), Tübingen, 1954, pp. 334 y ss., *apud* CERVANTES, Carles Vendrell. ob. cit., p. 1.125/1.126. Sérgio Savi também menciona a relevância do trabalho de von Caemmerer (*Responsabilidade Civil e Enriquecimento sem Causa – o Lucro da Intervenção*, São Paulo: Atlas, 2012, p. 107).

[382] MENEZES LEITÃO, Luís Manuel Teles de. *O enriquecimento sem causa no Direito Civil. Estudo dogmático sobre a viabilidade da configuração unitária do instituto, face à contraposição entre as diferentes categorias de enriquecimento sem causa*, p. 405. Carlos Vendrell Cervantes afirma que Wilburg teria identificado uma tipologia das seguintes pretensões fundadas no enriquecimento sem causa: (i) a prestação indevida; o (ii) a intromissão sobre direito alheio; (iii) o pagamento de dívida alheia; (iii) a realização de benfeitorias; ou (iv) um contrato a favor de terceiro (ob. cit., p. 1.125). Agostinho Alvim ainda menciona a hipótese de "algum benefício moral com valor pecuniário", sem esclarecer exatamente em que consistiria tal benefício, e tampouco em que medida ele se diferenciaria de simples benesse patrimonial (ob. cit., p. 924).

[383] Existe controvérsia sobre a adoção da teoria da divisão do instituto e existem propostas diferentes em relação às diversas categorias que integrariam o enriquecimento sem causa. Luís Manuel Teles de Menezes Leitão, por exemplo, afirma que a doutrina da divisão do instituto não foi acolhida em Portugal, sendo que "apenas em 1970, por obra de Pereira Coelho, se fazem referências às teses de Wilburg e von Caemmerer, mas o autor, embora venha a aderir à teoria do conteúdo da destinação, não chega a por em questão a unidade do instituto, que constituía o fulcro do pensamento desses autores". Em relação aos demais países europeus, o autor acrescenta que "surgem na doutrina espanhola em 1988 e na doutrina italiana em 1992 obras a propugnar a divisão do instituto em três categorias: o enriquecimento por prestação, o enriquecimento por intervenção e o enriquecimento imposto, com base em despesas efetuadas, o que pode indicar o início de uma eventual recepção da moderna doutrina alemã neste âmbito" (*O enriquecimento sem causa no Direito Civil. Estudo dogmático sobre a viabilidade da configuração unitária do instituto, face à contraposição entre as diferentes categorias de enriquecimento sem causa*, p. 411).

ocorrida na doutrina e na jurisprudência. Apenas na reforma do Código Civil de 2016 é que o instituto foi finalmente acolhido como norma na legislação francesa.

Dentro de cenário de liberalismo econômico, o marco legislativo de Napoleão se baseou no paradigma da vontade, estabelecendo que as fontes obrigacionais deveriam decorrer de atos voluntários dos indivíduos[384]. A busca pela certeza e pela segurança jurídica existente no século XIX se mostrava incompatível com o reconhecimento de instituto jurídico com amplo escopo de incidência e cujo desenvolvimento dependeria da intervenção criativa da jurisprudência e da doutrina.

De forma paralela, a influência do sistema romano das *condictiones* não influenciou o direito francês. Ao contrário daquilo verificado na Alemanha, o desenvolvimento do enriquecimento sem causa na França não ocorreu a partir de regulação normativa do regime estruturado no Direito Romano[385].

Dentre as possíveis razões dessa divergência, é possível destacar a diferente forma pela qual os ordenamentos francês e alemão compreendem a noção de causa. No âmbito do direito francês, a ausência de causa possuía como consequência a nulidade do contrato[386], e o posterior retorno das partes ao *status quo ante* da celebração do negócio jurídico. Logo, o recurso às *condictiones* era desnecessário e inócuo, pois o reequilíbrio patrimonial era proporcionado pela anulação da avença, dispensando o eventual recurso ao enriquecimento sem causa.

[384] MICHELON JR., Cláudio. *Direito Restitutório. Enriquecimento sem causa. Pagamento indevido. Gestão de negócios.* REALE, Miguel; MARTINS-COSTA, Judith. Estudos em homenagem ao Professor Miguel Reale. São Paulo: Revista dos Tribunais, 2006, p. 20/21. Para demonstrar sua afirmação, o autor menciona o conceito de quase-contratos, previsto no artigo 1.371 do Código Civil francês, que consiste em "fatos puramente voluntários do homem do homem dos quais resulta um vínculo (*engagement*) qualquer em relação a um terceiro e, por vezes, um vínculo recíproco entre as partes" (*idem, ibidem*).

[385] LONDERS, Ghislain; MOSSELMANS, Sven; BOSSUYT, Amaryllis. *Deux principes généraux du droit issus du droit national et du droit communautaire: l'enrichissement sans cause ou l'enrichissement injustifié et l'interdiction de l'abus de droit.* In: Actes du colloque pour le cinquantième anniversaire des Traités de Rome, p. 100. Obtido em https://curia.europa.eu/common/dpi/col_londers_fr.pdf.. Consulta realizada em 30.12.2019.

[386] GIL, Laura Zumaquero. *El enriquecimento injustificado en el Derecho Privado Europeo.* In: InDret Revista para el análisis del Derecho, v. 2/2017, p. 13. Nelson Rosenvald adota a mesma posição (*A reponsabilidade civil pelo ilícito lucrativo. O disgorgement e a indenização restitutória*, p. 304).

Pela preponderância do regime das nulidades, o enriquecimento sem causa se tornou regra subsidiária na França, possuindo relevância meramente residual para proporcionar o reequilíbrio patrimonial, o que acabou influenciando a disciplina de diversos outros países[387]. Em última análise, o enriquecimento sem causa se tornou verdadeira regra de fechamento do sistema, que apenas poderia ser utilizada quando a pretensão não pudesse ser deduzida com base nos institutos tradicionais previstos no Código Civil de 1804.

Sob a perspectiva legislativa, o instituto foi aceito como parte do ordenamento francês com base principalmente na disciplina do pagamento indevido, prevista no artigo 1302 do Código Civil da França, que estabelece que "Qualquer pagamento pressupõe uma dívida; o que tiver sido recebido sem que fosse devido está sujeito a restituição". Reconheceu-se na legislação, em suma, apenas a vertente do enriquecimento sem causa conhecida como deslocamento patrimonial[388]. Por outro lado, todas as demais hipóteses inseridas nesse instituto, ou mesmo uma cláusula geral que abrangesse todas as situações, não foram reconhecidas na esfera legislativa.

Mesmo diante dessa omissão, é possível afirmar que o Código Civil francês possui, nas palavras de Menezes Leitão, "rica tradição de equidade", e que seu texto estabelece "em diversas disposições, hipóteses que o direito anterior considerava como fundadas no princípio da proibição do enriquecimento"[389], tais como a exigência do reembolso das despesas necessárias à produção dos frutos (artigo 548), ou o pagamento de indenização pela perda da propriedade por acessão (artigos 554 a 566).

[387] *idem, ibidem.*

[388] Cf. item 2.2 acima.

[389] *O enriquecimento sem causa no Direito Civil. Estudo dogmático sobre a viabilidade da configuração unitária do instituto, face à contraposição entre as diferentes categorias de enriquecimento sem causa*, p. 285. Ghislain Londers, Sven Mosselmans e Amaryllis Bossuyt também mencionam a relevância da equidade no desenvolvimento da jurisprudência francesa (*Deux principes généraux du droit issus du droit national et du droit communautaire: l'enrichissement sans cause ou l'enrichissement injustifié et l'interdiction de l'abus de droit.* In: Actes du colloque pour le cinquantième anniversaire des Traités de Rome, p. 100. Obtido em https://curia.europa.eu/common/dpi/col_londers_fr.pdf).

No século XIX, os tribunais adotavam interpretação bastante restritiva, rejeitando o enriquecimento sem causa como fonte de obrigações[390]. O ponto de partida da alteração jurisprudencial ocorreu em julgado proferido em 17 de março de 1857, no qual um tutor havia assumido a educação de determinada criança, tendo obtido o consentimento da mãe. Embora essa última estivesse insolvente, o menor havia recebido herança e se encontrava com condições de realizar o pagamento pelas aulas. A questão fundamental era definir se o tutor, que havia contratado com a mãe, poderia exigir valores do menor. O tribunal acolheu o pedido com fundamento na gestão de negócios e menção expressa à equidade, mas sem referência ao enriquecimento sem causa. Diversas outras decisões seguiram a mesma linha[391].

Na doutrina, a grande contribuição surge – por mais surpreendente que seja – do autor alemão Zachariä. Em 1808, o jurista concebeu a chamada *actio de in rem verso* a partir de diversas normas do Código Civil francês, tais como o artigo 554, que impunha àquele que utilizava materiais alheios em construções a obrigação de devolução do respectivo valor, o artigo 1.437, que estabelecia indenização pelo cônjuge caso obtivesse proveito como resultado do casamento, o artigo 1.864, que previa que contratação pelo sócio sem poderes impunha responsabilidade à sociedade, caso a entidade tivesse se beneficiado da contratação, e o artigo 1926, que estabelecia que o incapaz deveria restituir depósito realizado em seu favor até o limite do proveito obtido. Zachariä fundamenta a *actio de in rem verso* nessas normas, e menciona expressamente o princípio do enriquecimento sem causa como base para a pretensão[392].

[390] François Terré e Yves Lequette mencionam julgados proferidos em 12 de março de 1850, 16 de fevereiro de 1853 e 9 de maio de 1853 rejeitando pedidos com fundamento no enriquecimento sem causa (*Enrichissement sans cause. Fournitures faites a un fermier. Action de in rem verso contre le propriétaire. Conditions d'exercice. Effet relatif des contrats.* In: Les grands arrêts de la jurisprudence civile, 12ª ed., 2008, p. 555).

[391] *idem*, p. 556. Os autores mencionam decisões proferidas em 15 de julho de 1873 e 22 de fevereiro de 1888. Em outra obra, escrita em conjunto com Philippe Simler, François Terré e Yves Lequette também apontam que os casos de desequilíbrio patrimonial foram inicialmente reconhecidos com fundamento na gestão de negócios (*Droit Civil. Les obligations.* 9ª ed., Paris: Dalloz, 2005, p. 1.019).

[392] *O enriquecimento sem causa no Direito Civil. Estudo dogmático sobre a viabilidade da configuração unitária do instituto, face à contraposição entre as diferentes categorias de enriquecimento sem causa*, p. 288/289.

A denominação *actio de in rem verso* é a mesma seguida pelo *ius commune* medieval em relação a instituto que antecedeu o enriquecimento sem causa, bem como pelo Direito Romano no tocante à ação direcionada contra o *paterfamilias*, ou contra o proprietário, em razão do benefício decorrente do negócio celebrado pelo *filiusfamilias* ou pelo escravo[393].

A partir da obra de Zachariä, a ação *de in rem verso* passou a ser concebida, nas palavras de Menezes Leitão, "como uma ação real, derivada da reinvindicação, podendo ser dirigida contra qualquer pessoa, independentemente de sua capacidade jurídica, embora a indenização não pudesse ultrapassar quer o montante dos gastos, quer o montante dos benefícios obtidos". A diferença fundamental que essa modalidade de ação trazia em relação à reivindicação tradicional consistia na possibilidade de pagamento de valores, caso a coisa em si não pudesse ser mais restituída[394].

Partindo da obra de Zachariä, Aubri e Rau teriam alterado o teor do estudo[395], atribuindo à *actio de in rem verso* contornos de amplo instrumento voltado para afastar o enriquecimento sem causa, e que poderia ser utilizado para a devolução da perda sofrida por determinado patrimônio em benefício do outro. A ação possuiria natureza pessoal e deveria "ser admitida de forma geral, como consequência da regra da equidade que estabelece que não é permitido enriquecer à custa de outrem", em todos os casos nos quais alguém obtenha, sem causa legítima, patrimônio em detrimento alheio, sem que exista "alguma ação originada de um contrato, de um quase-contrato, de um delito ou de um quase delito"[396].

393 VICENTE, Dário Moura. ob. cit., p. 558.

394 *O enriquecimento sem causa no Direito Civil. Estudo dogmático sobre a viabilidade da configuração unitária do instituto, face à contraposição entre as diferentes categorias de enriquecimento sem causa*, p. 289/290.

395 Menezes Leitão afirma que Aubri e Rau teriam traduzido incorretamente a obra do jurista alemão (*idem*, p. 291/292). No mesmo sentido, CABELEIRA, Caio Martins. ob. cit., p. 167.

396 AUBRY, Charles; RAU, Charles. *Cours de droit civil français: d'après la méthode de Zachariae*, t. IX, 5ª ed., Paris: Imprimerie er Librerie Générale de Jurisprudence, 1917, p. 356/357. Trad. livre do francês. Os trechos originais são, respectivamente, "doit être admise d'une manière générale, comme sanction de la règle d'équité, qu'il n'est pas permis de s'enrichir aux dépens d'autri", e "d'aucune action, naissant d'un contrat, d'un quase-contrat, d'un délit ou d'un quase-délit".

O marco decisivo para a aceitação do enriquecimento sem causa como instituto do direito francês ocorreu no conhecido *arrêt Boudier*, de 15 de junho de 1892, que analisou situação na qual determinado indivíduo adquiriu adubos, aplicando-os no terreno que havia arrendado[397]. Como resultado do inadimplemento das obrigações do arrendatário, o arrendador resolveu o negócio jurídico, e retomou o imóvel juntamente com os adubos utilizados no local.

A questão consistia na definição do direito do vendedor dos adubos de receber o preço do proprietário do imóvel, pois o comprador/arrendatário estava insolvente. Baseando-se no trabalho da doutrina, que havia elaborado a teoria do enriquecimento sem causa a partir de preceitos concretos do Código Civil de 1804[398], a Corte de Cassação acolheu o pedido do vendedor, impondo ao proprietário do terreno o pagamento devido pelo adubo[399].

O acórdão proferido pela Corte de Cassação analisou especificamente a alegação do réu quanto à ausência de norma expressa acerca do enriquecimento sem causa no direito francês. Influenciado pela doutrina de Aubry e Rau acerca da *actio de in rem verso*, o *arrêt Boudier*[400] afirma que, à luz do princípio da equidade[401], o exercício da pretensão à restituição do enriquecimento sem causa não estaria sujeito a condições específicas. Para a caracterização do dever de restituir, bastaria que o requerente

[397] Paolo Gallo menciona que houve dois casos anteriores nos quais a Corte de Cassação poderia ter adotado o enriquecimento sem causa como princípio do direito privado francês. Trata-se do *affaire Arrazat*, proferido em 1889 e de outro julgado, não nomeado pelo autor, proferido em 1891. Todavia, em ambos os casos, a Corte de Cassação preferiu silenciar quanto à aplicação do enriquecimento sem causa (*Il Codice Civile. Commentario. Arricchimento senza causa*. Milão: Giuffrè, 2003, p. 21).

[398] GIL, Laura Zumaquero. ob. cit., p. 13.

[399] Acórdão disponível em https://www.doctrine.fr/d/CASS/1892/DE18920615?q=arret%20boudier&date_from=1892&date_to=1892&only_top_results=true&original_query_key=fe8f6bf23c308b018bcc339b1cf2b516&selected_keywords=%5B%5D&position=1&query_key=fe8f6bf23c308b018bcc339b1cf2b516&source=excerpt_results. Consulta realizada em 9 de fevereiro de 2019.

[400] MENEZES LEITÃO, Luís Manuel Teles de. *O enriquecimento sem causa no Direito Civil. Estudo dogmático sobre a viabilidade da configuração unitária do instituto, face à contraposição entre as diferentes categorias de enriquecimento sem causa*, p. 294.

[401] Lelio Barbiera menciona a equidade como elemento essencial da fundamentação do julgado (ob. cit., p. 89).

demonstrasse a existência de vantagem que, por sacrifício ou fato pessoal, teria sido transferida para o requerido[402].

A decisão da Corte de Cassação possui enorme relevância ao reconhecer o enriquecimento sem causa como princípio geral do direito, com plena autonomia em relação a outros institutos e aplicação ampla sobre as relações de natureza privada. Reforçando a independência do enriquecimento sem causa, a decisão da instância judicial máxima francesa ainda o diferenciou da gestão de negócios[403], embora seja inegável que os conceitos possuem traços em comum, principalmente na esfera da interferência sobre direitos alheios. A ação acolhida pela Corte de Cassação passou a ser conhecida como *actio de in rem verso*, seguindo a mesma denominação utilizada por Zachariä.

Com o *arrêt Boudier*, a Corte de Cassação conferiu vasto âmbito de aplicação à ação *de in rem verso*, ao declarar que, no âmbito do enriquecimento sem causa, é suficiente para a parte demonstrar a existência vantagem que ela teria, por sacrifício ou fato pessoal, cedido à parte requerida[404]. Bastante genérico, o precedente passou a ser interpretado no âmbito jurisprudencial, e os tribunais foram, com a passagem do tempo, estabelecendo requisitos mais específicos para o enriquecimento sem causa.

Em 1914 e 1915, a Corte de Cassação definiu condições específicas para o acolhimento da pretensão do enriquecimento, sendo as duas primeiras condições de ordem econômica – quais sejam, a existência de enriquecimento e de empobrecimento –, e as três últimas de cunho

[402] O trecho do acórdão é o seguinte: "Considerando que esta ação deriva do princípio de equidade que veda o enriquecimento à custa de outrem e não estando regulamentado por nenhum texto das nossas leis, seu exercício não se submete a nenhuma condição determinada; é suficiente, para que ela seja acolhida, que o requerente alegue e demonstre a existência de uma vantagem que ele teria, por um sacrifício ou fato pessoal, transferido ao requerido" (trad. livre do francês).
Na redação original: "Attendu que cette action dérivant du principe d'équité qui défend de s'enrichir au détriment d'autrui et n'ayant été réglementée par aucun texte de nos lois, son exercice n'est soumis à aucune condition déterminée; qu'il suffit, pour la rendre recevable, que le demandeur allègue et offre d'établir l'existence d'un avantage qu'il aurait, par un sacrifice ou un fait personnel, procuré à celui contre lequel il agit".

[403] GIL, Laura Zumaquero. ob. cit., p. 14.

[404] TERRÉ, François; LEQUETTE, Yves. *Enrichissement sans cause. Fournitures faites a un fermier. Action de in rem verso contre le propriétaire. Conditions d'exercice. Effet relatif des contrats.* In: Les grands arrêts de la jurisprudence civile, 12ª ed., 2008, p. 556/557.

jurídico, consistindo na relação causal entre os dois elementos econômicos, na ausência de justa causa e no caráter subsidiário da ação. Com isso, os tribunais recuperaram os contornos da ação *de in rem verso* que se encontram em Aubry e Rau[405].

Por ocasião da prolação do *arrêt Clayette*, proferido em 12 de maio de 1914, a Corte de Cassação analisou situação envolvendo contrato de mútuo, celebrado por instrumento particular, por meio do qual a mutuante (a viúva Clayette) emprestou 81.000 francos ao abade Pinardy. Caberia ao mutuário utilizar os valores recebidos na construção de imóveis que integrariam o patrimônio da congregação dos Missionários de la Sallete[406].

A congregação foi dissolvida, e o abade ingressou com ação contra o liquidatário, buscando obter a propriedade dos imóveis adquiridos. A viúva Clayette interveio no processo, exigindo a restituição dos valores mutuados de quem quer que fosse reconhecido como proprietário dos imóveis.

A Corte de Cassação rejeitou o pedido da viúva Clayette, por entender que a *actio de in rem verso* não poderia ser utilizada como alternativa à demanda fundada no mútuo[407]. O acórdão entendeu que o instrumento manejado pela mutuante apenas seria viável caso o enriquecimento tivesse sido obtido sem justificativa e não houvesse outra ação cabível para o caso[408]. A partir desse precedente, a Corte de Cassação busca reduzir a ampla incidência inicialmente atribuída à ação de *in rem verso*, retomando as linhas do instituto inicialmente propostas pela doutrina[409].

Já no *arrêt Briauhant*, datado de 2 de março de 1915, a Corte de Cassação analisou situação envolvendo contrato de empreitada, na qual

[405] GAGNÉ, Jacques. *Enrichissement san cause et services rendus*. In: Les Cahiers de droit, v. 1, n. 1, 1954, p. 26.

[406] MENEZES LEITÃO, Luís Manuel Teles de. *O enriquecimento sem causa no Direito Civil. Estudo dogmático sobre a viabilidade da configuração unitária do instituto, face à contraposição entre as diferentes categorias de enriquecimento sem causa*, p. 296.

[407] *idem, ibidem.*

[408] POSEZ, Alexis. *La subsidiarité de l'enrichissement sans cause: étude de droit français à la lumière du droit comparé*. In: Revue de droit international et de droit comparé, Emile Bruylant, 2014, p. 190 (disponível em ffhttp://www.ledroitcritique.fr/la-subsidiarite-de-l-enrichissement-sans-cause/ff).

[409] TERRÉ, François; SIMLER, Philippe; LEQUETTE, Yves. *Droit Civil. Les obligations*. 9ª ed., Paris: Dalloz, 2005.

o empreiteiro havia realizado obras diversas daquelas previstas no plano estabelecido com o contratante, e buscava receber o valor por trabalhos adicionais realizados. Adotando viés mais restritivo quanto à aplicação da ação *de in rem verso*, o tribunal rejeitou o pedido, por entender que os requisitos do instituto não haviam sido satisfeitos, e que esse instrumento não poderia ser utilizado como alternativa ao regime jurídico aplicável aos contratos[410].

Como resultado desse processo evolutivo[411], definiu-se a necessidade da satisfação de três condições fundamentais, que acabaram se tornando os pilares do enriquecimento sem causa francês: (i) o empobrecimento do requerente, com o consequente enriquecimento do requerido; (ii) a ausência de justa causa para o enriquecimento; e (iii) a inexistência de outra ação para a dedução da pretensão restitutória[412].

A imposição dessas condições restringiu o enriquecimento sem causa, impedindo que o instituto adquirisse âmbito de incidência excessivamente amplo, e se tornasse via oblíqua para propiciar o reequilíbrio patrimonial, sobrepondo-se aos institutos tradicionais do direito privado francês.

Após longa evolução da jurisprudência, o enriquecimento sem causa foi inserido na legislação francesa na reforma de 2016. Para conferir coerência a ordenamento no qual a ausência de causa deixou de resultar na nulidade contratual[413], e consolidar o entendimento dos tribunais, decidiu-se finalmente introduzir norma específica sobre o instituto no artigo 1.303 do Código Civil francês[414].

[410] MENEZES LEITÃO, *O enriquecimento sem causa no Direito Civil. Estudo dogmático sobre a viabilidade da configuração unitária do instituto, face à contraposição entre as diferentes categorias de enriquecimento sem causa*, p. 296.

[411] Esse processo não foi simples. Paolo Gallo, por exemplo, afirma que Ripert e Teisseire buscaram reconduzir o enriquecimento sem causa à responsabilidade civil, em 1904. Gallo afirma que os autores entendiam que todo aquele que causasse dano deveria ressarci-lo, mas poderia ficar com os proveitos originados derivados do fato até que a indenização ocorresse (*Il Codice Civile. Commentario. Arricchimento senza causa.* Milão: Giuffrè, 2003, p. 23).

[412] VICENTE, Dário Moura, ob. cit., p. 558. Laura Zumaquero Gil afirma que esses requisitos foram definidos pela Corte de Cassação em decisões proferidas em 12 de maio de 1914 e 2 de março de 1915 (ob. cit., p. 14).

[413] GIL, Laura Zumaquero. ob. cit., p. 14.

[414] VICENTE, Dário Moura, ob. cit., p. 558.

O teor do dispositivo é o seguinte: "fora dos casos de gestão de negócios e de pagamento indevido, aquele que se beneficiar de um enriquecimento injustificado em detrimento de outrem deve ao prejudicado uma compensação igual ao menor dos valores entre o enriquecimento e o empobrecimento"[415]. O suporte fático do enriquecimento sem causa é complementado pelo artigo 1.303-1 do Código Civil, cujo teor estabelece que o "enriquecimento é injustificado quando não proceda nem do cumprimento de uma obrigação pelo prejudicado nem da sua intenção de efetuar uma liberalidade"[416].

A norma consolida a tradição jurisprudencial desenvolvida a partir do final do século XIX e no decorrer de todo o século XX. Em relação ao chamado projeto Terré[417], o artigo 1303-1 do Código Civil apresenta mudança relevante somente em relação à inclusão do termo "injustificado" no lugar da noção de ausência de causa[418]. Alguns autores entendem que a redação final é mais elucidativa a respeito do conceito clássico de enriquecimento sem causa[419].

Pelo teor do artigo 1303-1 do Código Civil, verifica-se que os limites do enriquecimento injustificado são definidos pela via negativa[420], caracterizando-se quando houver atribuição patrimonial que não resulte (i) do cumprimento de obrigação por parte da parte prejudicada; ou (ii) de liberalidade realizada por ela[421]. A norma também indica que o enriquecimento injustificado não equivale ao enriquecimento injusto,

[415] trad. livre do francês. O texto no original é o seguinte: "En dehors des cas de gestion d'affaires et de paiement de l'indu, celui qui bénéficie d'un enrichissement injustifié au détriment d'autrui doit, à celui qui s'en trouve appauvri, une indemnité égale à la moindre des deux valeurs de l'enrichissement et de l'appauvrissement".

[416] trad. livre do francês. O texto original é o seguinte: "L'enrichissement est injustifié lorsqu'il ne procède ni de l'accomplissement d'une obligation par l'appauvri ni de son intention libérale".

[417] Trata-se do anteprojeto de lei que originou a reforma do direito das obrigações na França.

[418] CHANTEPIE, Gaël; LATINA, Mathias. ob. cit., p. 642.

[419] DESHAYES, Olivier; GENICON, Thomas; LAITHIER, Yves Marie. ob. cit., p. 553.

[420] cf. GIL, Laura Zumaquero, ob. cit., p. 17.

[421] Clément François entende que a norma do artigo 1.303-1 é excessivamente restritiva, e que seu alcance tende a ser estendido pela jurisprudência (*Présentation des articles 1303 à 1303-4 du nouveau chapitre III. L'enrichissement injustifié*, disponível em https://iej.univ-paris1.fr/openaccess/reforme-contrats/titre3/stitre3/chap3-enrichissement-injustifie/. Consulta realizada em 11.2.2019).

pois se volta a corrigir o enriquecimento sem justificação jurídica, não importando que seja imoral. O enriquecimento injustificado não possui como escopo corrigir eventual injustiça dos demais institutos jurídicos, não podendo ser utilizado, por exemplo, para propiciar maior equilíbrio a contratos potencialmente desfavoráveis a um dos contratantes[422].

O 1303-1 do Código Civil é suficientemente amplo para incluir o chamado enriquecimento indireto, permitindo que o enriquecimento injustificado seja utilizado quando o contrato celebrado entre terceiro e o enriquecido não conferir a esse último o direito de obter benefício perante o sujeito prejudicado[423]. É justamente essa a hipótese do *arrêt Boudier*, na qual o contrato de arrendamento celebrado entre o proprietário e o arrendatário não conferia ao primeiro justa causa para o benefício proporcionado pelos adubos fornecidos pelo terceiro.

2.3.2. Direito alemão

Na Alemanha, a disciplina jurídica do enriquecimento sem causa se contrapõe àquela adotada na França. No modelo francês, o desenvolvimento do enriquecimento sem causa decorreu fundamentalmente da evolução jurisprudencial a partir do instituto do pagamento indevido.

Em contrapartida, o regime alemão se baseia fundamentalmente nas *condictiones* romana. O desenvolvimento do sistema germânico possui origem em Savigny, que já havia defendido a reunião das diversas *condictiones* do Direito Romano dentro de princípio único[424]. O jurista alemão sistematizou o intrincado sistema romano[425] e compreendeu que todas as regras pontuais romanas se baseavam em princípio único, que vedava a transferência patrimonial injustificada[426].

De acordo com Laura Zumaquero Gil, o enriquecimento sem causa possui importância significativa no direito alemão, pois a ausência de causa não foi contemplada como fundamento para a nulidade do negócio jurídico naquele regime. Como alternativa diante da impossibilidade de

[422] DESHAYES, Olivier; GENICON, Thomas; LAITHIER, Yves Marie. ob. cit., p. 553.

[423] *idem*, p. 554.

[424] *Sistema del Diritto Romano Attuale*. v. V, Turim: Unione Tipografico, 1898, p. 564 e seguintes.

[425] GALLO, Paolo. *Il Codice Civile. Commentario. Arricchimento senza causa*. Milão: Giuffrè, 2003, p. 26.

[426] BELLING, Detlev W.. ob. cit., p. 43.

anulação, que levaria ao retorno das partes ao *status quo ante*, a parte prejudicada pode se valer do enriquecimento sem causa, obtendo a restituição da transmissão patrimonial injustificada[427].

Por ocasião da elaboração do Código Civil alemão, a comissão legislativa definiu quatro diferentes situações vinculadas ao enriquecimento sem causa por prestação, e que deveriam ser tratadas de forma autônoma[428]. De forma paralela, criou-se norma com fórmula ampla e genérica, ou seja, verdadeira cláusula geral cujo escopo consistia no tratamento dos casos nos quais houvesse enriquecimento sem a necessária justificativa legal.

Para a definição da noção de ausência de causa, decidiu-se utilizar não propriamente as circunstâncias que levaram ao enriquecimento, mas sim a inexistência de substrato legal do incremento de patrimônio. Ao invés de recorrer a situações típicas que caracterizassem a transmissão patrimonial injustificada, o regime alemão utilizou lógica inversa, qualificando como injustos quaisquer deslocamentos que não se respaldassem em determinada base legal.

A divisão entre o enriquecimento baseado na prestação e o enriquecimento não baseado na prestação já se encontrava bem delineada naquela oportunidade. No primeiro, a ausência de causa decorreria da realização de negócio jurídico mal sucedido – em razão, por exemplo, da nulidade – que culminou na transferência patrimonial. Já na segunda hipótese, a ausência de causa resultaria da ausência de vontade da parte prejudicada quanto ao benefício auferido pelo sujeito beneficiado, pouco importando a origem do incremento patrimonial[429].

Somente na elaboração do segundo projeto do Código Civil é que se desenvolveu a estrutura legislativa atualmente existente nos §§ 812 a 822. O regime jurídico é essencialmente técnico, possuindo conceitos absolutamente precisos. Em contrapartida, demonstra complexidade que talvez seja um tanto desnecessária, pois cria tipos específicos, que reproduzem

427 *idem, ibidem.*

428 Paolo Gallo afirma que, até a promulgação do Código Civil de 1900, o enriquecimento sem causa era pouco suscitado no direito alemão. O autor italiano afirma que o instituto não possuía reconhecimento jurisprudencial, e que doutrinadores como Windscheid, Jhering e Dernburg afirmavam que, à luz da ausência de ação de enriquecimento sem causa na legislação, a alternativa cabível seria o recurso à gestão de negócios (GALLO, Paolo. *Il Codice Civile. Commentario. Arricchimento senza causa.* Milão: Giuffrè, 2003, p. 24).

429 BELLING, Detlev W.. ob. cit., p. 49.

as *condictiones* romanas, mas que provavelmente seriam desnecessários à luz da existência de cláusula geral bastante abrangente.

Paolo Gallo afirma que a sistemática germânica é híbrida, pois parte de enunciado geral e amplo e, em seguida, busca tecer parâmetros mais precisos por meio da utilização de figuras típicas que refletem claramente os institutos romanos relativos às transmissões patrimoniais injustificadas[430].

A cláusula geral é prevista no §812, 1, cujo âmbito de incidência se volta tanto para as situações de enriquecimento por prestação, quanto para as demais hipóteses de deslocamento patrimonial indevido[431]. O teor do dispositivo é o seguinte: "Quem através de uma prestação de outrem, ou por outra forma, obtiver algo à sua custa sem causa jurídica, está obrigado a restituir. Essa obrigação existe também quando a causa desaparecer posteriormente ou o resultado visado através de uma prestação não se verificar"[432].

Pelo teor do dispositivo normativo, verifica-se que encontram-se regulados tanto (i) o enriquecimento decorrente da prestação indevida – presente na expressão "através de uma prestação de outrem" –, quanto (ii) aquele originado de situações nas quais inexiste transferência patrimonial direta entre a parte prejudicada e o enriquecido, cujo reconhecimento decorre da possibilidade de que cabe a restituição quando determinado indivíduo "por outra forma, obtiver algo" à custa de alguém.

Em ambas as hipóteses, a base indispensável para a restituição é a existência de deslocamento patrimonial entre determinados indivíduos, sem que exista base legal que a justifique[433]. A diferença reside fundamentalmente na realização da prestação por parte de determinado sujeito em benefício de outro, que existe apenas na modalidade do enriquecimento sem causa por prestação.

O parágrafo 812, 1, do Código Civil alemão ainda contempla duas situações distintas, embora a distinção entre elas seja bastante sutil. Ao

[430] GALLO, Paolo. *Il Codice Civile. Commentario. Arricchimento senza causa.* Milão: Giuffrè, 2003, p. 26.

[431] BELLING, Detlev W.. ob. cit., p. 49.

[432] Trad. livre do inglês obtida em https://www.gesetze-im-internet.de/englisch_bgb/englisch_bgb.html#p3458. Consulta realizada em 16.2.2019

[433] BELLING, Detlev W.. ob. cit., p. 50. No mesmo sentido, GIL, Laura Zumaquero. *El enriquecimento injustificado en el Derecho Privado Europeo*, in InDret Revista para el análisis del Derecho, v. 2/2017.

mesmo tempo em que regula situações de atribuição patrimonial nas quais a causa jamais existiu, a norma disciplina hipóteses nas quais a causa poderia existir e acabou não se materializando, ou existiu mas desapareceu em momento posterior[434].

A cláusula geral do enriquecimento sem causa funciona não apenas como regra geral acerca do enriquecimento sem causa, mas também como fundamento para as normas pontuais que a seguem, e que regulam situações específicas envolvendo deslocamentos patrimoniais indevidos.

Dário Moura Vicente afirma vários desses dispositivos possuem relação direta com as antigas *condictiones* romanas. Nas palavras do professor português:

> [a] "*condictio indebiti* tem lugar com base no disposto no primeiro período deste preceito; a *condictio causa data non secuta* figura na segunda parte do segundo período; e a *condictio ob causam finitam* consta da primeira parte do segundo período. Por seu turno, a *condictio ob turpem vel iniustam causam* está prevista no §817(1), segundo o qual '[s]e a finalidade de uma prestação tiver sido determinante de forma tal que o credor haja violado uma proibição legal ou os bons costumes através da respectiva aceitação, fica o credor obrigado a restitui-la"[435].

[434] Nas palavras de Laura Zumaquero Gil, "o Código Civil alemão (...) contempla o enriquecimento injustificado como um remédio que permite solucionar o desequilíbrio produzido como consequência de um deslocamento patrimonial carente de causa. Isso pode suceder porque se realizou um deslocamento patrimonial sem uma causa válida, como pode ocorrer nos casos de *condictio indebiti* (absorvidos aqui pelas regras do enriquecimento injustificado, já que o BGB não reconhece a categoria de quase-contratos), porque se realizou em virtude de uma causa que não chegou a se materializar ou porque esta desapareceu depois mas o deslocamento patrimonial permanece perfeitamente válido e eficaz por obra da lei" (ob. cit., p. 6. trad. livre do espanhol).

[435] ob. cit., p. 560. Laura Zumaquero Gil afirma que o "BGB unifica as *condictiones* romanas tradicionais, regulando assim diferentes casos nos quais se pode entender que o deslocamento ou a atribuição patrimonial carece de razão que a justifique. Esses casos são diferentes dependendo de possuírem origem ou não na realização de uma prestação. No primeiro caso se incluem os deslocamentos realizados sem uma causa válida, como podem ser as entregas realizadas *solvendi causa*, quando não existia o crédito que se tratava de saldar (*condictio indebiti*, § 812.1, p. 1º); os casos em que não se alcança o resultado proposto com a prestação (*condictio ob rem o ob causam datorum*, § 812.1, p. 2º); ou os pressupostos nos quais o fundamento existiu mas depois desapareceu (*condictio ob causam finitam*, § 812.1, p. 2º). Incluem-se também dentro

A *condictio indebiti* é aquela que se voltava para situações de pagamento indevido, e que influencia a referência do §812, 1, ao enriquecimento originado por prestação. Por sua vez, a *condictio causa data non secuta*, também conhecida como *condictio ob rem*, se aplicava nas prestações realizadas em vista de objetivo futuro não concretizado, e fica clara no trecho da referida norma que caracteriza o enriquecimento sem causa nas hipóteses nas quais o "resultado visado através de uma prestação não se verificar".

Já a *condictio ob causam finitam* foi contemplada pelo trecho da norma que estabelece a restituição em caso de desaparecimento posterior da causa que sustenta o deslocamento patrimonial. A *condictio ob turpem vel iniustam causam*, por fim, tratava da prestação realizada com finalidade ilegal ou imoral, encontrando-se acolhida no §817(1) do Código Civil alemão.

A partir da década de 1930, surgiram críticas na doutrina alemã acerca do tratamento legislativo conferido ao enriquecimento sem causa. O principal questionamento consistia na regulamentação do instituto a partir

dos casos de *condictio por prestación* aqueles nos que a prestação realizada se mostrou contrária à moral e aos bons costumes (*condictio ob iniustam vel turpem causam*, § 817). No segundo grupo de casos, cuja origem está na realização de uma prestação, incluem-se os pressupostos da *condictio por intromisión*, quando se verifica um uso indevido da faculdade de disposição de um bem que pertence a terceiro (§ 816.1); *condictio por expensas*, cuja origem está na realização de desembolsos em bem alheio, cuja posse deve ser restituída, salvo se o bem tiver sido adquirido por terceiro de maneira gratuita (816.1. p. 2º) e *condictio de regresso* (§ 816.2), para aqueles casos nos quais se pagou uma dívida alheia" (ob. cit., p. 10. trad. livre do espanhol).
No mesmo sentido, Reinhard Zimmermann afirma que a pretensão de enriquecimento sem causa mais relevante, prevista no § 812, I 1, 1.º apartado, do BGB, é frequentemente tratada como a *condictio indebiti* (de *indebitum solutum*, isto é, o pagamento de algo que não é devido). O § 812, I 2, do BGB contém as *condictiones ob causam finitam* (a pretensão de enriquecimento decorrente do fato de que a condição jurídica para a tradição foi afastada em um momento posterior), e *causa data causa non secuta* (a pretensão de enriquecimento por uma causa que não foi aperfeiçoada). No § 817, I, do BGB, deparamo-nos com a *condictio ob turpem vel iniustam causam* (a pretensão de enriquecimento decorrente de ato ilícito ou imoral do beneficiário, ao receber a transmissão), a qual, no entanto, pode ser excluída conforme a máxima '*in pari turpitudine melior est causa possidentis*' (onde ambas as partes tiverem agido de forma ilícita ou imoral, o possuidor está, comparativamente, em uma melhor posição e, portanto, não deverá ser obrigado à restituição): § 817, 2, do BGB" (ZIMMERMANN, Reinhard. *Direito romano e cultura europeia*. In: Revista de Direito Civil Contemporâneo, v. 7/2016, abril-junho/2016, trad. Otavio Luiz Rodrigues Júnior e Marcela Paes de Andrade Lopes de Oliveira, p. 248).

de cláusula geral que vedava transferências patrimoniais indevidas[436]. Receava-se, em suma, que o teor potencialmente amplo do parágrafo 812 possibilitaria a utilização desproporcional do enriquecimento sem causa.

Para conferir maior segurança à aplicação do enriquecimento sem causa, parte da doutrina passou a defender que o instituto deveria ser regulado somente a partir de tipos mais específicos, que seguissem a linha das *condictiones* romanas.

Dentro desse contexto, Wilburg e von Caemmerer buscaram definir com maior precisão o conteúdo e os limites do enriquecimento sem causa, apontando duas categorias principais de situações de deslocações patrimoniais indevidas[437]: o enriquecimento por prestação e o enriquecimento não baseado na prestação.

De um lado, seria necessário tratar das situações de relações contratuais deficientes, dentro da moldura de deslocamento de bens. De outro, hipóteses envolvendo a proteção da propriedade e de outros direitos se enquadrariam dentro da disciplina da alocação de ativos[438].

A noção de prestação foi compreendida como a prática de ato consciente e com finalidade específica relativa ao cumprimento de obrigação legal ou contratual, que resulta no incremento patrimonial de outro indivíduo. O conceito gerou controvérsias na esfera doutrinária, principalmente nas situações envolvendo transferências patrimoniais entre múltiplos sujeitos[439].

Por sua vez, o enriquecimento sem causa não baseado na prestação se volta para hipóteses nas quais o deslocamento patrimonial não decorre de ato de transferência realizado a partir de livre manifestação de vontade da parte prejudicada. É nessa categoria que a doutrina passou a inserir a interferência nos direitos alheios, que envolve a utilização indevida em bens e direitos que integram a universalidade patrimonial de determinado indivíduo.

Essa última modalidade de enriquecimento é regulada pela segunda parte do parágrafo 812 do Código Civil alemão, que estabelece que a obrigação de restituição se aplica nas hipóteses em que o indivíduo "por

[436] BELLING, Detlev W. ob. cit., p. 51.

[437] VICENTE, Dário Moura, ob. cit., p. 561.

[438] *idem, ibidem.*

[439] *idem, ibidem.*

outra forma [que não a prestação indevida], obtiver algo à sua custa sem causa jurídica, está obrigado a restituir". O escopo do dispositivo consiste em regular hipóteses nas quais o benefício foi obtido à custa de determinado sujeito, mas não diretamente a partir da transmissão originada do patrimônio desse sujeito[440].

De outra parte, o enriquecimento sem causa não baseado na prestação também se verifica no direito alemão pelo pagamento de dívida alheia e em outros casos de poupança indevida de despesas pela parte beneficiada[441].

É possível que surjam dificuldades acerca do regime jurídico aplicável em situações nas quais o enriquecimento se verifica com e sem prestação. É o que ocorre na hipótese na qual o mesmo bem é vendido sucessivamente por duas vezes. Nesse caso, a parte prejudicada, que realizou a primeira venda, não realizou prestação para o beneficiário final, mas apenas para o indivíduo que adquiriu o bem e o revendeu posteriormente.

Diante desse cenário, David W. Belling defende a aplicação do princípio da subsidiariedade, com a consequente imposição da restituição, em primeiro lugar, com base na relação jurídica originada pelo enriquecimento por prestação. Como resultado disso, em caso de invalidade do primeiro negócio jurídico de compra e venda, a parte prejudicada não pode se voltar diretamente contra o adquirente final, devendo requerer a restituição do sujeito que comprou e posteriormente revendeu o bem[442].

O autor afirma que a prevalência do enriquecimento por prestação em relação às outras modalidades decorre das seguintes razões: (i) as partes de contratos inválidos devem preservar suas exceções contra o outro contratante; (ii) as partes devem ser protegidas de exceções do outro contratante que sejam baseadas em relações jurídicas mantidas com terceiros; e (iii) cada parte deve enfrentar o próprio risco de insolvência que adquire ao contratar com determinado sujeito[443].

O enriquecimento sem causa não possui escopo único no direito alemão. De fato, o regime jurídico dos parágrafos 812 a 822 não se volta exclusivamente para possibilitar a restituição de deslocamentos patrimoniais indevidos, podendo consistir também, nas palavras de Dário Moura

[440] *idem*, p. 53.

[441] *idem, ibidem.*

[442] *idem*, p. 54.

[443] *idem, ibidem*

Vicente, "a) Na anulação de uma transferência patrimonial carecida de justificação (...); ou b) numa proteção de bens jurídicos complementar da reinvindicação e da tutela delitual (...)"[444].

Quanto ao conteúdo da restituição, o parágrafo 818, p. 2º, do Código Civil alemão estabelece, como regra geral, a obrigação de devolução *in natura* do objeto do enriquecimento[445]. A restituição do montante equivalente em dinheiro apenas aparece como regra subsidiária, aplicável quando, por qualquer razão, o retorno da mesma coisa não puder ocorrer.

Ao mesmo tempo em que estabelece moldura com parâmetros amplos e flexíveis em relação ao enriquecimento sem causa, o Código Civil alemão estabelece alguns limites claros para a aplicação do instituto. Essas restrições estão previstas nos parágrafos 813 a 817 da legislação alemã, e incluem (i) o pagamento antecipado de obrigação existente e não vencida; (ii) a ausência de obtenção de resultado pretendido; (iii) a prática de atos contrários aos bons costumes por parte daquele que realiza a prestação; e (iv) a ausência de efetivo enriquecimento por parte do destinatário do deslocamento patrimonial[446].

2.3.3. Direito espanhol

No direito espanhol, o instituto do enriquecimento sem causa apresenta peculiaridade em relação àquilo que se verifica nos demais ordenamentos jurídicos. A disciplina normativa do Código Civil de 1889 possui nítida influência da versão original do Código Civil francês de 1804. Todavia, a evolução do pensamento jurídico – tanto na doutrinária quanto, e principalmente, na jurisprudência – acabou resultando na adoção de modelo muito próximo ao alemão.

[444] *idem, ibidem.*

[445] A mesma regra é prevista no artigo 479.1 do Código Civil português. O Código Civil francês não possui dispositivo semelhante, mas o artigo 1.352 estabelece regra geral acerca das restituições segundo a qual "a restituição terá lugar em espécie ou, quando isso for impossível, em valor". O dispositivo original é o seguinte: "*La restitution d'une chose autre que d'une somme d'argent a lieu en nature ou, lorsque cela est impossible, en valeur, estimée au jour de la restitution*" (Obtido em https://www.legifrance.gouv.fr/affichCode.do;jsessionid=C24C5FCEDC80200 6094DDD3438AAF118.tplgfr24s_3?idSectionTA=LEGISCTA000032035812&cidTexte= LEGITEXT000006070721&dateTexte=20190306. Consulta realizada em 6.3.2019).

[446] GIL, Laura Zumaquero, ob. cit., p. 12.

Tal como ocorria originalmente no Código Civil francês, o Código Civil espanhol não disciplina expressamente o enriquecimento sem causa. Na realidade, e da mesma forma verificada na França, a legislação espanhola regula somente o pagamento indevido, denominado como "cobrança do indevido" (*del cobro del indevido*) nos artigos 1895 a 1901 do diploma civil[447].

A regra fundamental do pagamento indevido é definida no artigo 1895 do Código Civil, que estabelece que "quando se recebe alguma coisa que não havia o direito de cobrar, e que havia sido indevidamente entregue por erro, surge a obrigação de restitui-la". Trata-se, em suma, de norma com escopo bastante restrito, pois se limita a regular situações envolvendo o pagamento realizado sem a existência de obrigação, e mediante erro da parte.

Laura Zumaquero Gil afirma que existem diversos institutos específicos, no direito espanhol, que possuem como fundamento o enriquecimento sem causa, embora não exista cláusula geral que defina os parâmetros genéricos do instituto[448]. A autora entende que a ausência de normas mais específicas na legislação espanhola é resultado de influência do modelo francês, que também não tinha regulamentação acerca do enriquecimento sem causa até a reforma realizada em 2016.

A adoção do enriquecimento sem causa no direito espanhol decorreu, basicamente, de três fatores fundamentais: (i) a existência de elementos

[447] Dário Moura Vicente afirma que a "orientação original do Código francês foi, no essencial, recebida no Código espanhol, o qual regula na secção segunda do capítulo dedicado aos 'quase-contratos' (arts. 1895 a 1901) a cobrança do indevido" (ob. cit., p. 559).

[448] Existem propostas de reforma do Código Civil espanhol, para a inclusão de normas específicas acerca do enriquecimento sem causa. A primeira proposta foi apresentada como resultado dos trabalhos realizados pela Seção Civil da Comissão Geral de Codificação, que foram publicados em 2009. O artigo 1.092 sugerido pela Comissão inclui o enriquecimento sem causa como fonte das obrigações, mas não apresenta regulação específica acerca da matéria. A segunda proposta foi convertida em anteprojeto de lei, e pretendia modificar o Código Mercantil. O artigo 341.1, f, da proposta, faz referência a uma ação de enriquecimento injusto, mas faz referência à legislação civil quanto ao conteúdo da ação. A terceira e última proposta foi elaborada pela Associação de Professores de Direito Civil, que publicou em 2016 um texto sobre a reforma dos livros quinto e sexto do Código Civil. A publicação apresenta uma regulamentação geral do enriquecimento sem causa, sem, todavia, apresentar normas específicas e autônomas acerca do pagamento indevido (GIL, Laura Zumaquero. ob. cit., p. 29/30).

históricos relativos ao instituto; (ii) a vigência de normas esparsas indicando o reconhecimento do enriquecimento, senão como norma, ao menos como princípio geral do direito; e (iii) a influência estrangeira sobre a doutrina e jurisprudência da Espanha.

Em termos históricos, o enriquecimento sem causa recebeu menção expressa nas *Siete Partidas*, compêndio normativo vigente no Reino de Castela, durante o reinado de Afonso X (1252-1284)[449]. Sem prejuízo do término de sua vigência, a norma serviu de base para o reconhecimento e para a evolução doutrinária e jurisprudencial a respeito do tema[450].

No âmbito da legislação atualmente em vigor, a única menção expressa ao enriquecimento sem causa se verifica na esfera do direito internacional privado. Na reforma realizada em 1973/1974, o instituto foi inserido no artigo 10, nº 9, do Título Preliminar do Código Civil, que estabelece que no "enriquecimento sem causa se aplicará a lei em virtude da qual ocorreu a transferência do valor patrimonial em favor do enriquecido"[451].

Por mais que se limite a regular potenciais conflitos de lei no espaço, a norma pressupõe o reconhecimento do direito espanhol quanto à vedação dos benefícios obtidos sem a existência de justa causa. Com isso, reforçou-se ainda mais a corrente doutrinária que defendia a aplicação do enriquecimento sem causa, pois a existência de norma sobre a lei aplicável ao enriquecimento sem causa apenas faria sentido caso se aceitasse a vigência do instituto[452].

Também existem normas esparsas que estabelecem a restituição pelo deslocamento patrimonial indevido (i) na esfera cambial, para o portador do título que não consegue deduzir pretensão contra todos os obrigados (artigo 65 da Lei 19/1985); e (ii) na concorrência desleal, cuja legislação qualifica como injusto o benefício patrimonial obtido a partir de conduta que viole as normas da livre competição (artigo 34.1.6 da Lei 3/1991)[453].

[449] A norma das *Siete Partidas* estabelece que "*ninguno no debe enriquecer torticeramente com daño dotri*", cf. VICENTE, Dário Moura, ob. cit., p. 559.

[450] GIL, Laura Zumaquero. ob. cit., p. 21.

[451] Trad. livre do espanhol. O texto original é o seguinte: "*En el enriquecimento sin causa se aplicará la ley em virtude de la qual se produjo la transferencia de valor patrimonial en favor del enriquecido*".

[452] GIL, Laura Zumaquero, ob. cit., p. 19.

[453] *idem, ibidem.*

A existência de marco legislativo histórico e de normas esparsas conferiram margem para a evolução jurisprudencial acerca do enriquecimento sem causa. Esse movimento ocorrido nos tribunais ocorreu de forma gradual ao longo do tempo, desdobrando-se a partir de alguns eventos específicos mais relevantes.

Até a década de 1930, o Tribunal Supremo da Espanha compreendia o instituto de forma secundária, quase como se auxiliasse os institutos tradicionais do direito civil. Utiliza-se o conceito somente como reforço argumentativo em decisões que se respaldavam primordialmente em outros fundamentos jurídicos.

A partir dos anos 1940, essa perspectiva se altera. A corte suprema espanhola passa a identificar o enriquecimento sem causa como fundamento suficiente para reverter o deslocamento patrimonial indevido. Todavia, naquele momento o instituto ainda era visto como mera regra de fechamento do sistema, submetendo-se à subsidiariedade, e tinha âmbito de incidência bastante restrito, de forma próxima àquela que se verificava no regime francês[454].

Ao longo do século XXI, a jurisprudência do Tribunal Supremo apresenta novas alterações. Sem abandonar a subsidiariedade, e como resultado da influência doutrinária, os julgados passam a reconhecer uma tipologia mais ampla do enriquecimento sem causa. O instituto se torna, então, importante instrumento não apenas para corrigir atribuições patrimoniais injustificadas nas hipóteses de pagamento indevido, mas também nas hipóteses de intromissão sobre direitos alheios e da não realização de despesas devidas pela parte beneficiada[455].

A inovação introduzida pelo Tribunal Supremo adota como base os diversos tipos de enriquecimento sem causa, de forma semelhante àquela verificada no Código Civil alemão. É esse o marco relevante no direito espanhol: deixa-se em segundo plano a genérica ação *actio de in rem verso* desenvolvida inicialmente pela jurisprudência francesa, passando-se a seguir o modelo germânico, que – embora baseado em cláusula geral – também estabelece suportes fáticos específicos para as situações mais comuns de deslocamentos patrimoniais indevidos[456].

[454] *idem*, p. 21.

[455] *idem*, p. 22/23.

[456] *idem, ibidem.*

A mudança de paradigmas do Tribunal Supremo é bem ilustrada por julgado proferido em 8 de janeiro de 2007[457]. Tratava-se de demanda ajuizada por indivíduo que havia residido na residência da família dos réus, a partir de 20 de maio de 1995, e que outorgou testamento, destinando todos os seus bens aos membros da referida família, no dia 29 do mesmo mês.

Em 6 de novembro de 1995, o autor foi internado para a substituição de prótese de quadril. Enquanto se submetia ao tratamento médico, o autor outorgou duas procurações a um dos réus, conferindo-lhe poderes não apenas de gestão patrimonial, como também para a transmissão de bens, inclusive em benefício do próprio procurador.

Com base nessa outorga, o réu celebrou escritura pública de "contrato de vitalício". Por meio do referido instrumento, pactuou-se a transferência da integralidade dos bens do outorgante para o procurador e sua família, com a posterior cessão do usufruto para os filhos do outorgado, enquanto a nua propriedade permaneceu com esse último e sua esposa.

Em 13 de setembro de 1996, o autor deixou a casa da família dos réus, ingressando logo em seguida com ação para questionar a transferência patrimonial. Os réus, por sua vez, não apenas contestaram o pedido, como também ingressaram com reconvenção, na qual requereram a restituição de todos os gastos efetuados em favor do autor, que incluíam alojamento, roupas, alimentação, transporte, tempo gasto em seu cuidado, dentre outros.

O "contrato de vitalício" foi declarado nulo, em todas as instâncias judiciais. Afirmou-se que um dos réus havia agido com dolo, ao induzir o autor em erro quanto à outorga de poderes para transferência de bens. Para convencer o indivíduo enfermo a lhe outorgar procuração, o réu teria suscitado receio quanto à eventual piora de seu estado de saúde e ao consequente risco quanto à solidez de seu patrimônio. Todavia, após a alta hospitalar do autor, o procurador se valeu da procuração anteriormente outorgada para transferir a integralidade do patrimônio do outorgante para si e sua família.

[457] Recurso nº 2407/1999; Resolução nº 380/2007. Sala Primeira. Magistrado Vicente Luis Montes Penades, j. 8.1.2007 (obtido em http://www.poderjudicial.es/search/contenidos.action?action=contentpdf&databasematch=TS&reference=5767561&links=&optimize=20070215&publicinterface=true. Consulta realizada em 6.3.2019).

Por mais interessante que seja a matéria sob a perspectiva da teoria das invalidades, sua verdadeira relevância para a análise do enriquecimento sem causa diz respeito ao pedido reconvencional dos réus. Pois, embora tenha reconhecido a nulidade do "contrato de vitalício", o Tribunal Supremo reconheceu a existência de outro pacto entre as partes, que seria subjacente ao negócio jurídico anulado. Por meio dessa avença implícita, o autor da ação teria se comprometido a deixar a herança de seus bens aos réus, como contrapartida pelos cuidados e despesas realizadas em seu tratamento.

A corte suprema afirma que esse último pacto – que estabeleceria obrigação de cuidado em troca da futura sucessão patrimonial – também seria nulo, à luz da proibição legal quanto à disposição contratual sobre herança de pessoa viva (artigo 1.271, II, do Código Civil espanhol).

É nesse ponto em que se verifica a prevalência da perspectiva das *condictiones* da escola romano-germânica no enriquecimento sem causa, em relação ao regime tradicional de influência francesa. À luz da nulidade do pacto envolvendo a troca da herança pelos cuidados, o Tribunal Supremo qualifica a pretensão de restituição exercida pelos réus/reconvintes como *condictio* de prestação, fazendo clara referência à *condictio ob causam finitam*, prevista no §812, do Código Civil alemão[458], que caracteriza o enriquecimento nas situações nas quais a causa para o deslocamento patrimonial tenha sido afastada em momento posterior à prática do ato[459].

A fundamentação do acórdão afirma que o enriquecimento sem causa estaria caracterizado em razão de

[458] Trata-se da segunda parte do dispositivo, que estabelece que "Quem através de uma prestação de outrem, ou por outra forma, obtiver algo à sua custa sem causa jurídica, está obrigado a restituir. Esta obrigação existe também quando a causa desaparecer posteriormente ou o resultado visado através de uma prestação não se verificar" (trad. livre do inglês. Obtido em https://www.gesetze-im-internet.de/englisch_bgb/. Consulta realizada em 25.3.2019).

[459] Sob a perspectiva das *condictiones* acolhida no Código Civil alemão, a hipótese tratada no julgado espanhol poderia caracterizar, também, a *condictio ob turpem vel iniustam causam*, prevista no §817(1), segundo o qual '[s]e a finalidade de uma prestação tiver sido determinante de forma tal que o credor haja violado uma proibição legal ou os bons costumes através da respectiva aceitação, fica o credor obrigado a restitui-la". É possível afirmar que a realização de pagamentos vislumbrando o posterior recebimento de herança possui finalidade ilegal e viola os bons costumes, tendo em vista que a comercialização dos direitos hereditários antes do falecimento do autor da herança é rejeitada tanto no campo jurídico, quanto na esfera social.

> "um aumento patrimonial que tem seu fundamento em uma atividade ou comportamento realizado com a finalidade de executar um plano jurídico-obrigatório'. O autor da prestação realizou negócio supostamente existente. A frustração da relação priva de causa os deslocamentos patrimoniais e determina a necessidade de restituição. Nesse campo se encontram as prestações derivadas de um contrato nulo ou de um contrato anulado".

Em termos mais simples, a restituição foi imposta pois os réus/reconvintes teriam realizado diversos pagamentos sob a presunção de que estariam legalmente obrigados a fazê-lo, em razão do pacto celebrado com o autor da demanda. A posterior anulação do negócio retirou a causa que justificaria o deslocamento patrimonial, impondo ao autor/reconvindo o consequente dever de restituir.

Com base nesses fundamentos, o Tribunal Supremo manteve as decisões inferiores em relação à anulação do "contrato de vitalício". Todavia, a corte reformou parcialmente os julgados, passando a acolher os pedidos da reconvenção dos réus com base no enriquecimento sem causa[460].

A decisão da suprema corte espanhola demonstra a clara e relevante mudança dos paradigmas jurisprudenciais acerca do enriquecimento sem causa. Sob a limitada perspectiva do pagamento indevido, previsto nos artigos 1.895 e seguintes do Código Civil espanhol, a restituição jamais poderia ser concedida, pois dependeria (i) do recebimento da prestação pela parte enriquecida; e (ii) da existência de erro por parte do pagador, e ambos os requisitos não se verificaram no caso concreto[461].

460 Tanto a primeira instância quanto o tribunal de apelação haviam reconhecido nulidade da avença entre as partes, determinando a restituição da integralidade do patrimônio transferido e dos respectivos frutos, além da prestação de contas de eventuais atos praticados pelo procurador em nome do outorgante. Haviam, todavia, rejeitado o pedido da reconvenção quanto à devolução das despesas e do valor correspondente ao tempo empregado no cuidado do autor da ação. O Tribunal Supremo inovou ao reformar essa última parte da sentença, com base no enriquecimento sem causa, determinando também a restituição do benefício patrimonial obtido pelo autor da ação.

461 Artigo 1.895
"Quando se recebe alguma coisa sem possuir direito a cobrar, e que por erro tenha sido indevidamente entregue, surge a obrigação de restituí-la".
O original é o seguinte:
"Cuando se recibe alguna cosa que no había derecho a cobrar, y que por error ha sido indebidamente entregada, surge la obligación de restituirla".

2.3.4. Direito holandês

O direito holandês somente reconheceu o enriquecimento sem causa na legislação com a promulgação do Código Civil de 1992. Até então, a legislação aplicável à matéria tinha forte influência do direito francês vigente no mesmo período, tratando somente do pagamento indevido. Os artigos 1390/1393 do Código Civil holandês de 1838 praticamente reproduzem os artigos 1372/1375 do Código Civil francês[462].

A ausência de previsão legal expressa não impediu que o enriquecimento sem causa fosse discutido na Holanda. Jan M. Smits menciona que o professor holandês M.H. Bergstein já afirmava, em 1927, que todo sistema jurídico reluta em aceitar transferências de riqueza que não é justificada pela troca de bens ou pela intenção explícita de conceder determinado benefício à outra parte[463].

Em sede jurisprudencial, tornou-se conhecido o caso *Quint v. Te Poel*, julgado em 1959 pela Suprema Corte holandesa. Naquela ocasião, o autor da ação havia sido contratado por determinado indivíduo para realizar empreitada consistente na construção de uma casa. Realizada a prestação, houve o inadimplemento dos valores devidos ao empreiteiro, que verificou que o terreno não pertencia ao indivíduo que havia lhe contratado, mas ao irmão dele.

O empreiteiro ingressou com ação contra o proprietário do terreno, com fundamento no enriquecimento sem causa. Por ocasião do julgamento do caso, a Suprema Corte holandesa afastou o pedido, o que chegou a ser compreendido como a rejeição do instituto no direito holandês.

De acordo com F. Brandsma, o caso *Quint v. Te Poel* não pode ser compreendido como o simples afastamento da aplicação do enriquecimento sem causa no direito holandês. Na realidade, o contexto fático analisado pela Suprema Corte envolvia questão bastante controversa, consistente na necessidade de restituição por parte de terceiro que não tenha recebido a prestação[464].

[462] DICKSON, Brice. *Unjust Enrichment Claims: A Comparative Overview*. In: The Cambridge Law Journal, N. 1, v. 54, março/1995, p. 117.

[463] *The Principle of Unjust Enrichment and Formation of Contract: The Importance of a Hidden Policy Factor*. In: European Review of Private Law. n. 3-2006, p. 431.

[464] *Some remarks on Dutch Private Law and the Ius Commune*. In: *Electronic Journal of Comparative Law*, v. 11.1, maio/2007, disponível em http://www.ejcl.org.

A estrutura legislativa do Código Civil holandês de 1992 introduz o enriquecimento sem causa como cláusula geral[465]. A norma consta do artigo 6:212, que estabelece que "Aquele que se houver enriquecido injustamente à causa alheia está obrigado, na medida em que tal seja razoável, a reparar o dano até o montante do seu enriquecimento".

Ao contrário daquilo que se verifica no direito alemão, o Código Civil holandês não estabelece tipos específicos de enriquecimento, limitando-se a regular a quantificação da restituição. Adota-se, em suma, estrutura legislativa bastante enxuta, a partir de cláusula geral que apenas estabelece parâmetros elementares do instituto, deixando-se para a doutrina e para a jurisprudência a tarefa de complementar a moldura normativa definida na lei.

Ao mesmo tempo em que regulou o enriquecimento sem causa, o Código Civil holandês manteve as disciplinas aplicáveis ao pagamento indevido (artigos 6:203-211[466]) e à gestão de negócios (artigos 6:203-211)[467]. Adotou-se, em suma, modelo semelhante àquele adotado em outros ordenamentos, que reconhece o enriquecimento sem causa, o pagamento indevido e a gestão de negócios como institutos autônomos, conferindo-se a cada um desses institutos um regime jurídico específico.

2.3.5. Direito italiano

Dentro do contexto do século XIX, no qual havia relutância quanto ao reconhecimento legislativo do enriquecimento sem causa, o Código Civil italiano de 1865 não apresenta tratamento específico a respeito do

465 VICENTE, Dário Moura, ob. cit., p. 559.

466 "Artigo 6:203

1. A pessoa que, sem qualquer base legal, entrega um bem para outra pessoa, possui o direito de exigir a devolução do recebedor como pagamento indevido.
2. Quando o pagamento indevido se relaciona ao pagamento de dinheiro, a ação contra o recipiente possui como fundamento o direito de exigir a restituição de igual soma de dinheiro.
3. A pessoa que, sem qualquer fundamento legal, tiver realizado prestação diversa da entre de bem ou pagamento de dinheiro, possui o direito de exigir que a prestação seja desfeita" (trad. livre do inglês obtida em http://www.dutchcivillaw.com/civilcodebook066.htm. Consulta realizada em 16.2.2019).

467 HOGG, Martin A. *Lowlands to Low Country: Perspectives on the Scottish and Dutch Law of Unjustified Enrichment.* In: Electronic Journal of Comparative Law, v. 5.1, março/ 2001, disponível em http://www.ejcl.org/ejcl/51/art51-1.html.

instituto[468]. A legislação italiana atualmente revogada seguia a mesma linha do Código Civil francês de 1804, contrapondo-se aos diplomas que surgiram no século XX, e que reconheciam o instituto em linha com o Código Civil alemão de 1900.

O artigo 2.041 do Código Civil italiano de 1942 reproduz substancialmente o artigo 73 do projeto do Código de Obrigações ítalo-francês de 1927[469]. A norma atualmente em vigor estabelece que "aquele que, sem justa causa, enriquece à custa de outra pessoa, deve, no limite do enriquecimento, restituir a outra pela respectiva diminuição patrimonial"[470].

A disciplina italiana também diferencia o enriquecimento sem causa do pagamento indevido, conferindo a cada instituto tratamento jurídico próprio e autônomo[471]. Adota-se, em suma, estrutura legislativa semelhante àquela verificada no direito francês e holandês, com regulamentação sucinta do instituto a partir de cláusula geral.

2.3.6. Direito português

A disciplina portuguesa sobre o enriquecimento sem causa está prevista no artigo 473, nº 1, do Código Civil. A norma estabelece que "aquele que, sem causa justificativa, enriquecer à custa de outrem é obrigado a restituir aquilo com que injustamente se locupletou".

A cláusula geral lusitana define os seguintes requisitos para a caracterização do enriquecimento sem causa: (i) o enriquecimento; (ii) a ocorrência do enriquecimento à custa de outro sujeito, ou seja, que exista

[468] BARBIERA, Lelio, ob. cit., p. 85.

[469] O teor do artigo 73 do Código de Obrigações ítalo-francês é o seguinte: "Quem se enriquece sem causa em prejuízo de uma outra pessoa deve, no limite do próprio enriquecimento, indenizá-la do objeto do empobrecimento".
Trad. livre do italiano. O texto original é o seguinte:
"chi si arricchisce senza causa a danno di un' altra persona è tenuto, nei limiti del próprio arricchimento, ad indennizzarla di ciò di cui si è impoverita".

[470] Trad. livre do italiano. O texto original é o seguinte: *"Chi, senza una giusta causa, si è arricchitoa danno di un'altra persona è tenuto, nei limiti dell'arricchimento, a indennizzare quest'ultima della correlativa diminuzione patrimoniale. (...) Qualora l'arricchimento abbia per oggetto una cosa determinata, colui che l'ha ricevuta è tenuto a restituirla in natura, se sussiste al tempo della domanda"* (obtido em https://www.brocardi.it/codice-civile/libro-quarto/titolo-viii/art2041.html. Consulta realizada em 16.2.2019).

[471] VICENTE, Dário Moura, ob. cit., p. 562.

relação entre esse benefício e a esfera jurídica da parte que pretende obter a restituição; e (iii) a ausência de causa jurídica que confira fundamento para o acréscimo patrimonial obtido pela parte beneficiada[472].

De acordo com o artigo 473, nº 2, do Código Civil português, o enriquecimento sem causa se verifica nas seguintes situações: (i) o recebimento indevido, decorrente, por exemplo, de obrigação inexistente ou nula; (ii) o recebimento ocorrido em razão de causa que não mais existe; e (iii) o recebimento em virtude de algo esperado, mas não ocorrido (por exemplo, um contrato que acabou não sendo celebrado)[473].

A primeira hipótese se desdobra em duas situações mais específicas: (i) o cumprimento de obrigação inexistente; ou (ii) o cumprimento de obrigação de terceiro, sob a premissa de que caberia ao enriquecido cumpri-la.

No primeiro caso, a obrigação de restituir recai sobre o bem ou valores indevidamente transferidos, desde que não houvesse obrigação natural em favor do beneficiado (artigo 476 do Código Civil). Já na segunda hipótese, existem duas situações distintas: a parte prejudicada (i) cumpre obrigação de terceiro por acreditar, de forma equivocada, que lhe incumbe satisfazê-la; ou (ii) cumpre obrigação de terceiro por presumir que seria legalmente responsável, ainda que não fosse o obrigado principal (acredita, por exemplo, ser o fiador).

Somente na hipótese em que a parte acredita ser detentora da obrigação é que a restituição é devida, pouco importando as circunstâncias do caso (artigo 477, nº 1, do Código Civil). Em contrapartida, se o prejudicado sabe não ser o obrigado principal, mas acredita ser responsável pela dívida, a restituição apenas será devida caso o credor tenha conhecimento da percepção equivocada do prejudicado (artigo 478 do Código Civil)[474].

Por sua vez, a segunda hipótese de recebimento indevido reside na prestação que deixou de existir. Dário Moura Vicente indica que essa situação se verifica "se o contrato de arrendamento for resolvido pelo senhorio em momento em que o inquilino já tinha pago a renda do mês seguinte; ou se uma companhia de seguros paga uma indemnização por

472 *idem*, p. 563.

473 VICENTE, Dário Moura, ob. cit., p. 564.

474 *idem, ibidem.*

um rádio de um automóvel que foi furtado e este aparece depois e é restituído ao dono"[475].

A terceira hipótese de recebimento indevido consiste no enriquecimento por ausência do resultado previsto. Como exemplo dessa modalidade, vislumbra-se o pagamento antecipado realizado pelo fornecimento de determinado produto ou serviço, sem que o respectivo contrato seja posteriormente celebrado.

A restituição é devida nos casos de ausência do resultado previsto, exceto nas seguintes circunstâncias: (i) conhecimento prévio, pelo autor da prestação, quanto à impossibilidade de ocorrência do resultado; e (ii) a participação direta do autor da prestação nos eventos que culminaram na não concretização do resultado[476].

2.3.7. Os esforços de uniformização do direito europeu

Existem esforços uniformização do direito europeu em relação ao enriquecimento sem causa. Na esfera jurisprudencial, o Tribunal de Justiça da União Europeia afirmou, por diversas vezes, que o enriquecimento sem causa consiste em princípio geral aplicável aos Estados membros, o que é considerado por Pietro Sirena como precedente bastante relevante[477].

Dentre outras iniciativas[478], os chamados *Princípios do Direito Europeu*[479] – conjunto de regras elaboradas por estudiosos do velho continente – também se voltam ao instituto do enriquecimento sem causa.

As normas partem da adoção de regra fundamental, prevista no artigo 1:101, cujo teor é o seguinte: "O indivíduo que obtém enriquecimento sem causa que decorre do prejuízo alheio é obrigado a restituir o benefício

[475] *idem*, p. 565.

[476] *idem, ibidem.*

[477] *Towards a European Law of Unjustified Enrichment*, p. 114.

[478] Poucas propostas de unificação do Direito Europeu trazem normas específicas acerca do enriquecimento sem causa. É o que se verifica, por exemplo, nos princípios *Unidroit – Principles of International Commercial Contracts* e nos *Principles of European Contract Law*. Os *Principles of European Law* não seguem essa tendência, e trazem regulação expressa acerca do enriquecimento sem causa. A mesma linha foi posteriormente seguida pelo *Draft Common Frame of Reference*, que adota estrutura bastante semelhante àquela inicialmente utilizada pelos *Principles of European Law*.

[479] BAR, Christian von; SWANN, Stephen. *Principles of European Law. Unjustified Enrichment.* European Publishers, 2010, p. 3.

recebido". Em seguida, a segunda parte da norma introduz o restante da disciplina acerca do enriquecimento sem causa, afirmando que o dispositivo inicial deve ser aplicado de acordo com as demais normas do livro[480].

De forma diversa do que ocorre em outros ordenamentos, os *Princípios do Direito Europeu* não diferenciam o enriquecimento por prestação – ou seja, o pagamento indevido – das demais hipóteses de enriquecimento. A partir do artigo 2:101, as normas apresentadas pelo grupo de estudiosos europeus apresentam suportes fáticos que caracterizam tanto o incremento patrimonial decorrente de prestação indevida, quanto as demais hipóteses de benefício sem justa causa.

Na realidade, os *Princípios do Direito Europeu* buscam definir uma moldura ampla e geral acerca do enriquecimento sem causa. Partindo da vedação genérica ao enriquecimento sem causa (artigo 1:101), os dispositivos sugeridos pelos estudiosos europeus passam a tecer considerações mais específicas para definir os parâmetros do instituto, buscando estabelecer os limites de seu âmbito de incidência.

As normas específicas do enriquecimento sem causa do direito europeu unificado introduzem inovação praticamente inédita nos regramentos relativos à matéria nos diversos ordenamentos. Trata-se da presunção quanto ao caráter injustificado do enriquecimento, prevista no artigo 2:101, que apenas pode ser afastada nas seguintes hipóteses: (i) a existência de direito da pessoa enriquecida em face da prejudicada, por meio de contrato, outro ato jurídico ou norma legal vigente; ou (ii) a existência de consentimento por parte do sujeito que incorreu na perda patrimonial[481].

480 Trad. livre do inglês. O conteúdo original é o seguinte: "Article 1:101: Basic rule (1) A person who obtains an unjustified enrichment which is attributable to another's disadvantage is obliged to that other to reverse the enrichment. (2) This rule applies only in accordance with the following provisions of this Book".

481 Artigo 2: 101, item 1: "O enriquecimento é injustificado exceto se:
(a) o sujeito beneficiado possui direito contra a pessoa empobrecida ao enriquecimento em razão de contrato ou outro ato jurídico, ordem judicial ou norma jurídica;
(b) o sujeito prejudicado manifestou livre consentimento e sem incorrer em erro quanto à desvantagem verificada". (trad. livre do inglês).
O original é o seguinte:
1: "*An enrichment is unjustified unless:*
(a) the enriched person is entitled as against the disadvantaged person to the enrichment by virtue of a contract or other juridical act, a court order or a rule of law; or
(b) the disadvantaged person consented freely and without error to the disadvantage".

A técnica jurídica empregada no dispositivo inverte a lógica inerente ao instituto, conferindo maior facilidade à demonstração do enriquecimento sem causa. Ao invés de exigir que o prejudicado apresente todo o raciocínio acerca do cenário fático que levou ao acréscimo patrimonial indevido, a norma permite que ele se limite a suscitar o enriquecimento alheio, impondo a esse último o ônus de demonstrar que o benefício ocorreu a partir de causa lícita.

Por mais que surja a impressão de que essa inversão da lógica amplia excessivamente âmbito de incidência do instituto, isso não ocorre. Muito embora o caráter injustificado do enriquecimento seja a regra geral, criou-se suporte fático bastante extenso também para as exceções, relacionando-as com o contrato, a norma ou o consentimento, ou seja, com as bases fundamentais do direito privado para toda e qualquer atribuição patrimonial.

O caráter ponderado do potencial regime europeu é reforçado pelas normas que regulam o enriquecimento sem causa de forma mais específica. Neste ponto, o regime sugerido se remete a diversas noções conceituais relevantes relativas ao enriquecimento sem causa, para propor parâmetros pontuais acerca dos cenários nos quais o enriquecimento não pode ser mantido pelo sujeito beneficiado.

É o que se verifica do artigo 2:101, item 2[482], que afasta o enriquecimento obtido com base em prestações realizadas a partir de contrato cujos efeitos tenham sido afastados de forma retroativa. A norma reconhece, de forma expressa, típica situação de enriquecimento sem causa, pois afasta a atribuição patrimonial ocorrida com base em negócio jurídico cujos efeitos não se realizaram.

O recurso às bases conceituais do enriquecimento sem causa permanece presente no artigo 2:101, item 3. A norma traça outro parâmetro fundamental e inerente ao instituto, ao estabelecer que o enriquecimento

[482] Artigo 2: 101, item 2: "Se o contrato ou outro ato jurídico, ordem judicial ou outra norma referida no parágrafo (1) (a) é nulo ou anulável ou de qualquer modo tornado ineficaz de forma retroativa, o sujeito enriquecido não é autorizado ao enriquecimento com esse fundamento" (trad. livre do inglês).
O original é o seguinte:
2: "If the contract or other juridical act, court order or rule of law referred to in paragraph (1) (a) is void or avoided or otherwise rendered ineffective retrospectively, the enriched person is not entitled to the enrichment on that basis".

é considerado justificado somente se corresponder ao propósito subjacente à norma que o autoriza[483].

Verifica-se, neste ponto, que os estudiosos europeus definiram, em norma específica, regra genérica e fundamental acerca do enriquecimento sem causa, pois a lógica do instituto é autorizar ou vedar transferências patrimoniais de acordo com sua compatibilidade não apenas com as normas, tal como redigidas, mas também e principalmente com os princípios e a lógica que lhe sustentam e conferem sentido.

Consequência natural disso é que, mesmo que haja norma, contrato eficaz ou consentimento, o enriquecimento é injustificado se contrariar os princípios que orientam determinado ordenamento jurídico[484].

[483] O original é o seguinte:
Artigo 2: 101, item 3: "Todavia, se o indivíduo beneficiado possui direito ao enriquecimento em razão de regra legal apenas se o propósito da norma é que o indivíduo enriquecido deve manter o valor do enriquecimento".
O original é o seguinte:
3: "However, the enriched person is to be regarded as entitled to an enrichment by virtue of a rule of law only if the policy of that rule is that the enriched person is to retain the value of the enrichment".

[484] No direito brasileiro, o caso clássico de enriquecimento sem causa que observa a lei e o contrato, mas não os princípios subjacentes ao ordenamento, consiste na questão relativa aos expurgos inflacionários, ocorridos na década de 1980 e 1990. Buscando amenizar a brutal onda inflacionária então existente, o governo brasileiro limitou os índices de correção monetária da moeda em curso na ocasião. Posteriormente, verificou-se que a correção estabelecida pelas normas então vigentes eram muito inferiores à inflação do período, levando ao enriquecimento sem causa de determinadas partes em relações contratuais, em detrimento de outras.
Em caso julgado pelo Superior Tribunal de Justiça, o fundo de pensão Petros havia celebrado contrato de compra e venda a termo de ouro (derivativo) com a Vale S.A., no qual havia cláusula expressa que permitia a desistência futura na aquisição do bem, com a devolução do valor pago.
A Petros afirmava que, por ocasião da devolução, havia recebido valor inferior ao devido, pois a correção monetária aplicada ao montante era substancialmente inferior à inflação verificada no período.
Muito embora a correção aplicada fosse compatível com o contrato celebrado entre as partes, e com as normas vigentes na ocasião, o Superior Tribunal de Justiça determinou que a Vale S.A. restituísse os valores correspondentes à diferença entre o montante pago e a inflação verificada no período.
Vale conferir o seguinte trecho do voto da ministra Nancy Andrighi:
"Segundo consta dos autos, a ré teria disponibilizado em oferta pública a venda de 15 toneladas de ouro em 29/9/1988. A autora, por ser entidade de previdência complementar fechada,

Os *Princípios do Direito Europeu* prosseguem no artigo 2:101, item 4, estabelecendo suportes fáticos específicos do enriquecimento sem causa. Segue-se, nesse dispositivo, estrutura semelhante àquela utilizada no direito alemão, na qual a cláusula geral do enriquecimento sem causa é seguida de normas mais específicas, que estabelecem hipóteses mais pontuais nas quais a restituição é devida.

Pelo regime estabelecido pelo artigo 2:101, item 4, o benefício patrimonial não pode ser mantido caso as seguintes condições sejam cumulativamente verificadas: (i) não cumprimento do propósito ou da expectativa inerente à transmissão patrimonial; (ii) conhecimento ou possibilidade de conhecimento, de forma razoável, da parte enriquecida acerca do propósito ou expectativa; e (iii) aceitação ou possibilidade de se presumir a aceitação, pela parte enriquecida, quanto à possibilidade de restituição do enriquecimento verificando-se o não cumprimento do propósito ou expectativa[485].

Os critérios estabelecidos pela norma europeia se aproximam bastante da noção de frustração do fim do contrato atualmente aplicável no ordenamento brasileiro. Trata-se de hipóteses nas quais as atribuições patrimoniais previstas no contrato se vinculam a finalidades pretendidas por uma das partes e conhecidas pela outra.

É interessante, neste ponto, verificar a diferença de abordagens do direito europeu e brasileiro acerca da mesma situação fática. A tendência da doutrina nacional é qualificar o instituto como parte da disciplina da

adquiriu 4,8 toneladas do metal para entrega futura, contudo, devido a questões de rentabilidade, optou por exercer o direito de arrependimento contratualmente previsto e exigir a restituição dos valores investidos em espécie, ao invés de receber o metal fisicamente. Devido aos planos Bresser e Collor, entende a autora que houve indevido expurgo inflacionário no momento em que recebera o valor investido de volta (...).
A questão, em verdade, é outra: em determinados períodos não houve incidência de correção monetária ou, se houve, essa ocorreu a menor do que previsto nos pactos. Sabe-se que a correção monetária não é acréscimo à obrigação principal, mas mera recomposição do valor de compra da moeda. Mesmo que o devedor pague o principal adequadamente, não há preclusão para a correção do valor da moeda, sobretudo quando expressamente contratada. Pensar o oposto seria premiar o devedor com um enriquecimento sem causa". (Superior Tribunal de Justiça. Recurso Especial nº 1.210.553. j. 12.4.2011).

[485] A disciplina do artigo 2:101, item 4 corresponde à *condictio ob rem* do direito romano (BELLING, Detlev W., ob. cit., p. 51).

função social do contrato[486], a partir da premissa que essa modalidade de negócio jurídico é instrumento essencial para a circulação de riquezas na economia, e sua finalidade – expressa implícita ou explicitamente – deve ser levada em consideração como elemento que confere sentido à avença[487].

Por outro lado, a regulação dos *Princípios de Direito Europeu* vincula a finalidade do contrato com sua causa. Mediante manifestação expressa da parte, ou da mera possibilidade de conhecimento pelo outro contratante, a finalidade do contrato passa a integrar o fundamento conferido pelo ordenamento para justificar a atribuição patrimonial destinada ao contratante. Ausente essa finalidade, o contrato não mais justifica os benefícios patrimoniais porventura auferidos pelas partes, que devem retornar ao *status* anterior à contratação.

Ambas as perspectivas são razoáveis e não se excluem mutuamente. Em última análise, chega a ser possível afirmar que elas são, em essência, a mesma coisa. De fato, a mesma causa que justifica o enriquecimento e ampara a transferência patrimonial é aquela que reflete a função social do contrato[488] como instrumento de circulação de riquezas.

[486] O Enunciado nº 166, na III Jornada de Direito Civil, realizada pelo Centro de Estudos Judiciários do Conselho da Justiça Federal, possui o seguinte teor:
"Arts. 421 e 422 ou 113: A frustração do fim do contrato, como hipótese que não se confunde com a impossibilidade da prestação ou com a excessiva onerosidade, tem guarida no Direito brasileiro pela aplicação do art. 421 do Código Civil".

[487] Citando a doutrina brasileira, Giovanni Ettore Nanni afirma que "a frustração do fim do contrato representa situação de perda superveniente da causa concreta do negócio. Trata-se de hipótese na qual a prestação é plenamente possível, mas o contrato perdeu seu sentido, sua razão de ser, por não ser mais possível alcançar seu fim, seu escopo, sua função (concreta) em decorrência da alteração das circunstâncias" (*Promessa de fato de terceiro. Coligação contratual e extinção do contrato pela frustração de seu fim (parecer)*. In: Revista de Direito Civil Contemporâneo. v. 9/2016, outubro/dezembro de 2016, p. 305).

[488] Mencionando os conhecidos "coronation cases", Antonio Junqueira de Azevedo relaciona a frustração do fim do contrato com a perda da função social. Nas palavras do ilustre professor, o "fim que não mais pode ser atingido faz com que o contrato perca sua função social, devendo torná-lo juridicamente ineficaz. Entre os casos de frustração do fim do contrato, que agora encontram legalmente um 'lugar cômodo' sob a exigência da função social, estão os *coronation cases* de Windscheid, quando, na Inglaterra, cidadãos que alugaram sacadas e terraços, para assistir a passagem do cortejo de Eduardo VII, se viram frustrados com o cancelamento do percurso das carruagens (mas as janelas e sacadas permaneceram à disposição); ou também o caso de Larenz, do artesão, que, na Alemanha, insistia em fazer a porta de igreja, já demolida

A disciplina geral acerca do enriquecimento sem causa é seguida de regramento específico a respeito de prestações eventualmente realizadas por terceiros. A matéria é relevante por se relacionar diretamente com o conceito de imediação – ou seja, com a necessidade de relação direta entre o enriquecido e a parte prejudicada.

De acordo com o artigo 2:102 dos *Princípios de Direito Europeu*, caso o benefício patrimonial do enriquecido seja resultado da prestação realizada pela parte prejudicada em cumprimento de obrigação ou de suposta obrigação em face de terceiro, o enriquecimento será considerado justificado nas seguintes hipóteses: (i) a realização espontânea da prestação por parte do titular do direito; ou (ii) a caracterização do enriquecimento como resultado meramente incidental do cumprimento da obrigação[489].

Os Princípios do Direito Europeu ainda regulamentam os requisitos específicos do enriquecimento sem causa, tratando do enriquecimento em si, e do prejuízo sofrido pelo indivíduo. Esses pontos serão tratados

por bombardeio aliado, porque o contrato havia sido assinado; e, assim, inúmeras outras situações em que, sem haver impossibilidade da prestação, o verdadeiro fim do contrato, conhecido das duas partes, já não pode ser atingido. Em todas essas hipóteses, o contrato, tornado inútil, deve ser resolvido por falta de função social. A impossibilidade de obtenção do fim último visado pelo contrato constitui, a nosso ver, juntamente com a ofensa a interesses coletivos (meio-ambiente, concorrência etc.) e a lesão à dignidade da pessoa humana, os três casos em que a função social do contrato deve levar à ineficácia superveniente (*Natureza jurídica do contrato de consórcio. Classificação dos atos jurídicos quanto ao número de partes e quanto aos efeitos. Os contratos relacionais. A boa-fé nos contratos relacionais. Contratos de duração. Alteração das circunstâncias e onerosidade excessiva. Sinalagma e resolução contratual. Resolução parcial do contrato. Função social do contrato.* In: Revista dos Tribunais, v. 832/2005, fevereiro/2005, p. 130).

[489] Artigo 2: 102: Cumprimento de obrigação por terceiro
Quando a parte enriquecida obtém o enriquecimento como resultado do cumprimento de obrigação, ou de suposta obrigação, pela parte prejudicada, o enriquecimento é justificado se:
(a) a parte prejudicada realizou a prestação livremente; ou
(b) o enriquecimento foi meramente o resultado incidental do cumprimento da obrigação. (trad. livre do inglês).
O teor original do dispositivo é o seguinte:
"Article 2:102: Performance of obligation to third person
Where the enriched person obtains the enrichment as a result of the disadvantaged person performing an obligation or a supposed obligation owed by the disadvantaged person to a third person, the enrichment is justified if:
(a) the disadvantaged person performed freely; or
(b) the enrichment was merely the incidental result of performance of the obligation".

em capítulos específicos relativos aos requisitos do enriquecimento sem causa, mas é interessante notar – desde já – que a proposta normativa apresentada pelos estudiosos europeus inova ao definir e regular esses dois elementos do instituto, adotando disciplina bastante detalhada e pouco comum nos ordenamentos jurídicos europeus.

2.4. Direito brasileiro

2.4.1. O enriquecimento sem causa no Código Civil de 1916

No direito brasileiro, a evolução do enriquecimento sem causa seguiu caminho bastante semelhante àquele verificado em alguns ordenamentos europeus. A ausência de disposição legal expressa acerca do instituto no Código Civil de 1916 não impediu que a doutrina e a jurisprudência o reconhecessem e definissem alguns de seus contornos e características mais relevantes, abrindo caminho para a consolidação do enriquecimento sem causa no Código Civil de 2002.

Tal como ocorrido no Código Civil francês de 1804, o Código Civil de 1916 se omitiu quanto ao reconhecimento e à regulamentação do enriquecimento sem causa[490]. Com o passar do tempo, essa omissão foi paulatinamente suprida em sede doutrinária e jurisprudencial, com

[490] Nas palavras de Giovanni Ettore Nanni, tal "ausência de previsão devia-se, entre outros fatores, à influência do Código Civil francês, visto que foi adotada a mesma regra, agasalhando apenas o pagamento indevido como figura implícita do enriquecimento sem causa" (ob. cit., p. 85). Pedro Paes segue linha semelhante, afirmando que, no Código Civil francês, "os juristas, conformados com a solução pretoriana, não levam para o Código Napoleônico senão a repetição, pura e simples, das condictiones romanas, olvidados da ciência jurídica e apenas satisfeitos com a explicação de que o conceito de causa, acolhido na codificação, justificava permanecesse o enriquecimento, como fora então regulamentado" (*Enriquecimento sem causa.* Resenha Universitária: São Paulo, 1977, p. 212).
Nas palavras de Rodrigo da Guia Silva, "Como se sabe, o Código Civil de 1916 não positivou expressamente, como norma geral, a vedação ao enriquecimento sem causa. O legislador parece ter seguido, neste ponto, o exemplo extraído do Code Napoleon, o qual, desde a sua promulgação em 1804 até a alteração promovida no direito das obrigações em 2016, não dispensava ao enriquecimento sem causa o tratamento expresso mais característico de um instituto autônomo. À semelhança da experiência francesa, também o direito brasileiro se ressentia da ausência de menção expressa do enriquecimento sem causa, o que não impediu, todavia, profícuo esforço doutrinário de identificação das suas manifestações no âmbito do diploma codificado" (*Enriquecimento sem causa. As obrigações restitutórias no direito civil.* São Paulo: Revista dos Tribunais, p. 43/44).

a aceitação do instituto como princípio geral de direito e sua posterior consolidação como norma expressa do artigo 884 do Código Civil.

De forma paralela à influência francesa, a omissão legislativa do Código Civil de 1916 é provável resultado de outros dois fatores fundamentais: (i) a maior preponderância de ideias voluntaristas no início do século XX, com a maior ênfase conferida à autonomia da vontade; e (ii) a ideia da suficiência dos institutos jurídicos reconhecidos pelo ordenamento para lidar com situações de desequilíbrio patrimonial.

Quanto ao primeiro ponto, Cláudio Michelon Jr. ressalta a influência do voluntarismo no modelo adotado pelo Código Civil de 1916. Para o autor, a "fidelidade ao dogma da vontade impediu o codificador de 1916 de perceber as peculiaridades que uniam esses institutos e que, ao mesmo tempo, os separavam das demais fontes obrigacionais"[491].

Já a ideia relativa à suficiência dos institutos existentes fica clara da seguinte passagem de Clóvis Beviláqua, segundo a qual "o direito e a equidade se podem plenamente satisfazer, sem criarmos, nos Códigos Civis, mais esta figura de causa geradora de obrigação, ou seja, uma relação obrigacional abstrata e genérica"[492]. Por sua vez, Orosimbo Nonato afirma que Beviláqua decidiu não regular expressamente o instituto do enriquecimento sem causa, por estar "convencido da impossibilidade de se subordinarem diferentes espécies de enriquecimento sem causa a um princípio unificador"[493].

De acordo com Agostinho Alvim[494], o Código Civil de 1916 integraria o chamado "sistema clássico", que "condena o enriquecimento injustificado, porém o faz casuisticamente, ou seja, procurando impedi-lo, onde quer que possa manifestar-se". Em outras palavras, a legislação revogada adotava o enriquecimento sem causa como princípio[495], mas não como

[491] *idem, ibidem.*

[492] *Direito das obrigações*, ob. cit., p. 100.

[493] *Curso de Obrigações*. 1ª ed., 2ª Parte, v. II, Rio de Janeiro: Forense, 1960, p. 84.

[494] ALVIM, Agostinho. *Do enriquecimento sem causa*. In: Doutrinas Essenciais Obrigações e Contratos, v. 1, junho/2011, p. 913.

[495] Em artigo elaborado ainda sob a égide do Código Civil de 1916, Teresa Negreiros afirmava que "se é certo que a doutrina majoritária concebe o enriquecimento sem causa como um princípio acolhido pelo ordenamento, observa-se igualmente que semelhante afirmação, por não se desdobrar, acaba por resultar vazia de conteúdo" (*Enriquecimento sem causa. Aspectos de sua aplicação no Brasil como um princípio geral de direito.* In: Revista da Ordem dos Advogados. Lisboa, v. 55, n.3., dezembro-1995, p. 760).

cláusula geral[496], utilizando-se do conceito como fundamento subjacente de institutos jurídicos específicos, tais como o pagamento indevido e a gestão de negócios.

Seja pelo paradigma da vontade, seja pela desnecessidade ou pela impossibilidade de criação de conceito restitutório genérico, o Código Civil de 1916 não conferiu tratamento específico ao enriquecimento sem causa. Dentro desse contexto, atribuiu-se menor importância aos institutos do direito restitutório, em razão da omissão legislativa – como verificado com o enriquecimento sem causa –, bem como pela concessão de tratamento sistemático inapropriado, com a inserção desses conceitos em capítulos da legislação incompatíveis com suas respectivas naturezas jurídicas, como ocorrido com o pagamento indevido e a gestão de negócios[497].

Em momento inicial, o enriquecimento sem causa é reconhecido pela doutrina e pela jurisprudência como princípio geral do direito. Ainda na vigência do Código Civil de 1916, diversos autores afirmaram que, sem prejuízo da ausência de reconhecimento legal, o instituto se aplicaria, vedando situações de injustificado desequilíbrio patrimonial[498].

[496] Essa disciplina decorreria da visão de Clóvis Beviláqua, que reconhecia apenas fontes voluntárias das obrigações (ob. cit., p. 21). A seguinte passagem da obra do autor do Código Civil de 1916 indica, de fato, tendência de vinculação das fontes das obrigações à vontade humana: "Assim direi que as fontes das obrigações se reduzem a quatro figuras principais: o contrato, o chamado quase-contrato, ato ilícitos e a vontade unilateral. As fontes que acabam de ser indicadas admitiriam ainda uma simplificação, se as reduzíssemos a duas: – o ato humano e a lei, elementos que se não devem dissociar de modo completo, porque o ato humano desprovido de sanção legal é juridicamente improfícuo e, por outro lado, a lei exige a insuflação vital da atividade humana, para descer do mundo abstrato, onde paira e rutila, sem o que não se conseguirá realizar o fim a que se destina. Porém é inútil insistir sobre essa redução, balda de interesse prático e de elucidação teórica" (*Direito das obrigações*, 8ª ed., Rio de Janeiro: Livraria Francisco Alves, 1954, p. 18/19).

[497] Cláudio Michelon Jr. menciona, por exemplo, que a gestão de negócios foi inserida como espécie de contratos (Capítulo VIII do Título V do Livro de Obrigações). Por sua vez, o pagamento indevido foi posicionado entre as formas de extinção das obrigações (Título do Livro de Obrigações) (*idem*, p. 21).

[498] Clóvis do Couto e Silva afirma, ainda na vigência do Código Civil de 1916, que a "acolhida pelo direito pátrio da figura do enriquecimento sem causa expressa com vigor a necessidade de que em toda modificação de direitos exista uma causa, sem o que nenhuma pretensão teria o empobrecido (*Teoria da causa no direito privado.* In: O Direito Privado brasileiro na visão de Clóvis do Couto e Silva. FRADERA, Vera Maria Jacob de (org.), Porto Alegre: Livraria do Advogado, 1997, p. 66/67).

O próprio Agostinho Alvim já questionava: "por que havemos de raciocinar que estes casos são de enriquecimento tolerado, pelo fato de não terem sido repudiados?". Em seguida, o autor respondia à dúvida por ele formulada, afirmando que preferia "raciocinar às avessas: "estes casos são repudiados, porque a lei não declarou que os tolerava", e que "no silêncio da lei não podemos favorecer o enriquecimento sem justificativa, e isso por uma série de motivos, com base no nosso sistema e nos princípios cardiais do direito universal, que vêm orientando, nesse sentido, as legislações dos povos cultos"[499].

Ao tratar da omissão do Código Civil de 1916 acerca do enriquecimento sem causa, Pedro Paes menciona que o princípio é subjacente a diversos institutos específicos do direito privado. Também afirma que ainda que "decompusesse, como o fez, o princípio do enriquecimento sem causa por vários setores legais, a regulamentação da 'sobra' seria requinte legislativo, mais para aperfeiçoamento da codificação civil tão eficiente, que seria excelsa"[500].

De forma semelhante, Arnoldo Wald, ainda na vigência do Código Civil de 1916, qualifica o enriquecimento sem causa como "fonte especial de obrigação", mencionando situações específicas nas quais o princípio encontra aplicação, tais como a acessão de imóveis (artigos 536 a 549), especificação de coisa alheia (artigos 611 e seguintes), confusão (artigo 615), invenção (artigo 603)[501].

O autor exemplifica situações nas quais o enriquecimento sem causa se aplica, mencionando (i) os deslocamentos de propriedade de uma para outra pessoa, nas situações nas quais existe o dever de restituir, (ii) o desaparecimento da justa causa para a transferência patrimonial, (iii) a intromissão em direito alheio, (iv) os pagamentos feitos a credores putativos, (v) a circulação de títulos, nos quais o devedor deve pagar, sem possuir a respectiva contraprestação[502].

Por sua vez, Arnaldo Rizzardo menciona que o Código Civil de 1916 não tratava especificamente do enriquecimento sem causa, regulando

[499] ob. cit., p. 923.

[500] ob. cit., 214.

[501] *Curso de Direito Civil brasileiro. Obrigações e contratos.* v. II, 14ª ed., São Paulo: Revista dos Tribunais, 2000, p. 82.

[502] *idem*, p. 82/83.

apenas o pagamento indevido. Sem prejuízo da ausência de previsão legal, o autor entende que o artigo 964 da legislação revogada, que regulava o pagamento indevido, consistiria em fundamento adequado para elevar o enriquecimento sem causa à condição de princípio[503]. Nas palavras do autor, a legislação "implicitamente não permitia o enriquecimento sem causa, pois assegurava a repetição, ou o direito a pleitear a restituição das quantias indevidamente pagas"[504].

Em suma, reconheceu-se o enriquecimento sem causa princípio geral do direito, e passou-se a conferir ao instituto atribuição bastante extensa. De fato, o conceito passou a ser compreendido não como ideia implícita a institutos jurídicos específicos, mas como noção ampla subjacente a toda disciplina do direito privado.

Em estudo recente sobre o enriquecimento sem causa, Rodrigo da Guia Silva aponta que existiam diversos institutos que reproduziam o conceito em situações específicas, tais como:

> "a disciplina da restituição do pagamento indevido (arts. 964 e ss); a impossibilidade de o credor incapaz reclamar um segundo pagamento quando houver se beneficiado do primeiro (art. 936, in fine); o direito do possuidor, ainda que de má-fé ao, ao recebimento das despesas de manutenção e custeio (art. 513); a aquisição, pelo especificador de boa-fé, da matéria-prima alheia em que trabalhou, condicionada ao 'ressarcimento do dano' do proprietário (art. 613), entre outras"[505].

É a partir desse cenário de normas pontuais afastando o desequilíbrio patrimonial que se acolhe o enriquecimento sem causa como princípio geral de direito. Trata-se, em suma, do resultado de raciocínio que parte de situações particulares de correção de potenciais atribuições patrimoniais injustificadas, passando a aceitar a existência de princípio amplo e genérico de vedação ao enriquecimento sem causa.

503 *Direito das Obrigações*, 2ª ed., São Paulo: Forense, 2006, p. 599.

504 *idem, ibidem*. No mesmo sentido, Orosimbo Nonato afirma "constituir o princípio fundamental aludido, posto não se encontre expresso em nosso Código Civil, verdadeiro *ius receptum*" (ob. cit., p. 88).

505 *Enriquecimento sem causa. As obrigações restitutórias no direito civil.* São Paulo: Revista dos Tribunais, 2018, p. 44/45.

O enriquecimento sem causa se tornou, então, instituto de categoria subsidiária, que passou a funcionar como verdadeira válvula de escape para situações de desequilíbrio não disciplinadas pelos institutos existentes no Código Civil de 1916.

Rodrigo da Guia Silva afirma, neste ponto, que a

> "enunciação do enriquecimento sem causa como princípio geral do direito traduzia, nesse cenário, autêntica reação doutrinária e jurisprudencial à omissão do Código Civil de 1916. Vislumbrava-se tal formulação como a resposta necessária às eventuais lacunas da legislação, sobretudo quando o recurso à analogia legislativa se revelasse insuficiente para a resolução de algum litígio"[506].

Em seguida, o autor complementa seu raciocínio, afirmando que a "vedação ao enriquecimento sem causa desempenhava, como princípio geral do direito, função de (auto) integração do ordenamento jurídico"[507].

Tratando da mesma matéria, Giovanni Ettore Nanni afirma que a ausência de previsão legal expressa no Código Civil de 1916 não impediu que o instituto fosse reconhecido por parte da doutrina. Todavia, o autor afirma que a omissão legislativa evitou que o instituto tivesse estudo e aplicação mais ampla e disseminada.

Nas palavras de Nanni, "o que se constatou no Brasil é que a propagação do estudo do direito civil brasileiro prevaleceu atrelada às disposições codificadas, o que comprometeu sobremaneira o desenvolvimento do enriquecimento sem causa ante a ausência de contemplação legal"[508].

Tratando do contexto anterior ao Código Civil de 2002, Cláudio Michelon Jr. afirma que o enriquecimento sem causa foi reconhecido como princípio e como fonte de obrigações. Enquanto princípio, o enriquecimento sem causa "serve tanto como fundamento quanto como critério interpretativo para diversas regras que tratam de aspectos específicos de institutos de direito privado e mesmo, em diversos casos, para as regras de direito público". Já como fonte das obrigações, o enriquecimento sem

[506] *idem*, p. 48.

[507] *idem*, p. 49.

[508] *Enriquecimento sem causa*. 2ª ed., São Paulo: Saraiva, 2010, p. 92.

causa é concebido como "instituto que regula a constituição de certas relações obrigacionais"[509].

2.4.2. O desenvolvimento do enriquecimento sem causa na jurisprudência brasileira

Dentro do mesmo movimento ocorrido na esfera doutrinária, a jurisprudência também reconheceu o enriquecimento sem causa como princípio geral do direito ainda por ocasião da vigência do Código Civil de 1916. Verifica-se que o enriquecimento sem causa é utilizado de duas formas mais relevantes: ora o instituto (i) é aplicado para evitar ou corrigir atribuições patrimoniais indevidas, funcionando como mecanismo de supressão de potenciais omissões legislativas e de interpretação das normas existentes; ora (ii) é utilizado como fundamento subjacente a normas pontuais que, em última análise, refletem a vedação ao enriquecimento sem causa em situações específicas.

Como exemplos da primeira função, destacam-se os casos envolvendo a aplicação de correção monetária sobre dívidas pecuniárias. Até meados da década de 1990, o Brasil convivia com cenário econômico de enorme inflação, que corroía diariamente o poder de compra da moeda. Sem prejuízo da enorme instabilidade econômica, a ausência de normas que mantivessem o valor real das prestações proporcionavam perdas ao credor quando o pagamento devido ocorresse em momento posterior à celebração do contrato.

A jurisprudência compreendeu que essa situação conferia margem para o enriquecimento sem causa do devedor, e passou a utilizar o instituto para evitar que esse sujeito se beneficiasse indevidamente, cumprindo sua obrigação por valores que, em termos econômicos, seriam substancialmente inferiores àqueles contratados.

No Recurso Especial nº2.122/MS, o Superior Tribunal de Justiça analisou a legalidade da aplicação de correção monetária em contrato de mútuo rural. Na tentativa de evitar a atualização do poder de compra da moeda, a recorrente afirmou que a Lei nº 4.829, de 5 de novembro de 1965, e o Decreto-Lei nº 167, de 14 de fevereiro de 1967, que regulavam a matéria, não teriam estabelecido correção monetária para o débito originado dessa modalidade de contrato.

[509] ob. cit., p. 176.

Nos termos do voto proferido na ocasião, "negar a sua aplicação [da correção monetária], sobretudo quando pactuada, é ensejar o enriquecimento sem causa e estimular o descumprimento dos contratos celebrados"[510]. Sob a perspectiva estritamente legal, a ausência de norma expressa impedia a atualização do valor da moeda. O tribunal utilizou o enriquecimento sem causa como instrumento de supressão de potencial omissão normativa, bem como de calibração do regime jurídico aplicável ao caso.

A mesma corte analisou o Recurso Especial nº 3.170/MG[511], que tratava da incidência de correção monetária em mútuo garantido por cédula

[510] "CORREÇÃO MONETÁRIA. MÚTUO RURAL. INCIDENCIA. EVOLUÇÃO DOS FATOS ECONOMICOS E CONSTRUÇÃO PRETORIANA. REGRA MORAL. INVOCAÇÃO DE OFENSA A LEI 4829/65, AO D.L. 167/67 E AO ART. 145 – II, CCB. DISSIDIO NOTORIO. RECURSO DESPROVIDO.
I-MESMO QUE SE ADMITA QUE A INTENÇÃO INICIAL DO LEGISLADOR TENHA SIDO A DE EXCLUIR A CORREÇÃO MONETARIA DOS MUTUOS RURAIS, A EVOLUÇÃO DOS FATOS ECONOMICOS TORNOU INSUSTENTAVEL A SUA NÃO-INCIDENCIA, SOB PENA DE PRESTIGIAR-SE O ENRIQUECIMENTO SEM CAUSA, RECORDADA AINDA A LIÇÃO DE QUE REGRA MORAL ESTA ACIMA DAS LEIS POSITIVAS.
II- CONSTRUÇÃO PRETORIANA E DOUTRINARIA, ANTECIPANDO-SE AO LEGISLADOR, ADOTANDO A CORREÇÃO COMO IMPERATIVO ECONOMICO, JURIDICO E ETICO INDISPENSAVEL A JUSTA COMPOSIÇÃO DOS DANOS E AO FIEL ADIMPLEMENTO DAS OBRIGAÇÕES, DISPENSOU A PREVIA AUTORIZAÇÃO LEGAL PARA A SUA APLICAÇÃO.
III- CONHECE-SE DO RECURSO ESPECIAL SOB A ALINEA C DO ART. 105-III DA CONSTITUIÇÃO, MESMO QUANDO A PARTE NÃO FAZ A DEMONSTRAÇÃO ANALITICA DAS CIRCUNSTÂNCIAS QUE IDENTIFIQUEM OU ASSEMELHEM OS CASOS CONFRONTADOS, SE NOTORIO O DISSIDIO NA MATERIA, DADO O ESCOPO DO RECURSO EM ASSEGURAR A UNIDADE DO DIREITO FEDERAL.
(REsp 2.122/MS, Rel. Ministro SÁLVIO DE FIGUEIREDO TEIXEIRA, QUARTA TURMA, julgado em 14/05/1990, DJ 11/06/1990, p. 5361)" (4ª Turma. Relator: Ministro Sálvio de Figueiredo Teixeira, j. 14.5.1990).

[511] "CONTRATO DE FINANCIAMENTO RURAL. CEDULAS RURAIS PIGNORATICIAS E HIPOTECARIA. VALIDADE E EFICACIA DA ESTIPULAÇÃO RELATIVA A CORREÇÃO MONETARIA. O ART. 9 DO DL 70/66, NA PARTE EM QUE TORNAVA DEFESA A CORREÇÃO MONETARIA NAS OPERAÇÕES DE CRÉDITO RURAL COM GARANTIA HIPOTECARIA, E DE CONSIDERAR-SE REVOGADO PELO DL 167/67, QUE REGULOU INTEGRALMENTE A MATERIA E NÃO REEDITOU TAL VEDAÇÃO. PREVALENCIA, DESDE ENTÃO, DO PRINCÍPIO DA AUTONOMIA DA VONTADE. MESMO QUE SE ADMITA QUE A INTENÇÃO DO LEGISLADOR POSSA TER SIDO A DE EXCLUIR A

hipotecária rural, ou similar, nos termos do artigo 9º do Decreto Lei nº 70, de 20 de novembro de 1966. Também nesse caso o enriquecimento sem causa foi utilizado para manter o poder de compra da dívida, embora inexistisse norma expressa a esse respeito.

Decisão semelhante foi proferida no acórdão do Recurso Especial nº 3.206/RJ[512]. Naquela ocasião, o Superior Tribunal de Justiça determinou a incidência de correção monetária a crédito habilitado em concordata, embora não houvesse norma impondo a manutenção do poder de compra dos valores devidos aos credores concordatários[513].

No Recurso Especial 4.524/SP[514], houve controvérsia sobre a atualização do valor de indenização devida pelo poder público. Havia

CORREÇÃO MONETARIA NAS OPERAÇÕES DE CREDITO RURAL, A EVOLUÇÃO DOS FATOS ECONOMICOS TORNOU INSUSTENTAVEL A SUA NÃO-INCIDENCIA, SOB PENA DE PRESTIGIAR-SE O ENRIQUECIMENTO SEM CAUSA DO DEVEDOR, CUJO PATRIMONIO E CUJA PRODUÇÃO ACOMPANHAM EM SEUS VALORES A ESPIRAL INFLACIONARIA. CONSTRUÇÃO PRETORIANA E DOUTRINARIA, ANTECIPANDO-SE AO LEGISLADOR, AO ADOTAR A CORREÇÃO COMO IMPERATIVO ECONOMICO, JURIDICO E ETICO INDISPENSAVEL A PLENA INDENIZAÇÃO DOS DANOS E AO FIEL E COMPLETO ADIMPLEMENTO DAS OBRIGAÇÕES, DISPENSOU A PREVIA AUTORIZAÇÃO LEGAL PARA A SUA APLICAÇÃO. O ART. 47, DO ATO DAS DISPOSIÇÕES CONSTITUCIONAIS TRANSITORIAS DA CARTA DE 88, TORNA CERTA A LICITUDE DA CORREÇÃO MONETARIA COBRADA AOS PRODUTORES RURAIS NOS FINANCIAMENTOS RELATIVOS A CRÉDITO RURAL. RECURSO ESPECIAL CONHECIDO E PROVIDO". (Recurso Especial nº 3.170/MG. 4ª Turma. Relator: Ministro Athos Gusmão Carneiro, j. 7.8.1990).

[512] "COMERCIAL E PROCESSUAL CIVIL - CONCORDATA PREVENTIVA - CORREÇÃO MONETARIA - DISSIDIO JURISPRUDENCIAL. I - NEGAR-SE CORREÇÃO MONETARIA AOS CREDITOS SERIA CONSAGRAR ENRIQUECIMENTO SEM CAUSA AOS CONCORDATARIOS, JA QUE ELA NADA ACRESCENTA AO DÉBITO E NEM SIGNIFICA QUALQUER PUNIÇÃO AO DEVEDOR MAS, TÃO SO, A SIMPLES MANUTENÇÃO DO VALOR DA MOEDA, EXPRESSADA EM NOVOS ALGARISMOS E, DE NENHUMA FORMA, PREJUDICA O PRINCÍPIO DA "PAR CONDITIO CREDITORUM". II - EMBORA COMPROVADO O DISSIDIO JURISPRUDENCIAL, SE O PARADIGMA APRESENTADO JA SE ENCONTRA SUPERADO POR NOVO ENTENDIMENTO, CONHECE-SE DO RECURSO PARA LHE NEGAR SEGUIMENTO". (Recurso Especial nº 3.206/RJ. 3ª Turma. Relator: Ministro Waldemar Zveiter, j. 13.8.1990).

[513] O recurso especial tratava especificamente de potencial violação do artigo 175, parágrafos 3º e 6º, do Decreto nº 7.661, de 21 de junho de 1945.

[514] "RECURSO ESPECIAL. JUSTA INDENIZAÇÃO. ART. 100, § 1º da Constituição impede enriquecimento sem justa causa. Impõe obrigação de atualizar o valor formal do débito. Em

posicionamento jurisprudencial que afirmava que a correção monetária não deveria ser aplicada quando o pagamento ocorresse antes de 1 ano da expedição do precatório. O Superior Tribunal de Justiça rejeitou esse entendimento, afirmando que a realidade econômica brasileira, com a espiral inflacionária então existente, propiciaria enriquecimento sem causa para o poder público.

A função interpretativa e de supressão de lacunas do enriquecimento sem causa também aparece no Recurso Especial nº 26.093/SP[515]. Nesse julgamento, o Superior Tribunal de Justiça reconheceu a possibilidade de aplicação cumulada de juros moratórios e remuneratórios no âmbito de desapropriações. Considerando que os interesses remuneratórios se voltavam para compensar a perda do imóvel, enquanto os moratórios se fundavam na demora do pagamento, o afastamento de qualquer dessas modalidades de juros resultaria no enriquecimento sem causa do devedor.

Já o Recurso Especial nº 30.198-5/RJ[516] envolvia discussão a respeito do pagamento das diferenças relativas à aplicação do fator de deflação em

havendo desvalorização da moeda, entre a última correção e o pagamento, independentemente da data, cumpre completar a diferença". (Recurso Especial nº 4.524/SP. 2ª Turma. Relator: Ministro Luiz Vicente Cernocchiaro, j. 5.9.1990).

515 ADMINISTRATIVO. DESAPROPRIAÇÃO. JUROS. MORATORIOS. COMPENSATORIOS. CUMULATIVIDADE. NATUREZA DISTINTA. INEXISTENCIA DE ANATOCISMO. ORIENTAÇÃO SUMULADA.
I- OS CHAMADOS JUROS COMPENSATORIOS NÃO SE CONSTITUEM PROPRIAMENTE EM JUROS - REMUNERAÇÃO DE CAPITAL - MAS EM VERBA DESTINADA A COMPENSAR O EXPROPRIADO PELA PERDA ANTECIPADA DA POSSE DO IMOVEL.
II- JA OS JUROS MORATORIOS SÃO DEVIDOS PELA DEMORA NO PAGAMENTO, DEVENDO INCIDIR SOBRE O TOTAL DO QUANTUM INDENIZATORIO.
III- ESTE ENTENDIMENTO HARMONIZA-SE COM O PRECEITO CONSTITUCIONAL DA PREVIA E INTEGRAL INDENIZAÇÃO, EVITANDO O ENRIQUECIMENTO SEM JUSTA CAUSA DAS PARTES.
IV- RECURSO PROVIDO. (1ª Turma. Relator: Ministro Cesar Asfor Rocha, j. 07.10.1992).

516 "DIREITO ECONOMICO. 'PLANO COLLOR' (MEDIDA PROVISORIA N. 294 E LEI N. 8177/91). TABLITA. LEGALIDADE. APLICAÇÃO. INCIDENCIA IMEDIATA DE NORMAS. INOCORRENCIA DE DIREITO ADQUIRIDO. RECURSO INACOLHIDO. I – EM SE TRATANDO DE NORMAS DE DIREITO ECONOMICO, DE ORDEM PUBLICA, SUA INCIDENCIA É IMEDIATA, CONSOANTE ORIENTAÇÃO ASSENTADA NO TRIBUNAL, NÃO SENDO DE INVOCAR-SE PRETENSO DIREITO ADQUIRIDO. II – POR SUA LEGALIDADE, É ADMISSIVEL A INCIDENCIA DA "TABLITA", IMPOSTA PELO 'PLANO COLLOR', CALCULANDO-SE A DEFLAÇÃO, NOS TERMOS PREVISTOS

Certificado de Depósito Bancário – CDB. Tratava-se da chamada *Tablita*, que consistia em tabela criada durante a vigência do Plano Bresser e cujo propósito consistia em regular a correção inflacionária dos contratos de aplicação financeira com valor de resgate pré-fixado.

Ao mesmo tempo em que reconheceu a aplicabilidade da *Tablita* em contratos bancários já celebrados, afastando eventual violação ao ato jurídico perfeito, o tribunal impediu que houvesse o decréscimo do valor porventura aplicado pelo cliente junto ao banco. Como fundamento dessa conclusão, a corte afirmou que, nesta hipótese, haveria "enriquecimento sem causa da entidade financeira", recorrendo ao enriquecimento sem causa como princípio geral de direito.

Nessa mesma linha, o Superior Tribunal de Justiça ainda utilizou o enriquecimento sem causa como fundamento para a imposição de divisão do acervo patrimonial, em situações envolvendo o reconhecimento de sociedade de fato decorrente de relação de concubinato. Segundo a corte, a repartição do patrimônio decorreria da necessidade de se restituir ao parceiro a quota parte do acréscimo auferido no curso da relação afetiva.

Foi essa a decisão proferida no Recurso Especial nº 30.077-4/SP[517]. Naquela ocasião, o Ministro Barros Monteiro afirmou que:

> "É insustentável no caso a prescrição quinquenal invocada pelo recorrente. É que a pretensão inaugural não se assenta em contrato celebrado entre as partes; antes, possui caráter ressarcitório, caracterizando-se como '*actio in rem verso*' e fundando-se no enriquecimento sem causa. Nessa hipótese, o lapso prescricional é de vinte anos (art. 177 do Código Civil) e não o do indigitado art. 178, § 10, inc. V, do mesmo 'Codex'"[518].

NA RESPECTIVA LEGISLAÇÃO, SOBRE O TOTAL DO TÍTULO, RESSALVADA A IMPOSSIBILIDADE DE O INVESTIDOR RECEBER QUANTIA MENOR QUE O CAPITAL APLICADO, SOB PENA DE ENRIQUECIMENTO SEM CAUSA. DA ENTIDADE FINANCEIRA" (Recurso Especial nº30.198/RJ. 4ª Turma. Relator: Ministro Sálvio de Figueiredo Teixeira, j. 16.3.1993).

[517] Recurso Especial nº30.077/SP. 4ª Turma. Relator: Ministro Barros Monteiro, j. 18.4.1995.

[518] Interessante observar que o Ministro Barros Monteiro menciona expressamente a existência de uma 'actio in rem verso', reproduzindo a expressão que se tornou comum no direito francês para designar a ação de restituição do enriquecimento sem causa.

Por outro lado, o enriquecimento sem causa foi aplicado como fundamento subjacente a normas específicas em situação envolvendo a retomada de imóvel locado, para que o proprietário pudesse realizar no local as mesmas atividades anteriormente exercidas pelo locatário.

No Recurso Especial nº 28.108/RJ[519], o Superior Tribunal de Justiça aplicou o artigo 8º, parágrafo único, do Decreto nº 24.150, de 20 de abril de 1934, que proibia a retomada do imóvel pelo proprietário, para a mesma utilização conferida pelo locatário. O julgado entendeu que a finalidade da norma seria "impedir que o locador se oponha à renovação do contrato, beneficiando-se com o 'ponto de comércio' criado pelo inquilino", sob pena de "enriquecimento ilícito".

2.4.3. O reconhecimento do enriquecimento sem causa no Código Civil de 2002

A previsão expressa do enriquecimento sem causa no Código Civil de 2002 e sua sistematização normativa possuíram significativa influência na aplicação do instituto.

As legislações dos diversos países adotaram formas diferentes de regulamentar o enriquecimento sem causa. A Alemanha, por exemplo, utiliza cláusula ampla e geral do §812 do Código Civil, não realizando distinção substancial entre o pagamento indevido e as demais modalidades de enriquecimento sem causa. Por sua vez, sistemas do *common law* dificilmente reconhecem a gestão de negócio, que é instituto bastante comum nos sistemas restitutórios dos ordenamentos continentais.

Em certa medida, as diversas legislações foram influenciadas pelas teorias relativas ao enriquecimento sem causa. Existem três doutrinas acerca do instituto: (i) a teoria unitária de deslocamento patrimonial; (ii) a teoria da ilicitude; e (iii) a doutrina da divisão do instituto, que já foram tratadas no capítulo pertinente[520].

[519] "RESP - COMERCIAL - D.L. 24.150/34 - FUNDO DE COMERCIO - RAMO DE NEGÓCIO - A RETOMADA DO IMOVEL LOCADO PARA O SENHORIO EXERCER A MESMA ATIVIDADE COMERCIAL EXPLORADA PELO LOCATARIO E VEDADA PARA EVITAR O ENRIQUECIMENTO SEM JUSTA CAUSA, DADO O FUNDO DE COMERCIO HAVER SIDO CRIADO E DESENVOLVIDO POR OUTREM. OUTRA, POREM, A CONCLUSÃO SE ERA O NEGÓCIO EXERCIDO PELO PROPRIETARIO A EPOCA DA AVENÇA". (6ª Turma. Relator: Ministro Luiz Vicente Cernicchiaro, j. 29.10.1992)

[520] Cf. item 2.2 acima.

A análise das teorias do enriquecimento sem causa é relevante para compreender a estrutura da disciplina restitutória do direito brasileiro. O regime adota estrutura tripartite, tratando de forma autônoma (i) a gestão de negócios (artigos 861 e seguintes do Código Civil); (ii) o pagamento indevido (artigos 876 e seguintes do Código Civil); e (iii) o enriquecimento sem causa (artigos 884 e seguintes do Código Civil).

O regime estabelecido pelo Código Civil brasileiro possui outra característica marcante. De forma semelhante àquilo que se verifica no contrato e na responsabilidade civil, a disciplina do regime restitutório adota cláusula geral, consistente na norma que trata do enriquecimento sem causa, prevista no artigo 884 do Código Civil.

A norma possui funções relevantes no âmbito das relações privadas, pois (i) se traduz em relevante instrumento interpretativo, interferindo na compreensão e na aplicação dos demais institutos do direito privado, ao mesmo tempo em que (ii) adquire feições de norma residual, evitando que atribuições patrimoniais substancialmente indevidas sejam mantidas, ainda que formalmente compatíveis com os demais institutos civis. Em última análise, o artigo 884 do Código Civil de 2002, da forma como foi concebido, consolida o caminho percorrido pela doutrina e pela jurisprudência, ainda sob a vigência do Código Civil de 1916, na compreensão e aplicação do enriquecimento sem causa.

Por sua natureza de cláusula geral, o artigo 884 do Código Civil possui aplicação ampla no âmbito das relações privadas. Nas palavras de Cláudio Michelon Jr., as normas que regulam o enriquecimento sem causa "estabelecem alguns parâmetros que têm uma função estrutural no direito civil brasileiro. É a fonte residual para que sejam desfeitas as atribuições patrimoniais juridicamente injustificáveis"[521].

O enriquecimento sem causa possui o fundamental escopo de lidar com situações nas quais os institutos jurídicos tradicionais se revelam incapazes de corrigir atribuições patrimoniais indevidas. Trata-se, em suma, de verdadeira válvula de escape para proporcionar o afastamento de benefícios injustificados incompatíveis com os suportes fáticos estabelecidos pelas demais normas legais vigentes.

A redação do artigo 884 do Código Civil reflete bem o propósito de conferir âmbito de incidência bastante amplo ao enriquecimento sem causa.

[521] ob. cit, p. 180.

A norma utiliza redação objetiva e direta, estabelecendo que "aquele que, sem justa causa, se enriquecer à custa de outrem, será obrigado a restituir o indevidamente auferido, feita a atualização dos valores monetários".

É justamente pelo teor enxuto e pelos poucos requisitos estabelecidos pelo artigo 884 do Código Civil que a norma acaba adquirindo âmbito de incidência extenso, possuindo, ao mesmo tempo, função de regra e princípio[522]. Nas palavras de Luís Manuel de Menezes Leitão, o dispositivo reflete um "princípio em forma de norma, por meio do qual se institui uma fonte genérica das obrigações, segundo a qual o enriquecido fica obrigado a restituir ao prejudicado o benefício que injustificadamente obteve à custa dele"[523].

À luz dessa ampla abrangência do enriquecimento sem causa, seria até mesmo desnecessário conferir tratamento legislativo autônomo ao pagamento indevido, que é espécie do gênero estabelecido no artigo 884 do Código Civil. Ao que tudo indica, a manutenção do pagamento indevido é resquício da tradição francesa, principalmente do reconhecimento desse instituto no Código Civil francês de 1804.

Nas palavras de Menezes Leitão, "o Código, na sequência dos Códigos de raiz francesa, autonomiza o pagamento indevido em relação ao enriquecimento sem causa, quando tal pagamento constitui manifestamente uma hipótese de enriquecimento sem causa"[524].

Pelo caráter genérico do artigo 884 do Código Civil brasileiro, a compreensão do enriquecimento sem causa em sua integralidade passa pela adoção da teoria da divisão do instituto. Na atualidade, Menezes

[522] Nelson Rosenvald e Bernard Korman Kuperman afirmam que "o enriquecimento sem causa é espécie de mecanismo de restituição no ordenamento jurídico brasileiro. O art. 884 dispõe o princípio geral de vedação ao enriquecimento sem causa: 'Aquele que, sem justa causa, se enriquecer à custa de outrem será obrigado a restituir o indevidamente auferido, feita a atualização dos valores monetários' (*Restituição de ganhos ilícitos: há espaço no Brasil para o disgorgement?* In: Revista Fórum de Direito Civil, ano 6, nº 14, janeiro-abril/2017, p. 23). Todavia, justamente por sua condição de princípio, o enriquecimento sem causa sustenta e orienta a aplicação de normas específicas que estabeleçam mecanismos de restituição.

[523] *O enriquecimento sem causa no novo Código Civil brasileiro*. Conferência proferida na "II Jornada de Direito Civil", realizada pelo Centro de Estudos Judiciários do Conselho da Justiça Federal, de 17 a 25 de novembro de 2003, nos auditórios do Tribunal Regional Federal da 5ª Região, Superior Tribunal de Justiça e Tribunal Regional Federal da 4ª Região, p. 25.

[524] *idem, ibidem*.

Leitão entende que o instituto deve ser dividido nas seguintes categorias: (i) o enriquecimento por prestação; (ii) o enriquecimento por intervenção; (iii) o enriquecimento por despesas realizadas em benefício alheio; e (iv) o enriquecimento por desconsideração de um patrimônio intermédio[525].

O autor português prossegue afirmando que o artigo 884 do Código Civil, "ao referir que aquele que, sem justa causa, se enriquecer à custa de outrem, será obrigado a restituir o indevidamente auferido, feita a atualização dos valores monetários, apresenta-se como demasiado genérica, não permitindo o tratamento dogmático unitário do enriquecimento sem causa uma adequada subsunção aos casos concretos"[526].

Diante desse cenário, verifica-se que a tradição francesa do século XIX e início do século XX, inicialmente influente sobre o direito brasileiro, acabou perdendo força. Ao longo do século XX, o ordenamento jurídico brasileiro segue o mesmo caminho verificado em diversos países da Europa, reconhecendo a importância do enriquecimento sem causa como elemento integrante do direito civil. Esse movimento culminou na adoção do instituto como norma, tal como verificado no Código Civil alemão de 1900 e em diversos Códigos europeus que foram promulgados posteriormente.

A estrutura legislativa brasileira não é semelhante à alemã, pois o Código Civil de 2002 adota regulamentação mais sintética e ampla, sem regular tipos específicos do enriquecimento sem causa, tal como verificado no Código Civil alemão, que seguiu o modelo das *condictiones* romanas. Na realidade, o regime brasileiro segue estrutura semelhante aos Códigos Civis português e italiano – e utilizada pelo Código Civil francês em 2016 –, adotando o modelo originado pelo reconhecimento da ação de *in rem verso* pelo *arrêt Boudier* em 1892.

A influência alemã sobre o enriquecimento sem causa brasileiro decorre principalmente do trabalho realizado pela doutrina ao longo do século XX. A teoria da divisão do instituto, inicialmente desenvolvida por

[525] A doutrina de von Caemmerer propunha a divisão nas seguintes categorias: (i) enriquecimento por prestação; (ii) enriquecimento por intervenção; (iii) enriquecimento por liberação de uma dívida paga por terceiro; e (iv) enriquecimento resultante de despesas efetuadas em coisas alheias (*idem*, p. 27/28).

[526] *idem, ibidem.*

Wilburg e von Caemmerer, se mostra mais adequada para a compreensão do enriquecimento sem causa, na forma regulada no direito brasileiro, pois a amplitude do instituto impede o tratamento dogmático unitário às suas diversas modalidades[527]. É a partir dessa doutrina que se verifica que o artigo 884 do Código Civil é compatível com o enriquecimento por intervenção, sem prejuízo das diferenças e peculiaridades desse conceito em relação às outras espécies de enriquecimento sem causa.

[527] É esse o entendimento de Luís Manuel Teles de Menezes Leitão, que afirma que "a cláusula do enriquecimento sem causa, constante do art. 884 do Código Civil brasileiro, ao referir que *aquele que, sem justa causa, se enriquecer à custa de outrem, será obrigado a restituir o indevidamente auferido, feita a atualização dos valores monetários. monetários*, apresenta-se como demasiado genérica, não permitindo o tratamento dogmático unitário do enriquecimento sem causa uma adequada subsunção aos casos concretos. Haverá de estabelecer uma tipologia de categorias que efetue, pela integração do caso em uma delas, a referida subsunção. Defendemos, por isso, a doutrina da divisão do instituto" (*idem*, p. 28).

3.
Requisitos do Enriquecimento sem Causa

3.1. Enriquecimento

O enriquecimento consiste em requisito que possui peculiaridade em relação aos demais, pois é visto, ao mesmo tempo, como condição e medida da restituição[528].

Em termos conceituais, o enriquecimento corresponde a qualquer benefício de natureza patrimonial. É possível que sua caracterização ocorra tanto pelo aumento patrimonial, quanto pela perda evitada. O conceito é bastante amplo, sendo simplesmente impossível definir rol exaustivo de hipóteses que o caracterizam[529].

Seguindo os ensinamentos de von Tuhr, Cláudio Michelon Jr. propõe fórmula simples e direta para definir o enriquecimento. Trata-se da "diferença que existe entre o estado atual do patrimônio e o estado no qual

[528] Discute-se se eventual incapacidade do enriquecido e do prejudicado interferem na caracterização do enriquecimento sem causa. Mário Júlio de Almeida Costa corretamente afirma que os "preceitos que regulam as incapacidades destinam-se a proteger a vontade. Ora, como apuramos, o enriquecimento pode produzir-se independentemente da vontade do enriquecido e da pessoa à custa de quem ele se produz. Daí que a lei se contente com o fato objetivo do enriquecimento, nos termos que analisamos, sendo indiferente que um e outro, respectivamente, tenham capacidade para adquirir e para alienar" (*Direito das Obrigações*, 12ª ed., Coimbra: Almedina, 2018, p. 505).

[529] NANNI, Giovanni Ettore. ob. cit., p. 235.

estaria esse patrimônio se não houvesse ocorrido o fato que provocou o deslocamento de valor"[530].

Antonio Albanese acrescenta que o enriquecimento pode ocorrer tanto em termos quantitativos, em razão do aumento de patrimônio, quanto qualitativo, em virtude da melhoria realizada em determinado bem. Trata-se de conceito de natureza econômica, que inclui qualquer vantagem que ingresse na esfera patrimonial do enriquecido, inclusive eventual poupança de despesa[531].

As definições acima são adequadas para explicar conceito quase intuitivo. Enriquecimento nada mais significa do que aumento de patrimônio, seja pelo acréscimo de determinado bem, seja pela ausência da realização de despesas que deveria ser adimplida. A questão relevante consiste em definir em que medida esse enriquecimento é suficiente para impor a obrigação de restituir ao enriquecido.

Dentre as hipóteses que caracterizam o benefício patrimonial, é possível mencionar a deslocação de bens, a redução de despesas ou de eventual prejuízo e a utilização de bens ou direitos alheios. Agostinho Alvim ainda menciona a hipótese de "algum benefício moral com valor pecuniário"[532], sem esclarecer exatamente em que consistiria tal benefício, e tampouco em que medida ele se diferenciaria de simples benesse patrimonial.

Em termos mais específicos, Giovanni Ettore Nanni menciona as seguintes hipóteses de benefício:

> [o] "acréscimo patrimonial de um direito novo (propriedade de um objeto, de um crédito, etc.), incremento do valor que já o integra (benefício de uma área rural por edificação), diminuição do passivo (cancelamento sem fundamento jurídico de dívidas que gravam o patrimônio), ou, ainda, fazendo que o patrimônio não diminua (*damnus cessans*), por exemplo, evitando um desembolso que deveria ter sido concretizado em circunstâncias normais; impedindo assumir uma obrigação ou sujeitar-se a um gravame etc."[533].

[530] ob. cit., p. 185.
[531] ob. cit., p. 290.
[532] ob. cit., p. 924.
[533] *idem*, p. 936.

A efetividade é condição fundamental para a caracterização do enriquecimento. A vantagem patrimonial pode se manifestar das mais variadas formas: aquisição de coisa determinada, dinheiro ou direito de crédito, a aquisição ou incremento de direito real ou pessoal, ou mesmo o recebimento de prestação de fazer[534]. É fundamental, todavia, que seja presente, não se admitindo o enriquecimento futuro ou eventual, traduzido na mera possibilidade abstrata de uso futuro do benefício adquirido.

A Corte de Cassação italiana se manifestou acerca do assunto em caso envolvendo contrato por meio do qual o proprietário cederia terreno ao construtor, em trocas de unidades do empreendimento imobiliário. A obra se iniciou, mas deixou de prosseguir em razão da ausência de ausência de autorização administrativa. Ao analisar pedido de restituição do construtor pelas obras já realizadas no benefício – que permitiriam construção segundo a respectiva legislação –, o tribunal afirmou que a mera existência das obras era insuficiente para caracterizar o inadimplemento, pois não estaria claro em que medida o proprietário teria se beneficiado da estrutura existente no local[535].

Discute-se, ainda, se o enriquecimento deve ser aferido pela simples análise objetiva dos ativos que ingressaram no patrimônio do indivíduo, ou se deve prevalecer o efetivo acréscimo patrimonial, ou seja, a diferença entre a realidade e a situação hipotética que se verificaria caso o enriquecimento sem causa não tivesse se verificado. No primeiro caso, caracteriza-se o enriquecimento real. Já no segundo, surge a figura do enriquecimento patrimonial[536].

Antunes Varela aponta a existência desses dois critérios acerca da caracterização do enriquecimento, afirmando que a "vantagem patrimonial de que se trata pode ser *objetiva* e *isoladamente* considerada, ou ser medida através da projeção *concreta* do ato na situação patrimonial do

[534] ALBANESE, Antonio. ob. cit., p. 294.

[535] *idem*, p. 295.

[536] Nas palavras de Rodrigo da Guia Silva, o "enriquecimento patrimonial consistiria, então, no montante da concreta repercussão positiva do fato gerador do enriquecimento sobre o patrimônio do enriquecido, com base na comparação entre a situação patrimonial atual e a situação patrimonial que provavelmente existiria para o enriquecido caso não se tivesse verificado a obtenção do enriquecimento à custa de outrem (*Enriquecimento sem causa. As obrigações restitutórias no direito civil.* São Paulo: Revista dos Tribunais, 2018, p. 148).

beneficiário". Enquanto a primeira situação caracterizaria o enriquecimento real, a última consistiria no enriquecimento patrimonial[537]. Como exemplo, o autor menciona a ocupação indevida de imóvel, situação na qual o enriquecimento real residiria no aluguel inadimplido, e o patrimonial se refletiria no valor que o enriquecido estivesse disposto a pagar, se não tivesse residido irregularmente no outro bem[538].

A tendência da doutrina, segundo Teresa Negreiro, é considerar apenas o enriquecimento real[539]. Nesse sentido, Menezes Leitão afirma que:

> "não parece, porém, que a definição em termos patrimoniais do enriquecimento como pressuposto da obrigação de restituição seja adequada, uma vez que nem em face do direito alemão nem em face do direito português, se pode considerar essa solução como legislativamente consagrada, já que em ambos os direitos se faz referência a uma aquisição específica e não a um incremento patrimonial global"[540].

Interpretando o artigo 2.041 do Código Civil italiano, Vittorio Frattarolo afirma que a noção de utilidade parece ter pouca relevância para a caracterização do enriquecimento sem causa. Importa, na realidade, o simples aumento quantitativo dos bens ou direitos da parte beneficiada pela transmissão patrimonial injustificada[541].

Em contrapartida, Rodrigo da Silva Guia, em posicionamento mais recente, afirma que "parece ter se consolidado na doutrina a conclusão de que a linha de entendimento que pugna pela primazia do enriquecimento real não se coadunaria com a função restitutória que caracteriza a vedação ao enriquecimento sem causa"[542].

[537] ob. cit., p. 481.

[538] *idem*, p. 482.

[539] É esse o entendimento de Teresa Negreiro, que afirma que a "doutrina tende a considerar, para efeito da caracterização do enriquecimento sem causa, apenas o enriquecimento patrimonial" (*Enriquecimento sem causa. Aspectos de sua aplicação no Brasil como um princípio geral de direito.* In: Revista da Ordem dos Advogados. Lisboa, v. 55, n.3., dezembro-1995, p. 797).

[540] *O enriquecimento sem causa no Direito Civil. Estudo dogmático sobre a viabilidade da configuração unitária do instituto, face à contraposição entre as diferentes categorias de enriquecimento sem causa*, p. 862.

[541] *L'azione di arricchimento nella giurisprudenza.* Veneza: Vittore Gualandi, 1974, p. 16.

[542] ob. cit., p. 150.

Pietro Trimarchi[543] e Antonio Albanese[544] adotam visão sutilmente diversa acerca dos conceitos de enriquecimento patrimonial e real, admitindo a convivência entre as duas vertentes[545]. Os autores afirmam que a concepção dominante em termos de enriquecimento é aquela patrimonial, que não se refere propriamente ao bem adquirido de forma indevida, mas sim ao patrimônio do enriquecido, e às repercussões decorrentes do fato originador do enriquecimento. O conceito corresponde ao resultado de cálculo que envolve ativos e passivos, pois o deslocamento patrimonial pode gerar perdas também.

Todavia, a concepção patrimonial do enriquecimento não é a única que possui relevância. De forma paralela, é necessário considerar a concepção real, vista por Albanese não como incremento patrimonial isolado, mas como vantagem decorrente do ingresso de determinado bem e dos respectivos bens obtidos em sub-rogação. Vincula-se o enriquecimento não ao resultado da subtração entre ganhos e perdas, mas pelo ingresso de determinado bem no patrimônio do sujeito.

Se a coisa obtida sem justa causa perece, verifica-se a possibilidade de liberação do enriquecido, ou – pelo menos – a limitação da restituição a eventual benefício decorrente da utilização da coisa (artigo 2.037 do Código Civil italiano[546]). Por outro lado, caso o objeto do enriquecimento seja substituído por outro bem – ou mesmo por indenização pecuniária –, verifica-se a ocorrência de sub-rogação real em favor da parte lesada[547]. Nesse caso, a obrigação de restituir pode recair sobre o bem sub-rogado. Em contrapartida, o perecimento do objeto na vertente patrimonial não

[543] TRIMARCHI, Pietro. *L'arricchimento senza causa*. Milão: Giuffrè, 1962, p. 118/119.

[544] ob. cit., p. 293/294.

[545] Andrea Nicolussi afirma que a análise do enriquecimento injustificado, tanto no direito estrangeiro quanto no ordenamento italiano, é marcada pela convivência de dois critérios para o cálculo do enriquecimento, sendo um derivante da concepção patrimonial e outro da concepção real. Essa última se reflete em modo de calcular o enriquecimento com base em parâmetro objetivo, sem considerar os reflexos patrimoniais da obtenção do bem (*Lesione del potere di disposizione e arricchimento. Un'indagine sul danno non aquiliano*. Milão: Giuffrè, 1998, p. 399/400).

[546] Art. 2.037. "(...) Aquele que recebeu a coisa em boa-fé não responde pelo perecimento ou deterioração dessa, mesmo que causado por fato próprio, senão nos limites do seu enriquecimento" (trad. livre do italiano).

[547] ALBANESE, Antonio, ob. cit., p. 293/294.

resultaria na liberação do enriquecido em relação ao dever de restituição, pois o enriquecimento se vincula ao patrimônio do beneficiado, e não ao objeto do deslocamento patrimonial.

Diante desse cenário, Albanese conclui que a vertente real prevaleceria somente nas situações envolvendo o enriquecimento decorrente da transferência de coisa infungível. Verificada a fungibilidade do objeto do enriquecimento, a noção patrimonial do enriquecimento seria aplicável[548]. Trimarchi menciona especificamente as situações de pagamento indevido, afirmando que, nesses casos, prevaleceria o regime patrimonial[549].

Alguns autores entendem que qualificar o enriquecimento como real ou patrimonial é pouco preciso, não indicando exatamente as bases conceituais de cada instituto. É o que ocorre com Paolo Gallo[550], seguido por Cláudio Michelon Jr.[551], que preferem adotar as denominações "enriquecimento objetivo" e "enriquecimento subjetivo", buscando nomenclatura mais clara para identificar os dois critérios de benefício patrimonial.

A abordagem conferida pela doutrina às modalidades objetiva e subjetiva[552] de enriquecimento parece ser um pouco diversa daquela adotada em relação ao enriquecimento real e patrimonial. Tal como ocorre com o enriquecimento real, o objetivo se reflete no valor econômico dos bens incorporados ao patrimônio do enriquecido, havendo plena identidade entre os dois conceitos.

548 *idem, ibidem.*

549 ob. cit., p. 120/121.

550 *Arricchimento senza causa e quasi contratti*, 2ª ed., Turim: UTET, 2008, p. 38.

551 ob. cit., p. 187.

552 Adotando a Análise Econômica do Direito como premissa, Leonardo de Abreu Birchal analisa a aplicação do critério subjetivo ou objetivo para a quantificação do dano em situações diversas do enriquecimento sem causa. Em caso de inadimplemento contratual, deveria prevalecer o critério subjetivo, pois "o contrato é o âmbito comum em que as partes podem negociar", ou seja, "tudo correndo dentro do normal, os contratantes têm como acordar sobre a transferência de algo no valor que entenderem como adequado". Já na hipótese de desapropriação, o critério objetivo é preferível, evitando-se que a necessidade da Administração Pública conferisse incentivo para que os proprietários exigissem valores superiores ao devido. Segundo o autor, nesse último caso, "substitui-se o valor subjetivo pelo objetivo viabilizando a desapropriação" (*Reparação por danos: indenização por valor subjetivo (private valuation) ou objetivo (market value)?*. In: Revista de Direito Civil Contemporâneo, v. 17/2018, outubro-dezembro/2018, p. 122/123).

Por outro lado, o enriquecimento subjetivo leva em consideração o estado pessoal do sujeito enriquecido para "limitar o enriquecimento ao valor do proveito que o enriquecimento obtém"[553]. O conceito poderia indicar divergência em relação à noção de enriquecimento patrimonial, se não fosse por uma razão: a análise da subjetividade do sujeito adota como pressuposto as circunstâncias enfrentadas por ele caso a transmissão patrimonial indevida não tivesse ocorrido.

Essas duas modalidades de enriquecimento são bem ilustradas a partir de alguns exemplos. Sob a perspectiva objetiva, as despesas realizadas por determinado indivíduo para conservar bem alheio deveriam ser restituídas, ainda que o proprietário não tivesse interesse em realizar a manutenção, ou mesmo que pretendesse realizar a destruição do objeto. Já sob o viés subjetivo, o enriquecimento simplesmente não teria ocorrido, pois as despesas realizadas na conservação do bem seriam absolutamente inócuas para o enriquecido[554].

De forma semelhante àquilo ocorrido em outras legislações, o Código Civil brasileiro é silente sobre qual das concepções teria adotado. Ao apontar essa omissão, Cláudio Michelon Jr. afirma que a aplicação do princípio da conservação estática dos patrimônios consistiria "encarar a situação de modo *abstrato*, *impessoal* e *estático*, simplesmente perguntando pelo valor dos bens deslocados, sem considerar as especificidades do caso", mas ressalva que princípios não podem ser aplicados de forma subsuntiva, devendo ser sopesados com outros princípios[555].

[553] *idem, ibidem.*

[554] *idem, ibidem.* Paolo Gallo também fornece esse exemplo (*Il Codice Civile. Commentario. Arricchimento senza causa.* Milão: Giuffrè, 2003, p. 52). Antonio Albanese afirma que as despesas realizadas pelo prejudicado, que não seriam realizadas pelo enriquecido são objetivamente úteis, mas subjetivamente inúteis. Por outro lado, a parte prejudicada por realizar despesas que não seriam feitas pelo homem médio, mas que acabariam sendo realizadas pelo beneficiado. Nesse caso, o enriquecimento seria objetivamente inútil, mas subjetivamente útil (ob. cit., p. 297/298).

[555] ob. cit., p. 188. O princípio da conservação estática dos patrimônios também é mencionado por Diogo Leite de Campos, que afirma que a necessidade de obtenção de enriquecimento 'à custa de outrem' "visa uma proteção estática dos patrimônios – ou, se quisermos, uma ordenação morfológica dos bens – através da determinação dos bens que estariam a *priori*, ou abstratamente, situados pela lei nas diversas esferas patrimoniais em causa" (*Enriquecimento sem causa e responsabilidade civil.* Enriquecimento sem causa e responsabilidade civil. Revista da Ordem dos Advogados, ano 42. Lisboa: Ordem dos Advogados Portugueses, 1982, p. 42).

O autor prossegue realizando interpretação sistemática e teleológica do Código Civil, e conclui que "a concepção mais adequada de enriquecimento no direito brasileiro é a concepção subjetiva, mitigada por um sistema de presunções (...)"[556]. Para justificar essa conclusão, Michelon Jr. afirma que, de forma subjacente ao Código Civil em vigor, existe a ideia de se buscarem "soluções interpretativas que demonstrem mais abertura ao caso concreto, soluções que permitam aprender com a realidade jurídica"[557].

Desde o início, o Código Civil brasileiro foi desenvolvido como sistema marcado pela maleabilidade e pela constante adaptação a situações concretas. Trata-se de sistema desenvolvido a partir de cláusulas gerais e conceitos jurídicos indeterminados, permitindo que as peculiaridades de cada caso influenciem no convencimento do julgador[558].

A posição de Michelon Jr. quanto à adoção do critério subjetivo diz respeito somente à caracterização do enriquecimento, mas não à quantificação da restituição. Em outras palavras, a existência de valoração pessoal do beneficiado quanto à transmissão patrimonial é suficiente para satisfazer um dos critérios indispensáveis para a caracterização do enriquecimento sem causa. Todavia, a avaliação desse acréscimo patrimonial – e do consequente dever de restituir – passa por outros critérios[559].

A adoção do parâmetro subjetivo possui influência decisiva na questão do enriquecimento valioso em termos objetivos, mas inútil subjetivamente[560].

[556] MICHELON JR., Cláudio. ob. cit., p. 188/189.

[557] *idem*, p. 189.

[558] Nas palavras de Judith Martins-Costa, "Desde logo, assento uma premissa que vale, paradoxalmente, como conclusão: a razão de visualizar o novo texto legislativo à luz das suas cláusulas gerais responde à questão de saber se sistema de direito privado tem aptidão para recolher os casos que a experiência social contínua e inovadoramente propõe a uma adequada regulação, de modo a ensejar a formação de modelos jurídicos inovadores, abertos e flexíveis. Em outras palavras, é preciso saber se no campo da regulação jurídica privada é necessário, para ocorrer o progresso do Direito, recorrer sempre à punctual intervenção legislativa ou se o próprio sistema legislado poderia, por si, proporcionar os meios de se alcançar a inovação, conferindo aos novos problemas soluções *a priori* assistemáticas, mas promovendo, paulatinamente, a sua sistematização" (*O direito privado como um 'sistema em construção' – as cláusulas gerais no projeto do Código Civil brasileiro*. In: Revista dos Tribunais, v. 753/1998, julho/1998, p. 24).

[559] ob. cit., p. 189.

[560] Paolo Gallo afirma que, em se tratando da gestão de negócios – instituto próximo ao enriquecimento sem causa –, a jurisprudência italiana tem adotado concepção objetiva para

No consumo de bens alheios, é bem possível que o objeto consumido possua relevante valor do mercado, mas seja insignificante para a parte beneficiada. Nessa hipótese, o requisito do enriquecimento não se caracteriza, faltando um dos requisitos indispensáveis para a incidência do enriquecimento sem causa no caso concreto[561].

A utilização do critério subjetivo se mostra arriscada, pois a análise do estado anímico do sujeito confere margem para incerteza absolutamente dispensável. É justamente por isso que essa vertente do enriquecimento pode ser adotada, mas deve necessariamente ser acompanhada de sistema de presunções. Dentro desse modelo, deve-se buscar a reconstrução hipotética da realidade, para se definir – em termos objetivos – se aquele determinado bem se revela útil para o sujeito[562].

Para ilustrar o sistema de presunções do modelo subjetivo, vale analisar potenciais cenários envolvendo o enriquecimento com valor de mercado, mas inócuo para a parte, e aquele sem nenhum valor econômico, mas relevante para o beneficiado. Nesse último caso, a parte prejudicada deve demonstrar que o benefício, embora sem valor de mercado, é efetivamente valioso para o enriquecido, apresentando elementos que indique que o valor subjetivo difere e – mais importante – é superior ao objetivo.

Já nas hipóteses de enriquecimento valioso objetivamente, porém potencialmente sem valor subjetivo, opera-se "sofisticado sistema de presunções absolutas e relativas"[563] em favor do prejudicado. Eventual tentativa do beneficiado de afastar o enriquecimento sem causa por meio da desvalorização subjetiva deve ser sopesada com a situação concreta, e determinadas hipóteses tornam presumível que, mesmo sob a perspectiva subjetiva, o enriquecimento ocorreu.

O sistema de presunções recai fundamentalmente sobre os seguintes parâmetros: (i) a existência de necessidade jurídica – ou seja, de obrigação

avaliar se a gestão possuiu utilidade para o dono do negócio. É a situação que ocorre, por exemplo, caso o gestor conserte telhado de prédio que o dono pretendia demolir. Gallo afirma que os tribunais italianos entendem que a utilidade da iniciativa é reconhecida caso gere um benefício ou evite prejuízo, e caso tivesse sido realizada pelo titular com base na conduta do *bonus paterfamilia* (*Gestione d'affari altrui.* In: Digesto dele Discipline Privatistiche. Sezione Civile, p. 428).

[561] MICHELON JR., Cláudio. ob. cit., p. 190.

[562] *idem, ibidem.*

[563] *idem, ibidem.*

legal –, que se vincula sobretudo a potenciais despesas realizadas pela parte prejudicada; (ii) a existência de necessidade fática, que deve ser verificada de acordo com as circunstâncias concretas; (iii) a eventual aceitação tácita do beneficiado; e (iv) a conversão do enriquecimento em dinheiro.

A existência de obrigação legal de pagamento pelo beneficiado gera presunção absoluta quanto ao caráter valioso de eventual despesa adimplida pela parte prejudicada. Já na esfera dos motivos de natureza fática, é necessário verificar, no caso concreto, a real necessidade do sujeito beneficiado de realizar a despesa. Imagine-se, por exemplo, que o prejudicado realiza determina obra estrutural em imóvel que estava prestes a ruir. O enriquecido não poderá simplesmente alegar que não possuía interesse na reforma, à luz do risco de perecimento da edificação.

Por sua vez, a aceitação tácita do benefício afasta eventual possibilidade de recusa pela parte beneficiada[564]. Esse parâmetro – que também se vincula à justa causa do enriquecimento – se verifica principalmente nas situações nas quais o enriquecido reconhece o fato gerador do enriquecimento, e nada faz para evitá-lo. É possível afirmar que, ao adotar essa conduta, o enriquecido aceitou tacitamente o deslocamento patrimonial que lhe favorecia, não podendo tentar desvalorizá-lo.

Tampouco será possível suscitar a desvalorização subjetiva nas hipóteses da conversão do benefício em dinheiro. Michelon Jr. menciona o exemplo no qual obras realizadas em imóvel geram valorização e o respectivo proprietário aliena o bem com ganho financeiro[565]. Por mais que as benfeitorias na residência pudessem ser consideradas inúteis pelo beneficiado, a monetarização desse benefício torna-o claramente valioso, pouco importando as nuances subjetivas da parte enriquecida.

Por meio do sistema de presunções, avalia-se a existência do benefício a partir da análise da concepção pessoal do indivíduo, mas à luz das diversas circunstâncias objetivas envolvidas no ato de transmissão patrimonial. Trata-se, em suma, de enriquecimento subjetivo, mas objetivado a partir do contexto do caso concreto.

Entendimento diverso é adotado por Antonio Albanese. O autor afirma que a necessidade de patrimonialidade e efetividade do enriquecimento

564 *idem*, p. 192.

565 *idem, ibidem*. Cláudio Michelon Jr. menciona que, âmbito do direito inglês, essa situação é conhecida como *realization in money*.

indica que, se houver aumento efetivo do patrimônio, o enriquecido é obrigado a realizar a restituição, sem que possa demonstrar que sua avaliação do incremento patrimonial seria diversa daquela decorrente da aplicação de critérios objetivos[566].

Por outro lado, a conduta das partes não deve ser levada em consideração para a caracterização do enriquecimento. A relevância do comportamento do prejudicado se verifica, na realidade, no âmbito da justa causa, que será analisada no item abaixo. De fato, eventual comportamento da parte prejudicada não interfere na caracterização ou na quantificação do benefício patrimonial do enriquecido, pois não o torna maior ou menor, mas apenas o justifica, afastando eventual restituição.

No âmbito do enriquecimento, a adoção do parâmetro subjetivo, permeado pelo sistema de presunções, é a melhor alternativa. Trata-se de regime que proporciona o equilíbrio entre o valor patrimonial do objeto do enriquecimento e o valor que lhe é atribuído pelo enriquecido, combinando a objetividade e a certeza da avaliação mercadológica com a justiça da percepção do indivíduo acerca do bem.

O sistema também se mostra interessante, pois confere ao enriquecido o ônus de demonstrar a irrelevância de bem valioso em termos mercadológicos, ao mesmo tempo em que impõe parâmetros objetivados para a realização dessa prova. A existência de valor de mercado satisfaz o ônus da prova do prejudicado quanto à existência de benefício patrimonial do enriquecido. É natural, portanto, que caiba a esse último demonstrar que o incremento patrimonial lhe é absolutamente irrelevante, à luz das peculiaridades verificadas no caso concreto.

Já a dicotomia entre as vertentes patrimonial e real do enriquecimento – embora útil – se mostra insuficiente para explicar fenômeno jurídico marcado pela complexidade e pela existência de inúmeras peculiaridades em cada caso concreto. A definição quanto à existência do enriquecimento vai além de se definir se o incremento patrimonial é o mero resultado da subtração entre ativo e passivo, ou se corresponde apenas ao ingresso de determinado bem no patrimônio.

Justamente pela insuficiência dessa linha de raciocínio, a posição adotada por Pietro Trimarchi e Antonio Albanese é mais razoável para definir o sentido de enriquecimento patrimonial e real, que não apenas

[566] ob. cit., p. 298.

podem conviver entre si, mas também não afastam a perspectiva objetiva e subjetiva do enriquecimento. Nesse ponto, a questão não se volta propriamente à quantificação do enriquecimento, mas à sua caracterização: enquanto a vertente patrimonial se volta naturalmente a bens fungíveis, sendo natural – pela natureza dos objetos – que recaia sobre o resultado final gerado pelo evento do enriquecimento no patrimônio, a vertente real recai sobre bens infungíveis e sobre os objetos originados de eventual sub-rogação, sem que isso signifique que eventual prejuízo sofrido pelo enriquecido seja desconsiderado.

Ultrapassada a questão do enriquecimento pela vertente real ou patrimonial, ingressa-se no exame do benefício sob a perspectiva subjetiva, com os contornos objetivados decorrentes tanto do ponto de partida da análise – qual seja, o valor de mercado do bem –, quanto pelo sistema de presunções que mitigam a influência de eventuais alegações relativas ao estado psicológico do indivíduo.

Diante desse cenário, verifica-se que a caracterização do enriquecimento possui como pressuposto intricado sistema, que busca levar em consideração as nuances inerentes ao incremento patrimonial. Dentro desse regime, é possível afirmar que o enriquecimento (i) deve ser efetivo, afastando-se a restituição do benefício futuro e meramente eventual; (ii) pode ser caracterizado pela perspectiva patrimonial ou real, dependendo da natureza do bem que originou o benefício; e (iii) deve ser avaliado subjetivamente, mas a partir do valor de mercado do bem, e à luz de sistema de presunções que leva em consideração a necessidade jurídica e fática do deslocamento patrimonial, a aceitação tácita pelo enriquecido e a eventual conversão em dinheiro do objeto do enriquecimento.

3.2. Ausência de justa causa

Analisar o conceito de enriquecimento sem causa envolve necessariamente o exame do que consiste a causa cuja inexistência afasta a justificativa do deslocamento patrimonial. A compreensão desse elemento é fundamental para qualificar o acréscimo patrimonial – definindo-o como justo ou injusto –, pois a mera obtenção de vantagem a partir de bens ou direitos alheios não pode ser considerada como fundamento suficiente para se impor o dever de restituir.

A noção de ausência de causa é provavelmente uma das mais intricadas do direito civil, a ponto de Menezes Leitão afirmar que a "ausência de causa justificativa é seguramente o conceito mais indeterminado no âmbito do enriquecimento sem causa"[567].

Justamente pelo caráter vago do instituto, o autor português aponta que parte da doutrina adota posições meramente abstratas para definir o conceito de causa, limitando-se a afirmar que:

> "o enriquecimento não terá causa justificativa quando segundo os princípios legais não haja razão de ser para ele, quando, segundo o sistema jurídico, deve pertencer a outrem, e não ao efetivo enriquecido ou quando inexistam normas que determinem a manutenção do enriquecimento".[568]

A tendência de adoção de conceitos vagos não pode ser aceita, sob pena de se permitir que o enriquecimento sem causa se torne instituto excessivamente aberto, ou ainda que possua conteúdo tautológico. De fato, é inviável qualificar como sem causa o enriquecimento simplesmente porque ele seria incompatível com princípios subjacentes ao ordenamento jurídico. Admitir essa hipótese significa criar desnecessária margem para se utilizar o enriquecimento sem causa nas situações patrimoniais compatíveis com o ordenamento, mas incompatíveis com a visão subjetiva do intérprete.

É necessário ir além, definindo-se com maior precisão quando e em que medida o deslocamento patrimonial deve ser considerado justificado ou não. Não se pretende estabelecer parâmetros rígidos e excessivamente restritivos do conceito, retirando-lhe a flexibilidade e, em certa medida, a vagueza que lhe são inerentes. Todavia, é necessário traçar as balizas que definam a moldura do instituto, ainda que o respectivo preenchimento não esteja completamente definido.

3.2.1. A causa do negócio jurídico e a justa causa do enriquecimento

Existem diversas dificuldades inerentes ao exame da causa. A primeira delas consiste em diferenciar os diferentes conceitos de causa existentes

[567] *O enriquecimento sem causa no Direito Civil. Estudo dogmático sobre a viabilidade da configuração unitária do instituto, face à contraposição entre as diferentes categorias de enriquecimento sem causa*, p. 862. Giovanni Ettore Nanni também entende que o conceito de causa seria o mais "tormentoso" dentro da análise do enriquecimento (ob. cit., p. 262).

[568] *idem, ibidem.*

no ordenamento. Ultrapassada essa etapa, ingressa-se propriamente na causa justificadora do enriquecimento, analisando-a especificamente dentro do âmbito patrimonial[569].

A noção de causa possui grande diversidade de significados. Antonio Junqueira de Azevedo identifica 5 concepções diferentes de causa. A causa pode ser compreendida, em primeiro lugar, como o próprio fato jurídico, como verificado em excerto atribuído a Gaio que afirma que "as obrigações surgem dos contratos, dos delitos e de 'várias figuras de causas'"[570].

A causa também pode ser vislumbrada como motivo, tanto psicológico quanto objetivo do negócio jurídico[571]. O motivo psicológico – também chamado de motivo determinante – constava do artigo 90 do Código Civil de 1916[572], que estabelecia que a falsa causa não vicia o negócio jurídico. Já o motivo objetivo pode ser verificado na compra e venda que precede a tradição[573], ou seja, a entrega do bem apenas é realizada por existir negócio jurídico que obrigue o vendedor a praticá-la.

O terceiro significado do termo consiste em "causa da juridicidade dos atos humanos", ou seja, a razão pela qual o ordenamento confere efeitos jurídicos a determinadas condutas, e não a outras. Dentro desse significado, é possível apontar a causa natural, que consiste nos atos que obrigam

[569] Ao tratar da ausência de justa causa, Cláudio Michelon Jr. aponta a compreensão do conceito é dificultada (i) pela tendência da doutrina de conferir significado unitário para o conceito de causa, principalmente no tocante à causa do enriquecimento e a causa do negócio jurídico; e (ii) pela ausência de clareza, no âmbito da doutrina, sobre a existência de diferentes regras aplicáveis à causa, de acordo com a modalidade de enriquecimento analisada (ob. cit., p. 209).

[570] AZEVEDO, Antonio Junqueira. *Negócio Jurídico e Declaração Negocial.* Tese de titularidade apresentada na Faculdade de Direito da Universidade de São Paulo, 1986, p. 121.

[571] Nas palavras de Diogo Leite de Campos, "durante largo período do século XIX os pandectistas alemães, que aliás pouco interesse dedicavam à teoria da causa, acentuaram o caráter subjetivo desta: a causa seria a pressuposição de um fim relativo à satisfação de um impulso ou de uma necessidade do autor do ato. Por outras palavras: uma representação que foi determinante para a sua vontade" (*A subsidiariedade da obrigação de restituir o enriquecimento.* Coimbra: Almedina, 2003, p. 266).

[572] Art. 90. "Só vicia o ato a falsa, causa, quando expressa como razão determinante ou sob forma de condição".

[573] AZEVEDO, Antonio Junqueira. *Negócio Jurídico e Declaração Negocial.* Tese de titularidade apresentada na Faculdade de Direito da Universidade de São Paulo, 1986, p. 121.

pela própria natureza das coisas. Nos contratos reais, a mera celebração do negócio jurídico não gera obrigações, sendo necessária a entrega de algo de um dos contratantes para o outro para que surja a obrigação. Trata-se justamente da causa natural. Por sua vez, a causa civil se traduz no reconhecimento do ato como propenso a gerar efeitos jurídicos, a partir das convenções da sociedade[574]. Cláudio Michelon Jr. se aproxima dessa noção, ao afirmar que a causa consiste em "sua característica negocial, que pode determinar se o negócio jurídico é apto a produzir efeitos"[575], enquanto que Luciano de Camargo Penteado afirma que a causa jurídica é aquela "que faz do ato plurisubjetivo um ato jurídico, é *a responsável pela aura de juridicidade*"[576].

O quarto significado de causa é justamente de causa da atribuição patrimonial, que é o que mais interessa no âmbito do enriquecimento sem causa. Todo o deslocamento patrimonial depende de causa que o justifique. Na *causa credendi*, normalmente o sujeito A se torna credor do sujeito B porque o sujeito B se tornou credor do sujeito A, como se verifica, por exemplo, na compra e venda. Na *causa solvendi*, B recebe algo porque já era credor de A, como ocorre na dação em pagamento ou no próprio pagamento. Já na *causa donandi*, B se tornou credor de A porque esse último quis doar algo ao primeiro[577].

A última noção de causa consiste no "fim do próprio negócio"[578], ou seja, a "função prático-social do negócio, ou como função econômico-social"[579]. Em última análise, a causa do negócio jurídico é a finalidade – ou a função[580] – que lhe foi conferida pelo ordenamento em termos

[574] AZEVEDO, Antonio Junqueira. *Negócio Jurídico e Declaração Negocial*. Tese de titularidade apresentada na Faculdade de Direito da Universidade de São Paulo, 1986, p. 122/123.

[575] ob. cit., p. 211.

[576] ob. cit., p. 95.

[577] AZEVEDO, Antonio Junqueira. *Negócio Jurídico e Declaração Negocial*. Tese de titularidade apresentada na Faculdade de Direito da Universidade de São Paulo, 1986, p. 124.

[578] *idem, ibidem*.

[579] AZEVEDO, Antonio Junqueira. *Negócio Jurídico. Existência, validade e eficácia*, p. 150.

[580] Marcos Bernardes de Mello afirma que a causa consiste em "atribuição jurídica do negócio, relacionada ao fim prático que se obtém como decorrência dele. Nesse sentido, há (a) *causa solvendi*, quando o negócio tem como resultado o adimplemento de obrigações; (b) *causa credendi*, dita também *constituendi*, quando do negócio resulta a constituição de um crédito, em contrapartida da criação de uma obrigação e (c) *causa donandi* que 'supõe que nem se crie crédito a favor de alguém, nem se solva dívida. Só um dá, sem outra causa que a de

econômicos e sociais[581]. Como regra, a causa se confunde com o objeto do negócio, mas existem exceções. É o que se verifica na compra e venda com cláusula de retrovenda, que pode ser utilizada pelas partes como forma de garantia de obrigações. Nesse caso, o devedor aliena ao credor determinado bem, e as partes estipulam o retorno da propriedade ao alienante com o pagamento de preço que equivale ao valor da dívida[582].

Na hipótese acima mencionada, a causa típica da compra e venda – qual seja, a circulação de bens e de dinheiro – é suplantada pela finalidade de garantir outra obrigação. A finalidade típica conferida ao negócio pelo ordenamento jurídico é substituída por outro propósito, conferido ao ato pelas partes, sem que isso caracterize eventual ilegalidade[583].

Na esfera do direito privado, os negócios jurídicos normalmente possuem natureza causal, ou seja, a finalidade típica do ato integra seu conteúdo. Antunes Varela acrescenta que, nesses casos, "a causa é uma *causa interna* (*ein innerer Rechtsgrund*) e os vícios a ela inerentes geram a nulidade ou a resolução de todo o negócio[584]". A situação não se verifica quando (i) o vício se origina posteriormente à celebração do negócio; (ii) o negócio jurídico possua natureza abstrata; ou (iii) nas hipóteses

inserir bem da vida no patrimônio de outrem. A *causa*, em última análise, constitui a *função* do negócio jurídico" (*Teoria do Fato Jurídico. Plano da Existência.* 10ª ed., São Paulo: Saraiva, 2000, p. 128).

581 De acordo com Carlos Orlandi Chagas, a causa do negócio jurídico deve ser compreendida como "a razão jurídica da declaração de vontade, ou seja, a finalidade econômica ou social determinante do negócio, que não se confunde com seus meros motivos, visto que podem ser estes até mesmo ilícitos, mantendo-se indene o ato celebrado, sendo que o mesmo não ocorre quando se trata de causa ilícita" (*Novos Defeitos do Negócio Jurídico*, Tese de Doutorado apresentada na Faculdade de Direito da Universidade de São Paulo, 2014, p. 59).

582 O exemplo é de Antonio Junqueira de Azevedo (*Negócio Jurídico. Existência, validade e eficácia*, p. 150).

583 Lino de Morais Leme aponta a existência de controvérsia doutrinária entre os autores denominados causalistas e aqueles conhecidos como anti-causalistas. O primeiro grupo afirma, basicamente, que o ato jurídico não consiste em fim em si mesmo. Ele é direcionado para determinada finalidade. Dentro desse grupo, encontram-se autores como Capitant, Traviesas e Carboni. Por sua vez, o grupo anti-causalista é composto por Planiol, Laurent, Huc, Windscheid, Clóvis Beviláqua e Manoel Inácio Carvalho de Mendonça (*A causa nos contratos.* In: Revista da Faculdade de Direito da Universidade de São Paulo, v. 52, 1957, p. 74). Antonio Junqueira de Azevedo também faz referência a essa histórica controvérsia, mencionando especificamente o debate no âmbito do direito francês (*Negócio Jurídico. Existência, validade e eficácia*, p. 104).

584 ob. cit., p. 485.

nas quais a ação pauliana leve à anulação do ato, mas o pagamento já se realizou[585].

No tocante especificamente aos negócios jurídicos abstratos, a causa não integra o conteúdo do ato. Eventuais vícios inerentes à causa não possuem reflexo na validade ou na eficácia do ato em si, possuindo apenas relevância para a caracterização do enriquecimento sem causa, com a imposição do respectivo dever de restituir. Por essa razão, havendo a emissão de título de crédito com suporte em negócio jurídico simulado, o devedor não poderá suscitar o vício para evitar o pagamento devido a terceiro endossatário do título, podendo apenas buscar a restituição por parte do credor original[586].

Nos negócios sinalagmáticos, a causa de atribuição patrimonial normalmente equivale à finalidade pretendida pelas partes[587]. As partes pretendem realizar e se beneficiar das prestações recíprocas, e são essas prestações que justificam a atribuição patrimonial recebida por cada uma delas.

Verifica-se, portanto, que as diferentes modalidades de causa, embora distintas, podem se relacionar em circunstâncias específicas. Nas hipóteses em que a ausência de causa – no sentido de finalidade – do negócio jurídico causal afeta sua validade ou sua eficácia, a causa que justifica o deslocamento patrimonial realizado deixa de existir[588]. Na *condictio ob turpem vel iniustam causam*, por exemplo, o negócio jurídico é celebrado com finalidade ilícita, havendo sua consequente nulidade (artigo 166, VI, do Código Civil brasileiro) e a inexistência da justa causa de atribuição patrimonial.

Na exceção de contrato não cumprido envolvendo negócios jurídicos causais, a parte não pode ser compelida a realizar a prestação que lhe

585 *idem, ibidem.*

586 *idem, ibidem.* Nas palavras de Antonio Junqueira de Azevedo, "um ato é dito *causal* ou *abstrato,* conforme a falta desta causa de atribuição·patrimonial tenha, ou não, influência na sua eficácia" (*Negócio Jurídico e Declaração Negocial.* Tese de titularidade apresentada na Faculdade de Direito da Universidade de São Paulo, 1986 p. 125).

587 AZEVEDO, Antonio Junqueira. *Negócio Jurídico e Declaração Negocial.* Tese de titularidade apresentada na Faculdade de Direito da Universidade de São Paulo, 1986, p. 127.

588 ANTUNES VARELA, João de Matos. *Das obrigações em geral,* 10ª ed., v. 1, Coimbra: Almedina, 2016, p. 485. Cláudio Michelon Jr. também se manifesta nesse sentido (ob. cit., p. 218).

cabia caso o outro contratante não houver cumprido a prestação que lhe cabia[589]. O inadimplemento de um dos contratantes afeta diretamente a exigibilidade da obrigação do outro, ou seja, o descumprimento da finalidade do negócio jurídico afasta a justa causa da atribuição patrimonial. Caso, ainda assim, a prestação seja realizada, o contratante inadimplente enriquecerá sem a necessária causa.

A exceção de contrato não cumprido consiste em hipótese interessante para se distinguir a causa do negócio jurídico da justa causa do enriquecimento. A relação obrigacional que se qualifica como causa do pagamento também possui sua respectiva causa, segundo Antunes Varela. Caso integre o negócio jurídico, a causa da obrigação consiste na finalidade conferida pelo ordenamento ao respectivo negócio. Se essa finalidade, por alguma razão, não se verificar, as prestações realizadas no âmbito do negócio não possuem causa que as justifiquem[590].

É o que ocorre, por exemplo, na hipótese de nulidade do negócio jurídico em razão ausência de capacidade de uma das partes. Nessa hipótese, eventual prestação realizada não possui a indispensável causa para justificar o deslocamento patrimonial ocorrido, à luz da ausência de eficácia da relação jurídica obrigacional que tornaria exigível a realização da prestação[591].

De forma semelhante, a resolução do contrato cuja prestação se tornou impossível, sem culpa do devedor (artigo 234 do Código Civil), significa o desaparecimento da causa do negócio jurídico, pois não mais subsiste finalidade socioeconômica para a manutenção da avença. Como resultado disso, o ato deixa de produzir efeitos, e eventuais deslocamentos patrimoniais verificados no seu âmbito não possuem a necessária causa justificadora da atribuição patrimonial, caracterizando o enriquecimento sem causa.

O resultado é o mesmo na esfera dos negócios jurídicos abstratos. A única diferença é que, nesses casos, a causa do negócio jurídico não existe, inexistindo relação entre esse conceito e a justa causa do enriquecimento. A justa causa da atribuição patrimonial permanece aplicável, porém sem relação com os elementos do negócio jurídico.

[589] MICHELON JR., Cláudio, ob. cit., p. 212.

[590] *idem, ibidem.*

[591] *idem, ibidem.*

Em última análise, a causa concebida como finalidade do negócio jurídico e a causa de atribuição patrimonial são conceitos distintos e que não se confundem, embora se relacionem. Nos negócios jurídicos causais, a causa consiste em elemento intrínseco ao negócio jurídico, cuja ausência resulta na ineficácia ou invalidade do ato e na consequente ausência de causa de atribuição patrimonial[592]. Já nos negócios abstratos, a causa se limita a ser a justificativa da atribuição patrimonial, e sua ausência consiste em requisito para o dever de restituir.

3.2.2. As posições doutrinárias sobre a justa causa do enriquecimento

Deve-se ingressar, então, na análise da causa justificadora do enriquecimento. A primeira comissão responsável pela elaboração do Código Civil alemão havia defendido o esclarecimento do conceito de justa causa. Todavia, decidiu-se adotar noção genérica, sem se identificar precisamente em que consistiria o conceito[593].

De acordo com Lelio Barbiera, existem poucos posicionamentos acerca da noção de justa causa na Itália, tanto no âmbito doutrinário quanto jurisprudencial. O autor faz referência aos estudos realizados antes da promulgação do Código Civil de 1942, afirmando que a justificativa normalmente conferida ao enriquecimento sem causa consiste na equidade. O autor ressalva, todavia, a existência de posicionamentos que entendem que o enriquecimento sem causa possui fundamento na ausência de vontade ou até mesmo na culpa do prejudicado, na inexistência de interesse social, e ainda na possibilidade de remoção do deslocamento patrimonial sem a violação das normas jurídicas que lhe confeririam fundamento[594].

O conceito é bastante complexo e apresenta diversas sutilezas que dificultam sua exata compreensão. Provavelmente em razão dessas peculiaridades, verifica-se a existência, na atualidade, de abordagens bastante distintas a respeito da causa justificadora do enriquecimento: (i) parte da doutrina adota visão mais genérica, conferindo contornos de princípios ao conceito; e (ii) outra parte realiza análise mais detalhada da causa, e aponta severas dificuldades em definir o conceito de forma unitária.

[592] MICHELON JR., Cláudio (ob. cit., p. 212).

[593] BARBIERA, Lelio. ob. cit., p. 12.

[594] *idem*, p. 20/21.

A primeira forma de abordagem pode ser verificada a partir do entendimento de Giovanni Ettore Nanni, que entende que "não há homogeneidade ou combinação de fatores que delimitem o campo de atuação do enriquecimento sem causa"[595]. Em análise passageira sobre o conceito, Diogo Leite de Campos afirma que a "causa submeteria o enriquecimento aos valores da ordem jurídica, controlando a legitimidade das deslocações patrimoniais operadas"[596].

O mesmo viés generalizante é adotado por Rodrigo da Guia Silva. O autor reconhece a importância da causa justificativa ao afirmar que a definição mais precisa do conceito é relevante para conferir "coerência interna do ordenamento jurídico, a qual restaria ameaçada caso se admitisse o surgimento de pretensões restitutórias tendentes a desfazer transferências ou atribuições patrimoniais regularmente amparadas em título jurídico idôneo"[597].

Em seguida, Rodrigo da Guia Silva propõe que a justa causa seja submetida a "giro conceitual", traduzido em "releitura capaz de ampliar o seu conteúdo". Mais especificamente, a lei e o contrato – tradicionais causas justificadoras do enriquecimento – deveriam ser submetidas a processo de "ressignificação", passando a levar em consideração "a incidência direta dos princípios constitucionais às relações privadas, a instrumentalização das situações patrimoniais às existenciais (...), a insuficiência do método meramente subsuntivo, a concepção ampla da legalidade constitucional e, por fim, a consideração de todo o ordenamento jurídico para a individualização da norma do caso concreto"[598].

A releitura proposta pelo autor reconhece a necessidade da justa causa como elemento essencial para conferir coerência ao enriquecimento sem causa. Todavia, o entendimento sugere que a análise quanto à existência causa passa necessariamente pelo exame do conteúdo desses elementos, identificando-se sua compatibilidade com a "principiologia constitucional"[599].

[595] ob. cit., p. 270.

[596] *Enriquecimento sem causa e responsabilidade civil.* In: Revista da Ordem dos Advogados, ano 42. Lisboa: Ordem dos Advogados Portugueses, 1982, p. 47.

[597] ob. cit., p. 173.

[598] *idem, ibidem.*

[599] ob. cit., p. 184.

A vinculação da noção de justa causa – ou mesmo da lei ou do negócio jurídico – à ampla base de princípios confere margem para o aumento excessivo e indiscriminado de aplicação do enriquecimento sem causa, permitindo-se que o instituto seja utilizado como subterfúgio para contornar institutos jurídicos que se revelem incômodos para o intérprete. É bem verdade que a noção de causa não se limita à análise formal quanto à existência de justo título do enriquecimento, mas tampouco possui âmbito de incidência muito amplo, não se caracterizando como instrumento de aplicação

Observe-se que o conteúdo de causa não se confunde com a interpretação da norma jurídica. A interpretação da norma jurídica busca identificar seu real conteúdo, partindo-se de uma série de técnicas tradicionalmente aceitas, tais como o exame literal do texto legal, a análise sistemática da regra dentro do sistema normativo, a finalidade da regra e o contexto histórico de sua elaboração[600]. Outro conceito – absolutamente diverso – consiste em definir em que medida a existência da norma jurídica – qualquer que seja seu conteúdo – é suficiente para justificar o acréscimo patrimonial.

Em contraposição à vertente generalizante da causa, alguns autores adotam visão mais restritiva acerca do instituto, buscando defini-lo de forma mais precisa, embora reconheçam a enorme dificuldade em estabelecer balizas que limitem a incidência do conceito[601]. Mesmo nesses casos, verifica-se a tendência da vinculação da justa causa à existência de lei

[600] Tratando da interpretação do negócio jurídico, Francisco Paulo de Crescenzo Marino afirma que a "finalidade do processo de interpretação do negócio jurídico é determinar o seu *conteúdo total*, isto é, não só o conteúdo expresso, mas também o implícito (...). Trata-se, em outras palavras, de precisar o significado do negócio jurídico. (...) O conteúdo global (ou texto) do negócio jurídico só é determinado em sua plenitude quando o intérprete se vale de todos os meios interpretativos possíveis e percorre, quando necessário, os dois momentos hermenêuticos em que o processo se biparte (...), respeitados, no entanto, os limites impostos pela consideração da categoria específica do negócio jurídico em questão e pelo caso concreto" (*Interpretação do negócio jurídico*. São Paulo: Saraiva, 2011, p. 97 e 102).

[601] Agostinho Alvim indica que segue uma visão mais restritiva sobre o enriquecimento ao afirmar que "A justa causa pode ter apoio em lei que autorize o enriquecimento; ou, num contrato, mais precisamente, num ato jurídico; ou ainda poderá justificar-se num fato originado da outra parte, hipóteses estas que merecem estudadas destacadamente" (ob. cit., p. 929).

ou contrato[602] justificando o incremento patrimonial, em raciocínio que resvala na tautologia e reduz de forma excessiva e equivocada o âmbito de incidência da justa causa, pois vincula a justificativa do enriquecimento às bases legais tradicionais que autorizam a atribuição de bens ou direitos a determinado sujeito.

3.2.3. Os diversos conceitos de justa causa do enriquecimento

Ao buscar maior precisão da definição de justa causa, a linha doutrinária mais restritiva se deparou com enorme dificuldade em apresentar conceito unitário que pudesse ser utilizado em qualquer modalidade de enriquecimento. Afirmou-se, então, que a justa causa deve ser compreendida de diferentes formas, considerando a modalidade de enriquecimento verificada, distinguindo-se (i) situações envolvendo o enriquecimento por prestação (ii) das demais modalidades de enriquecimento[603].

No primeiro caso, verifica-se "um incremento consciente e finalisticamente orientado do patrimônio alheio, sendo a não realização do fim visado com esse incremento que determina a restituição"[604]. Existe, nesses casos, a finalidade subjacente à prestação, que pode se voltar – ainda que não necessariamente – ao cumprimento de obrigação legal ou contratual.

Por exclusão lógica, o descompasso entre a prestação e a finalidade da obrigação afasta a justificativa do enriquecimento. Essa inexistência pode se verificar no momento da realização da prestação (*condictio indebiti*), ou em momento posterior, no qual a finalidade da obrigação desaparece

[602] Mônica Yoshizato Bierwagen segue linha um pouco diferente. A autora identifica a justa causa com a mera existência de autorização legal ou contratual para o enriquecimento em qualquer situação, e não apenas para as hipóteses de enriquecimento não vinculado à prestação. Nas palavras da autora, "quanto à ausência de justa causa, esta consiste na inexistência de uma razão juridicamente reconhecida para o aumento e diminuição patrimonial. Portanto, se o enriquecimento deriva de uma causa prevista em lei ou por obrigação assumida pela parte, esse pressuposto não estará preenchido, afastando-se a incidência do art. 884. É o caso, por exemplo, da reparação de danos materiais. Se o que foi pago corresponde ao valor do dano, há uma causa jurídica que ampara o aumento de um e a diminuição de outro patrimônio" (*Princípios e Regras de Interpretação dos Contratos no Novo Código Civil.* São Paulo: Saraiva, 2002, p. 58).

[603] É o caso de Luís Manuel Teles de Menezes Leitão. *O enriquecimento sem causa no Direito Civil. Estudo dogmático sobre a viabilidade da configuração unitária do instituto, face à contraposição entre as diferentes categorias de enriquecimento sem causa*, p. 863.

[604] *idem, ibidem.*

(*condictio ob causam finitam*) ou simplesmente não se verifica (*condictio ob rem*). A ausência de causa não decorre propriamente da inexistência da obrigação legal, mas da não realização da finalidade que lhe é subjacente[605].

Verifica-se, então, que a mera existência de obrigação legal é insuficiente para caracterizar a justa causa do enriquecimento. É necessária a existência de elemento qualificador à obrigação, consistente na satisfação da finalidade que lhe é subjacente. Esse é o fator fundamental para a definição quanto à existência de justa causa do incremento patrimonial.

Como exemplo disso, Menezes Leitão menciona o artigo 475 do Código Civil português, que reconhece a existência de causa nas transmissões patrimoniais quando "o autor sabia que o efeito com ela previsto era impossível, ou se, agindo contra a boa-fé, impediu a sua verificação"[606]. Pelo teor do texto legal, verifica-se que o foco da justa causa no âmbito da prestação se volta diretamente à finalidade da prestação, e não à relação obrigacional em si.

Antunes Varela também entende que existe um conceito diverso de causa para cada uma das diferentes modalidades de enriquecimento. De acordo com o autor, "a noção de causa do enriquecimento varia consoante a natureza jurídica do ato que lhe serve de fonte"[607], ou seja, é difícil – quiçá impossível – adotar conceito uniforme aplicável para todas as hipóteses de enriquecimento.

No âmbito das relações jurídicas de crédito, a causa da prestação consiste na relação jurídica obrigacional que lhe é subjacente[608]. Pode-se analisar, como exemplo, o caso de pagamento realizado pelo devedor ao cedente, antes de ser notificado a respeito da cessão. Para resguardar a boa-fé subjetiva do devedor originário, o ordenamento jurídico não atribui eficácia à cessão em relação a esse indivíduo[609], resguardando o pagamento

605 *idem, ibidem.*

606 *idem*, p. 864.

607 ob. cit., p. 483.

608 Nas palavras de Antunes Varela, a "causa do enriquecimento, sempre que este provém de uma prestação, é assim a relação jurídica (de crédito, neste caso), que a prestação *visa satisfazer* – ou seja, o *fim imediato* da prestação (ob. cit., p. 483).

609 Marcel Edvar Simões qualifica a notificação do devedor como "um ato jurídico *stricto sensu* do tipo enunciativo. Para o autor, "a função desta etapa no processo da cessão de crédito é meramente suplementar: a cessão (transmissão) está completa com o acordo de transmissão entre cedente e cessionário. A notificação é apenas para eficácia relativa ao devedor, vale dizer,

realizado. Em contrapartida, o cedente recebe prestação sem figurar no polo ativo de relação jurídica creditícia, obtendo benefício patrimonial sem possuir justa causa para tanto, e em detrimento do cessionário do crédito, que sofreu as consequências da extinção da relação obrigacional com o devedor[610].

Se, por um lado, a prestação extinguiu a obrigação do devedor originário, cumprindo sua finalidade, por outro, sua destinação ao cedente se revelou incompatível com a finalidade de satisfação de crédito. Surge, então, o enriquecimento sem causa, e o consequente dever de restituir.

Situação semelhante ocorre em caso de pagamento realizado pelo devedor ao credor, após a satisfação da mesma dívida pelo fiador, sem que o devedor original tenha sido informado[611]. Pelo desaparecimento do vínculo obrigacional, a prestação realizada não cumpre sua finalidade, conferindo fundamento para a restituição.

A ausência de causa se verifica, ainda, em situações nas quais inexiste propriamente atribuição patrimonial, em razão da ausência de deslocamento de bens ou direitos, mas se verifica o incremento dos seus respectivos valores. É o que ocorre, por exemplo, em caso de melhorias realizadas em determinado bem, ou ainda na situação na qual se realiza involuntariamente publicidade promovendo determinado produto[612].

Também se verifica o enriquecimento sem causa pelo uso, consumo ou disposição de bens alheios sem a existência da respectiva causa justificativa. Trata-se das hipóteses de enriquecimento por intervenção, na qual o sujeito enriquecido utiliza indevidamente imóvel alheio, seja para sua residência, seja para a prática de atividades empresariais[613], ou ainda na situação de uso indevido da imagem alheia.

para que este, ciente do ocorrido, não venha mais a adimplir ao cedente, mas sim ao cessionário (conforme explicita F.C. Pontes de Miranda, a regra é de proteção do devedor, que não deve sofrer as consequências do que desconhece). Portanto, a cessão de crédito deve ser notificada ao devedor, mas não necessita de assentimento deste" (*Transmissão em direito das obrigações: cessão de crédito, assunção de dívida e sub-rogação pessoal.* Dissertação de Mestrado apresentada na Faculdade de Direito da Universidade de São Paulo, 2011, p. 21).

[610] Artigo 292 do Código Civil português.

[611] ANTUNES VARELA, João de Matos. ob. cit., p. 484.

[612] *idem*, p. 216/217.

[613] *idem, ibidem.*

Nas situações nas quais o enriquecimento sem causa não se vincula à realização de prestação, a noção de justa causa é um pouco diversa. Inexiste, nesses casos, a prestação da parte prejudicada, faltando o ato cuja finalidade deve ser observada para a caracterização da justa causa do enriquecimento.

No tocante especificamente ao enriquecimento por intervenção, Menezes Leitão entende ser:

> "produtivo o recurso ao conceito de conteúdo da destinação dos direitos, considerando-se que uma aquisição não tem, em princípio, causa jurídica quando resulta na apropriação de bens ou utilidades destinadas a outrem através de um direito subjetivo ou de uma norma de proteção com conteúdo patrimonial"[614].

O autor português reconhece que a noção de causa, na esfera do enriquecimento por intervenção, possui conteúdo "rudimentar", pois significa basicamente a ausência de autorização legal ou contratual para que determinado indivíduo intervenha sob direitos alheios[615]. Nesse sentido, o autor afirma que, no enriquecimento por prestação, a ausência de causa reside na frustração da finalidade visada com a prestação, enquanto no enriquecimento por intervenção a ausência de causa decorre da frustração da destinação atribuída pela ordem jurídica a determinados bens[616]. Antunes Varela segue a mesma linha, ao afirmar que "enriquecimento é injusto porque, segundo a ordenação substancial dos bens aprovada pelo Direito, ele [o bem acessório] deve pertencer a outro"[617].

No âmbito do enriquecimento por intervenção, a noção de justa causa se confunde com a própria natureza do direito violado. Na linha do conteúdo de destinação, que será analisado mais adiante[618], a justa causa se verifica quando o direito reserva os benefícios dele originados ao seu titular e essa atribuição se verifica na prática. Em contrapartida, se esses

[614] MENEZES LEITÃO, Luís Manuel Teles de. *O enriquecimento sem causa no Direito Civil. Estudo dogmático sobre a viabilidade da configuração unitária do instituto, face à contraposição entre as diferentes categorias de enriquecimento sem causa*, p. 865.

[615] *idem, ibidem.*

[616] *idem*, p. 788/789.

[617] ob. cit., p. 487.

[618] Cf. item 4.1.2 abaixo.

benefícios são apropriados por outro sujeito, a partir da intervenção no direito do titular, inexiste justa causa e o enriquecimento é injustificado.

Consequência natural disso é que a noção de finalidade, presente na justa causa do enriquecimento por prestação, também se encontra subjacente ao enriquecimento por intervenção. A análise do conteúdo da destinação consiste, em última análise, no exame da natureza do direito e de sua finalidade, devendo-se observar se aquela modalidade de direito destina os respectivos proventos ao titular e se essa destinação foi observada no caso concreto.

A mesma noção de causa se aplica no enriquecimento por despesa efetuada. Também nesse caso, é essencial analisar, basicamente, a existência de fundamento legal ou contratual – e a observância da respectiva finalidade – para que determinado sujeito suporte a despesa inicialmente direcionada a outro indivíduo[619].

Existe linha doutrinária um pouco diversa daquela acima exposta, principalmente no âmbito do enriquecimento não vinculado à prestação. A diferença se refere basicamente à premissa do raciocínio utilizado, que não parte da existência da dicotomia entre o enriquecimento por prestação e as demais hipóteses de enriquecimento, bem como ao enfoque sobre relevantes características relativas ao próprio conceito de justa causa.

Assim como diversos dos autores acima referidos, Cláudio Michelon Jr. entende ser impossível definir conceito único de justa causa. Todavia, o autor não adota como premissa a diferença entre o enriquecimento por prestação e as demais hipóteses de enriquecimento. Na realidade, o autor diferencia (i) a causa justificativa para a atribuição patrimonial; da (ii) causa justificativa para acréscimo de valor de determinado bem; e ainda da (iii) causa justificativa para o uso, gozo ou fruição de bem ou direito alheio[620].

A atribuição patrimonial se refere especificamente a deslocamentos patrimoniais, ou seja, à transmissão da titularidade de determinado bem ou direito de determinado indivíduo para outro. O enfoque é diverso daquele vislumbrado acima: ao invés de se analisar a justa causa sob a perspectiva

619 MENEZES LEITÃO, Luís Manuel Teles de. *O enriquecimento sem causa no Direito Civil. Estudo dogmático sobre a viabilidade da configuração unitária do instituto, face à contraposição entre as diferentes categorias de enriquecimento sem causa*, p. 866.

620 ob. cit., p. 214.

da existência ou não de prestação realizada pela parte, examina-se o conceito a partir do exame do ingresso de determinado direito no patrimônio da parte, ou à luz do aumento do valor de bens que já se encontram no patrimônio do indivíduo, ou ainda sob a ótica da existência de fundamento para a prática de atos que afetam direitos alheios.

As sutis diferenças entre a abordagem sob a ótica da prestação e da atribuição patrimonial não alteram a lógica utilizada para a compreensão do conceito de justa causa. A questão fundamental é que o deslocamento do patrimônio deve ser analisado sob a perspectiva finalística, ou seja, sob a ótica dos princípios que orientam e justificam especificamente a atribuição do bem ou direito a determinado sujeito.

Em sentido amplo, a atribuição patrimonial – ou seja, o deslocamento de bens para o patrimônio de determinado sujeito – deve ser analisada à luz de sua respectiva finalidade. Não basta que exista norma ou negócio jurídico justificando o ingresso do direito na esfera patrimonial do sujeito. É essencial que a finalidade subjacente ao ato seja contemplada na situação concreta.

A destinação de bens ou direitos a certo sujeito ocorre por propósitos diferentes. Dependendo da situação concreta, e do regime jurídico que lhe é aplicável, o propósito da atribuição patrimonial pode consistir na realização de determinada contraprestação que leve à aquisição do domínio, na necessidade de proteção da criação intelectual ou ainda na proteção da boa-fé e da legítima expectativa, como ocorre no caso do credor que recebe em pagamento determinado bem fungível, consumindo-o, sem conhecer que o alienante não possui direito para aliená-lo (artigo 307 do Código Civil)[621].

Em última análise, o enriquecimento sem causa lida justamente com as hipóteses de atribuição patrimonial que formalmente se encaixam nas respectivas regras, mas que se revelam incompatíveis com a finalidade subjacente ao ato. Mais do que o mero encaixe na subsunção ao texto normativo, é necessária a adequação material entre a inserção de determinado bem ou direito no patrimônio do indivíduo e as finalidades vislumbradas pelo ordenamento para justificar a atribuição.

[621] Cláudio Michelon Jr. trata da questão sob a ótica do princípio que orienta cada norma (*idem*, p. 215). Até mesmo em razão da vagueza conceitual da noção de princípio, é preferível analisar a questão a partir da finalidade da norma legal.

Todavia, nem sempre é fácil compreender qual a finalidade subjacente a determinada atribuição patrimonial. Até porque às vezes as regras que conferem direitos a determinados sujeitos são orientadas por propósitos diferentes, que podem, em circunstâncias específicas, se revelar conflitantes entre si. A difícil tarefa consistente na compreensão da finalidade da atribuição depende de análise casuística, sendo praticamente impossível estabelecer balizas gerais a esse respeito.

3.2.4. A lei e o negócio jurídico

Nos itens acima, verificou-se que a lei e o negócio jurídico são balizas relevantes para se aferir a justa causa do enriquecimento. Colocada essa premissa, é importante analisar como e em que medida esses elementos contribuem para justificar o ingresso de determinado direito na esfera patrimonial do indivíduo.

Na esfera normativa, a questão do enriquecimento originado por disposição de norma cogente possui grande relevância. Discute-se, neste ponto, se o aumento patrimonial decorrente de norma expressa e obrigatória pode caracterizar o benefício indevido ou se a simples existência do dispositivo legal é suficiente para justificar o enriquecimento.

A análise dessa questão depende fundamentalmente do exame da finalidade da norma que leva ao aumento do patrimônio, sendo insuficiente a mera existência do dispositivo normativo[622]. No âmbito da aquisição da propriedade pelos meios originários, consistiria em verdadeiro contrassenso, por exemplo, impor a restituição àquele que adquiriu a propriedade de determinado bem em razão da usucapião. Afinal, o propósito do instituto consiste justamente em reconhecer juridicamente situação de fato já consolidada no tempo, em prol de maior segurança e estabilidade às relações jurídicas[623].

[622] Antonio Albanese não se refere especificamente à finalidade da norma, limitando-se a afirmar que "a lei é justa causa do enriquecimento", embora reconheça que "existem hipóteses nas quais se tentou utilizar a noção de justa causa para corrigir enriquecimento determinado pela lei" (ob. cit., p. 211).

[623] Essa é a opinião de Cláudio Michelon Jr. (ob. cit., p. 223). De forma semelhante, Paolo Gallo afirma que o enriquecimento sem causa é excluído nas situações envolvendo a usucapião, pois seria uma forma de contornar a disciplina do instituto (*Il Codice Civile. Commentario. Arricchimento senza causa*. Milão: Giuffrè, 2003, p. 67). De forma semelhante, Antonio Albanese afirma que "em relação à presença de disposições de lei idôneas para justificar o deslocamento

A finalidade pode adquirir contornos diversos, dependendo da modalidade de enriquecimento sem causa. No enriquecimento por prestação, a ausência de causa reside na frustração da finalidade visada com a prestação. Já no enriquecimento por intervenção, a ausência de causa decorre da frustração da destinação atribuída pela ordem jurídica a determinados bens[624].

Em se tratando da acessão, Cláudio Michelon Jr. aponta a existência de regime jurídico específico para proporcionar o equilíbrio patrimonial porventura afetado pelo deslocamento da propriedade de determinada esfera patrimonial para outra. Dentro dessa disciplina, é garantida, como regra geral, "a restituição do valor dos bens acedidos (...), eventualmente cumulada à indenização (...)"[625].

Nessa hipótese, o próprio ordenamento se encarrega de especificar a forma de interação entre duas finalidades inerentes ao instituto, pois confere a propriedade do bem acessório ao proprietário do bem principal, reconhecendo juridicamente situação de fato consolidada, ao mesmo tempo em que estabelece a indenização ao proprietário da coisa acessória, em prol da manutenção do equilíbrio patrimonial.

Como exemplo, é interessante analisar o precedente do *arrêt Boudier*. Naquele caso, arrendatário de propriedade rural havia adquirido adubo para o terreno. À luz do inadimplemento do valor devido pelo arrendamento, o imóvel foi devolvido ao proprietário, que se beneficiou ao receber o adubo incorporado ao terreno. Sem poder se voltar contra o arrendatário,

patrimonial, pensa-se na disciplina da usucapião, ou naquela da ocupação, ou, ainda, na invenção: em todos esses casos a lei, diversamente das hipóteses examinadas no segundo capítulo, não prevê compensação em favor de quem perdeu o direito sobre o bem; limita-se a sancionar o transferimento em benefício de outro. Permitir nesses casos ao empobrecido de obter indenização significaria sobrepor o princípio do artigo 2.041 c.c. sobre a disciplina desses institutos, voltada a premiar a iniciativa de quem adquire o direito e a sancionar a inércia do ex-titular (*Ingiustizia del profitto e arricchimento senza causa*, Verona: CEDAM, 2005, p. 205 – trad, livre do italiano).

[624] MENEZES LEITÃO, Luís Manuel Teles de. *O enriquecimento sem causa no Direito Civil. Estudo dogmático sobre a viabilidade da configuração unitária do instituto, face à contraposição entre as diferentes categorias de enriquecimento sem causa*, p. 788/789.

[625] *idem*, p. 224. Paolo Gallo trata dessas hipóteses fazendo referência ao regime legal do Código Civil italiano (artigos 923, 935, 936, 937, 940 e 944), que estabelece expressamente hipóteses de restituição (*Il Codice Civile. Commentario. Arricchimento senza causa.* Milão: Giuffrè, 2003, p. 67).

que havia adquirido o insumo mas estava insolvente, o comerciante ingressou com ação contra o proprietário do terreno rural, buscando a restituição pelo enriquecimento obtido pelo titular do domínio, que havia se beneficiado pela acessão das sementes à sua propriedade[626].

Sob a perspectiva formal da acessão, o adubo havia se incorporado à propriedade rural, ingressando no patrimônio do proprietário do terreno. Todavia, a acessão se vinculava diretamente a negócio jurídico inadimplido e a prejuízo injustamente sofrido pelo comerciante. Diante desse cenário, o benefício patrimonial obtido pelo detentor do domínio se vinculava diretamente ao decréscimo sofrido pelo vendedor do insumo, caracterizando-se situação de desequilíbrio patrimonial incompatível com o ordenamento.

O contrato de locação celebrado entre o proprietário e o locatário é insuficiente para conferir justa causa para o acréscimo patrimonial auferido pelo primeiro como resultado de serviços prestados por terceiro, que não recebeu pelo trabalho realizado. Inexistindo relação contratual entre o proprietário e o prestador de serviços, o benefício recebido se revela injustificado, conferindo margem para a restituição[627].

Sob o ponto de vista da lei, o *arrêt Boudier* caracteriza situação de ausência de causa por não satisfazer os princípios subjacentes ao instituto da acessão. Ao mesmo tempo em que consolida o domínio de coisas unidas perante um único sujeito, proporcionando segurança jurídica, o modo originário de aquisição de propriedade estabelece indenização à parte que perde o bem acessório, resguardando o equilíbrio patrimonial. Essa última finalidade foi justamente aquela que se encontrava prejudicada, e que acabou sendo preservada pela Corte de Cassação no precedente francês.

A questão da causa da atribuição patrimonial em razão de norma cogente também foi tratada no âmbito dos julgados que trataram dos expurgos inflacionários verificados no Brasil no final da década de 1980 e início da década de 1990. Buscando promover a redução da inflação, o governo federal interveio na economia, definindo os índices de correção

[626] O exemplo é dado por Cláudio Michelon Jr. (*idem*, p. 216).

[627] Olivier Deshayes, Thomas Genicon e Yves Marie Laithier afirmam que a redação do artigo 1.303-1 do Código Civil Francês, introduzido na reforma de 2016, permite qualificar como enriquecimento sem causa situações nas quais o contrato celebrado entre o enriquecido e um terceiro não confere margem para o benefício recebido pelo primeiro à custa do titular do direito (ob. cit., p. 554).

monetária para evitar o quase irrefreável ciclo de aumento de preços verificado naquela oportunidade.

Verificou-se, posteriormente, que os índices estabelecidos pelo governo eram insuficientes para proporcionar a manutenção do poder de compra da moeda, pois o aumento de preço havia sido bem superior àquilo inicialmente esperado. Por mais que houvesse norma expressa determinando a aplicação desses índices, e que essas normas fossem cogentes[628] – justamente por refletirem a política econômica governamental –, a jurisprudência reconheceu a existência de enriquecimento sem causa por parte dos sujeitos que haviam efetuado pagamentos a menor, em razão da reduzida correção monetária imposta pelo regime jurídico estabelecido pelos planos econômicos.

Tratando dessa questão, o Superior Tribunal de Justiça[629] afirmou que:

> [na] "presente hipótese, uma vez extinta a OTN[630], os índices que a substituíram trouxeram o expurgo de parte da efetiva desvalorização da moeda, logo, não pairam dúvidas de que a correção a ser aplicada ao título executivo extrajudicial deve, necessariamente, incluir, para que recomponha o efetivo poder de compra, os expurgos inflacionários decorrentes dos planos econômicos do Governo"[631].

[628] O Plano Bresser foi disciplinado pelo Decreto-Lei nº 2.335, de 12 de junho de 1987. Já o chamado Plano Verão foi regulado por meio da Lei nº 7.730, de 31 de janeiro de 1989. No caso do Plano Collor, a norma que estabeleceu o regramento econômico – incluindo a correção monetária dos depósitos bancários – foi a Lei nº 8.024, de 12 de abril de 1990.

[629] Antonio Albanese menciona julgado do Tribunal de Bergamo, em situação na qual a parte suscitou o enriquecimento sem causa como fundamento para afastar alegada situação de injustiça patrimonial originado pelo princípio do nominalismo contratual (artigo 1.277 do Código Civil italiano e 315 do Código Civil brasileiro). A corte rejeitou o pedido, afirmando que o enriquecimento sem causa não poderia se sobrepor aos demais institutos do direito civil (ob. cit., p. 213).
A situação é um pouco diversa daquela tratada nos casos envolvendo planos econômicos no Brasil. As normas que regulavam a economia naquela ocasião estabeleciam a correção monetária, buscando conservar o valor da moeda. Todavia, essa conservação se revelou insuficiente em razão dos altos índices inflacionários verificados no período.

[630] Obrigação do Tesouro Nacional.

[631] PROCESSUAL CIVIL. RECURSO ESPECIAL. EXECUÇÃO DE TÍTULO EXTRAJUDICIAL. INSTRUMENTO DE CONFISSÃO DE DÍVIDA. CORREÇÃO MONETÁRIA. INCLUSÃO DE EXPURGOS INFLACIONÁRIOS. POSSIBILIDADE. RECURSO NÃO CONHECIDO.

Em ocasião mais recente, destaca-se o julgado proferido pelo Superior Tribunal de Justiça no Recurso Especial nº 1.795.760/SP[632]. Logo após o ajuizamento de execução fiscal pelo Município de São Paulo, o suposto

1. Apreciando o caso, esclareceu o e. Ministro FERNANDO GONÇALVES que os expurgos inflacionários "correspondem à corrosão intrínseca de índices legais de correção monetária, que não refletiam - como instrumento de política de autofinanciamento governamental - a real desvalorização da moeda observada no período".
2. Nos termos da remansosa jurisprudência desta eg. Corte de Justiça, "a correção monetária plena é mecanismo mediante o qual empreende-se a recomposição da efetiva desvalorização da moeda, com
o escopo de se preservar o poder aquisitivo original, sendo certo que independe de pedido expresso da parte interessada, não constituindo um plus que se acrescenta ao crédito, mas um minus que se evita." (EDcl no AgRg nos EREsp 517.209/PB, 1ª Seção, Rel. Min: LUIZ FUX, DJe de 15/12/2008).
3. Conforme precedentes deste Tribunal, a inclusão dos expurgos inflacionários, como medida de recomposição da moeda, é decorrência direta da correção monetária, porquanto aqueles "se configuram como valores extirpados do cálculo da inflação, quando da apuração do índice real que corrigiria preços, títulos públicos, tributos e salários, entre outros." (EREsp 81.583/DF, 3ª Seção, Rel. Min. JORGE SCARTEZZINI, DJ de 17.2.2003). No mesmo sentido: Recurso Especial nº 110.114/SP. 4ª Turma. Relator: Ministro Barros Monteiro. j. 28.5.2002.
4. Adotados tais entendimentos, não há falar, na espécie, em falta de liquidez do título executivo em virtude da inclusão dos expurgos inflacionários, porquanto estes visam, tão-somente, à plena recomposição da moeda, evitando, outrossim, o enriquecimento sem causa por parte da devedora.
5. Recurso especial não conhecido. (Recurso Especial nº 900.791/RJ. 4ª Turma. Relator: Ministro Fernando Gonçalves. j. 15.3.2011).

632 PROCESSUAL CIVIL E TRIBUTÁRIO. EXECUÇÃO FISCAL. EXTINÇÃO. INSCRIÇÃO EM DÍVIDA ATIVA. CANCELAMENTO. HONORÁRIOS ADVOCATÍCIOS. PERCENTUAL SOBRE O VALOR DA CAUSA. DESPROPORCIONALIDADE EVIDENCIADA. JUÍZO DE EQUIDADE. POSSIBILIDADE.
1. O Código de Processo Civil de 2015, em seu art. 85, dedicou amplo capítulo para os honorários advocatícios sucumbenciais, estabelecendo novos parâmetros objetivos para a fixação da verba, com a estipulação de percentuais mínimos e máximos sobre a dimensão econômica da demanda (§ 2º), inclusive nas causas envolvendo a Fazenda Pública (§ 3º), de modo que, na maioria dos casos, a avaliação subjetiva dos critérios legais a serem observados pelo magistrado servirá apenas para que ele possa justificar o percentual escolhido dentro do intervalo permitido.
2. Não é possível exigir do legislador que a tarifação dos honorários advocatícios por ele criada atenda com razoabilidade todas as situações possíveis, sendo certo que a sua aplicação em alguns feitos pode gerar distorções.
(...)

devedor informou que havia obtido tutela liminar, em ação anulatória, determinando a suspensão da exigibilidade do crédito tributário. Com a concordância do exequente, o juiz de primeiro grau extinguiu o processo executivo, condenando o ente municipal ao pagamento de honorários advocatícios, nos patamares mínimos previstos no §3º do artigo 85 do Código de Processo Civil.

Como resultado disso, caberia ao exequente realizar o pagamento de verba honorária calculada sobre o valor exequendo, que somava a substancial quantia de R$ 32.779.932,36. A partir da sistemática estabelecida no §3º do artigo 85 do Código de Processo Civil, o município de São Paulo pagaria aos advogados da executada a quantia que giraria em torno de R$ 1.400.000,00.

Adotando-se a literalidade do texto legal, os advogados da devedora seriam beneficiados com honorários substanciais, apenas por terem apresentado uma única petição informando a suspensão da exigibilidade do crédito tributário. Diante disso, o Superior Tribunal de Justiça utilizou o enriquecimento sem causa como ferramenta interpretativa, aplicando-o para calibrar a incidência do §3º do artigo 85 do Código de Processo Civil, e evitar o pagamento de vultosa quantia por trabalho pontual e que exigiu poucos esforços dos advogados. A verba honorária acabou sendo fixada em R$ 10.000,00 (dez mil reais), a partir de arbitramento equitativo, e com base em aplicação analógica do artigo 85, §8º, do Código de Processo Civil.

A situação é um pouco diversa no âmbito dos negócios jurídicos. Existe posicionamento que defende que a existência de negócio jurídico eficaz é insuficiente para justificar a atribuição patrimonial[633]. Na conhecida

8. A aplicação do juízo de equidade na hipótese vertente não caracteriza declaração de inconstitucionalidade ou negativa de vigência do § 3º do art. 85 do CPC/1973, mas interpretação sistemática de regra do processo civil orientada conforme os princípios constitucionais da razoabilidade e da proporcionalidade, tal como determina hoje o art. 1º do CPC/2015, pois fugiria do alcance dos referidos princípios uma interpretação literal que implicasse evidente enriquecimento sem causa de um dos sujeitos do processo, sobretudo, no caso concreto, em detrimento do erário municipal, já notoriamente insuficiente para atender as necessidades básicas da população.
9. Recurso especial não provido. (1ª Turma. Relator: Ministro Gurgel de Faria, j. 21.11.2019).

[633] Pedro Paes não fala propriamente do negócio jurídico, mas sim da "vontade do prejudicado". Nas palavras do autor, "a ausência de causa é caracterizada por enriquecimento não

obra sobre contrato de distribuição, Paula Forgioni trata especificamente da hipótese na qual o fornecedor resolve o negócio jurídico por inadimplemento do distribuidor, e se beneficia pela apropriação dos atributos positivos originados da relação contratual, tais como o mercado conquistado e o aumento da força da marca. A autora entende que a situação caracteriza o enriquecimento sem causa do fornecedor pois, com o término do contrato, a justa causa de atribuição patrimonial deixa de existir[634].

O negócio jurídico é resultado dos efeitos atribuídos pelo ordenamento jurídico à manifestação de vontade em determinadas circunstâncias[635]. O enriquecimento sem causa direciona – ou até mesmo corrige – a aplicação das normas legais, compatibilizando-as com suas respectivas finalidades. Todavia, e por respeito à autonomia da vontade, não cabe ao enriquecimento sem causa intervir no conteúdo do negócio jurídico, alterando os deslocamentos patrimoniais definidos a partir do exercício da livre iniciativa das partes. A mera existência do negócio jurídico corresponde à finalidade adequada para a atribuição patrimonial.

Particularmente em relação ao contrato de distribuição, a causa do enriquecimento porventura auferido pelo fornecedor após a resolução contratual consiste no contrato celebrado com os clientes. Por outro lado, é impossível atribuir – ainda que parcialmente – a titularidade dos benefícios originados da relação de distribuição ao distribuidor, pois não existe base legal para tanto. A lei define especificamente as situações nas quais o distribuidor deve ser compensado, e não estabelece eventual restituição pelos atributos porventura incorporados ao negócio do fornecedor no caso de inadimplemento contratual. Sob a perspectiva legal, a clientela e a marca não integram o patrimônio do distribuidor nesse caso, inexistindo atribuição patrimonial injustificada caso propiciem aumento patrimonial ao fornecedor.

apoiado na lei ou na vontade do prejudicado" (ob. cit., p. 139). A exigência de negócio jurídico é mais apropriada, por envolver não apenas o acordo de vontades das partes, como também a manifestação de vontade direcionada a determinado fim.

634 *Contrato de Distribuição*. 3ª ed., São Paulo: Revista dos Tribunais, 2014, p. 318 e ss..

635 Nas palavras de Antonio Junqueira de Azevedo, "o direito, acompanhando a visão social, atribui, à declaração, os efeitos que foram manifestados como queridos, isto é, atribui a ela *efeitos constitutivos de direito*" (*Negócio Jurídico. Existência, validade e eficácia*. 4ª. ed., São Paulo: Saraiva, 2002, p. 15/16).

A posição majoritária da doutrina defende a suficiência do negócio jurídico eficaz como justa causa do enriquecimento[636]. Nas palavras de Cláudio Michelon Jr.:

> "a regra geral é a de que a eficácia de um negócio jurídico cujo conteúdo justifique a atribuição patrimonial, o acréscimo de valor ou o uso, gozo e fruição do bem de outrem é condição suficiente para a existência de causa para essa atribuição ou para esse acréscimo. Assim, o instituto do enriquecimento sem causa não pode servir para justificar a intervenção no negócio jurídico válido e eficaz, como parece ser parte da doutrina. Isso não é possível, porque a existência de negócio jurídico válido e eficaz é, por si só, causa de atribuição patrimonial"[637].

Esse mesmo raciocínio consta do acórdão proferido pelo Superior Tribunal de Justiça por ocasião do julgamento do Recurso Especial no 1.361.182/RS[638]. O acórdão proferido naquela oportunidade afirma que é

[636] Rodrigo da Guia Silva, por exemplo, afirma que "a vantagem patrimonial obtida à custa de patrimônio alheio sem amparo na lei (em sentido lato) ou no negócio jurídico deverá, em regra, ser objeto de restituição por parte do enriquecido" (*Enriquecimento sem causa. As obrigações restitutórias no direito civil*, p. 195), embora entenda que a interpretação do conceito de justa causa envolve parâmetros genéricos de natureza civil-constitucional.

[637] *idem*, p. 219. Menezes Leitão adota a mesma posição, afirmando que "a aplicação do art. 473º é naturalmente excluída sempre que exista uma pretensão fundada num negócio jurídico. Os negócios constituem causas justificativas da aquisição enquanto a ação de enriquecimento pressupõe a ausência de causa justificativa (ob. cit., p. 918/919). Para Lucas Hildebrand, "pode-se afirmar que o enriquecimento tem causa se decorre de uma prestação fundada em negócio jurídico eficaz, se é autorizado por norma cogente e se é originado de ato do próprio empobrecido (neste último caso se ressalvando as situações de despesas necessárias e de aceitação tácita do benefício) (*O enriquecimento sem causa no Direito Civil. Estudo dogmático sobre a viabilidade da configuração unitária do instituto, face à contraposição entre as diferentes categorias de enriquecimento sem causa*, p. 190).

[638] 2ª Seção, Relator: Ministro Marcos Buzzi, j. 10.8.2016. Acórdão proferido dentro da sistemática dos recursos repetitivos. Discutia-se o prazo prescricional aplicável para pretensões condenatórias de pagamentos realizados com fundamento em cláusulas contratuais nulas.
A tese fixada pelo Superior Tribunal de Justiça foi a seguinte:
"Para os efeitos do julgamento do recurso especial repetitivo, fixa-se a seguinte tese: Na vigência dos contratos de plano ou de seguro de assistência à saúde, a pretensão condenatória decorrente da declaração de nulidade de cláusula de reajuste nele prevista prescreve em 20

"da invalidade, no todo ou em parte, do negócio jurídico, que nasce para o contratante lesado o direito de obter a restituição dos valores pagos a maior, porquanto o reconhecimento do caráter ilegal ou abusivo do contrato tem como consequência lógica a perda da causa que legitimava o pagamento efetuado. A partir daí fica caracterizado o enriquecimento sem causa, derivado de pagamento indevido a gerar o direito à repetição do indébito (arts. 182, 876 e 884 do Código Civil de 2002)".

Pelo teor do julgado, verifica-se que a corte superior entende que a causa que justificava os pagamentos efetuados pelo segurado consistia no contrato celebrado entre as partes, cujos efeitos eram produzidos regularmente, ao menos em momento inicial. Verificada a nulidade do contrato, desaparece a causa que sustentava os pagamentos realizados, caracterizando-se o enriquecimento sem causa[639].

Em contrapartida, existem precedentes jurisprudenciais que contrariam – ainda que de forma oblíqua – a suficiência do negócio jurídico eficaz como justa causa da atribuição patrimonial. A iniciativa dos julgados é preocupante sob o ponto de vista dogmático, pois, na tentativa de obter reforço retórico, eles utilizam o enriquecimento sem causa como instrumento de intervenção no regime estabelecido por determinado negócio jurídico.

É o que se verifica de alguns julgados que, ao discutir a validade de determinado dispositivo contratual, aplicam normas específicas para qualificar a cláusula como ilícita, ao mesmo tempo em que utilizam o enriquecimento sem causa como reforço argumentativo para alterar o regime contratual então vigente.

A prática se verificou, por exemplo, nos casos sobre disposições contratuais que estabelecem a perda das parcelas pagas em caso de desistência do contrato pelo consumidor[640]. Os julgados mencionam que

anos (art. 177 do CC/1916) ou em 3 anos (art. 206, § 3º, IV, do CC/2002), observada a regra de transição do art. 2.028 do CC/2002".

[639] A suficiência de negócio jurídico válido e eficaz como causa justificativa da atribuição patrimonial foi reconhecida pelas III Jornadas de Direito Civil, promovidas pelo Conselho da Justiça Federal em dezembro de 2004. O enunciado 188 possui redação direta e objetiva, estabelecendo de forma clara que "A existência de negócio jurídico válido e eficaz é, em regra, uma justa causa para o enriquecimento".

[640] MICHELON JR., Cláudio. ob. cit., p. 220.

o afastamento do regime contratual decorre da aplicação do artigo 924 do Código Civil de 1916[641] – que estabelecia a redução proporcional das cláusulas penais, caso houvesse o cumprimento parcial da obrigação –, mas acrescentam que a manutenção da validade do dispositivo contratual caracterizaria o enriquecimento sem causa em favor da parte beneficiada pela penalidade[642].

A utilização do enriquecimento sem causa como instrumento para alterar a disciplina contratual se mostra equivocada. Neste ponto, é essencial realizar distinção entre situações absolutamente diversas. São os institutos jurídicos específicos que caracterizam a ilegalidade de determinada cláusula contratual, levando à nulidade e ao consequente afastamento do dispositivo. Por sua vez, o enriquecimento sem causa não possui âmbito de incidência para questionar a validade de atribuições patrimoniais decorrentes de negócios jurídicos, servindo, no máximo, para corrigir atribuições patrimoniais em momento posterior ao reconhecimento da nulidade do contrato, à luz do desaparecimento superveniente da justa causa[643].

Diante desse cenário, e ao contrário daquilo que os julgados acima referidos parecem pressupor, a justa causa não consiste em instrumento

[641] Art. 924. "Quando se cumprir em parte a obrigação, poderá o juiz reduzir proporcionalmente a pena estipulada para o caso de mora, ou de inadimplemento".

[642] "Civil. Processual Civil. Recurso Especial. Compromisso de compra e venda de imóvel. Rescisão contratual. Arras. Cláusula de decaimento. Fundamento inatacado. Comprovação do dissídio jurisprudencial.

- É inválida a cláusula contratual que prevê a perda de parte das parcelas pagas pelo promissário-comprador, com a rescisão do compromisso de compra e venda de imóvel, ainda que seja a título de direito às arras, quando tal valor represente o enriquecimento sem causa do promitente-vendedor.
- A devolução de 70% (setenta por cento) dos valores pagos pelo promissário-comprador atende à necessidade de redução proporcional do direito à retenção.
- É inadmissível o Recurso Especial que não impugna todos os fundamentos do acórdão recorrido.
- A comprovação do dissídio jurisprudencial alegado no Recurso Especial exige o cotejo analítico entre os julgados tidos como divergentes.

Recurso não conhecido". (Recurso Especial nº 299.619. 4ª Turma. Relator: Ministro Sálvio de Figueiredo Teixeira. j. 13.3.2001). Decisão semelhante foi proferida no Recurso Especial nº 284.157. 4ª Turma. Relator: Ministro Sálvio de Figueiredo Teixeira. j. 1.3.2001.

[643] No direito brasileiro, essa hipótese é regulada pelo artigo 885 do Código Civil.

genérico para estabelecer suposta situação de justiça contratual. Por mais que seus contornos sejam de difícil definição, o instituto possui limites, não podendo ser utilizado como via oblíqua para impor o regime contratual que se mostra conveniente para o julgador. A lei confere causa para a atribuição patrimonial, desde que sua finalidade seja observada, enquanto o negócio jurídico válido e eficaz é suficiente para justificar o enriquecimento.

3.2.5. Ausência de lei ou negócio jurídico: análise casuística e o enriquecimento imposto

Dentro dos parâmetros acima estabelecidos, verificou-se que a existência de lei ou de negócio jurídico é suficiente para conferir justa causa ao enriquecimento. Todavia, a recíproca não é verdadeira: a simples ausência de norma legal ou negocial acerca do enriquecimento não o torna injusto[644].

Assim como se verifica nos demais pontos relativos à justa causa, a doutrina enfrenta sérias dificuldades em estabelecer regras gerais aplicáveis para justificar o enriquecimento nas situações nas quais inexiste lei ou negócio jurídico que confira fundamento ao deslocamento patrimonial verificado.

Em linhas gerais, afirma-se que a casuística é muito ampla e que cada caso deve ser analisado de determinada forma[645]. Ausente a lei ou o negócio jurídico, prevalece uma noção de justa causa mais compatível com a vertente generalizante exposta acima. Sob essa perspectiva, a justa causa se torna verdadeira válvula de escape do ordenamento, tornando-se canal

644 Nas palavras de Antonio Albanese, "um resultado não suficiente e todavia importante é aquele de considerar justificado o enriquecimento que seja consequência de um título de natureza negocial ou de uma disposição de lei: a vontade do empobrecido ou uma norma produtiva do deslocamento patrimonial são certamente 'justa causa' do enriquecimento. É uma solução insuficiente porque nem todos os enriquecimentos não derivados da vontade do empobrecido ou da lei são privados de causa; e, não obstante, um resultado fundamental porque constitui um primeiro ponto e um sólida base de partida para avaliar quando a ação não deve ser concedida (ob. cit., p. 205 – trad. livre do italiano).

645 Cláudio Michelon Jr., por exemplo, afirma que os "requisitos para que a causa de um acréscimo patrimonial seja considerada inexistente variam conforme o caso. É impossível oferecer um catálogo definitivo de situações em que haja ausência de causa para o enriquecimento, mas é possível arrolar algumas das mais relevantes situações de ausência de causa identificadas pela doutrina e pela jurisprudência nas últimas décadas". (ob. cit., p. 225).

para que as bases axiológicas subjacentes às normas jurídicas influenciem na atribuição patrimonial.

A aplicação desse conceito não pode ocorrer de forma absolutamente livre. Existem algumas balizas gerais que identificam hipóteses nas quais o enriquecimento é justificado, mesmo na ausência de lei expressa ou de negócio jurídico eficaz. Antonio Albanese entende que é possível utilizar normas inicialmente não aplicáveis ao caso para tentar compreender se e em que medida o ordenamento jurídico entende como justo determinado deslocamento patrimonial. Em última análise, a ideia é verificar em que medida o ordenamento compreende que determinado enriquecimento é justificado[646].

Em certa medida, a sugestão do professor italiano parece se aproximar da interpretação sistemática da lei. Nesse ponto, surgem algumas outras balizas relevantes para se compreender a justa causa do enriquecimento, tais como (i) a vontade do indivíduo que beneficia o outro; (ii) a boa-fé subjetiva dos sujeitos envolvidos na relação de enriquecimento; e (iii) a eventual assunção de riscos no âmbito do contexto no qual se verifica o enriquecimento.

Os interesses e a vontade do sujeito eventualmente prejudicado são conceitos que se entrecruzam, possuindo pontos em comum. Ambos são norteados pela noção de finalidade, bastante relevante para a compreensão da justa causa e já analisada no tópico anterior. Explica-se: a vontade do indivíduo é considerada relevante em termos de enriquecimento, na medida em que é destinada para o cumprimento de determinada finalidade, que pode consistir na satisfação de certo interesse. Caso o interesse não seja satisfeito, a finalidade não se cumpriu, havendo fundamento para pedido de restituição.

Nesse sentido, verifica-se a existência de justa causa no enriquecimento produzido pela atividade realizada pelo prejudicado no seu próprio e exclusivo interesse. Antonio Albanese menciona a hipótese do sujeito que é o primeiro a construir em determinada zona não urbanizada, sendo compelido pelos órgãos públicos a realizar determinadas medidas de urbanização, o que acaba beneficiando os futuros habitantes do local[647].

646 ob. cit., p. 269.

647 Dentre outras justificativas para reconhecer a justa causa do enriquecimento, Antonio Albanese menciona que, nessa hipótese, não haveria o empobrecimento do primeiro

O artigo 1.303-2 do Código Civil francês trata especificamente dessa hipótese[648], ao estabelecer que inexiste direito de restituição em situações nas quais a parte potencialmente prejudicada realiza ato em busca de benefício pessoal. A norma francesa considera que a assunção de risco pelo sujeito, que atua na persecução do próprio interesse, é suficiente para conferir justa causa ao benefício do enriquecido, afastando a pretensão à restituição[649].

A questão se torna controversa nas situações nas quais determinado sujeito realiza determinada atividade para atender interesse alheio. Se houver contrato entre as partes, ou se a atividade resultar de ato unilateral do sujeito – que deseja realizar liberalidade em benefício de outrem –, o direito à restituição simplesmente não se verifica. Tanto o negócio jurídico quanto a manifestação de vontade do sujeito são causas suficientes para justificar o enriquecimento[650].

O cenário pode se modificar quando não se verifica a existência de negócio jurídico gratuito, tal como a doação ou a prestação de serviços sem remuneração, mas apenas a realização de conduta por determinado indivíduo em benefício de outro. Reconhece-se a existência de justa causa nas situações nas quais o ato é realizado por mera liberalidade do sujeito, pois a prática de ato altruísta consiste em justificativa para o enriquecimento alheio.

A conduta também pode ser influenciada não apenas por simples liberalidade, mas também como resultado de relação de amizade ou familiar. Pode-se vislumbrar, por exemplo, a situação de determinado

construtor, inexistindo um dos requisitos fundamentais para a aplicação do artigo 2.041 do Código Civil italiano (*idem*, p. 206). É importante observar que o empobrecimento é exigido em apenas alguns códigos, o que não inclui o Código Civil brasileiro.

[648] Artigo 1303-2.
Inexiste fundamento para a indenização de o empobrecimento decorre de um ato realizado pelo empobrecido em vista de um lucro pessoal.
A indenização pode ser moderada pelo juiz se o empobrecimento decorre de culpa do empobrecido". (trad. livre do francês. O original é o seguinte: "Il n'y a pas lieu à indemnisation si l'appauvrissement procède d'un acte accompli par l'appauvri en vue d'un profit personnel. L'indemnisation peut être modérée par le juge si l'appauvrissement procède d'une faute de l'appauvri").

[649] DESHAYES, Olivier; GENICON, Thomas; LAITHIER, Yves Marie. ob. cit., p. 556.

[650] ALBANESE, Antonio. ob. cit., p. 221.

indivíduo que decide realizar a pintura da casa alheia, ou o corte da grama do vizinho.

Nesses casos específicos, existe causa para o enriquecimento, que consiste justamente na relação mantida entre os sujeitos. Existe, todavia, diferença sutil entre essa hipótese e os atos realizados em benefício de terceiros de forma puramente altruísta: caso o benefício patrimonial tenha sido realizado vislumbrando determinado cenário envolvendo a manutenção da relação, e ela porventura desapareça, é possível alegar a ausência superveniente da finalidade do ato, suscitando a perda da justa causa do deslocamento patrimonial.

Como exemplo, é possível vislumbrar a situação do noivo que realiza reforma na casa dos futuros sogros e na qual pretende residir com a futura esposa[651]. Caso o casamento não se realize, a causa da prestação deixa de existir, havendo fundamento para a restituição. Trata-se da *condictio ob causam finitam*, aplicável nas situações nas quais a finalidade da prestação deixa de existir, e prevista no § 812 do Código Civil alemão e no artigo 885 do Código Civil brasileiro.

Antonio Albanese aponta a existência de duas linhas doutrinárias diferentes a respeito do enriquecimento originado da vontade do sujeito prejudicado. A primeira entende, tal como exposto acima, que a intenção do indivíduo de beneficiar outro sujeito caracteriza justa causa. Em contrapartida, existe linha mais radical, que confere absoluta irrelevância à vontade do indivíduo que resulta no benefício patrimonial alheio[652].

A última das vertentes doutrinárias adota pressuposto bastante questionável como premissa. Afirma-se que conferir justa causa a partir da vontade significa afastar, por vias oblíquas, as consequências dos vícios formais porventura verificados em doações. Pois, caso se verifique a nulidade do negócio jurídico, a transmissão patrimonial poderia ser mantida com base na manifestação de vontade do doador[653].

Chega a ser inusitado analisar os fundamentos de regra geral, aplicável de forma ampla, a partir de potenciais consequências potencialmente verificadas em situação singular. Problemas pontuais devem ser resolvidos a partir de soluções específicas – por meio, por exemplo, de alteração

[651] .*idem*, p. 223/224.

[652] *idem*, p. 224.

[653] *idem*, p. 224/225.

legislativa específica –, e não pela alteração da regra genérica, que pode ser aplicada positivamente em tantas outras situações.

Por outro lado, o desprezo da vontade como subsídio da justa causa é inócuo no caso das doações. Sob perspectiva do enriquecimento sem causa, a vontade é relevante somente na ausência de negócio jurídico. Verificada a existência de contrato, a vontade é juridicamente relevante dentro do regime jurídico contratual, ou seja, apenas se o contrato cumprir os requisitos legais de validade e eficácia.

Consequência natural disso é que a vontade do doador é juridicamente irrelevante mesmo para o enriquecimento sem causa, caso a doação seja anulada por qualquer fundamento. Ausentes os requisitos de validade, a declaração de vontade não se formou de maneira adequada, não servindo tanto para fins contratuais, quanto para caracterizar a justa causa do enriquecimento.

Neste ponto, é interessante analisar a realização voluntária de prestações no âmbito das relações matrimoniais ou de união estável. Com base no afeto e na comunhão de interesses, é natural que os cônjuges ou conviventes realizem prestações em benefício do outro. Trata-se de situações nas quais o sujeito realiza as atividades domésticas e cuida das crianças, beneficiando – de forma direta ou indireta – o outro sujeito da relação afetiva.

No direito italiano, os juízes se mostram bastante reticentes em caracterizar o enriquecimento sem causa nessas hipóteses. Presumem-se gratuitas as prestações realizadas à luz dos deveres de colaboração existentes no âmbito familiar[654]. Sob a perspectiva do enriquecimento, é possível inferir que a justa causa de eventuais deslocamentos patrimoniais reside na relação de afeto existente entre as partes, bem como no escopo de constituição de patrimônio comum. Em última análise, a finalidade que direciona a intenção consiste na manutenção da vida familiar.

Para a caracterização da obrigação de pagamento, é necessária a produção de prova quanto à existência de relação de trabalho, principalmente à luz da subordinação e da onerosidade das prestações[655]. Sob essa perspectiva, eventual pagamento não decorre propriamente de enriquecimento

[654] *idem*, p. 250.
[655] *idem, ibidem.*

sem causa, mas da prova quanto à existência de contrato oneroso entre as partes.

Nesse ponto, é interessante analisar precedente do direito espanhol, que reconheceu o direito da companheira que trabalhava na empresa do convivente, sem receber remuneração. É possível afirmar que, na situação analisada, a justa causa consistia no carinho e afeto mútuos do casal, bem como na intenção de constituição de patrimônio que beneficiaria ambos os sujeitos da relação, e não apenas um deles. Se, por alguma razão, essa finalidade não foi cumprida, pois a meação sobre os bens comuns não se verificou, é natural o recebimento dos valores devidos pelos trabalhos realizados[656].

De forma semelhante, o direito brasileiro também não aborda essa modalidade de relação jurídica no âmbito do enriquecimento sem causa, embora seja possível inferir que as prestações realizadas no âmbito do matrimônio ou da união estável também são presumidas como gratuitas. Logo, a justa causa de eventual enriquecimento também consiste na relação de afeto entre cônjuges ou conviventes e no escopo de constituição de patrimônio comum.

No regime da união estável, os esforços conjuntos dos cônjuges ou conviventes resultam somente na presunção de comunhão da propriedade dos bens adquiridos na constância do casamento, não gerando direito a restituição por prestações porventura realizadas no curso da relação. Na disciplina anterior àquela da Lei nº 9.278, de 10 de maio de 1996, quando vigorava o regime da sociedade de fato, ainda era necessária prova de união de esforços dos cônjuges na aquisição de determinado bem, para que se reconhecesse a comunhão[657].

[656] O acórdão afasta o pedido da autora ao recebimento de parcela da herança do antigo companheiro, que havia falecido. Todavia, estabelece o valor da restituição fosse calculado com base nos "bens que [a autora] havia recebido" (trad. livre do espanhol). Não é possível identificar se esses bens corresponderiam à parcela que a autora teria na comunhão de bens originada na união estável. Em caso positivo, seria possível questionar a caracterização do enriquecimento sem causa, pois a causa de constituição de patrimônio comum estaria satisfeita com a divisão do patrimônio comum.

[657] A diferença entre o regime anterior e aquele posterior à Lei nº 9.278/1996 fica bem clara a partir da análise do seguinte julgado: "RECURSO ESPECIAL. DIREITO DE FAMÍLIA. SOCIEDADE DE FATO. SÚMULA Nº 380/STF. INCIDÊNCIA. AQUISIÇÃO PATRIMONIAL. ESFORÇO COMUM. PROVA. IMPRESCINDIBILIDADE. UNIÃO

Em ambos os casos, sempre se presumiu que as prestações porventura realizadas pelos cônjuges ou companheiros possuíam caráter gratuito, inserindo-se dentro do contexto da comunhão familiar. Ao menos no regime posterior à Lei nº 9.278/96, essas prestações consistiam em elemento de prova quanto à existência de escopo de constituir família, sendo utilizadas como fundamento para o reconhecimento da comunhão dos bens adquiridos no decorrer da união estável.

Também são relevantes, nas situações nas quais inexiste lei ou negócio jurídico, a boa-fé subjetiva e eventuais riscos assumidos pelas partes no âmbito do cenário envolvendo o enriquecimento. Mais especificamente, existem situações nas quais o deslocamento se verifica a partir da iniciativa do sujeito, mas sem que se verifique propriamente a vontade do indivíduo em beneficiar o enriquecido.

Nesses casos, a finalidade pretendida pelo sujeito prejudicado não é atingida, pois ele não pretende – ao menos a princípio – beneficiar o enriquecido. Todavia, – e é nesse ponto que a questão se torna ainda mais interessante – não existe consentimento prévio do enriquecido quanto à conduta da outra parte que gerou o enriquecimento.

ESTÁVEL. LEI Nº 9.278/1996. IRRETROATIVIDADE. SÚMULA Nº 568/STJ. ARTS. 2º E 6º DA LEI DE INTRODUÇÃO ÀS NORMAS DO DIREITO BRASILEIRO. ÔNUS DA PROVA. SÚMULA Nº 7/STJ. 1. Recurso especial interposto contra acórdão publicado na vigência do Código de Processo Civil de 1973 (Enunciados Administrativos nºs 2 e 3/STJ). 2. Cinge-se a controvérsia a avaliar se os bens amealhados em período anterior à vigência da Lei nº 9.278/1996 devem ser divididos proporcionalmente, sem a demonstração da efetiva participação, direta ou indireta, de cada companheiro para a construção do patrimônio. 3. A presunção legal de esforço comum na aquisição patrimonial na união estável foi introduzida pela Lei nº 9.278/1996. 4. Na hipótese, incide o regime concernente às sociedades de fato em virtude do ordenamento jurídico em vigor no momento da respectiva aquisição (Súmula nº 380/STF). 5. O ordenamento jurídico pátrio, ressalvadas raras exceções, não admite a retroatividade das normas para alcançar ou modificar situações jurídicas já consolidadas. Portanto, em regra, a alteração de regime de bens tem eficácia ex nunc. 6. Rever as circunstâncias fáticas revolvidas na origem quanto à prova do esforço comum de ex-companheira do autor da herança na aquisição de bens antes da vigência do referido diploma encontra óbice na Súmula nº 7/STJ. 7. Recurso especial não provido". (Superior Tribunal de Justiça. Recurso Especial nº 1.752.883 – GO. 3ª Turma. Relator: Ministro Ricardo Villas Bôas Cuevas, j. 25.9.18).

Essa situação é conhecida como enriquecimento imposto[658]. A questão é bastante controversa, pois envolve a boa-fé de ambos os sujeitos, que desconhecem a realidade[659]. Enquanto o indivíduo que realiza a prestação ignora a ausência de causa, o beneficiado não possui ciência acerca do benefício que lhe favorece. Dependendo do conteúdo da prestação – como, por exemplo, na prestação de serviços – pode ser impossível, ou muito prejudicial, ao enriquecido realizar a restituição daquilo que recebeu sem desejar.

Exemplo de enriquecimento imposto ocorre na situação na qual determinado sujeito é contratado para realizar a pintura de casa, e presta os serviços no imóvel vizinho por equívoco, sem o conhecimento do respectivo proprietário.

Antonio Albanese aponta a existência dos seguintes critérios alternativos para o reconhecimento da ausência de justa causa nos casos de enriquecimento imposto: (i) a boa-fé por parte do sujeito que realiza a prestação; ou (ii) o conhecimento ou a simples tolerância do enriquecido, que toma ciência da prestação – ainda que no curso de sua realização – e nada faz para impedir sua efetivação; ou ainda (iii) o caráter inevitável da prestação realizada[660].

Infere-se, a partir da opinião do autor, que o regime jurídico aplicável ao enriquecimento imposto residiria basicamente em sistema de boa-fé: havendo desconhecimento do sujeito que realiza a prestação acerca da realidade, a restituição é devida[661]. A ciência do prejudicado não deve ocorrer a partir de mera análise acerca do estado anímico do sujeito, mas

[658] Citando Cláudio Michelon Jr., Mario Thiago Moreira menciona o enriquecimento imposto como instrumento para conferir justa causa aos deslocamentos patrimoniais (*Aplicação do princípio de vedação ao enriquecimento sem causa no ordenamento jurídico civil brasileiro: o caso da sub-rogação das seguradoras*. In: Revista da Faculdade de Direito da Universidade de São Paulo, v. 108, janeiro/dezembro 2013, p. 822).

[659] Enrico Moscati afirma que, no âmbito da literatura alemã, o enriquecimento imposto consiste no ponto mais controverso da teoria do enriquecimento sem causa (*Studi sull'indebito e sull'arricchimento senza causa*. Padova: CEDAM, 2012, p. 331/332).

[660] ob. cit, p. 267/271.

[661] É o que se verifica a partir de raciocínio *a contrario sensu* do seguinte trecho: "não é possível obter restituição se o empobrecimento é fruto de uma atividade cujas implicações poderiam ser calculadas previamente pelo agente, o qual deve portanto assumir a álea conexa ao seu comportamento" (ob. cit., p. 270).

daquilo que Albanese qualifica como culpa objetiva: cabe ao prejudicado adotar as cautelas necessárias para conhecer a situação real dos fatos, sob pena de não possuir direito a eventual restituição.

Por outro lado, mesmo que esse indivíduo esteja de má-fé, inexistirá justa causa, se houver conhecimento ou tolerância por parte do enriquecido em relação à realização da prestação, ou se aquela prestação fosse inevitável, e tivesse que ser realizada pelo beneficiado mesmo sem a atuação do sujeito que a realizou, como em casos envolvendo riscos à saúde do sujeito[662].

Na situação na qual o sujeito que realiza a prestação conhece a ausência de causa, Antonio Albanese entende que também é necessário considerar a existência de risco porventura aceito pelo indivíduo por ocasião da realização da prestação. Pois, caso ele tenha realizado determinado trabalho na expectativa de futura aceitação – e de consequente contraprestação – por parte do enriquecido, verifica-se a existência de justa causa. Em contrapartida, se a prestação é realizada com o escopo de preservar a vida ou a saúde do sujeito enriquecido, a justa causa não se caracteriza, surgindo o dever de restituir[663].

Por sua vez, Enrico Moscati entende que o enriquecimento imposto não deve ser ressarcido, ao menos como regra geral. O autor argumenta que, nessas hipóteses, o interesse do enriquecido deve prevalecer sobre aquele do prejudicado, pois reconhecer o direito à restituição "significaria criar uma situação inversa àquela da expropriação, pois o *accipiens* seria obrigado a pagar uma soma de dinheiro em troca de atribuição de outra natureza"[664].

A opinião de Cláudio Michelon Jr. é semelhante em relação à regra geral do enriquecimento imposto, divergindo do entendimento de Antonio Albanese. O autor afirma que "a regra geral para os casos de enriquecimento imposto é a de o enriquecimento imposto não pode ser

[662] *idem*, p. 272/274.

[663] *idem*, p. 270/271. A atuação da parte para resguardar interesse alheio pode caracterizar gestão de negócios, que será analisada em capítulo específico.

[664] trad. livre do italiano. O texto original é o seguinte: "In questa ipotesi accordare all'autore dela spesa il rimborso integrale significherebbe creare uma situazione inversa a quella dell'espropriazione, giacché l'accipiens sarebbe tenuto a pagare uma somma di danaro in cambio dell'atribuizione di un'utilitá di altra natura" (ob. cit., p. 330/331).

ressarcido"[665]. Logo, nas situações nas quais tanto o prejudicado quanto o enriquecido estão de boa-fé, e inexiste assunção de risco, verifica-se a existência de justa causa do benefício patrimonial[666]. O autor ressalva, todavia, que nos casos em que o deslocamento patrimonial ocorre pela entrega de bem ou dinheiro que pode ser facilmente devolvido, a restituição deve ocorrer[667].

Por outro lado, Michelon Jr. concorda com Albanese em relação a outros critérios relativos ao enriquecimento imposto. Utilizando-se de conceito do *common law*, o autor afirma que a chamada *free acceptance* – ou seja, a conivência do enriquecido quanto à atuação equivocada do prejudicado – afasta a justa causa do enriquecimento. No direito brasileiro, o fundamento para a aplicação do instituto do direito estrangeiro consistiria na boa-fé objetiva (artigo 422 do Código Civil), pois o silêncio do enriquecido violaria deveres de conduta que deveriam ser observados junto ao prejudicado[668].

Daí porque, retomando-se o exemplo da prestação de serviços equivocada, a restituição é devida caso o proprietário da casa tome conhecimento do trabalho realizado pelo pintor, e nada faça para impedir o prosseguimento dos serviços.

Existem ainda outros critérios que devem ser avaliados para definir a existência de justa causa na situação concreta: (i) a expectativa do enriquecido quanto à possibilidade de auferir futuro benefício financeiro em razão da prestação realizada, como ocorreria caso a pintura realizada

[665] ob. cit., p. 228.

[666] Fernando Noronha também indica que o enriquecimento imposto não confere margem para a restituição, ao menos como regra geral. A passagem do autor não é absolutamente clara, mas, de fato, confere a ideia de que essa modalidade de enriquecimento não caracteriza o suporte fático do Código Civil brasileiro. O trecho é o seguinte: "Se o enriquecimento à custa de outrem se produz por ato do beneficiado, em regra será justificado. Se ele se baseia em ato do próprio prejudicado, só excepcionalmente se poderá dizer não ter título justificativo" (*Enriquecimento sem causa*. In: Revista de Direito Civil, Imobiliário, Agrário e Empresarial, v. 56, São Paulo: Revista dos Tribunais, abril/junho-1991, p. 61).

[667] Nas palavras de Cláudio Michelon Jr., "quando ainda é possível a restituição do enriquecimento imposto *in natura*, não haverá maiores problemas. Nesses casos, o enriquecido pode simplesmente retornar o empobrecido o bem que constituiu o enriquecimento. É possível que haja despesas de conservação ou mesmo para a devolução do bem, mas o ressarcimento dessas despesas será regulado pelas disposições relativas à responsabilidade civil" (ob. cit., p. 227).

[668] *idem*, p. 228.

valorizasse a casa, permitindo sua venda por valor superior àquele inicialmente esperado; e (ii) a conduta do enriquecido que, sem conhecer a origem do enriquecimento, modifica sua situação em razão do benefício patrimonial, como ocorre, por exemplo, se ele dispender o restante de seu patrimônio, sentindo-se confortável pelo incremento obtido[669].

A partir desses elementos, algumas considerações se mostram relevantes. A situação tradicional do enriquecimento imposto envolve dois sujeitos de boa-fé, pois tanto o prejudicado quanto o enriquecido desconhecem a realidade na qual o deslocamento patrimonial é realizado. Trata-se, em suma, de hipótese na qual é necessário escolher um dentre dois interesses cuja relevância – se não é igual – é muito próxima.

Analisando-se a questão a partir dos parâmetros do enriquecimento sem causa, inexiste razão para se afastar a restituição do enriquecimento imposto. De fato, a regra geral do enriquecimento sem causa, nos mais diversos ordenamentos jurídicos, consiste na reversão do benefício patrimonial ocorrido sem a existência de justa causa subjacente. O desconhecimento do enriquecido não integra o suporte fático do instituto, não conferindo justa causa ao enriquecimento ocorrido.

Todavia, a caracterização do enriquecimento sem causa, na hipótese de enriquecimento imposto, é condicionada à observância de alguns requisitos. Mais especificamente, deve-se verificar (i) a adoção das cautelas necessárias pelo prejudicado; (ii) a existência de boa-fé por parte do sujeito que busca a restituição.

As cautelas que devem ser adotadas pelo prejudicado consistem basicamente nas medidas necessárias para se conhecer a realidade, cabendo ao sujeito conhecer os fatos de modo a evitar o favorecimento de terceiro sem justa causa para tanto. Caso contrário, deve-se considerar que o prejudicado assumiu o risco de beneficiar terceiro, ou seja, que vislumbrou a possibilidade de que o enriquecido auferisse benefício e consentiu com isso, conferindo justa causa ao enriquecimento.

Se a mera ausência de cautela é suficiente para conferir justa causa ao enriquecimento, quanto mais a existência de má-fé do prejudicado. Nesse caso, o raciocínio é semelhante àquele exposto acima: o prejudicado realizou mera liberalidade em favor do enriquecido, na expectativa de iludi-lo, para receber o pagamento pela prestação porventura realizada.

[669] *idem*, p. 229.

Trata-se de assunção de risco, que leva ao consentimento pela transferência patrimonial.

Em contrapartida, a justa causa não se caracteriza, mesmo diante da omissão ou má-fé do prejudicado, nas situações nas quais (i) o enriquecido toma conhecimento a respeito da prestação realizada por equívoco; e (ii) a prestação seria necessária mesmo sem a atuação do prejudicado, à luz das circunstâncias fáticas do caso.

Na primeira situação, verifica-se que houve oferta por parte do prejudicado, e aceitação implícita por parte do enriquecido, sendo possível qualificar o vínculo entre as partes como contratual. De fato, nada impede que as partes contratem a realização de determinada prestação, deixando a definição do valor devido apenas para momento posterior, e com base em eventual avaliação realizada por terceiro.

Já na hipótese de prestação indispensável, surge margem para a caracterização de gestão de negócios, que será tratada em tópico específico.

Esses critérios não significam a ampla aceitação do enriquecimento imposto. Além dos parâmetros ora estabelecidos, existe outro relevante filtro que deve ser aplicado a essa hipótese, e que reduz significativamente o alcance da restituição nessas situações. Trata-se da possibilidade que o enriquecido possui de realizar a desvalorização subjetiva do enriquecimento, demonstrando que, embora valioso em termos objetivos, aquele benefício nada representa para si.

No exemplo da pintura da casa, ainda que o trabalho realizado por engano represente a valorização do imóvel, o enriquecido pode demonstrar, a partir do contexto fático envolvido na situação, que ele não tinha interesse ou que não realizaria a melhoria no bem. A desvalorização subjetiva, todavia, deve ser sopesada com base em sistema objetivo de presunções, sendo afastada (i) caso a despesa fosse legalmente obrigatória ou fosse ser inevitavelmente realizada pelo enriquecido; ou (ii) caso o sujeito transforme a melhoria em dinheiro, como ocorreria, por exemplo, se houvesse a venda do bem por preço superior àquele que seria verificado antes da realização da melhoria.

Em suma, a regra geral do enriquecimento imposto é a restituição. Todavia, os seguintes requisitos são necessários para que isso ocorra: (i) o enriquecido deve ter tomado as cautelas necessárias e tenha agido de boa-fé; e (ii) o enriquecimento seja valioso subjetivamente para o enriquecido, a partir de sistema de presunções.

3.3. Imediação e causalidade

O enriquecimento sem causa possui noção peculiar de nexo causal. Diferentemente daquilo que se verifica na responsabilidade civil, a causalidade do enriquecimento não envolve intrincado sistema de regras acerca do vínculo entre conduta e dano[670]. Trata-se, na realidade, de conceito mais simples, cuja finalidade é definir em que medida a conexão entre diferentes esferas patrimoniais é suficiente para conferir fundamento para a restituição[671].

A causalidade foi reconhecida como elemento do enriquecimento sem causa por se conceber, inicialmente, a necessidade de efetiva transferência de patrimônio entre duas esferas, de forma semelhante àquilo que se verifica no pagamento indevido. Tal como ocorre com uma balança, cujos dois pratos em desequilíbrio possuem peso e contrapeso proporcionais, vislumbrava-se o enriquecimento como uma situação na qual o benefício

[670] Na dissertação apresentada como requisito para a obtenção de título de mestre, tratamos especificamente da variedade de critérios que paira sobre a causalidade, bem como sobre a dificuldade de definir parâmetro específico sobre o nexo causal. O trecho do trabalho é o seguinte: "A enorme variedade de vertentes de nexo causal, e sua insuficiência para funcionar como regra geral acerca da matéria, levam a questionamento inevitável: é possível – ou mesmo necessário – estabelecer modelo teórico único e coerente, que seja suficiente para proporcionar solução justa e equitativa para os problemas envolvendo a causalidade? A dúvida é consequência natural não apenas do conturbado desenvolvimento histórico – seja da doutrina, seja da jurisprudência – no tocante ao nexo causal, como também do verdadeiro estado de incerteza que ainda paira sobre o conceito na atualidade (MORAES, Renato Duarte Franco de, *A causalidade alternativa e a responsabilidade civil dos múltiplos ofensores.* São Paulo: LiberArs, 2017, p. 38/39)

[671] Para Cláudio Michelon Jr., a "exigência de um nexo causal entre enriquecimento e suporte (ou empobrecimento) não se confunde com a noção de nexo causal que é requisito da responsabilidade civil" (ob. cit., p. 206).

Michelon Jr. cita Agostinho Alvim, que vincula, ainda que de forma indireta, a causalidade do enriquecimento civil com aquela vigente no enriquecimento sem causa. Nas palavras do autor: "O nexo de causalidade, essencial para a existência do dano indenizável, o é, também, para o aperfeiçoamento da figura do enriquecimento sem causa.

Em regra, tendo em vista o que ocorre na maioria dos casos, há inseparabilidade entre o enriquecimento e o empobrecimento, mesmo porque, nas hipóteses ordinárias, existe a deslocação patrimonial.

Assim sendo, o enriquecimento de um explica o empobrecimento do outro, e vice-versa" (ob. cit., p. 926).

de um dos sujeitos seria diretamente correspondente e equivalente à perda patrimonial do outro.

Essa concepção sofreu alteração gradual, passando-se a perceber que a caracterização do enriquecimento sem causa prescinde do efetivo deslocamento patrimonial entre as partes envolvidas na relação jurídica. É o que ocorre, por exemplo, no enriquecimento por intervenção, no qual a intromissão em direito alheio proporciona benefício, sem que haja prejuízo correspondente por parte do detentor do direito[672].

Na violação de direitos autorais, ou na utilização indevida de animais ou veículos em competições, o titular do direito não teria obtido os rendimentos auferidos pelo infrator caso tivesse realizado a publicação lícita da obra, e muito menos teria sido vitorioso na disputa esportiva vencida pelo agente que realizou a intervenção irregular[673].

Existem ainda outras situações de potencial enriquecimento, nas quais o empobrecimento inexiste ou não é equivalente ao benefício. Nas palavras de Antunes Varela, "os exemplos clássicos da instalação em casa alheia (ou do uso de coisa alheia, em geral) ou da alienação de coisa alheia mostram que não há neles correspondência entre o *enriquecimento* de um dos sujeitos e o empobrecimento do outro. Não há um valor que *saia* do patrimônio de um para entrar no patrimônio do outro"[674]. De fato, o uso da coisa alheia não significa a privação do uso do proprietário – e tampouco a obtenção de recursos pela cessão do bem a terceiros –, e no caso da alienação da coisa, seu real proprietário poderia não ter realizado a venda, ou poderia ter obtido valores inferiores em razão da alienação.

No direito alemão, a expressão "com o seu patrimônio" – indicativo da relação necessária entre o enriquecimento e a perda –, que constava no §748 do primeiro projeto do Código Civil, foi substituída por "à sua custa" no §812 do Código Civil alemão de 1900[675]. A alteração indica que o enriquecimento não deve possuir uma respectiva perda patrimonial, bastando que possua relação com o patrimônio da parte prejudicada.

A perspectiva mais ampla conferida à causalidade parte da doutrina alemã da destinação ou afetação dos direitos absolutos. Trata-se de linha

672 MICHELON JR., Cláudio. ob. cit., p. 206.

673 ANTUNES VARELA, João de Matos, ob. cit., p. 490.

674 *idem.*, p. 489/490.

675 *idem*, p. 490. No mesmo sentido, ALBANESE, Antonio. ob. cit., p. 311.

doutrinária que entende que direitos reais e de propriedade intelectual não constituem somente direitos de exclusão, ou seja, não se limitam a afastar eventual interferência de terceiros. Esses direitos resguardam exclusivamente ao respectivo titular todo o proveito econômico dele originado, incluindo o uso, a fruição, a disposição ou mesmo o consumo da coisa[676].

Por conseguinte, qualquer benefício originado em razão da interferência sobre esses direitos caracteriza enriquecimento à custa da parte prejudicada, mesmo que inexista eventual perda patrimonial. O enriquecimento auferido pelo beneficiado não possui justa causa, na medida em que, à luz da destinação jurídica adequada daquele bem, toda vantagem patrimonial dele originada deve ser revertida ao respectivo titular[677].

Diante desse cenário, a causalidade do enriquecimento sem causa não é qualificada, devendo ser compreendida com a mera existência de relação entre o benefício do enriquecido com o patrimônio da parte eventualmente prejudicada. Dispensa-se eventual verificação de perda patrimonial, e muito menos eventual equivalência entre benefício e prejuízo. Exige-se apenas que o benefício de determinado sujeito decorra do patrimônio do outro indivíduo.

Deve-se definir, então, como essa relação entre dois patrimônios deve ocorrer. A causalidade possui direta relação com o conceito conhecido como imediação, que consiste na exigência de relação direta entre a perda sofrida pelo prejudicado e o benefício auferido pelo enriquecido. Não se trata de equivalência entre perda e benefício, como visto acima, mas da impossibilidade de se admitir a existência de patrimônio interposto entre a esfera patrimonial do enriquecido e aquela do prejudicado.

A imediação qualifica a causalidade, exigindo que o enriquecimento seja diretamente vinculado ao patrimônio do prejudicado. Em contrapartida, a restituição deve ser afastada nas situações nas quais o benefício não decorre diretamente do patrimônio do titular do direito, havendo patrimônio de terceiro intermediando a relação das partes[678].

A controvérsia se torna particularmente relevante nas situações em que determinado sujeito contrata outro para realizar prestação em benefício

[676] *idem*, p. 492.

[677] *idem*, p. 493.

[678] MICHELON JR., Cláudio. ob. cit., p. 207.

de terceiro, e o contrato se revela inválido ou ineficaz. Caso o contratante se torne insolvente, deve-se definir se o prestador de serviços pode se voltar contra o beneficiário, não com base no inadimplemento contratual, mas com fundamento no enriquecimento sem causa.

A doutrina tradicional inclui a imediação como requisito para a caracterização do enriquecimento sem causa. A primeira justificativa suscitada para se impor a condição consiste na expressão "à custa de outrem", que consta em diversas legislações, tais como o §812 , o artigo 473 do Código Civil português[679], o artigo 2.041 do Código Civil italiano, o artigo 1.303 do Código Civil francês e o artigo 884 do Código Civil brasileiro.

Interpretando-se a expressão legislativa como necessidade de deslocamento direto entre patrimônios, o enriquecimento sem causa não se caracterizaria caso houvesse patrimônio interposto, pois o sujeito teria se enriquecido à custa do terceiro, e não do prejudicado. Se, por um lado, a expressão serviu como instrumento para afastar a necessidade de equivalência entre enriquecimento e empobrecimento – como visto no §812 do Código Civil alemão –, por outro, ela passou a ser utilizada como fundamento para condicionar a restituição à existência de relação imediata entre as esferas patrimoniais envolvidas no caso.

Na situação envolvendo a intervenção sobre coisa ou direito alheio, o enriquecimento é originado diretamente pelo uso do bem, ou seja, existe relação imediata entre o acréscimo patrimonial e o patrimônio do titular do direito. Em contrapartida, a imediação não estaria caracterizada nos casos em que o sujeito realiza benfeitorias em imóvel alheio com materiais de terceiros, realiza empreitada em imóvel locado a pedido do locatário, ou realiza pagamento indevido com dinheiro alheio. Nesses casos, inexiste relação direta entre o patrimônio do beneficiado e aquele do empreiteiro, do proprietário do material ou da pecúnia, respectivamente[680].

A segunda justificativa para a imediação consiste na natureza do enriquecimento sem causa. Por constituir direito de crédito, a restituição apenas poderia afetar o patrimônio da parte diretamente envolvida na

[679] MENEZES LEITÃO, Luís Manuel Teles de. *O enriquecimento sem causa no Direito Civil. Estudo dogmático sobre a viabilidade da configuração unitária do instituto, face à contraposição entre as diferentes categorias de enriquecimento sem causa*, p. 848.

[680] ANTUNES VARELA, João de Matos. ob. cit., p. 490.

relação jurídica, não podendo recair sobre terceiros[681]. Além disso, a imediação seria consequência da necessidade de se verificar, no fenômeno do enriquecimento, "uma unidade da circunstância geradora de ganho e perda"[682].

A terceira – e, provavelmente, mais relevante – justificativa para a imediação consiste na alocação de riscos. Von Caemmerer[683] e Júlio Manuel Vieira Gomes[684] destacam que a necessidade de se restringir o enriquecimento aos sujeitos que realizam deslocamento patrimonial direta consiste na atribuição do risco da insolvência[685]. A contratação envolve necessariamente a assunção pela parte do risco de insolvência do outro contratante. Caso a imediação fosse afastada, o enriquecimento sem causa se tornaria verdadeiro privilégio ao prejudicado, pois o colocaria em situação de superioridade em relação aos demais credores, os quais devem suportar a eventual insolvência do devedor[686].

Para a linha doutrinária que exige a imediação, a exceção à regra residiria no artigo 481 do Código Civil português, que estabelece que, "tendo o enriquecido alienado gratuitamente coisa que devesse restituir, fica o adquirente obrigado em lugar dele, mas só na medida do seu próprio enriquecimento"[687]. A hipótese é conhecida como alienação gratuita do enriquecimento e, justamente por ser objeto de norma expressa, era considerada como a única situação na qual a restituição poderia ocorrer[688],

681 MENEZES LEITÃO, Luís Manuel Teles de. *O enriquecimento sem causa no Direito Civil. Estudo dogmático sobre a viabilidade da configuração unitária do instituto, face à contraposição entre as diferentes categorias de enriquecimento sem causa*, p. 849.

682 *idem, ibidem.*

683 *Problèmes fondamentaux de l'erichissement sans cause*. In: Revue Internationale de Droit Comparé. v. 18, julho/setembro 1966, p. 588.

684 ob. cit., p. 436.

685 Enrico Moscati afirma que a alocação dos riscos contratuais consistiu na principal justificativa da doutrina alemã para afastar o enriquecimento sem causa por meio de interposta pessoa (ob. cit., p. 303).

686 GOMES, Julio Manuel Vieira. ob. cit., p. 436.

687 Os §§816 e 822 Código Civil alemão estabelecem disciplina semelhante.

688 Júlio Manuel Vieira Gomes também cita o artigo 481 como exceção, mas acrescenta outros dispositivos como exceções normativas da imediação. Nas palavras do autor, "importa, contudo, reconhecer que o nosso próprio Código Civil contém algumas exceções ao princípio da imediação: a mais evidente é a referida por PEREIRA COELHO e é a que vem referida no artigo 481º. No entanto, parece que outras normas consagram, indiretamente, exceções ao

mesmo que não houvesse relação imediata entre o patrimônio do enriquecido e aquele da parte prejudicada[689].

Na Alemanha, o direito das pandectas vigente até 1900 reconhecia a existência de ação aplicável aos casos de "representação mediata ou imperfeita". Se, por exemplo, o comissário havia comprado mercadorias em nome próprio, remetendo-as ao comitente, o vendedor poderia requerer o pagamento diretamente a esse último, caso o primeiro tivesse inadimplido a obrigação[690].

Com a promulgação do Código Civil, essa ação deixou de existir. A partir de então, e principalmente em razão da alocação dos riscos da insolvência, o enriquecimento sem causa passou a ser admitido na Alemanha apenas nas situações envolvendo deslocamento patrimonial imediato, sendo afastado nas hipóteses nas quais o benefício ocorria por meio de esfera patrimonial de intermediário entre as partes. A mesma linha acabou sendo seguida na Suíça e na Áustria[691].

A exigência da imediação prevaleceu no direito alemão principalmente no início do século XX[692], e particularmente nas situações envolvendo a prestação de serviços em benefício do terceiro não contratante. Nesse sentido, a jurisprudência afastou pedido de restituição em caso de inadimplemento de contrato de empreitada, no qual os trabalhos realizados e os materiais utilizados beneficiavam o proprietário do imóvel, mas a contratação havia sido realizada por outro sujeito.

mencionado princípio: atenda-se, por exemplo, ao disposto no artigo 1342º que atribui ao dono dos materiais, sementes, ou plantas, quando a incorporação é feita por outrem no terreno de um terceiro, os direitos conferidos no artigo 1340º ao autor da incorporação. (*O conceito de enriquecimento, o enriquecimento forçado e os vários paradigmas do enriquecimento sem causa.* Braga: Universidade Católica Portuguesa, 1998, p. 438).

[689] MENEZES LEITÃO, Luís Manuel Teles de. *O enriquecimento sem causa no Direito Civil. Estudo dogmático sobre a viabilidade da configuração unitária do instituto, face à contraposição entre as diferentes categorias de enriquecimento sem causa*, p. 848.

[690] VON CAEMMERER, Ernst. ob. cit., p. 588.

[691] *idem, ibidem.*

[692] Menezes Leitão fala que a exigência ocorreu até o final da 1ª Guerra Mundial (*O enriquecimento sem causa no Direito Civil. Estudo dogmático sobre a viabilidade da configuração unitária do instituto, face à contraposição entre as diferentes categorias de enriquecimento sem causa*, p. 849/850). Por sua vez, Reinhard Zimmermann e Jacques du Plessis afirmam que o requisito perdurou nos 30 anos após a promulgação do Código Civil alemão, ou seja, até 1930 (*Basic Features of the German Law of Unjustified Enrichment.* In: Restitution Law Review, 2, 1994, p. 31).

Também houve a improcedência de pedido de restituição formulado pelo vendedor de serras contra o cliente do comprador, que havia recebido os bens e incorporando-os ao seu patrimônio[693]. Chegou-se a exigir, em determinado momento, que a perda da parte prejudicada e o benefício do enriquecido tivessem se originado do mesmo evento[694]. Em suma, a jurisprudência apenas admitia o ajuizamento da ação em face da parte diretamente envolvida no deslocamento patrimonial verificado.

Von Caemmerer[695] menciona a existência de exceções ao requisito da imediação[696]. São casos isolados, alguns previstos especificamente no próprio Código Civil, e outros desenvolvidos pela jurisprudência, nos quais (i) o enriquecido de boa-fé tenha transmitido gratuitamente o benefício recebido a terceiro, tornando-se esse último responsável pela restituição; e (ii) o terceiro tenha incorrido em prática ilícita, pois a imediação não pode resguardar o sujeito que tenha praticado delito[697].

Dentro das exceções à imediação, von Caemmerer também trata de situação na qual empregado havia desviado relevantes quantias de dinheiro da empresa onde trabalhava, e perdeu a pecúnia em casa de jogo na qual ele não teria o direito de jogar por habitar na mesma localidade. A empresa inicialmente prejudicada obteve a restituição das perdas sofridas diretamente da casa de jogo. A justificativa para a caracterização do enriquecimento sem causa consistia na impossibilidade de se conceder

[693] MENEZES LEITÃO, Luís Manuel Teles de. *O enriquecimento sem causa no Direito Civil. Estudo dogmático sobre a viabilidade da configuração unitária do instituto, face à contraposição entre as diferentes categorias de enriquecimento sem causa*, p. 849/850.

[694] ZIMMERMANN, Reinhard; PLESSIS, Jacques du. ob. cit., p. 31.

[695] Von Caemmerer qualifica a situação na qual o cumprimento de contrato gera benefício para terceiro estranho à relação contratual como enriquecimento *ex alieno contractu* (ob. cit., p. 587).

[696] Menezes Leitão afirma que von Caemmerer apresentou nova forma de compreensão acerca da imediação. Nas palavras do autor português, "para von Caemmerer a exigência do requisito da imediação tinha sido mal formulada pelas concepções tradicionais, uma vez que o que interessa é definir quais os sujeitos da pretensão de enriquecimento (...). Em lugar do requisito da imediação, o autor recorre à autonomia privada das partes, entendendo que é através dela que se pode determinar o objetivo da prestação e, em consequência, quais os sujeitos da pretensão de enriquecimento. A pretensão de enriquecimento não pode, porém, ser dirigida contra um terceiro, sendo assim rejeitada a *actio de in rem verso*, e a ação de desconsideração do patrimônio intermédio e caso de enriquecimentos em cadeia (...)" (ob. cit., p. 856/857).

[697] VON CAEMMERER, Ernst. ob. cit., p. 590.

aos contratos de jogo a proteção normalmente conferida aos contratos onerosos[698].

As dúvidas quanto à exigência da imediação se tornaram mais frequentes em sede doutrinária e jurisprudencial. Os críticos do conceito simplesmente não verificavam fundamento para se afastar o enriquecimento sem causa apenas pela existência de patrimônio de terceiro interposto na relação que originou o enriquecimento[699].

No momento inicial, os questionamentos direcionados à imediação se relacionavam especificamente de situações nas quais a parte que integrava o polo contratual era "testa de ferro" de terceiro, atuando apenas formalmente como parte do contrato, quando o sujeito verdadeiramente beneficiado era estranho à relação contratual. Passou-se a admitir a ação de enriquecimento sem causa contra o terceiro oculto, desde que houvesse relação jurídica entre ele e o sujeito inicialmente beneficiado e que o benefício recebido se vinculasse à relação jurídica envolvendo o prejudicado. Segundo a concepção então adotada, a responsabilidade do terceiro estaria limitada às hipóteses nas quais não se pudesse exigir a restituição do primeiro enriquecido[700].

De forma paralela, surgiram opiniões que vinculavam a expressão "à custa de outrem" não necessariamente à existência de relação direta entre patrimônios, mas ao mero reconhecimento de vínculo entre o enriquecimento e o prejuízo sofrido pela parte prejudicada. A caracterização da relação entre esses elementos ocorreria mesmo que não houvesse relação jurídica imediata, aceitando-se a situação na qual a conexão seria intermediada por outros elementos. Por constituir regra ampla de correção de desequilíbrios patrimoniais formais, o enriquecimento sem causa não poderia ser limitado justamente por restrições formalistas[701].

Na atualidade, a posição prevalecente na doutrina alemã rejeita a imediação como requisito para a caracterização do enriquecimento sem causa. Menezes Leitão afirma que os estudiosos germânicos consideram "que

[698] *idem, ibidem.*

[699] MENEZES LEITÃO, Luís Manuel Teles de. *O enriquecimento sem causa no Direito Civil. Estudo dogmático sobre a viabilidade da configuração unitária do instituto, face à contraposição entre as diferentes categorias de enriquecimento sem causa*, p. 851.

[700] *idem*, p. 854.

[701] *idem*, p. 855.

essa exigência se encontra ultrapassada face à evolução do tráfego jurídico dos pagamentos, em que se verifica correntemente a intermediação de um terceiro (normalmente, um banco) na realização do pagamento, sem que essa intermediação possa de alguma forma excluir a aplicação do enriquecimento sem causa"[702]. É natural, em suma, que a relação jurídica entre as partes seja intermediada por terceiros – tal como uma instituição financeira –, o que não descaracteriza eventual enriquecimento sem causa verificado entre elas[703].

No enriquecimento por intervenção, a imediação tende a ser considerada como dispensável, embora parte da doutrina insista no requisito. O entendimento que rejeita a imediação afirma que a restituição deve ser realizada por aquele que interveio em direito alheio, mesmo que a intervenção tenha ocorrido por meio de intermediário[704].

A rigidez inicialmente observada na Alemanha quanto à imediação não se verificou na França. Tanto é assim que, no célebre *arrêt Bourdier*, a Corte de Cassação tratou justamente de situação na qual havia terceiro intermediário – no caso, o arrendatário insolvente – entre a parte beneficiada e aquela supostamente prejudicada e, ainda assim, reconheceu o enriquecimento sem causa, criando um dos precedentes mais relevantes a respeito da matéria[705].

702 MENEZES LEITÃO, Luís Manuel Teles de. *O enriquecimento sem causa no Direito Civil. Estudo dogmático sobre a viabilidade da configuração unitária do instituto, face à contraposição entre as diferentes categorias de enriquecimento sem causa*, p. 857.

703 Enrico Moscati, por sua vez, afirma que a posição inicial da doutrina alemã era rígida em exigir a imediação como requisito do enriquecimento sem causa. Todavia, em ocasiões recentes, houve abertura para o acolhimento da restituição em situações envolvendo o enriquecimento indireto ou mediato (ob. cit., p. 302).

704 *idem*, p. 860.

705 VON CAEMMERER, Ernst. ob. cit., p. 587. Nas palavras de Dephine Sion, "desde 1892, a jurisprudência civil admite que a vantagem conferida ao enriquecido não provenha diretamente do patrimônio do empobrecido. O célebre *arrêt Boudier* consagra, de fato, a possibilidade do vendedor de adubo que não foi pago pelo arrendatário agrícola, de ajuizar uma ação de *in rem verso* não contra o agricultor que comprou os grãos, mas contra o proprietário das terras que se beneficiou da melhor colheita (*De l'apport de l'enrichissement sans cause au droit des contrats administratifs.* Tese de doutorado apresentada na Faculdade de Direito de D'Aix-En-Provence, 2016). Trad. livre do francês. O original é o seguinte: "Dès 1892, la jurisprudence civile a admis que l'avantage procuré à l'enrichi ne provienne pas directement du patrimoine de l'appauvri. Le célèbre arrêt Bourdier consacre en effet la possibilité pour le vendeur d'engrais qui n'a

Houve outras situações nas quais o enriquecimento sem causa foi caracterizado, embora houvesse patrimônio de terceiro mediando a relação entre as partes. Von Caemmerer menciona os seguintes casos, que reproduzem hipótese bastante comum na esfera da imediação: (i) a realização de trabalhos por artesão em residência, em razão de contratação realizada pelo locatário insolvente, enriquecendo o proprietário do bem; (ii) a realização por mecânico de reparos em veículo que pertence a terceiro, e não ao cliente; e (iii) a realização de reparos por prestador de serviços no imóvel pelo comprador, que se torna inadimplente, devolvendo o bem ao vendedor, que se beneficia pelas obras realizadas[706].

Na atualidade, persiste sólido posicionamento doutrinário a respeito do caráter prescindível da imediação. François Terré, Philippe Simler e Yves Laquette suscitam a exigência de relação direta entre as diferentes esferas patrimoniais, mas afirmam que a jurisprudência aceita as hipóteses de enriquecimento indireto com o valor transitando por patrimônio de terceiro, como ocorrido no *arrêt Boudier*[707].

É o que se verifica de julgado proferido pela Corte de Cassação em 25 de fevereiro de 2003. A Fundação de Rothschild havia assumido o cuidado de idoso, cujos parentes próximos haviam sido condenados a fornecer alimentos. Houve o falecimento do sujeito e o inadimplemento dos valores devidos à fundação, que ingressou com ação contra os parentes. A Corte de Apelação rejeitou o pedido, afirmando que o contrato analisado no caso envolvia somente o sujeito falecido e a Fundação de Rothschild. A Corte de Cassação cassou o julgado, afirmando que o referido contrato justificava o empobrecimento da fundação, mas não o enriquecimento dos parentes que haviam inadimplido obrigação alimentar[708].

De forma diversa, em artigo publicado em 1954, Jacques Gagné afirma que a caracterização do nexo causal, seria necessário (i) que o empobrecimento fosse a causa eficiente inicial que tenha resultado nos eventos que resultem posteriormente no benefício do enriquecido, e (ii) que a

pas été payé par l'exploitant agricole, d'intenter une action de in rem verso contre non pas le fermier qui a acheté les graines, mais le propriétaire des terres qui a bénéficié d'une meilleure recolte".

706 VON CAEMMERER, Ernst. ob. cit., p. 587.

707 *Droit Civil. Les obligations*, p. 1.022.

708 1ª Câmara Civil. Acórdão nº 00-18572, j. 25.02.2003.

eventual participação de terceiro não rompesse a causalidade entre o prejuízo e o enriquecimento[709]. A impossibilidade de reconhecimento do nexo causal em caso de intervenção de terceiro significa, em última análise, a exigência de imediação.

Também existe posicionamento que coloca a imediação como requisito do enriquecimento sem causa, mas dispensa a exigência em situações excepcionais. Em suma, permite-se a busca do enriquecimento auferido por terceiro, desde que (i) o intermediário esteja insolvente[710]; (ii) o beneficiado não tenha realizado o pagamento ao intermediário, ou não possa lhe opor outras exceções para afastar o dever de adimplir; e (iii) o terceiro não tenha obtido enriquecimento do intermediário por meio de contrato ou de direito legalmente reconhecido[711].

Julio Manuel Vieira Gomes menciona exemplo retirado da jurisprudência francesa no qual alguns ourives haviam adquirido prata de um ladrão, revendendo-a com lucro para terceiro de boa-fé. Como deveria reembolsar o adquirente para recuperar o bem inicialmente subtraído, o proprietário da prata se voltou contra os ourives, buscando a restituição do lucro obtido com a venda do objeto. O tribunal rejeitou o pedido, por compreender que o contrato celebrado entre os ourives e os compradores constituiria justa causa para o enriquecimento dos primeiros[712].

Discutiu-se a questão também em hipótese envolvendo o contrato de empreitada, no qual o empreiteiro adquire materiais para a realização dos trabalhos. Caso o empreiteiro se torne insolvente, discute-se se o vendedor dos materiais poderia se voltar contra o proprietário do terreno que, em última análise, teria enriquecido em razão da empreitada. A objeção à restituição, nesse caso, decorreria da existência de relação contratual originada da empreitada, que consistiria na causa do alegado enriquecimento do proprietário do imóvel[713].

709 *Enrichissement san cause et services rendus.* In: Les cahiers de droit, v. 1, n. 1, 1954, p. 27 (disponível em https://doi.org/10.7202/1003641ar).

710 Esse requisito é especificamente mencionado também por Dephine Sion (*De l'apport de l'enrichissement sans cause au droit des contrats administratifs Contribution au règlement indemnitaire des situations péri-contractuelles.* Tese de Doutorado apresentada na Universidade de Aix Marseille, 2016, p. 179).

711 VON CAEMMERER, Ernst. ob. cit., p. 589.

712 *idem*, p. 455/456.

713 *idem*, p. 459/460.

Na realidade, as hipóteses de afastamento da imediação se aproximam bastante das demais características e limitações do enriquecimento sem causa. A necessidade de insolvência do intermediário possui relação com a subsidiariedade, pois a existência de pretensão viável contra esse sujeito consiste na via legal inicialmente disponível ao prejudicado[714]. Por sua vez, a ausência de pagamento, a existência de base legal ou contratual, ou ainda a existência de defesas contra o intermediário se referem à justa causa do enriquecimento do beneficiado.

Em última análise, a imediação não se revela propriamente um requisito para o reconhecimento do enriquecimento sem causa na França[715]. Os óbices porventura existentes para a restituição se relacionam mais com as demais condições para a caracterização do enriquecimento sem causa – tais como a subsidiariedade ou a justa causa –, do que propriamente com a necessidade de relação imediata entre as esferas patrimoniais do prejudicado e do enriquecido.

Já a doutrina italiana inicialmente abordou a questão sob a perspectiva do nexo de causalidade, aproximando o enriquecimento sem causa da responsabilidade civil. Como essa concepção era insuficiente para lidar com o tratamento do enriquecimento relacionado a uma pluralidade de fatos, adotou-se uma segunda concepção, que estabelecia que o enriquecimento e o dano deveriam ser conduzidos ao mesmo fato gerador, sem que houvesse posicionamento claro sobre o tratamento conferido ao enriquecimento ocorrido por intermédio de patrimônio de terceiro[716].

A jurisprudência mais recente abandonou ambas as concepções, embora ainda haja precedentes jurisprudenciais que recorram aos conceitos. As decisões que exigem esses requisitos se contrapõem à tendência prevalecente nas décadas de 1940 e 1950, que admitia o enriquecimento

[714] SION, Dephine. ob. cit., p. 179.

[715] Enrico Moscati afirma que, embora tenha criado critérios e limites relativos ao enriquecimento sem causa após o *arrêt Boudier*, a jurisprudência francesa aplica o conceito em situações nas quais o benefício ocorre por meio do patrimônio de terceiro (ob. cit., p. 302). De forma semelhante, Paolo Gallo afirma que, na década de 1940 e 1950, havia diversas decisões judiciais que admitiam o enriquecimento ocorrido por meio de interposta pessoa. Todavia, nos 30 anos seguintes, sobreveio posicionamento bem mais restritivo acerca do enriquecimento indireto (GALLO, Paolo. *Il Codice Civile. Commentario. Arricchimento senza causa*, p. 155).

[716] MOSCATI, Enrico. ob. cit., p. 299.

mesmo em situações de vínculo meramente indireto. Existem precedentes mais recentes que afastam a restituição nas situações nas quais o enriquecimento e o dano se originaram de fatos distintos, bem como em hipótese na qual a atribuição patrimonial havia resultado em vantagem para sujeito diverso do seu destinatário[717].

Na esfera doutrinária, verifica-se a tendência de se admitir a supressão da imediação em hipóteses específicas. A lógica adotada pelos autores italianos se aproxima bastante daquela seguida pela doutrina francesa, aproximando-se mais dos outros requisitos do enriquecimento sem causa, do que propriamente à imediação. Assim, o recurso ao enriquecimento sem causa, em situações havendo interposta pessoa, é rejeitado quando (i) a parte beneficiada forneceu contraprestação pelo benefício recebido; (ii) existe fundamento legal que afasta eventual obrigação de pagamento pelo enriquecido; ou (iii) o intermediário permanece solvente[718].

Sem prejuízo da tendência ao afastamento ou mitigação da imediação, existem autores relevantes na atualidade que ainda defendem o conceito como requisito do enriquecimento sem causa. Antunes Varela, por exemplo, entende que a exigência é condição pertinente para se impor o dever de restituir. Fazendo referência ao exemplo acima referido, o autor português conclui que "não se pode afirmar que o suposto credor ou dono do prédio se enriqueceu (*imediatamente*) à custa do dono do dinheiro, materiais, sementes ou árvores ou do empreiteiro, porque o ato gerador do empobrecimento de um não coincide com o ato gerador do enriquecimento do outro"[719].

A concepção do autor sobre a imediação é um pouco diversa da visão tradicional do instituto. Segundo Varela, é possível caracterizar o enriquecimento sem causa, mesmo nas situações nas quais o deslocamento patrimonial não ocorre diretamente entre prejudicado e enriquecido. O autor se volta particularmente para situações nas quais a transmissão não é imediata, mas tampouco existe um patrimônio intermediário entre

[717] Enrico Moscati menciona julgados proferidos na década de 1980 que afastam a restituição com base nesses fundamentos (ob. cit., p. 299).

[718] GALLO, Paolo. *Il Codice Civile. Commentario. Arricchimento senza causa*, p. 156/157.

[719] ANTUNES VARELA, João de Matos, ob. cit., p. 495.

o enriquecido e o prejudicado. Nesses casos, é essencial somente que o fato gerador[720] do benefício e do prejuízo seja o mesmo[721].

Em contrapartida, a existência de patrimônio intermediário entre o enriquecido e o prejudicado afasta a imediação. Esse cenário envolve necessariamente a existência de relações jurídicas distintas e independentes entre si: de um lado, o vínculo entre o enriquecido e o terceiro, de outro, o vínculo entre esse último e o prejudicado. Logo, o fato gerador do enriquecimento é diverso daquele que origina o prejuízo.

Alguns exemplos ilustram bem o posicionamento do autor português. Suponha-se a celebração de determinado contrato em favor de terceiro, no qual a prestação realizada pelo promitente seja consequência de obrigação assumida pelo estipulante em contrato bilateral celebrado com o terceiro beneficiado[722]. Caso esse último negócio jurídico deixe de produzir efeitos, a prestação realizada pelo promitente ao terceiro se torna sem causa. Todavia, como a causa do enriquecimento do terceiro e de prejuízo do estipulante é a mesma – qual seja, a prestação do promitente –, a ausência de deslocamento patrimonial imediato entre o estipulante e o terceiro não afasta o dever de restituir[723].

Situação semelhante se verifica no caso de prestação realizada por terceiro, de forma equivocada, sob a falsa crença de possuir a respectiva obrigação. O sujeito beneficiado – no caso, o devedor original – não recebe incremento patrimonial diretamente daquele que cumpriu a obrigação. No entanto, como o ato praticado pelo terceiro é causa direta tanto do enriquecimento quanto do prejuízo, a imediação deve ser considerada satisfeita[724].

Muito embora não adote concepção idêntica àquela de Antunes Varela, Júlio Manuel Vieira Gomes também segue posição intermediária em relação à imediação. O autor defende a imediação, por entender que a

[720] *idem, ibidem.*

[721] A mesma linha é adotada por Dephine Sion, ao definir a causalidade do enriquecimento sem causa. A autora afirma especificamente que o nexo causal se caracteriza pela existência do mesmo fato que provoque o empobrecimento e o enriquecimento (ob. cit., p. 179)

[722] Para fins metodológicos, o estipulante é aquele que estipula a realização de determinada prestação em favor de outro sujeito; o promissário é aquele que executa a prestação e o terceiro é aquele beneficiado pela prestação.

[723] ANTUNES VARELA, João de Matos, ob. cit., p. 495.

[724] *idem*, p. 496.

parte deve suportar os riscos da insolvência do outro contratante, e que buscar eventual restituição perante terceiro significaria, em última análise, utilizar vias oblíquas para contornar essa regra[725].

A ressalva surge em situações envolvendo a invalidade do contrato, pois:

> "falar da responsabilidade pela escolha da contraparte quando, por hipótese, se foi vítima de dolo, de coação, de usura ou, ainda, quando o agente carece de capacidade negocial ou se acha num estado de incapacidade acidental, parece-nos inteiramente destituído de sentido [o argumento da imediação]"[726].

Logo, no exemplo da empreitada, deve-se permitir que o sujeito requeira:

> "a restituição do enriquecimento do dono da obra quando o contrato com o empreiteiro fosse inválido (ou, melhor, em algumas das hipóteses de invalidade, atendendo designadamente à causa da invalidade), mas já não nas hipóteses em que o empreiteiro se revelasse insolvente ou viesse a falir"[727].

Por sua vez, Luís Manuel Teles Menezes Leitão possui posição mais enfática em afastar a imediação como requisito do enriquecimento sem causa. O autor afirma que a necessidade de deslocamento patrimonial direto entre o prejudicado e o enriquecido jamais resultou na vedação completa ao enriquecimento indireto, pois sempre se reconheceu a existência de exceções ao princípio. Em suma, aceitava-se a imediação como regra geral, admitindo-se a existência de situações pontuais nas quais sua aplicação não ocorreria[728].

O autor português entende que o "método jurídico adequado consiste, porém, pelo contrário, em determinar em que casos se deve admitir a constituição de pretensões de enriquecimento, obtidas através da interposição do patrimônio de um terceiro, para se poder verificar qual a forma

[725] ob. cit., p. 463.

[726] *idem*, p. 463/464.

[727] *idem, ibidem*.

[728] ob. cit., p. 860/861.

de interpretar a cláusula geral do art. 473º, nº 1, do Código Civil"[729]. Em suma, a imediação deve ser a exceção, e não a regra, no âmbito do enriquecimento sem causa.

Os limites para a admissão do enriquecimento, nas situações envolvendo interposta pessoa, são muito mais sutis. É necessário, nas palavras do autor,

> "que a restituição do enriquecimento não se efetue sem pôr em causa a justa distribuição do risco de insolvência e a tutela da confiança e do tráfego, por forma a que não afete as exceções existentes, proteja cada uma das partes contra exceções derivadas de relações com terceiros e efetue uma justa repartição do risco de insolvência não o atribuindo a quem não tomou a decisão patrimonial de não o assumir"[730].

Partindo dessas premissas, Menezes Leitão conclui que "não é admissível a *actio de in rem verso* nem a ação de enriquecimento por desconsideração de um patrimônio intermédio (*Durchgriffskondiktion*) a não ser no caso de aquisição gratuita do enriquecimento, onde o problema da tutela da confiança não se põe"[731].

Na esfera jurisprudencial, Menezes Leitão afirma que as cortes portuguesas quase sempre exigem a imediação, mencionando casos proferidos em 1981 e 1993[732]. Já em 2006, o Supremo Tribunal de Justiça lusitano proferiu acórdão, no mínimo, inusitado, pois afastou expressamente a imediação como requisito para a caracterização do enriquecimento sem causa, mas rejeitou o pedido de restituição com fundamentação que se aproxima muito do requisito considerado inaplicável[733].

[729] *idem*, p. 860/861.

[730] *idem*, p. 861.

[731] *idem, ibidem.*

[732] MENEZES LEITÃO, Luís Manuel Teles de. *O enriquecimento sem causa no Direito Civil. Estudo dogmático sobre a viabilidade da configuração unitária do instituto, face à contraposição entre as diferentes categorias de enriquecimento sem causa*, p. 854.

[733] Processo nº 06A825, Relator: Nuno Cameira, j. 30.5.2006. A ementa é a seguinte:
"1 – Não é possível inferir com segurança das normas que regulam o instituto do enriquecimento sem causa – art.ºs 473º a 482º do Código Civil – que a lei faça da imediação um requisito geral desta figura.

Tratava-se de ação ajuizada por sociedade contratada para a realização de empreitada no porto de Aveiro, que era, naquela oportunidade, administrado por sociedade privada. A empresa que havia realizado a contratação inadimpliu o pagamento devido, tendo sua falência decretada posteriormente. Por sua vez, a ré da ação, sociedade de capital público, retomou a posse do local, incorporando ao seu patrimônio as melhorias decorrentes empreitada.

A empreiteira ingressou então com ação contra a sociedade que havia recebido o terreno, com fundamento no enriquecimento sem causa. A causa de pedir da demanda consistia, em suma, na necessidade de restituição do benefício indevidamente auferido pela parte requerida, que havia recebido imóvel com as melhorias decorrentes de empreitada, sem realizar a contraprestação pelas obras realizadas.

A fundamentação adotada pelo acórdão do Supremo Tribunal de Justiça é bastante duvidosa, possuindo contornos de contradição. O julgado analisa a imediação, mencionando as posições doutrinárias favoráveis e contrárias à sua adoção como requisito do enriquecimento sem causa. Em seguida, conclui que "não é possível inferir com segurança das normas que regulam o instituto do enriquecimento sem causa – art.^os^ 473º a 482º do Código Civil – que a lei faça da imediação um requisito geral desta figura".

Muito embora tenha afastado a imediação, a corte lusitana conclui que o enriquecimento sem causa não havia se caracterizado no caso, mantendo a decisão que havia rejeitado o pedido de restituição. A decisão se revela questionável, por afirmar que "a obra implantada no terreno pertencente ao Estado representa, literalmente, a prestação – o comportamento devido – a que a ora autora, como empreiteira, se vinculou no âmbito do contrato realizado com a falida Empresa-C", bem como que "a causa imediata do empobrecimento da autora foi, na perspectiva em que estamos colocados, a falta de pagamento do preço por parte da dona da obra, entretanto falida; e isto porque o preço, segundo a vontade livremente expressa por ambas

2 – Ao ser-lhe devolvido um terreno cuja utilização cedera a terceiro por licença precária e sob prazo certo, a proprietária não fica constituída na obrigação de indemnizar por enriquecimento sem causa o empreiteiro que ali executou uma obra em cumprimento de contrato de empreitada cujo preço o dono, entretanto falido, deixou por pagar.
3 – Subsiste a conclusão extraída em 2) mesmo que por sentença transitada a dona da obra tenha sido condenada no pagamento do preço em dívida e reconhecido ao empreiteiro o direito de retenção".

as partes, traduz o correspectivo da obra levada a cabo, como é típico dum contrato de empreitada".

Ao mesmo tempo em que rejeita expressamente a imediação, o acórdão do Supremo Tribunal de Justiça a aplica, ainda que de forma implícita. A menção enfática à relação contratual, e à existência de prestação com o inadimplemento da contraprestação, indica que eventual pedido de restituição deveria ficar limitado à parte que recebeu a empreitada, ou seja, ao sujeito imediatamente beneficiado com a perda patrimonial da parte eventualmente prejudicada. Essa impressão é reforçada pelo trecho do aresto que afirma que a causa do empobrecimento é o inadimplemento contratual do contratante, indicando que a ausência de relação direta com o enriquecido afastaria a restituição.

Diante disso, verifica-se que ainda existem opiniões relevantes que defendem a manutenção da imediação como requisito do enriquecimento sem causa, ainda que, em alguns casos, realizem uma releitura do instituto. Por outro lado, é possível vislumbrar também a tendência de parte da doutrina de rejeitar o requisito, ainda que sem manifestar essa posição de forma expressa. De fato, os eventuais óbices ou condições apontadas para o afastamento da imediação não significam propriamente a mitigação do conceito, mas a sua completa exclusão, na medida em que se vinculam a outras características e requisitos do enriquecimento sem causa.

Como praticamente todos os demais elementos relativos ao enriquecimento sem causa, a imediação é conceito complexo e marcado por controvérsias. Definir se e em que medida o instituto é aplicável ao enriquecimento sem causa é questão que passa pelo exame de dois pontos principais: (i) a existência de previsão legislativa exigindo a relação patrimonial imediata entre as partes; e (ii) a aplicabilidade do requisito à luz da natureza jurídica do enriquecimento sem causa, e da função que lhe é conferida na esfera do direito privado. Eventual resposta positiva a qualquer dessas questões indica que a imediação é requisito necessário para a caracterização do enriquecimento sem causa.

A questão relativa à previsão legislativa passa pela compreensão da expressão "à custa de outrem" presente na maioria das legislações que disciplinam o enriquecimento sem causa. As diversas opiniões doutrinárias e jurisprudenciais que interpretam a passagem como exigência de imediação apontam principalmente a necessidade de se afastar a subversão dos riscos alocados nas relações contratuais. Essa questão se volta especificamente às situações nas quais o intermediário inadimplente causa prejuízo ao prestador de serviço, e os serviços realizados são incorporados ao patrimônio do enriquecido sem contraprestação. A eventual contrapartida da parte beneficiada conferiria justa causa ao enriquecimento, afastando eventual restituição.

Considerando esse cenário, surge a potencial contraposição de interesses jurídicos relevantes no âmbito do direito privado. Caso se determine a restituição dos valores incorporados ao patrimônio do enriquecido, confere-se ao prejudicado a oportunidade de contornar a insolvência do intermediário, deixando de arcar com risco livremente assumido por ocasião da celebração do contrato. Em contrapartida, caso se rejeite a restituição, permite-se a manutenção da situação de desequilíbrio patrimonial, admitindo-se que o enriquecido receba prestação sem a realização da respectiva contraprestação, ao mesmo tempo em que o prejudicado não recebe o pagamento que lhe é devido.

A alocação dos riscos na relação contratual não consiste em regra absoluta, existindo inúmeras situações nas quais a legislação afasta ou mitiga a distribuição dos riscos inicialmente pactuada pelas partes. Alguns exemplos disso consistem na onerosidade excessiva (artigos 478 do Código Civil brasileiro) e na redução proporcional da cláusula penal (artigo 413 do Código Civil brasileiro).

É bem verdade que essas são hipóteses de explícita intervenção estatal na esfera contratual, e que inexiste previsão de interferência tão drástica na disciplina legislativa do enriquecimento sem causa. Todavia, a ausência de menção legislativa expressa não significa necessariamente que o legislador não permita que o enriquecimento sem causa subverta – ainda que indiretamente – os riscos contratualmente assumidos pelas partes.

Por outro lado, a essência do sistema de direito civil consiste em preservar o equilíbrio patrimonial, e atribuir a cada sujeito aquilo que lhe pertence. É justamente essa a lógica que permeia o enriquecimento sem causa, e que torna o instituto instrumento relevante para corrigir atribuições patrimoniais distorcidas pelos institutos jurídicos tradicionais. Por se afastar do regime contratual, o enriquecimento sem causa não pode se submeter às limitações inerentes ao contrato.

Consequência natural disso é que a imediação não pode refletir obstáculo para a correção de desequilíbrios patrimoniais. Entre permitir que a parte com crédito inadimplido contorne o risco da insolvência do outro contratante – tornando-se privilegiado perante os demais credores – e aceitar que benefício recebido indevidamente seja mantido, deve-se escolher a primeira alternativa. Antes um credor beneficiado pelo enriquecimento com justa causa, do que um terceiro favorecido pelo enriquecimento sem causa.

Por sua vez, as exigências normalmente formuladas para se afastar a imediação – tal como a necessidade de insolvência do devedor originário, ou a ausência de contraprestação pelo beneficiado – se referem, na realidade, a outros requisitos do enriquecimento sem causa. Trata-se, em última análise, de consequências naturais da aplicação da subsidiariedade, ou mesmo da potencial constatação de justa causa do enriquecimento[734].

Todas as ressalvas feitas à aplicação da imediação no enriquecimento sem causa se tornam ainda mais enfáticas em relação ao enriquecimento por intervenção. Essa modalidade de enriquecimento é incompatível com a noção de deslocamento patrimonial, ou seja, com a transmissão do bem do patrimônio de um indivíduo para outro[735].

Nas situações de intervenção sobre direitos alheios, simplesmente inexiste deslocamento patrimonial. O benefício auferido pelo enriquecido não corresponde a uma perda sofrida pela parte prejudicada. Mesmo que se entenda que aquilo obtido à custa de outrem consiste no valor comercial do uso ou exploração do bem alheio, não se verifica a existência de eventual deslocamento patrimonial[736].

Tampouco é possível afirmar que, em caso de intervenção, aquilo obtido à custa do prejudicado residiria na poupança de despesas. A ausência da realização da despesa não significa que houve eventual deslocamento patrimonial entre dois sujeitos, pois simplesmente não houve relação direta entre duas esferas patrimoniais diversas[737].

Todos esses elementos convergem para uma conclusão: a imediação, em si, não consiste em requisito para o enriquecimento sem causa. Sob a perspectiva da natureza jurídica do enriquecimento sem causa – e, mais

[734] Enrico Moscati menciona que as questões relacionadas ao enriquecimento indireto possuem relação com noções de justa causa de enriquecimento e subsidiariedade (ob. cit. p. 301).

[735] MENEZES LEITÃO, Luís Manuel Teles de. *O enriquecimento sem causa no Direito Civil. Estudo dogmático sobre a viabilidade da configuração unitária do instituto, face à contraposição entre as diferentes categorias de enriquecimento sem causa*, p. 762/763.

[736] *idem*, p. 763.

[737] *idem*, p. 765.

especificamente, do enriquecimento por intervenção –, inexistem fundamentos que justifiquem a rejeição da restituição pela mera existência de patrimônio interposto entre o enriquecido e o prejudicado, ou mesmo pela existência de fatos geradores diversos do enriquecimento e do prejuízo.

Diante desse cenário, a expressão "à custa de outrem" deve ser concebida dentro dos estritos limites de seu significado gramatical. Logo, caracteriza-se o enriquecimento sem causa quando o benefício foi obtido com vinculação ao patrimônio alheio, pouco importando se essa conexão é imediata ou não. Em última análise, "à custa de outrem" significa somente o vínculo entre o enriquecimento e o direito da parte prejudicada exigido no enriquecimento sem causa, e não o nexo causal qualificado pela incidência do rígido requisito da imediação ou de qualquer outro requisito.

Da mesma forma que inexistem fundamentos para se exigir a imediação, não há base jurídica para qualificar de outras formas a causalidade entre o enriquecimento e o patrimônio da parte prejudicada, estabelecendo regras ou requisitos adicionais para o reconhecimento do nexo causal entre o enriquecimento e o patrimônio da parte prejudicada.

Existe razão relevante que afasta a necessidade da adoção de complexos modelos de causalidade, tal como ocorre na responsabilidade civil. No âmbito do ato ilícito extracontratual, as intricadas modalidades do nexo causal pressupõem cenários nos quais o dano pode se vincular a diversos fatos, havendo a necessidade da definição de critérios para estabelecer quais eventos são relevantes para a imposição do dever de indenizar.

No enriquecimento sem causa, a eventual pluralidade de fatos é irrelevante, pois o que interessa é somente a relação entre o enriquecimento e o patrimônio do sujeito prejudicado. Consequência disso é que a causalidade não precisa ser qualificada, inexistindo razão para a utilização de complexo sistema de regras inerente a diversas modalidades de nexo causal, como se verifica na responsabilidade civil extracontratual, e muito menos para escolher qual deles é aplicável na esfera da restituição. Basta, portanto, que exista vínculo – ainda que indireto – entre o enriquecimento de uma parte e o patrimônio da outra, para que o enriquecimento seja considerado "à custa" desse patrimônio, satisfazendo o requisito legal.

3.4. Subsidiariedade

A subsidiariedade do enriquecimento sem causa consiste em outro conceito jurídico indeterminado que confere margem para controvérsia. As discussões relativas ao instituto, e que serão examinadas neste tópico, referem-se especificamente (i) à sua efetiva utilidade como requisito do enriquecimento sem causa; (ii) ao seu conteúdo e alcance, definindo-se as situações nas quais a existência de outro regime jurídico impede o recurso à via restitutória; e (iii) à forma de sua aplicação nas diferentes modalidades de enriquecimento e, particularmente, no enriquecimento por intervenção.

3.4.1. O desenvolvimento do conceito da subsidiariedade

O surgimento da subsidiariedade aparentemente decorre da *actio doli* do Direito Romano, que apenas poderia ser concedida pelo pretor se não houvesse outra ação disponível[738]. No direito justinianeu, houve o reconhecimento da *actio de in rem verso*, permitindo-se que o credor ajuizasse ação contra o terceiro, caso o devedor fosse insolvente, e o terceiro fosse beneficiado com a prestação contratual[739]. Nesse modelo – posteriormente utilizado no *ius commune* –, o exercício da ação era subordinado à inutilidade prática das ações contratuais em relação à parte diretamente vinculada à obrigação[740].

O verdadeiro marco do instituto ocorreu no direito francês, em 1914. Pouco mais de vinte anos após o reconhecimento do enriquecimento sem causa no *arrêt Boudier*, a Corte de Cassação proferiu o chamado *arrêt Clayette*[741], impondo limites à aplicação do reconhecimento sem causa. O acórdão é reconhecido como reação da jurisprudência à possibilidade de utilização desenfreada do enriquecimento sem causa[742], pois admite a

[738] MENEZES LEITÃO, Luís Manuel Teles de. *O enriquecimento sem causa no Direito Civil. Estudo dogmático sobre a viabilidade da configuração unitária do instituto, face à contraposição entre as diferentes categorias de enriquecimento sem causa*, p. 911/912.

[739] SIRENA, Pietro. *La sussidiarietà dell'azione generale di arricchimento senza causa*. In: Rivista di Diritto Civile, ano LXIV, N. 2, março/abril 2018, p. 397.

[740] *idem, ibidem*.

[741] A decisão é de 12 de maio de 1914.

[742] MENEZES LEITÃO, Luís Manuel Teles de. *O enriquecimento sem causa no Direito Civil. Estudo dogmático sobre a viabilidade da configuração unitária do instituto, face à contraposição entre as diferentes categorias de enriquecimento sem causa*, p. 912.

aplicação desse instituto somente quando não houver alternativa jurídica específica para a proteção do direito da parte prejudicada.

O *arrêt Clayette* envolve a controvérsia relativa a contrato de mútuo celebrado pelo abade Pinardy, que utilizaria os valores recebidos para aplicar em construções de imóveis que integravam o patrimônio da congregação dos Missionários de la Sallete[743]. Houve a dissolução da congregação, e o abade ingressou com ação contra o liquidante, buscando obter a propriedade dos imóveis. A viúva Clayette ingressou no feito, buscando a restituição dos valores mutuados daquele indivíduo que fosse reconhecido como proprietário dos imóveis.

O pedido da viúva foi rejeitado, pois a Corte de Cassação entendeu que a *actio de in rem verso* não poderia ser utilizada como alternativa à demanda com fundamento no contrato de mútuo[744]. Segundo o acórdão, a ação de *in rem verso* não poderia ser utilizada quando, para a obtenção do bem jurídico almejado pela parte, houvesse "ação com fundamento em contrato, quase-contrato, delito, ou quase-delito", pois não se caracterizaria como alternativa para ação "originalmente fundada sobre obrigação contratual na qual o autor se depara com a impossibilidade legal de produzir prova de acordo com as formas impostas pelos artigos 1.341 e 1.347 do Código Civil"[745].

Em outro julgado, proferido em 1915, a Corte de Cassação afirmou que a ação de *in rem verso* "não pode ser utilizada para contornar as regras pelas quais a lei estabelece expressamente os efeitos de um contrato

[743] *idem*, p. 296.

[744] *idem, ibidem.*

[745] Trad. livre do francês. O trecho integral, no original, é o seguinte: "l'action de in rem verso, fondée sur le principe d'équité qui défend de s'enrichir au détriment d'autrui, doit être admise dans tous les cas où, le patrimoine d'une personne se trouvant, sans cause légitime, enrichi aux dépens de celui d'une autre personne, cette dernière ne jouirait, pour obtenir ce qui lui est dû, d'aucune action naissant d'un contrat, d'un quasi-contrat, d'un délit ou d'un quasi-délit ; mais qu'elle ne peut pas être substituée, en cours d'instance, à une action différente, originairement fondée sur une obligation contractuelle dont le demandeur serait dans l'impossibilité légale de rapporter la preuve suivant les formes imposées par les articles 1341 et 1347 du Code civil". (obtido em CHAKIRIAN, Laurence. *Vers une redefinition du principe de subsidiarite de l'action de in rem verso*. In: Revue de la Recherche Juridique Droit Prospectif, N. 85, 2000-4, obtido em http://www.laurence-chakirian.fr/2018/08/08/vers-une-redefinition-du-principe-de--subsidiarite-de-laction-de-in-rem-verso-commentaire-a-consulter/. Consulta realizada em 20.7.2019).

determinado nem, como resultado, por um contratante para disfarçar um pedido de preço adicional, o que é proibido pelo artigo 1.793 do Código Civil"[746].

Existem diversas explicações que sustentam a subsidiariedade. A primeira delas se relaciona diretamente à natureza jurídica do enriquecimento sem causa. Esse instituto é concebido como princípio geral subjacente a todas as regras especiais de restituição em valor, e é essa a base que lhe confere vocação para suprir todos os casos particulares de restituição, sem poder, todavia, substituí-los. Trata-se, em suma, de regra geral ampla, que complementa os eventuais espaços deixados pelas normas particulares.

A ação de *in rem verso* é, portanto, subsidiária a toda outra ação, exatamente como a norma geral possui aplicação subsidiária em relação àquela especial. Sob essa perspectiva, a subsidiariedade do enriquecimento sem causa nada mais é do que manifestação do clássico princípio que estabelece que a regra especial derroga a geral (*specialia generalibus derogant*)[747].

A essa noção conceitual junta-se uma outra razão bastante relevante, que é provavelmente o fundamento determinante da subsidiariedade. Impõe-se o caráter subsidiário do enriquecimento sem causa para evitar que o instituto se sobreponha aos regimes jurídicos estabelecidos para situações específicas[748]. Busca-se, em última análise, evitar que a restituição seja utilizada como subterfúgio para as situações nas quais os institutos ordinários não conferem à parte a solução desejada[749].

Esse propósito se reflete na jurisprudência francesa, que desenvolveu distinção bastante sutil, diferenciando os obstáculos de fato daqueles de direito. De um lado, óbices fáticos ao ajuizamento da ação específica – tal

[746] Trad. livre do francês. O trecho integral, no original, afirma que a ação de *in rem verso* "ne peut être intentée en vue d'échapper aux règles par lesquelles la loi a expressément défini les effets d'un contrat déterminé ni, par suite, par un entrepreneur pour servir à déguiser une demande en supplément de prix, prohibée par l'article 1793 du Code civil, en cas de marché à forfait". (obtido em CHAKIRIAN, Laurence. ob. cit., p. 8).

[747] POSEZ, Alexis. ob. cit., p. 208.

[748] MENEZES LEITÃO. *O enriquecimento sem causa no Direito Civil. Estudo dogmático sobre a viabilidade da configuração unitária do instituto, face à contraposição entre as diferentes categorias de enriquecimento sem causa*, p. 296.

[749] GIL, Laura Zumaquero, ob. cit., p. 13. No mesmo sentido, ALBANESE, Antonio. ob. cit., p. 332.

como se verifica na ausência de prova – não afastam o enriquecimento sem causa, desde que o prejudicado não seja responsável pelo fato. De outro, fundamentos jurídicos – como, por exemplo, a prescrição, ou mesmo o reconhecimento do direito da parte contrária – impedem o recurso à via restitutória[750].

A lógica da dicotomia entre obstáculos fáticos e jurídicos consiste justamente em impedir que o enriquecimento sem causa se torne uma via transversa para conferir à parte aquilo que lhe foi recusado pelo regime jurídico específico. Se eventual pedido do prejudicado foi rejeitado por ausência de provas, não é possível sequer afirmar que houve a regulação do caso por determinado instituto jurídico, pois a falta de evidências impede até mesmo a qualificação da hipótese dentro de determinado regime normativo.

Em contrapartida, se houve a incidência da disciplina jurídica específica, que rejeitou a pretensão da parte, foi porque o ordenamento se posicionou a respeito daquele assunto. Nesse caso, não cabe ao enriquecimento sem causa contornar as normas específicas, oferecendo ao suposto prejudicado alternativa para obter que lhe foi negado pelas normas elaboradas justamente para tratar daquele assunto.

3.4.2. A subsidiariedade nos diversos ordenamentos jurídicos

O desenvolvimento histórico da subsidiariedade possui distinções claras nos ordenamentos francês e alemão. Na França, a regra da subsidiariedade ingressa no Código Civil por um processo que traduz a revolta dos fatos contra o Código. Verificou-se que as normas jurídicas não possibilitavam a satisfação da integralidade das questões que surgiam no cotidiano. O enriquecimento sem causa surge como potencial resposta para solucionar a questão, voltando-se para as hipóteses nas quais a aplicação da norma proporcionava enriquecimento injustificado[751].

As preocupações com o reconhecimento do enriquecimento sem causa pelo *arrêt Boudier* decorreram principalmente pelo caráter excessivamente amplo do princípio, que poderia ser utilizado para contornar regras específicas de direito. A subsidiariedade surge como forma de lidar com essa

[750] CHAKIRIAN, Laurence. ob. cit., p. 6.

[751] CAMPOS. Diogo José Paredes Leite de. *A subsidiariedade da obrigação de restituir o enriquecimento*. Coimbra: Almedina, 2003, p. 218.

abertura potencialmente excessiva, a partir do *arrêt Clayette*. Nas palavras de Diogo Leite de Campos, "a subsidiariedade parece ser, portanto, não o produto de uma reflexão cuidadosa sobre as necessidades do ordenamento jurídico, mas antes o resultado, de justificação ainda por realizar, da precipitação provocada por certa conjuntura histórica"[752].

Na Alemanha, o enriquecimento sem causa surge de forma diversa daquela verificada na França. O § 812 do Código Civil é resultado de processo gradual, que se inicia com a repulsa da doutrina, até o século XIX, de transformar em princípio jurídico noção de equidade que estabelecia que ninguém poderia se enriquecer em prejuízo de outro. A posição da doutrina majoritária afirmava que o caráter demasiadamente largo do conceito o tornaria inviável para a solução de problemas práticos, tornando-o útil apenas para a formulação de normas específicas[753].

Com o receio de que princípio excessivamente amplo do enriquecimento sem causa acabasse por subverter noções mais específicas do ordenamento jurídico, as *condictiones* se tornaram a forma mais segura de afastar enriquecimentos obtidos de forma indevida, pois possuíam contornos específicos, evitando a potencial aplicação sem critério e o consequente incentivo à insegurança jurídica. Buscou-se, então, a forma para a consolidação das *condictiones* no ordenamento jurídico.

Inicialmente vista como uma categoria secundária, apenas aplicável quando não houvesse fundamento para as demais *condictiones*, a *condictio sine causa* passou a ser compreendida como instrumento para traduzir a noção de que a falta de causa que consistia em traço comum a todas as *condictiones*. Se, em momento inicial, a *condictio sine causa* era resultado de processo da obtenção de uma regra geral originada das demais *condictiones*, a evolução doutrinária inverteu esse processo, passando a considerá-la como fundamento das *condictiones* específicas. Todavia, antes do advento do Código Civil, a *condictio sine causa* não era considerada ação autônoma, pois não era utilizada para a solução de casos, mas apenas como pressuposto das demais *condictiones*[754].

Diante desse cenário, a subsidiariedade jamais foi considerada como algo inerente à *condictio sine causa*, e acabou não sendo aceita de forma

[752] *idem*, p. 220.

[753] *idem*, p. 221.

[754] *idem*, p. 225.

ampla pela doutrina após a entrada em vigor do Código Civil em 1900. Diferentemente daquilo verificado do direito francês, o enriquecimento sem causa não se traduzia em noção equitativa que se apresentava em contraposição à rigidez do direito positivo, e que não possuía contornos ou requisitos expressos. No direito germânico, a vedação do enriquecimento injustificado decorria de gradual evolução no ordenamento jurídico, e vinha acompanhado de requisitos específicos, desenvolvidos ao longo do tempo a partir das *condictiones*, para sua aplicação no caso concreto[755].

O reconhecimento da subsidiariedade pela jurisprudência francesa gerou repercussão em outros ordenamentos. O princípio foi acolhido como norma no artigo 2.042 do Código Civil italiano, no artigo 474 do Código Civil português, e no artigo 886 do Código Civil brasileiro. Sem prejuízo da origem francesa do *arrêt Clayette*, o acolhimento da subsidiariedade como norma na França somente ocorreu na reforma do direito das obrigações ocorrida em 2016, que reconheceu expressamente o instituto no artigo 1.303-3 do Código Civil.

Por outro lado, subsidiariedade não foi reconhecida na Alemanha, Holanda e na Suíça, cujos ordenamentos tratam o enriquecimento sem causa como regra geral, e não como válvula de escape para as situações nas quais inexiste regra específica para afastar deslocamentos patrimoniais injustificados[756]. Na Espanha, o Tribunal Supremo rejeitou, por algumas vezes, a aplicação da subsidiariedade[757].

No direito alemão, adotou-se verdadeiro sistema binário das restituições contratuais. Segundo esse modelo, as restituições se sujeitam ao enriquecimento sem causa somente quando o contrato seja nulo ou anulado, ou ainda encerrado por condição resolutiva ou pela ocorrência do termo final[758].

Em contrapartida, as consequências restitutórias do encerramento contratual convencional ou legal, que incluem a resolução do contrato, estão automaticamente disciplinadas nos parágrafos 346 e seguintes do Código Civil. Verifica-se, nesse caso, que a relação contratual determina sempre o critério para aferir o objeto e a modalidade de restituição. Se a

755 *idem*, p. 226/227.

756 GIL, Laura Zumaquero. ob. cit., p. 13.

757 MICHELON JR.. ob. cit., p. 256.

758 SIRENA, Pietro. *La sussidiarietà dell'azione generale di arricchimento senza causa*, p. 386.

situação é analisada não propriamente a partir do afastamento da relação contratual, mas em razão desse vínculo, pode-se afirmar que subsiste a causa, inexistindo o requisito principal do enriquecimento sem causa. O problema da subsidiariedade não possui aplicação sequer do ponto de vista teórico, pois a existência de justa causa afasta naturalmente o regime do enriquecimento injustificado[759].

A partir da evolução histórica, existe possível explicação a diferença de tratamento conferido à subsidiariedade pelo ordenamento alemão em relação ao que ocorre, por exemplo, na França, Itália e em Portugal. A abstração dos direitos reais, no ordenamento germânico, torna o enriquecimento sem causa instrumento de maior relevância – e, por conseguinte, de aplicação mais ampla – para situações nas quais não há produção plena de efeitos do negócio jurídico obrigacional que confere fundamento para a transmissão da propriedade. Como resultado da abstração, essa ineficácia não repercute sobre a transmissão da propriedade realizada pelo negócio jurídico real, cabendo ao enriquecimento sem causa solucionar as transmissões patrimoniais realizadas de forma injustificada nessa situação.

Nas palavras de Diogo Leite de Campos:

> no "direito alemão, a falta de causa dos chamados negócios causais implica a invalidade destes. Contudo, a ausência de uma causa a fundar as deslocações patrimoniais promovidas pelos negócios abstratos – que são muitos e da maior importância – tem que ser remediada através do enriquecimento sem causa"[760].

[759] *idem*, p. 387.

[760] *A subsidiariedade da obrigação de restituir o enriquecimento*. Coimbra: Almedina, 2003, p. 293. Pietro Sirena ainda afirma que a origem da subsidiariedade ocorreu na *actio de in rem verso* do direito justinianeu, que exigia como requisito a impossibilidade de satisfação do crédito perante o devedor da obrigação, para posterior direcionamento da ação perante terceiro. Todavia, no *ius commune*, a *actio de in rem verso* acabou sendo aplicada progressivamente nos casos de enriquecimento bilateral, caracterizando-se propriamente como uma ação geral de enriquecimento sem causa, afastando a razão que sustentava a subsidiariedade. A regra se tornou ainda mais inócua em sistemas que, como o alemão, seguem o modelo romanístico das *condictiones*, principalmente a *condictio sine causa generalis* elaborada no *ius commune*. Nesses casos, a restituição é subordinada à imediação do deslocamento patrimonial entre dois sujeitos, excluindo-se o enriquecimento sem causa pela via indireta (SIRENA, Pietro. *La sussidiarietà dell'azione generale di arricchimento senza causa*, p. 397/398).

Já na esfera extracontratual – que se mostra particularmente relevante pelo enriquecimento por intervenção – a jurisprudência alemã é mais flexível, conferindo ao prejudicado a escolha de definir se exercita a ação ressarcitória ou de enriquecimento sem causa. Os tribunais germânicos não impõem a subsidiariedade, mas tampouco permitem a cumulação de remédios distintos[761].

No *common law*, inexiste menção específica à subsidiariedade. Nos Estados Unidos da América, por exemplo, o *American Restatement of Restitution*, que possui 215 parágrafos que regulam situações de enriquecimento sem causa, não faz referência ao instituto[762]. Todavia, embora inexista menção clara e expressa quanto à subsidiariedade, alguns de seus elementos são observados nos ordenamentos da tradição anglo-saxã[763].

No direito inglês, vigora a chamada santidade dos contratos (*sanctity of contracts*), que estabelece que a restituição não pode ser concedida caso subverta o regime contratual vigente. É impossível, portanto, utilizar os remédios restitutórios caso o regime contratual permaneça vigente. Graham Virgo afirma que a restituição apenas se aplica nas situações nas quais o contrato não produz efeitos, ou nas quais esses efeitos tenham se encerrado. Caso contrário, o "direito da restituição deve ser considerado subsidiário à lei dos contratos"[764].

Em *Taylor v. Motability Finance Ltd*, o autor da ação requereu o pagamento de valores decorrentes de contrato de trabalho celebrado com a ré, tendo cumprido integralmente sua prestação contratual. Todavia, o tribunal rejeitou o pedido, por entender que as consequências originadas

[761] *idem*, p. 404.

[762] MENEZES LEITÃO, Luís Manuel Teles de. *O enriquecimento sem causa no Direito Civil. Estudo dogmático sobre a viabilidade da configuração unitária do instituto, face à contraposição entre as diferentes categorias de enriquecimento sem causa*, p. 912/913.

[763] *idem, ibidem.*

[764] Nas palavras do autor, "é somente quando o contrato não produz efeitos, ou deixou de produzir efeitos, que o direito restitutório deve ser aplicado na disputa entre as partes". (trad. livre do inglês. O original é o seguinte: "it is only where the agreement does not operate, or has ceased to operate, that the law of restitution should have a role to play in any dispute between the parties. Otherwise, the law of restitution should be considered to be subsidiary to the law of contract". (VIRGO, Graham. *The principles of the Law of Restitution*, 2ª ed., Oxford: Oxford University Press, 2006, p. 40/41).

do inadimplemento contratual integravam o regime do contrato, que não poderia ser alterado pelas regras da restituição[765].

Na esfera extracontratual, admite-se tradicionalmente que o ato ilícito obriga tanto o ressarcimento do dano, quanto a restituição dos lucros. Todavia, a utilização concomitante desses mecanismos é inviável nas situações nas quais a reparação e a restituição forem inconsistentes entre si, ou seja, quando houver a possibilidade da cumulação indevida de tutelas. Nessa hipótese, cabe ao autor da ação escolher uma dessas alternativas, adotando a via que lhe parecer mais benéfica[766].

A dicotomia entre os regramentos que acolhem e aqueles que rejeitam a subsidiariedade confere margem para controvérsias. Menezes Leitão, por exemplo, critica a inclusão do instituto no direito português, afirmando que o legislador lusitano optou por seguir a orientação dos autores de origem francesa e italiana. Deixou-se de notar, todavia, que essa linha doutrinária admite a subsidiariedade somente fora do âmbito das *condictiones* típicas, o que é incompatível com a legislação portuguesa, que não distingue o enriquecimento sem causa do pagamento indevido, por exemplo. Nas legislações francesa e italiana[767], a repetição do indébito possui tratamento autônomo em relação à cláusula geral do enriquecimento sem causa, e é somente nesse último caso em que prevalece a subsidiariedade[768]. Diante desse cenário, Menezes Leitão afirma que a

> "norma do artigo 474º do Código Civil aparece assim de certa forma em contradição com o sistema adotado, tendo um conteúdo literal muito mais amplo do que as correspondentes soluções francesa e italiana, uma vez que as *condictiones* típicas previstas no art. 473º, nº 2, são qualificadas como ações de enriquecimento e dessa forma abrangidas pela solidariedade. Não parece, por isso, que tenha sido feliz a alteração da solução proposta no anteprojeto de Vaz Serra"[769].

765 *idem*, p. 41.

766 *idem*, p. 442.

767 No Brasil, a cláusula geral do enriquecimento sem causa (artigo 884 e a 886 do Código Civil) também possui tratamento separado em relação ao pagamento indevido (artigo 876 a 883 do Código Civil).

768 *O enriquecimento sem causa no Direito Civil. Estudo dogmático sobre a viabilidade da configuração unitária do instituto, face à contraposição entre as diferentes categorias de enriquecimento sem causa*, p. 913.

769 *idem*, p. 914.

3.4.3. A pertinência da subsidiariedade

Parcela da doutrina questiona a utilidade da subsidiariedade. Afirma-se que o instituto é supérfluo, pois decorre da própria natureza jurídica do enriquecimento sem causa, cujo propósito natural se volta para solucionar situações extremas de desequilíbrio patrimonial, as quais já se encontram fora do alcance dos institutos tradicionais do direito[770].

Consequência natural disso é que, se houver ação disponível com fundamento contratual, por exemplo, eventual discussão acerca da subsidiariedade se revela inócua. Como eventual benefício patrimonial auferido pelo inadimplente possui fundamento no contrato ou na lei, verifica-se a existência de justa causa do enriquecimento, inexistindo fundamento para a pretensão de natureza restitutória. Em suma, a subsidiariedade se mostra inútil para evitar que o enriquecimento sem causa se sobreponha aos demais institutos jurídicos, ou ainda para impedir que o juiz interfira na manifestação de vontade das partes, pois os próprios requisitos necessários para a caracterização do enriquecimento sem causa se traduzem em filtros eficientes para essa finalidade[771].

A crítica de Menezes Leitão é particularmente contundente neste ponto. O autor português considera a subsidiariedade "inútil e prejudicial". Inútil justamente porque conceitos de prestação e ausência de causa jurídica são suficientes para exercer a função realizada pela subsidiariedade, como ocorre no ordenamento alemão. Prejudicial, por sua vez, em razão da introdução de quebra sistemática, pois a regra geral de enriquecimento sem causa, prevista no artigo 473 do Código Civil português, se torna subsidiária em relação às demais pretensões de enriquecimento previstas de forma esparsa na legislação, o que seria "dogmaticamente improdutivo"[772].

A posição de Alexis Posez é diversa. O autor compreende que a subsidiariedade possui duplo significado. A regra traduz, de um lado, a prevalência do especial sobre o geral, e de outro, a existência de justa causa do enriquecimento, ao permitir – em situações específicas – a análise do mérito que resultou na rejeição da ação principal. É justamente desse modo que o conceito se mostra conveniente, pois associa esses dois

[770] ALBANESE, Antonio. ob. cit., p. 332.

[771] *idem, ibidem.*

[772] MENEZES LEITÃO, Luís Manuel Teles de. ob. cit., p. 914.

fundamentos a um mesmo requisito, aplicando-se aos casos nos quais a ação de enriquecimento concorre com outra, ou quando essa última deixou de existir[773].

A partir dessas premissas, Posez afirma que é equivocado afirmar que a subsidiariedade possa ser dispensada. Em se tratando da prevalência do especial sobre o geral, a subsidiariedade é necessária e relevante, pois é em seu nome que se evita a distorção de outras regras de direito. Já em relação à justa causa, a subsidiariedade também é útil, pois disciplina as hipóteses nas quais o enriquecimento decorre do desaparecimento da ação do prejudicado[774].

3.4.4. As vertentes abstrata e concreta da subsidiariedade

A análise quanto à utilidade da subsidiariedade apenas pode ser analisada caso se compreenda exatamente o conteúdo e a extensão do conceito. Existem duas linhas doutrinárias principais que se debruçam sobre a questão: de um lado, (i) a chamada vertente abstrata confere extensão mais ampla à subsidiariedade, afirmando que a mera existência teórica de ação específica é suficiente para afastar o enriquecimento sem causa; de outro, (ii) a chamada vertente concreta restringe a incidência da subsidiariedade, afastando o enriquecimento sem causa somente quando o remédio específico se revelar efetivo para a proteção dos interesses da parte prejudicada[775].

A adoção de uma das vertentes doutrinárias acima referidas possui repercussões relevantes. A linha abstrata, por exemplo, rejeita a adoção do enriquecimento sem causa mesmo quando a ação específica estiver fulminada pela prescrição ou decadência, quando houver insuficiência de provas acerca do fato constitutivo do direito do autor, ou quando a ação tiver sido rejeitada no mérito, pois a mera existência teórica de ação específica é suficiente para afastar a cláusula geral de restituição. Em contrapartida, a linha concreta tende a ser mais flexível nessas situações, pois entende que a impossibilidade prática de utilização da ação

[773] POSEZ, Alexis. ob. cit., p. 236.

[774] *idem*, p. 245.

[775] MENEZES LEITÃO, Luís Manuel Teles de. ob. cit., p. 916/917. Laurence Chakirian afirma que essa questão deixou de ser respondida pela Corte de Cassação por ocasião do julgamento do *arrêt Claeyette* (ob. cit., p. 7).

específica – qualquer que seja a razão –confere margem para a aplicação do enriquecimento sem causa.

A questão não se limita à simples adoção de uma das duas vertentes relativas à subsidiariedade, envolvendo diversas peculiaridades que merecem atenção. Em se tratando de prescrição, de decadência, ou de qualquer outra espécie de perda do direito, existe posição mais consolidada rejeitando a pretensão ao enriquecimento sem causa[776]. O fundamento dessas decisões é o mesmo já tratado anteriormente, consistente na impossibilidade de se utilizar a via restitutória como alternativa nas situações nas quais o regramento específico afasta a pretensão do autor.

Já o enriquecimento originado da ausência de provas suscita maior dificuldade. Se não existem evidências sobre os fatos constitutivos do direito da parte, sequer é possível afirmar que o regramento jurídico específico incide ao caso. Logo, ao invés de afastar o enriquecimento sem causa, a ausência de prova poderia reforçar a possibilidade de sua utilização, pois o fundamento jurídico específico não estaria caracterizado no caso[777]. Situação semelhante ocorre nas situações nas quais os fatos são provados, mas não satisfazem os requisitos estabelecidos para a caracterização do suporte fático de determinada norma.

Na Itália, por exemplo, a vertente abstrata tem sido adotada de forma majoritária[778]. Todavia, o rigor da regra tem sido mitigado em circunstâncias específicas. Admite-se a utilização do enriquecimento sem causa em situações nas quais se verifica a carência da ação originária, em razão de defeito do título utilizado como fundamento, como ocorre nos casos de nulidade do negócio jurídico. Também se admite, na esfera processual, o ajuizamento da ação com fundamento principal no regime específico, deduzindo-se a pretensão ressarcitória em caráter subsidiário para o

[776] POSEZ, Alexis. ob. cit., p. 231.

[777] *idem*, p. 232.

[778] De acordo com Cláudio Michelon Jr., a doutrina e jurisprudência italianas entendem que a "verificação de que há em determinado caso um remédio alternativo abstratamente previsto no ordenamento jurídico seria suficiente para afastar a aplicação do direito restitutório no caso concreto. Do modo como a doutrina italiana concebe a subsidiariedade seria irrelevante que o remédio alternativo previsto no ordenamento não pudesse, no caso concreto, ser utilizado. A existência de um tal remédio já é suficiente para afastar a aplicação do enriquecimento sem causa, não importando o quão efetivo é o remédio existente para desfazer o enriquecimento no caso concreto (ob. cit., p. 257).

caso de, por alguma razão, o pedido principal não ser conhecido ou ser rejeitado[779].

Pietro Sirena aponta situações específicas nas quais o rigor da vertente abstrata foi mitigado. Em situação na qual inexistia prova acerca da constituição de sociedade de fato entre dois conviventes, a Corte de Cassação acolheu a demanda, utilizando a *actio de in rem verso* como fundamento, à luz da contribuição de um convivente para o incremento do patrimônio do outro. Em outro caso, inexistindo prova sobre o conhecimento do vendedor sobre os vícios da coisa, a corte acolheu a demanda proposta pelo comprador, à luz da pretensão de enriquecimento sem causa deduzida de forma subsidiária[780].

Em contrapartida, rejeita-se, na Itália, a possibilidade de enquadramento do enriquecimento sem causa como fundamento implícito e genérico das demandas. Como o instituto consiste em fundamento autônomo da pretensão, é essencial que seja deduzido de forma expressa pela parte interessada, não podendo ser considerado como um amplíssimo fundamento subjacente a todas as pretensões[781].

Dentre aqueles que seguem a linha abstrata, destaca-se Menezes Leitão. O autor adota como premissa de sua análise a interpretação literal do artigo 474 do Código Civil português, cujo teor estabelece que "não há lugar à restituição por enriquecimento, quando a lei facultar ao prejudicado outro meio de ser indenizado ou restituído, negar o direito à restituição ou atribuir outros efeitos ao enriquecimento"[782].

Por outro lado, a vertente concreta poderia ser sustentada no artigo 498º, nº 4, do Código Civil lusitano[783], que autoriza o ajuizamento de ação

[779] ALBANESE, Antonio. ob. cit., p. 336/337. Pietro Sirena também afirma que a linha abstrata é adotada de forma majoritária pela doutrina e pela jurisprudência italiana (*La sussidiarietà dell'azione generale di arricchimento senza causa*. p. 380/381).

[780] *La sussidiarietà dell'azione generale di arricchimento senza causa*, p. 381.

[781] ALBANESE, Antonio. ob. cit., p. 336/337.

[782] O teor do dispositivo é o seguinte: "A prescrição do direito de indenização não importa prescrição da ação de reivindicação nem da ação de restituição por enriquecimento sem causa, se houver lugar a uma ou a outra".

[783] "Artigo 498º

(...)

4. A prescrição do direito de indenização não importa prescrição da ação de reivindicação nem da ação de restituição por enriquecimento sem causa, se houver lugar a uma ou a outra".

com fundamento no enriquecimento sem causa mesmo após a prescrição da pretensão relativa à responsabilidade. Seria possível, a partir da norma, identificar eventual tendência do legislador lusitano de afastar a pretensão restitutória somente nas situações nas quais a pretensão específica tivesse sido efetivamente deduzida[784].

No âmbito da controvérsia entre a linha abstrata e a concreta, Menezes Leitão entende que artigo 498º, nº 4, do Código Civil, não possui relevância. A prescrição da pretensão indenizatória não confere justa causa a eventual benefício patrimonial auferido pelo ofensor, sendo natural a possibilidade de utilização do enriquecimento sem causa. A par disso, como existe diferença entre a pretensão reparatória e aquela restitutória, a prescrição da primeira não leva necessariamente ao cabimento da última. É necessária a satisfação dos requisitos do enriquecimento sem causa para que a restituição ocorra[785].

A existência de outro meio para a restituição do prejudicado não se limita necessariamente a eventual pretensão contra o enriquecido, podendo decorrer da existência de pretensão contra terceiro. Para se afastar o enriquecimento sem causa, Menezes Leitão entende que basta que a parte disponha de qualquer instrumento para deduzir sua pretensão, seja com base contratual, seja por outra via. Logo, eventual insolvência da parte envolvida na relação contratual não permite o uso da via restitutória em face de terceiro beneficiado, pois "a insolvência da contraparte é um estado de fato que faz parte da álea normal dos negócios jurídicos, e quem toma a decisão de contratar assume esse risco, que tem que suportar, não podendo eliminá-lo através da ação de enriquecimento". A exceção a essa regra se verifica na alienação gratuita de coisa a restituir (artigo 298º, nº 2, do Código Civil)[786].

Em contrapartida, Antonio Albanese e Pietro Sirena defendem que a subsidiariedade deve ser compreendida dentro da vertente concreta. Sirena afirma que sequer o artigo 1.303-3 do Código Civil francês[787]

[784] MENEZES LEITÃO, Luís Manuel Teles de. *O enriquecimento sem causa no Direito Civil. Estudo dogmático sobre a viabilidade da configuração unitária do instituto, face à contraposição entre as diferentes categorias de enriquecimento sem causa*, p. 917.

[785] *idem, ibidem.*

[786] *idem*, p. 918.

[787] "O empobrecido não possui ação com base nesse fundamento quando uma outra ação estiver disponível ou não estiver disponível em razão de obstáculo de direito, tal como a

solucionou a questão de forma definitiva e que a doutrina italiana propõe interpretações cada vez mais agressivas sobre o ponto, sugerindo uma relativização, senão uma espécie de ab-rogação do artigo 2.042 do Código Civil[788].

Por sua vez, Albanese aponta dois fundamentos principais na defesa de sua posição: (i) autores relevantes defendem a linha concreta da subsidiariedade; e (ii) a experiência de países como a Alemanha e a Inglaterra, que não adotam a subsidiariedade, indica que a maior amplitude na aplicação do enriquecimento sem causa não causa devastação no ordenamento ou na certeza das relações jurídicas[789].

Para a vertente concreta, o artigo 2.042 do Código Civil italiano apenas estabelece que a pretensão do enriquecimento sem causa pode ser deduzida quando não for possível exercitar outra pretensão para a obtenção de reparação pelo prejuízo sofrido. A norma não indica exatamente a extensão de seu âmbito de incidência, sem esclarecer eventual preferência pela vertente abstrata ou concreta[790].

Na esfera etimológica, Antonio Albanese aponta que o termo subsidiariedade possui origem no latim *subsidiari*, que significa "vir em ajuda", adquirindo função de integração, de complementação. Logo, deve-se interpretar a subsidiariedade como a possibilidade de se utilizar o enriquecimento como instrumento de auxílio para as situações nas quais a ação originária não possa ser mais utilizada[791].

Já sob a ótica sistemática, Albanese afirma que a subsidiariedade não pode ser compreendida como instrumento para reduzir o alcance do enriquecimento sem causa. A ideia subjacente no ordenamento jurídico consiste em afastar distribuição de riqueza em prejuízo alheio, seja por meio de instrumentos específicos, seja por meio de norma de caráter geral

prescrição" (trad. livre do francês. O original é o seguinte: "L'appauvri n'a pas d'action sur ce fondement lorsqu'une autre action lui est ouverte ou se heurte à un obstacle de droit, tel que la prescription").

788 SIRENA, Pietro. *La sussidiarietà dell'azione generale di arricchimento senza causa*, p. 383.

789 ALBANESE, Antonio. ob. cit., p. 339.

790 Art. 2.042. "A ação de enriquecimento não é cabível quando o prejudicado possa exercitar outra ação para ser indenizado pelo prejuízo sofrido" (trad. livre do italiano. O original é o seguinte: Art. 2.042. "L'azione di arricchimento non è proponibile quando il danneggiato può esercitare un'altra azione per farsi indennizzare del pregiudizio súbito").

791 ALBANESE, Antonio. ob. cit., p. 340.

aplicável aos casos não previstos. A partir do momento em que o instrumento específico deixa de ser aplicável – ainda que pela prescrição ou decadência –, o enriquecimento sem causa se torna viável. O ordenamento jurídico prefere privilegiar o sujeito que sofreu prejuízo em relação àquele que se beneficiou de forma indevida, ainda que o primeiro tenha perdido a oportunidade de agir[792].

Adotando tom crítico, Albanese formula as seguintes ponderações relativas à interpretação do princípio da subsidiariedade: (i) tendo constatado a natureza de cláusula geral em relação ao artigo 2.041 do Código Civil, a jurisprudência italiana deveria tê-la aplicado de tal forma, realizando a evolução interpretativa verificada em outras cláusulas gerais; (ii) ao verificar que o artigo 2.042 possui diferentes possibilidades interpretativas, a jurisprudência deveria ter adotado aquela mais compatível com o espírito de vedação ao enriquecimento injustificado; (iii) é inaceitável, em termos interpretativos, uma solução que defina o artigo 2.041 do Código Civil como cláusula geral para, em seguida, contradizê-lo, afirmando-se que sua utilização é permitida somente na impossibilidade em abstrato de se utilizar outro remédio[793].

De outra parte, não se pode acolher o argumento de que a subsidiariedade concreta consistiria em eventual possibilidade de contorno, por vias oblíquas, da prescrição, prejudicando a certeza na aplicação do direito. Na realidade, inexiste razão para incerteza, pois as partes sabem que a inércia do titular do direito extingue o direito em si, mas pode conferir margem para o enriquecimento sem causa caso a extinção resulte em benefício indevido da parte[794].

Por sua vez, Pietro Sirena argumenta que a adoção da linha abstrata resulta em incoerência lógica e de inaceitável iniquidade. Se é possível a adoção da via restitutória de forma concomitante à reparatória, para possibilitar a restituição do enriquecimento que superar o prejuízo, inexiste razão para se rejeitar o uso alternativo dessas pretensões. Caso contrário, aceita-se que o prejudicado que demandou o ressarcimento do dano obtenha a restituição do enriquecimento superveniente, enquanto que o prejudicado que não propôs a ação ressarcitória – por não poder

792 *idem*, p. 341.

793 *idem*, p. 343.

794 *idem*, p. 344.

demonstrar a presença do dano, por exemplo – não possa recuperar o enriquecimento sem causa que corresponda ao dano, e muito menos aquele que o supere[795].

A vertente concreta entende, ainda, que a finalidade subjacente à subsidiariedade seria impedir o exercício concomitante da pretensão específica em conjunto com aquela restitutória, evitando-se o enriquecimento sem causa do prejudicado pela obtenção de pretensões que se sobrepõem[796]. A subsidiariedade, portanto, teria aplicação bastante reduzida, servindo apenas para impedir o *bis in idem* entre a norma específica e a via genérica da restituição.

A situação na França merece particular atenção, por duas razões fundamentais: (i) deve-se à jurisprudência francesa o surgimento da noção de subsidiariedade, a partir da decisão proferida no *arrêt Clayette*; e (ii) diferentemente daquilo que ocorre nos demais ordenamentos, o artigo 1.303-3 do Código Civil francês possui disciplina mais detalhada acerca do âmbito de incidência da subsidiariedade, ao estabelecer que o "empobrecido não tem ação sobre esse fundamento [o enriquecimento sem causa] quando uma outra ação lhe estiver disponível ou indisponível em razão de obstáculo de direito, tal como a prescrição"[797].

Sob o aspecto mais amplo, é possível notar que a jurisprudência francesa evoluiu no sentido de mitigar a aplicação da subsidiariedade, conferindo maior espaço para o enriquecimento sem causa. De um posicionamento inicial que afastava a ação de *in rem verso* em praticamente toda situação na qual houvesse possibilidade teórica de se utilizar instrumento jurídico específico, os tribunais passaram a acolher visão mais moderada, analisando as circunstâncias pelas quais o fundamento especial não poderia ser acolhido.

Na visão tradicional da jurisprudência francesa, impedia-se o recurso à ação restitutória sempre que houvesse outra via potencialmente disponível, ainda que fulminada pela decadência, prescrição, pela autoridade da

[795] *La sussidiarietà dell'azione generale di arricchimento senza causa*, p. 401/402.

[796] MICHELON JR., Cláudio. ob. cit., p. 260.

[797] trad. livre do francês. O original é o seguinte: "L'appauvri n'a pas d'action sur ce fondement lorsqu'une autre action lui est ouverte ou se heurte à un obstacle de droit, tel que la prescription".

coisa julgada[798], ou – o que é mais importante – mesmo que se verificasse a ausência dos requisitos exigidos pela lei para a aplicação do regime especial, ou de provas acerca dos fatos constitutivos do direito da parte. O entendimento seguia a linha abstrata da subsidiariedade, afirmando que a mera existência de ação potencialmente aplicável ao caso era suficiente para impedir a arguição do enriquecimento sem causa.

Em decisão proferida em 21 de abril de 1971, a Terceira Câmara Civil da Corte de Cassação analisou ação proposta por companheiro em relação afetiva com outra pessoa, por meio da qual se pretendia a obtenção de parcela do patrimônio acumulado ao longo do relacionamento. Utilizou-se a via restitutória em razão da ausência de prova de contrato de trabalho que possibilitasse a apresentação de pedido de pagamento por serviços prestados[799]. Porém, a Corte de Cassação rejeitou a ação de *in rem verso*, por entender que a impossibilidade de acolhimento da via contratual impediria também a aceitação da pretensão restitutória[800].

A mesma fundamentação foi aplicada em julgado proferido em 8 de dezembro de 1987. Naquela ocasião, a Primeira Câmara Civil da Corte de Cassação analisou caso envolvendo pedido de reconhecimento de sociedade de fato, em razão da manutenção de relação de convivência entre casal, com pedido subsidiário de restituição com fundamento no enriquecimento sem causa. O tribunal afastou a última pretensão, por entender que a subsidiariedade impediria que a ação de *in rem verso* fosse utilizada como alternativa à ausência de provas acerca da existência da sociedade de fato[801].

A tendência inicial de adotar a via abstrata e mais rígida da subsidiariedade passou por nítido processo de modificação. De fato, a jurisprudência francesa reduziu o âmbito de incidência da subsidiariedade, passando a compreender a ação de *in rem verso* como uma via aberta à parte prejudicada nas hipóteses nas quais inexistem os requisitos necessários para o exercício da pretensão específica[802].

[798] CHAKIRIAN, Laurence. ob. cit., p. 8/9. No mesmo sentido, POSEZ, Alexis. ob. cit., p. 231.

[799] Ao que tudo indica, autor e réu não apenas mantinham relação afetiva, como também trabalhavam juntos.

[800] CHAKIRIAN, Laurence. ob. cit., p. 10.

[801] *idem, ibidem.*

[802] *idem*, p. 11.

A partir dessa premissa, caso se verifique que as normas suscitadas não se aplicam aos fatos alegados pelo prejudicado, o enriquecimento sem causa surge como elemento subsidiário para possibilitar a restituição. A questão probatória também perdeu relevância, principalmente em questões envolvendo sociedade de fato, nas quais inexiste prova de eventual contrato entre as partes, admitindo-se a utilização do enriquecimento sem causa como via alternativa à parte prejudicada[803].

Essa vertente mais flexível da subsidiariedade foi aplicada especificamente em ações envolvendo o chamado salário diferido. Trata-se de direito ao recebimento de salário concedido a familiares de trabalhadores rurais que tenham idade superior a 18 anos e tenham participado diretamente dos trabalhos em atividades agrícolas ou pecuárias, sem receber eventual remuneração[804].

Em julgado proferido em 12 de janeiro de 1993, a Corte de Cassação de Amiens afastou pedido de enriquecimento sem causa formulado pela esposa de descendente de agricultor, por entender que o salário diferido apenas poderia ser concedido se a autora tivesse sido vítima da exploração laboral. Em relação ao enriquecimento sem causa, a mera existência de instrumento jurídico específico previsto em lei – mesmo sem o cumprimento dos requisitos para sua aplicação – consistiria em óbice irremovível para o pedido de restituição.

A decisão acabou sendo cassada pela Corte de Cassação. A instância máxima do Poder Judiciário francês determinou que a ação de *in rem verso* permanecesse em curso, à luz da ausência de fundamento específico para a pretensão deduzida pela autora. É interessante observar que a autora da ação havia trabalhado com o marido no decorrer de 12 dias, ou seja, havia a satisfação dos requisitos para a pretensão específica, ao menos em parcela do período suscitado na demanda, mas não havia o cumprimento das condições em relação ao restante do lapso temporal. Mesmo assim, a Corte de Cassação manteve a via restitutória, indicando a existência de novo posicionamento a respeito da subsidiariedade[805].

[803] POSEZ, Alexis. ob. cit., p. 234.

[804] O direito é reconhecido nos artigos L 321-13 e seguintes do Código Rural e de Pescaria Marítima.

[805] CHAKIRIAN, Laurence. ob. cit., p. 14 (obtido em http://www.laurence-chakirian.fr/2018/08/08/vers-une-redefinition-du-principe-de-subsidiarite-de-laction-de-in-rem-verso-commentaire-a-consulter/).

Essa alteração do entendimento da Corte de Cassação se confirmou em julgado proferido em 15 de outubro de 1996, em nova situação envolvendo divisão patrimonial entre pessoas que haviam mantido relação de convivência afetiva. Em caso semelhante àquele julgado em 8 de dezembro de 1987, a autora da ação pretendia obter o reconhecimento de sociedade de fato mantida com o antigo convivente e, subsidiariamente, receber a restituição do enriquecimento sem causa que teria beneficiado o requerido.

A solução conferida ao caso pela Corte de Cassação é oposta àquela verificada no caso de 8 de dezembro de 1987. Afirmou-se, em suma, que a convivente poderia utilizar o enriquecimento sem causa como pretensão subsidiária, que seria apreciada caso não houvesse a satisfação dos requisitos aplicáveis para a caracterização de sociedade de fato[806].

A mesma tendência parece ter ocorrido na decisão proferida pela câmara comercial da Corte de Cassação em 24 de fevereiro de 1998. Na ação, discutia-se o direito do autor ao recebimento de restituição por invenção desenvolvida por ele em grupo de trabalho cujos resultados foram aproveitados pela sociedade E.D.F Réfrigérants. O autor afirmava que sua contribuição teria ocorrido antes da celebração de contrato entre a ré e a sociedade SOCOTEC, com a qual ele havia celebrado contrato de trabalho. Pela ausência de relação contratual no momento da apropriação da invenção, a sociedade ré teria enriquecido sem que houvesse justa causa para tanto[807].

A questão fundamental consistia na prescrição da pretensão específica aplicável à invenção supostamente desenvolvida pelo autor e apropriada pela ré. Caso se adotasse o entendimento tradicional da jurisprudência, a prescrição da pretensão específica impediria o recurso a ação de *in rem verso*.

[806] *idem*, p. 13. Alexis Posez também aponta a modificação do entendimento jurisprudencial nas ações envolvendo questões de direito de família. O autor afirma que, nas ações familiares, a prova quanto à existência do contrato pode encontrar dificuldades para sua realização. Por essa razão, a ação de *in rem verso* é geralmente admitida, mesmo em caso de carência probatória do autor, quando se funda na existência de contrato, mas depende de prova da relação de concubinato com o réu. Essas decisões se voltam especificamente em situações nas quais se verifica a existência de sociedade de fato, mas se aplicam também em casos de mandato ou promessa de venda (ob. cit., p. 234).

[807] *idem, ibidem.*

A Corte de Cassação negou o pedido do autor por entender que o enriquecimento sem causa seria incabível, à luz da existência de relação contratual entre as partes[808]. Já em relação à prescrição da pretensão deduzida na ação principal, o julgado afirmou que a questão teria sido suscitada de forma equivocada pelo tribunal inferior, em razão da natureza subsidiária do enriquecimento sem causa[809]. A partir dessa afirmação, Laurence Chakirian afirma que se tornou possível questionar se a ação de *in rem verso* deveria ser, de fato, rejeitada, em caso da prescrição da pretensão relacionada à ação principal[810].

Muito embora a fundamentação do julgado não seja absolutamente clara, é possível inferir que – ao menos naquele caso – a Corte de Cassação entendeu que a prescrição da pretensão relativa à ação principal seria irrelevante para o enriquecimento sem causa. Todavia, eventual intenção do tribunal de adotar essa visão da subsidiariedade, reduzindo ainda mais seu âmbito de incidência, restou afastada pela reforma do direito das obrigações ocorrida em 2016, pois o artigo 1.303-3 inovou em relação à questão, passando a estabelecer que a prescrição da pretensão específica impede o recurso à via restitutória.

A mera aplicação da teoria abstrata ou concreta é insuficiente para a compreensão do verdadeiro sentido da subsidiariedade e do real alcance que o conceito deve ter. Nesse sentido, a rigidez da teoria abstrata restringe excessivamente o acesso da parte ao enriquecimento sem causa, ao afastar a via restitutória à luz da mera existência hipotética de instituto

[808] Câmara Comercial da Corte de Cassação. Julgado de 24 de fevereiro de 1998. Decisão nº95-19047.

[809] O trecho relevante do acórdão é o seguinte: "limitando-se a recordar, de modo geral, o caráter subsidiário da ação de *in rem verso* e, inoperante, a prescrição do ato que reivindica a invenção, sem justificar a sua decisão à luz dos fatos, alegado por ele, a Corte de Apelação privou sua decisão de base legal sob o Artigo 1371 do Código Civil" (trad. livre do francês. O original é o seguinte: "que dès lors en se bornant à rappeler de manière générale le caractère subsidiaire de l'action de in rem verso et, de manière inopérante, la prescription de l'action en revendication de l'invention, sans autrement justifier sa décision au regard des faits, allégués par lui, la cour d'appel a privé sa décision de base légale au regard de l'article 1371 du Code civil".

[810] CHAKIRIAN, Laurence. *Vers une redefinition du principe de subsidiarite de l'action de in rem verso*. In: Revue de la Recherche Juridique Droit Prospectif, N. 85, 2000-4, p. 14 (obtido em http://www.laurence-chakirian.fr/2018/08/08/vers-une-redefinition-du-principe-de-subsidiarite--de-laction-de-in-rem-verso-commentaire-a-consulter/).

jurídico específico que regularia a situação causadora de desequilíbrio patrimonial.

Causa particular preocupação, neste ponto, a possibilidade de utilização da subsidiariedade para afastar o enriquecimento sem causa nas situações nas quais inexistem as provas necessárias para a aplicação do instituto jurídico específico, ou nos casos nos quais os fatos tratados – embora provados – não satisfazem os requisitos para a aplicação do suporte fático da norma especial. Nessas hipóteses, mostra-se equivocado afastar o enriquecimento, pois a ausência de provas ou dos requisitos torna impossível afirmar que o instituto jurídico específico seria aplicável no caso.

É o que se verifica nos exemplos do salário diferido ou da sociedade de fato, analisados pela jurisprudência francesa. A ausência dos requisitos legais, no primeiro caso, e de provas, na segunda hipótese, afasta a possibilidade de caracterização desses institutos. É impossível, por conseguinte, afirmar que eventual recurso ao enriquecimento sem causa se traduziria em via oblíqua para se conceder à parte aquilo que lhe foi negado pelo regime especial, pois a aplicação desse regime especial sequer pode ser aventada no caso concreto.

Por outro lado, a vertente concreta se mostra extremamente permissiva, conferindo margem para que o enriquecimento sem causa se torne praticamente um fundamento universal, que seria aplicável em qualquer hipótese em que a pretensão específica se tornasse inviável. Aplicando-a sem qualquer filtro, qualquer ação rejeitada com base no regime jurídico específico conferiria margem para o enriquecimento sem causa, possibilitando a transformação do direito privado em um grande regime restitutório.

Ao contrário daquilo defendido pela teoria concreta, a subsidiariedade não serve apenas para afastar o *bin in idem* entre o regime específico e o enriquecimento sem causa. Tampouco possui função de integração, de complementação, tal como afirmado por Antonio Albanese[811]. Desde o *arrêt Clayette*, a função da subsidiariedade consiste em limitar o âmbito de incidência do enriquecimento sem causa, e lhe conferir equilíbrio e ponderação em relação às normas especiais, evitando que o instituto se torne uma amplíssima alternativa de contorno sobre as normas específicas.

[811] ALBANESE, Antonio. ob. cit., p. 340.

Alexis Posez sugere alternativa que se coloca no meio termo entre a teoria abstrata e a concreta, a partir de critério composto por duas fases distintas. Na primeira delas, a ação de enriquecimento sem causa deve ser admitida quando se verifica que o deslocamento patrimonial controverso não possui justificativa, sem que exista outra ação discutindo a restituição, ou caso a demanda tenha desaparecido ou tenha sido simplesmente ineficaz para satisfazer o direito da parte[812].

Uma vez recebida a ação de *in rem verso*, inicia-se a segunda etapa. Analisa-se, então, se a lacuna que precede a ação de enriquecimento sem causa não possui razão de ser na lei, na vontade do prejudicado, ou ainda em sua falta grave. A falta grave deve ser compreendida não como eventual falha na produção da prova, por exemplo, mas como eventual excessiva falta de cuidado que resulta no enriquecimento. Trata-se, em suma, do risco assumido pelo prejudicado ao realizar determinada prestação ciente da possibilidade de conferir enriquecimento injustificado à outra parte[813].

Nessa última fase, a subsidiariedade se aproxima da noção de justa causa, pois a existência de previsão legal, de vontade ou risco assumido pelo prejudicado justifica o enriquecimento auferido pelo enriquecido.

Posez reconhece que essa perspectiva da subsidiariedade possui pontos em comum com a justa causa, mas entende que isso não consiste em problema. Para o autor, a subsidiariedade possui duplo significado. No âmbito processual, a figura da subsidiariedade se apresenta como condição de admissibilidade quando contempla a existência de outra ação ainda em trâmite. Na esfera material, ela se torna causa de rejeição no mérito ao buscar compreender a razão pela qual a ação principal é inviável[814].

Ao invés de traduzir eventual imprecisão conceitual, Alexis Posez entende que a dualidade da subsidiariedade é benéfica. A regra traduz, de um lado, a prevalência do especial sobre o geral, e de outro, a existência de justa causa do enriquecimento. É justamente desse modo que o conceito se mostra conveniente, pois associa esses dois fundamentos a um mesmo requisito, aplicando-se aos casos nos quais a ação de enriquecimento concorre com outra, ou quando essa última deixou de existir[815].

[812] POSEZ, Alexis. ob. cit., p. 236.

[813] *idem, ibidem.*

[814] *idem, ibidem.*

[815] *idem, ibidem.*

A questão não é simples, sendo possível afirmar que todas as posições em torno da subsidiariedade exprimem legítima preocupação com o instituto do enriquecimento sem causa. Sem prejuízo da contribuição positiva que cada entendimento traz sobre o assunto, é possível apontar que a melhor alternativa para se lidar com a dicotomia entre a vertente concreta e a abstrata é analisar a questão a partir da vertente concreta, mas sob a perspectiva da diferença entre os óbices de fato e de direito que eventualmente impedem o acolhimento da pretensão principal.

Nesse sentido, o propósito do enriquecimento sem causa de promover a conservação estática dos patrimônios[816] não pode ser satisfeito caso a mera existência teórica de ação específica se torne empecilho insuperável para a utilização da via restitutória. É inadmissível que a insuficiência de provas, a ausência de requisitos normativos ou a insolvência do devedor principal respaldem o enriquecimento injusto, pois nenhum desses fatores possui relevância jurídica para permitir a manutenção do benefício obtido de forma injustificada.

É necessário, portanto, ir além, analisando-se se o regime jurídico específico é suficiente para satisfazer o interesse da parte prejudicada, e não apenas se o instituto é teoricamente cabível na situação sob exame. Deve-se adotar, por conseguinte, a vertente concreta como ponto de partida para se definir o alcance da subsidiariedade. Caso contrário, a essência do enriquecimento sem causa fica excessivamente tolhida, pois a mera possibilidade de utilização de ação específica – ainda que inapropriada ou insuficiente para o caso concreto – afasta automaticamente o enriquecimento sem causa, autorizando o aumento patrimonial auferido sem a indispensável causa justificativa[817].

[816] Nas palavras de Cláudio Michelon Jr., "o fundamento último do instituto [do enriquecimento sem causa] parece efetivamente ser o princípio da conservação estática dos patrimônios, corolário da justiça corretiva aristotélica. Segundo esse princípio, as atribuições patrimoniais só podem ser alteradas por um conjunto de causas materiais justificativas. Se a alteração ocorre sem que ocorra a causa, o princípio ordena, na maior medida possível, a restituição do estado de coisas anterior" (ob. cit., p. 183/184).

[817] Cláudio Michelon Jr. afirma que a vertente abstrata é incompatível com os princípios subjacentes do Código Civil brasileiro de 2002 e, mais especificamente, com o artigo 886 da norma. De acordo com o autor, o "espírito do novo Código é, portanto, incompatível com soluções meramente formais. Afastar a aplicação do instituto do enriquecimento sem causa em todos os casos nos quais há remédio alternativo abstratamente previsto no ordenamento,

A própria literalidade dos diversos dispositivos legais que tratam da subsidiariedade indicam – ainda que implicitamente – que a efetividade do remédio jurídico específico é necessária para o afastamento do enriquecimento sem causa. O artigo 474 do Código Civil português, por exemplo, estabelece que "não há lugar à restituição por enriquecimento, quando a lei facultar ao prejudicado outro meio de ser indenizado ou restituído, negar o direito à restituição ou atribuir outros efeitos ao enriquecimento". Por sua vez, o artigo 2.042 do Código Civil italiano prevê que a "ação de enriquecimento não é cabível quando o prejudicado possa exercitar outra ação para ser indenizado pelo prejuízo sofrido", enquanto que o artigo 886 do Código Civil brasileiro determina que "não caberá a restituição por enriquecimento, se a lei conferir ao lesado outros meios para se ressarcir do prejuízo sofrido".

Pelo teor das normas, verifica-se que não basta a mera existência teórica do regime jurídico específico. É necessário e fundamental que o instrumento vislumbrado consista em meio para que o prejudicado seja "indenizado ou restituído" (artigo 474 do Código Civil português), ou seja "indenizado pelo prejuízo sofrido" (artigo 2.042 do Código Civil italiano), ou ainda seja ressarcido "do prejuízo sofrido" (artigo 886 do Código Civil brasileiro).

Por outro lado, para que o enriquecimento sem causa seja aplicado de forma harmônica e coerente com o restante do ordenamento, a vertente concreta não pode ser utilizada de forma indiscriminada. É necessário diferenciar os óbices de direito e aqueles de natureza fática que impedem o acolhimento da pretensão específica.

Como contraponto à necessidade de preservação do enriquecimento sem causa, verifica-se a importância de se impedir que o instituto subverta as normas jurídicas específicas. Cláudio Michelon Jr. menciona especificamente que diversos princípios jurídicos conferem margem para

independentemente de eliminar efetivamente o enriquecimento, é incorrer precisamente no formalismo que o legislador de 2002 procurou combater. Os fatos que podem tornar um remédio inefetivo em desfazer o enriquecimento sem causa são vários e, mais importantemente, não podem ser todos previamente previstos. A insolvência do responsável contratual pelo pagamento de uma prestação que aproveita a terceiro ou a impossibilidade de localizá-lo são todos casos de ineficiência de remédios jurídicos existentes que poderiam, em princípio, promover a restituição do que foi adquirido sem causa. Todavia, é a riqueza da vida que contribuirá com outros tantos casos hoje imprevisíveis ou, ao menos, imprevistos" (ob. cit., p. 259/260).

a tolerância ao enriquecimento sem causa[818]. A necessidade de punir eventual conduta do prejudicado, de prestigiar a boa-fé ou a certeza e a segurança do direito podem conferir margem para a manutenção do enriquecimento indevido[819].

A subsidiariedade serve justamente como válvula para propiciar a harmonia entre os diversos princípios jurídicos – que, por vezes, admitem o desequilíbrio patrimonial – e a necessidade da manutenção estática dos patrimônios, que é resguardada pelo enriquecimento sem causa. Essa ponderação entre princípios apenas pode ser verificada pelo confronto da vertente concreta com as questões de fato e de direito que podem afastar o instrumento jurídico específico, definindo-se qual delas impede o recurso ao enriquecimento sem causa como alternativa ao prejudicado.

Caso a ação específica seja inadequada ou insuficiente para resguardar os interesses do prejudicado, em razão de questões de fato, a utilização do enriquecimento sem causa se mostra viável. Inexiste, nesse caso, eventual possibilidade de distorção das normas específicas de direito pela via genérica da restituição, e tampouco eventual prejuízo à tentativa de compatibilizar os diversos princípios do direito com aquele específico que estabelece a conservação estática dos patrimônios.

Consequência natural disso é que a falta de provas quanto ao fato constitutivo do direito do autor e a ausência dos requisitos para aplicação do regime jurídico específico[820] não impedem a utilização do enriquecimento sem causa. Se sequer existe certeza quanto à incidência da disciplina jurídica especial, a dedução de pretensão restitutória não

[818] *idem*, p. 262/263.

[819] Nas palavras de Antunes Varela, "sucede ainda, embora a título excepcional, que à lei não repugna criar ou manter em certos casos, no todo ou em parte, situações de enriquecimento à custa de outrem, umas vezes como sanção contra a conduta do lesado, outras como meio de tutela da boa-fé ou da certeza do direito, outras como processo de estimular a observância de determinadas regras de conduta" (ob. cit., p. 499).

[820] A Corte de Cassação italiana chegou a afirmar, em trecho de um de seus julgados, que, segundo a subsidiariedade, a ação de enriquecimento sem causa apenas pode ser utilizada "quando nenhuma outra ação subsista ou ainda se essa, embora existente em abstrato, não possa ser acolhida pela carência na origem de algum de seus requisitos" (Cassazione civile, Sezioni Unite, 11 settembre 2008, nº 23385. trad. livre do italiano. O texto original e integral é o seguinte: "nella sussidiarietà dell'azione (art. 2042 cod. civ.), nel senso che essa può avere ingresso solo quando nessun'altra azione sussista ovvero se questa, pur esistente in astratto, non possa essere esperita per carenza ab origine di taluno dei suoi requisiti").

subverte o regime jurídico especial. Muito pelo contrário: é justamente nessas lacunas em que a aplicação do enriquecimento sem causa se revela apropriada.

A mesma lógica se aplica a situações envolvendo a insolvência do devedor. Eventual tentativa do prejudicado de utilizar o enriquecimento sem causa como instrumento para deduzir pretensão perante terceiros significa utilizar a via restitutória como alternativa diante de uma circunstância do caso, mas não como mecanismo para modificar a solução da questão caso o regime jurídico tradicional incidisse ao caso. Em contrapartida, inexiste princípio jurídico que sustente o enriquecimento indevido de terceiro apenas porque o devedor original se encontra impossibilitado de realizar o pagamento.

A situação é absolutamente diversa em se tratando de questões de direito. Se as ações específicas não puderem ser aceitas por matérias jurídicas, é porque o regime legal aplicável ao caso nega à parte a pretensão deduzida. Nessa hipótese, o conjunto de normas que incide à situação fática reflete uma série de princípios norteadores do direito, que eventualmente aceitam o enriquecimento indevido, para resguardar outros princípios jurídicos, tais como a segurança jurídica, a boa-fé de terceiros ou ainda a proteção da legítima expectativa. Aceitar a pretensão do enriquecimento sem causa significa simplesmente desconsiderar não apenas as normas especiais, como também os princípios que as sustentam e orientam.

Por conseguinte, óbices de natureza jurídica relacionados à ação específica impedem o uso do enriquecimento sem causa como alternativa ao prejudicado. Tanto em situações envolvendo prescrição e decadência, quanto naquelas relativas ao julgamento da matéria de fundo, permitir a via restitutória significa criar via oblíqua e inaceitável para ultrapassar obstáculos jurídicos que refletem a vontade do legislador. No caso específico da prescrição e decadência, decidiu-se preservar a segurança jurídica em detrimento de eventual reestabelecimento do equilíbrio patrimonial, não cabendo ao enriquecimento sem causa alterar essa opção.

Diante desse cenário, o afastamento do enriquecimento causa em razão da incidência da subsidiariedade apenas ocorre nas seguintes hipóteses: (i) identificação de instituto jurídico que propicie a plena satisfação do direito da parte prejudicada no caso concreto; ou, alternativamente, (ii) a insuficiência desse instrumento, desde que decorra do regime jurídico específico que lhe for aplicável.

O artigo 1.303-3 do Código Civil francês, que entrou em vigor de 2016, buscou regular a subsidiariedade. De acordo com a norma, "O empobrecido não tem ação sobre esse fundamento [o enriquecimento sem causa] quando uma outra ação lhe estiver disponível ou indisponível em razão de obstáculo de direito, tal como a prescrição". São duas, portanto, as situações nas quais o enriquecimento sem causa não pode ser utilizado: (i) a disponibilidade de ação específica; ou (ii) a indisponibilidade de ação específica, em razão de fundamento de direito.

A análise doutrinária a respeito do dispositivo amplia a incidência da subsidiariedade, limitando a aplicação do enriquecimento sem causa. Gaël Chantepie e Mathias Latina, por exemplo, afirmam que a ação de *in rem verso* não pode ser utilizada para contornar os requisitos da ação específica, estando indisponível para suprir eventual falta de provas. Os autores limitam o alcance da noção de óbice de fato, e impedem sua utilização em hipóteses de deficiência probatória, restringindo sua aplicação à insolvência da parte contra a qual a demanda específica seria direcionada[821].

Embora com raciocínio diverso, Olivier Deshayes, Thomas Genicon e Yves Marie Laithier também conferem alcance mais amplo de subsidiariedade. Os autores afirmam que a menção à prescrição seria meramente ilustrativa em relação aos óbices de direito, que incluiriam a decadência, a autoridade da coisa julgada e a impossibilidade de produção de provas[822]. Com isso, também limitam – ainda que por outra via – a incidência da subsidiariedade às hipóteses de insolvência da parte requerida da ação específica.

François Chénedé não menciona expressamente a ausência de provas, mas afirma que os obstáculos de direito que afastam a ação de *in rem verso* incluem a prescrição, a decadência e a coisa julgada[823]. Incluir a coisa julgada no rol dos óbices de direito significa ampliar a incidência da subsidiariedade às hipóteses nas quais a ação específica foi rejeitada em razão da ausência de provas, e houve o trânsito em julgado da sentença que reconheceu essa deficiência. Trata-se, em suma, de adotar posição extensiva em relação à subsidiariedade, e limitativa em relação ao enriquecimento sem causa.

[821] ob. cit., p. 650.
[822] ob. cit., p. 558.
[823] ob. cit., p. 180.

A única interpretação do artigo 1.303-3 do Código Civil francês que se aproxima da essência da subsidiariedade é aquela que compreende as duas hipóteses do dispositivo conjuntamente, e não de forma isolada. Na realidade, existem duas etapas para se verificar a aplicação da subsidiariedade na norma francesa. Na primeira delas, verifica-se se a ação específica está disponível. Essa análise deve ser feita à luz do caso concreto, levando em consideração todos os óbices – de fato e de direito – potencialmente aplicáveis à ação específica. Caso a ação esteja indisponível, ingressa-se na segunda etapa, na qual se analisa o fundamento para a indisponibilidade, aplicando-se a subsidiariedade quando o óbice for jurídico, mas não quando possuir natureza fática.

A noção de óbice de fato deve incluir não apenas a insolvência, como também eventuais deficiências de natureza probatória da ação específica. A aplicação do enriquecimento sem causa em caso de ausência de prova não significa subverter os demais institutos jurídicos, pois (i) a deficiência probatória impede a aplicação dos institutos específicos no caso concreto; e (ii) o enriquecimento sem causa serve justamente para suprir as lacunas do ordenamento, proporcionando a manutenção estática dos patrimônios quando as normas específicas se mostram insuficientes para essa finalidade.

Essa interpretação é a que mais aproxima o artigo 1.303-3 da essência da subsidiariedade, consolidando-a tal como foi concebida e desenvolvida ao longo dos tempos: como norma de harmonização entre o enriquecimento sem causa e os demais princípios e regras do direito[824].

[824] A mesma solução foi conferida ao caso pelo Enunciado 36 das I Jornadas de Direito Civil do Conselho da Justiça Federal, cujo teor é o seguinte: "o art. 886 do novo Código Civil não exclui o direito à restituição do que foi objeto de enriquecimento sem causa nos casos em que os meios alternativos conferidos ao lesado encontram obstáculos de fato".
Por ocasião das Jornadas, Cláudio Michelon Jr. elaborou enunciado mais completo, cujo teor era o seguinte: "Art. 886: Tal artigo, que versa sobre a subsidiariedade do direito à restituição pelo enriquecimento sem causa, não exclui o direito à restituição do enriquecimento nem nos casos em que os meios alternativos conferidos ao lesado para se ressarcir do prejuízo encontrarem obstáculos de fato que impeçam a eliminação do enriquecimento, nem nos casos em que os meios alternativos conferidos ao lesado não forem suficientes para desfazer a totalidade do enriquecimento".
O trecho mais relevante da justificativa apresentada pelo professor da Universidade de Edimburgo é o seguinte: "Há, todavia, uma segunda razão, ainda mais forte, para preferir a interpretação sugerida no enunciado. O novo Código é estruturado em torno da noção de

A partir dessas constatações, é possível também concluir que, ao contrário daquilo afirmado por parte da doutrina, a subsidiariedade possui função relevante. Diferentemente daquilo afirmado por Alexis Posez, o princípio não deve ser compreendido conjuntamente com a justa causa, mas de forma complementar a ela. Por mais que se aceite a possibilidade de eventual sobreposição entre os conceitos – pois o óbice jurídico da subsidiariedade pode refletir justa causa do enriquecimento –, a subsidiariedade adquire relevância justamente nas situações nas quais isso não ocorre. Mais especificamente, a regra do artigo 886 do Código Civil brasileiro possui importância nas situações nas quais o regime específico nega o direito ao prejudicado, ao mesmo tempo em que não justifica o enriquecimento do beneficiado[825].

Diante desse cenário, os casos mais evidentes nos quais a subsidiariedade possui relevância, como norma de harmonização do enriquecimento sem causa, são aqueles envolvendo a prescrição da pretensão. Pois a impossibilidade de satisfação do direito do prejudicado não confere justa causa ao enriquecimento do beneficiado. É fundamental, portanto, a intervenção da subsidiariedade, sob pena de se conferir ao prejudicado a possibilidade de utilizar o enriquecimento sem causa para transpor o

que a regra jurídica deve estar aberta aos ditames da realidade. A regra jurídica não existe fora de sua concretização histórica. A maior expressão disso são as várias cláusulas gerais que podem ser encontradas no novo Código (o art. 884 é apenas uma delas). Se o novo Código tanto se esforçou para vencer o paradigma formalista, não faria sentido, dentro de seu espírito, defender que remédios abstratamente previstos na norma, mas ineficazes para desfazer o enriquecimento sem causa no caso concreto, possam afastar a aplicabilidade do art. 884, que teria o condão simplesmente de eliminar um tal enriquecimento, gerando uma obrigação de restituir o indevidamente auferido".

[825] Diogo Leite de Campos entende que, mesmo com a justa causa, haveria sérios riscos para o ordenamento caso não houvesse a subsidiariedade do enriquecimento sem causa. Nas palavras do autor, se "o concurso fosse resolvido em termos de alternativa entre as normas do enriquecimento sem causa e as concorrentes, esta alternativa envolveria um risco grave para o ordenamento jurídico, dado que o requisito da causa não bastaria para afastar o perigo de fraude a lei. Fraude não direta, mas processada através da degradação contínua do pensamento jurídico. Para além do interesse em contrariar diretamente a lei, há que reconhecer que, sendo o caminho da invocação do locupletamento o mais fácil, demandantes e juízes segui-lo-iam de muito boa vontade, preferindo-o ao recurso a disposições legais que talvez fornecessem idêntica tutela" (*A subsidiariedade da obrigação de restituir o enriquecimento*, p. 443).

óbice decorrente do encerramento do prazo prescricional, em nítido prejuízo da segurança jurídica.

Por outro lado, a decadência não justifica a existência da subsidiariedade, ao menos dentro do regime estabelecido pelo Código Civil brasileiro. Diferentemente daquilo que ocorre com a prescrição, a decadência se volta a situações envolvendo os chamados direitos potestativos[826], nos quais inexiste propriamente a pretensão de exigir a prática ou omissão de determinado comportamento, mas sim a possibilidade de intervenção na esfera jurídica alheia.

Como a decadência se volta especificamente à perda do direito de interferir na esfera jurídica alheia – relativo, por exemplo, à decretação da nulidade de determinado negócio jurídico e o afastamento dos respectivos efeitos –, a verificação do prazo decadencial significa a convalescência

[826] Nas palavras de Humberto Theodoro Júnior, "ocorre a decadência quando um *direito potestativo* não é exercido, extrajudicialmente ou judicialmente (nos casos em que a lei – como sucede em matéria de anulação, desquite, etc. – exige que o direito de anular, o direito de desquitar-se só possa ser exercido em Juízo, ao contrário, por exemplo, do direito de resgate, na retrovenda, que se exerce extrajudicialmente), dentro do prazo para exercê-lo, o que provoca a decadência desse direito potestativo.

Quando se estipula, na lei ou no contrato, um prazo determinado para que a parte exerça um direito, a própria aquisição deste direito restou condicionada ao dado temporal. A decadência se insere na estrutura formativa do próprio direito.

A prescrição participa da vida do direito subjetivo, de modo acidental. O direito deve ser exercido e satisfeito independentemente de termo extintivo. A prescrição nasce do fato anormal do inadimplemento. É porque o obrigado a uma prestação deixou de cumpri-la, que começa a correr o prazo de prescrição, dentro do qual o credor deverá reagir, para forçar a realização da prestação descumprida. A inércia da reação à ofensa ao direito provocará, ao final do prazo assinalado na lei, a perda da tutela jurisdicional, embora ainda subsista o direito subjetivo, já então debilitado, mas não extinto (se o devedor não arguir a prescrição, o juiz não poderá recusar a tutela jurisdicional e, se o devedor pagar a dívida prescrita, o pagamento será válido e irrepetível). É o que se passa, por exemplo, com o débito proveniente de qualquer mútuo ou com o preço da compra e venda ou da locação.

No campo dos direitos potestativos, surgem faculdades, a cujo exercício se marca de antemão um termo, de sorte que ditas faculdades não mais se poderão fazer valer quando, por qualquer motivo, já tenha decorrido o tempo previsto. É o que se dá, por exemplo, com a anulação do negócio jurídico por vício de consentimento, com a revogação da doação por ingratidão, com a retrovenda, com a resolução do contrato de compra e venda por vício redibitório, com o direito de preferência do condômino ou do locatário etc". (*Prescrição e Decadência*. São Paulo: Grupo GEN, 2018. p. 311/312).

do negócio jurídico[827], com o afastamento do vício que o maculava. Por conseguinte, nessa hipótese específica, o deslocamento patrimonial passa a ter causa, pois fundado em negócio jurídico que convalesceu em razão do decurso do tempo, possuindo plena validade e eficácia.

3.4.5. A diversidade de pretensões e a possibilidade de concorrência entre elas

Ultrapassada a questão relativa à extensão e à utilidade da subsidiariedade, é necessário definir as situações nas quais se admite o concurso do enriquecimento sem causa com outras prestações. Busca-se definir, em suma, se a subsidiariedade autoriza e em que medida permite a utilização concomitante da via específica e do enriquecimento sem causa.

A regra fundamental para analisar a possibilidade de concorrência entre a pretensão específica e o enriquecimento sem causa se vincula à análise da primeira. A subsidiariedade se aplica, afastando a alternativa restitutória, caso a pretensão específica tutela de forma integral e exauriente o bem jurídico, não conferindo margem para eventuais lacunas. É esse o entendimento de Diogo Leite de Campos, que afirma o seguinte:

> "em todos os casos em que a lei se refira aos efeitos econômicos de uma certa deslocação patrimonial e os regule através de obrigação imposta ao beneficiado com objeto diverso da obrigação de restituir fundada no enriquecimento sem causa, há que proceder à análise da *ratio legis,* de modo a averiguar se as normas consideradas pretendem esgotar – consomem – a tutela jurídica da situação de fato.
>
> Quando a resposta for afirmativa, tais normas afastam o recurso completar ao enriquecimento sem causa. O enriquecimento não removido terá, assim, causa"[828]

[827] De acordo com Caio Mário da Silva Pereira, "O negócio jurídico anulável convalesce por três razões, tornando-se eficaz. A primeira é o decurso do tempo que, extinguindo o direito de anulação, torna-o plenamente válido. O prazo decadencial é a curto tempo, em razão do interesse social em que não perdure a incerteza dos direitos e da conveniência de sua consolidação. Ocorre como que uma ratificação presumida: o interessado, que podia atacar o ato, deixa de fazê-lo sem declarar que o ratifica, e perde com o tempo a faculdade de invalidá-lo, em paridade de situação com aquele que a isto *renuncia*". (*Instituições de Direito Civil – Introdução ao Direito Civil – Teoria Geral de Direito Civil.* v. I, 33ª ed., São Paulo: Grupo GEN, 2020. p. 540).

[828] *A subsidiariedade da obrigação de restituir o enriquecimento,* p. 325.

No enriquecimento por prestação, a possibilidade de concorrência entre prestações é quase inexistente, pois eventual pedido de restituição, com fundamento específico, se sustentará normalmente em norma legal ou em relação contratual[829]. A mera existência de norma ou contrato confere causa ao enriquecimento, afastando a possibilidade de aplicação do enriquecimento sem causa. A eventual intervenção da subsidiariedade no caso apenas reforçaria a impossibilidade de concorrência das pretensões, impondo a necessidade do recurso à via específica em detrimento do fundamento restitutório.

É o que se verifica nos casos de nulidade, anulação, resolução ou revogação do negócio jurídico, nas quais é improvável – quiçá impossível – a eventual concomitância da pretensão especial com aquela baseada no enriquecimento sem causa. O mero afastamento do negócio jurídico possui como consequência necessária a eliminação retroativa do enriquecimento, tornando dispensável e inviável a eventual intervenção da via restitutória[830]. Por outro lado, caso se compreenda que a restituição não confere fundamento específico para a restituição, o enriquecimento sem causa é aplicável de forma isolada, sem que seja necessário cogitar a eventual concorrência entre a pretensão específica e a restitutória[831].

[829] Nas palavras de Menezes Leitão, se "relativamente ao enriquecimento por prestação, a aplicação do art. 473º é naturalmente excluída sempre que exista uma pretensão fundada num negócio jurídico. Os negócios constituem causas justificativas de da aquisição enquanto a ação de enriquecimento pressupõe a ausência de causa justificativa" (*O enriquecimento sem causa no Direito Civil. Estudo dogmático sobre a viabilidade da configuração unitária do instituto, face à contraposição entre as diferentes categorias de enriquecimento sem causa*, p. 919).

[830] Nas palavras de Antunes Varela, se "há fundamento para a nulidade, anulação, resolução ou revogação do negócio, não chega a por-se a questão da restituição, porque a destruição do negócio envolve a eliminação retroativa do enriquecimento que poderia repugnar ao sistema jurídico" (ob. cit., p. 501).

Por consequência, se há uma partilha de imóveis nula, por falta de forma, ou uma compra e venda anulável por erro, dolo ou coação, a própria declaração de nulidade ou de anulação arrasta consigo, por força do disposto no nº 1 do artigo 289º (e não por mero conceitualismo lógico-formal), a destruição retroativa das atribuições patrimoniais" (ob. cit., p. 501/502).

[831] Pietro Sirena afirma que, no direito alemão, o enriquecimento sem causa se aplica quando o contrato é nulo ou anulado, ou quando se verifica a ocorrência de condição resolutiva. Em contrapartida, em caso de resolução do contrato, a restituição decorre do regime legal imposto pelos §§ 346 e seguintes do Código Civil (*La sussidiarietà dell'azione generale di arricchimento senza causa*, p. 385/386).

Também é difícil vislumbrar a possibilidade, no caso concreto, de concorrência de regime jurídico específico com o enriquecimento por despesas efetuadas. Seria possível cogitar eventual proximidade com a gestão de negócios imprópria, na qual o gestor pouparia despesas suas à custa do titular do negócio. No entanto, – ao menos no direito português – o disposto no artigo 468º, nº 2, do Código Civil[832] apenas admite a incidência do enriquecimento sem causa caso a gestão de negócios seja afastada em razão de escolha do titular do direito[833].

A eventual ausência de norma semelhante ao dispositivo lusitano – tal como se verifica no direito brasileiro – não viabiliza a concorrência de pretensões. Como resultado da aplicação da subsidiariedade, e da enorme proximidade das pretensões – que se voltam à devolução dos pagamentos feitos pelo gestor em benefício próprio –, a gestão de negócio acaba prevalecendo, deixando em segundo plano o enriquecimento sem causa.

Já na esfera do enriquecimento por intervenção, é possível que pretensões de natureza delitual concorram com aquelas originadas do enriquecimento sem causa. A possibilidade de concorrência das duas pretensões pode ser inferida a partir da análise do artigo 498º, 4, do Código Civil português, que estabelece que eventual prescrição da pretensão indenizatória não resulta na prescrição da pretensão fundada no enriquecimento sem causa[834].

Existem diversas situações envolvendo a potencial concorrência entre a responsabilidade civil e o enriquecimento sem causa no enriquecimento por intervenção, e a solução de cada situação depende de suas respectivas peculiaridades. Caso a intromissão em direito alheio ocorra sem culpa do interventor – pois, por exemplo, o ato de intervenção foi praticado por terceiro –, e fora do exercício de atividade arriscada – afastando-se, por

[832] "Artigo 468. (Obrigações do dono do negócio)
1. Se a gestão tiver sido exercida em conformidade com o interesse e a vontade, real ou presumível, do dono do negócio, é este obrigado a reembolsar o gestor das despesas que ele fundadamente tenha considerado indispensáveis, com juros legais a contar do momento em que foram feitas, e a indenizá-lo do prejuízo que haja sofrido.
2. Se a gestão não foi exercida nos termos do número anterior, o dono do negócio responde apenas segundo as regras do enriquecimento sem causa, com ressalva do disposto no artigo seguinte".

[833] ob. cit., p. 920.

[834] *idem*, p. 919.

conseguinte, a responsabilidade objetiva – a subsidiariedade não afasta o enriquecimento sem causa, simplesmente porque a responsabilidade civil não se aplica[835].

A possibilidade de concorrência se verifica nas situações nas quais a intromissão em direitos alheios decorre de conduta culposa e gera dano ao respectivo titular, ao mesmo tempo em que beneficia de forma injustificada o interventor. A solução conferida por parte da doutrina nesses casos é relativamente simples: na medida em que as pretensões coincidam em relação ao valor, prevalece a responsabilidade civil, à luz da subsidiariedade, mas, caso o benefício do infrator supere o prejuízo do prejudicado, aplica-se o enriquecimento sem causa em relação à quantia suplementar[836].

A diferença das funções entre os institutos coloca em dúvida esse raciocínio. No enriquecimento sem causa, realiza-se o confronto entre esferas patrimoniais diversas, enquanto na responsabilidade civil o enfoque recai exclusivamente sobre o patrimônio do lesado, sem se voltar ao patrimônio do ofensor. A responsabilidade civil busca a remoção do dano, e apenas afasta o enriquecimento de forma indireta, e o enriquecimento sem causa afasta o benefício auferido indevidamente, e apenas repara o dano indiretamente[837].

O artigo 474º do Código Civil português define a subsidiariedade do enriquecimento sem causa, ao estabelecer que "não há lugar à restituição por enriquecimento, quando a lei facultar ao prejudicado outro meio de ser indemnizado ou restituído, negar o direito à restituição ou atribuir

[835] ANTUNES VARELA, José Matos de. ob. cit., p. 502. De forma semelhante, Xabier Basozabal Arrue afirma que inexiste razão para se defender eventual incompatibilidade entre a responsabilidade civil e o enriquecimento sem causa, pois essas pretensões são diversas em relação a função, fundamento, pressupostos fáticos, requisitos e prazos de prescrição. O autor espanhol menciona, ainda, precedente do Tribunal Supremo espanhol, de 12 de abril de 1955, que enfatiza a diferença entre o enriquecimento sem causa e a responsabilidade civil (*Enriquecimiento Injustificado por Intromision en Derecho Ajeno*. Madri: Civitas, 1998, p. 104).

[836] NURIT-PONTIER, Laure. *La garantie de l'intégrité patrimoniale au travers des règles de la responsabilité civile et de l'enrichissement sans cause.* In:: Revue juridique de l'Ouest, 1993-3. p. 475.

[837] *O enriquecimento sem causa no Direito Civil. Estudo dogmático sobre a viabilidade da configuração unitária do instituto, face à contraposição entre as diferentes categorias de enriquecimento sem causa.* Coimbra: Almedina, 2005, p. 675/676.

outros efeitos ao enriquecimento. Comentando o dispositivo, Menezes Leitão afirma que:

> "ao falar em 'outro meio' o art. 474º apenas estabelece uma subsidiariedade da pretensão do enriquecimento se através de outra disposição o lesado conseguir obter o mesmo resultado (ou um resultado superior) do que aquele que adviria da pretensão do enriquecimento. Não sendo essa a situação, parece-nos claro que a pretensão de enriquecimento não fica afastada pela verificação cumulativa de uma hipótese de responsabilidade civil"[838].

No direito português, a possibilidade do concurso de pretensões é confirmada pelo art. 498º, nº 4, do Código Civil, que afirma que a prescrição da pretensão fundada na responsabilidade civil não afasta a pretensão com base no enriquecimento sem causa, seguindo a linha do §852 III do Código Civil alemão[839].

Diogo Leite de Campos defende a possibilidade de dedução de pretensões paralelas de enriquecimento sem causa e responsabilidade civil, mencionando particularmente as hipóteses de enriquecimento por intervenção. A responsabilidade civil não se volta aos benefícios originados do deslocamento patrimonial, mas sim aos prejuízos originados do ato ilícito praticado por determinado indivíduo. Existe verdadeira lacuna, que somente pode ser integrada com o enriquecimento sem causa[840].

Laure Nurit-Pontier defende posição semelhante, afirmando que o credor poderia escolher entre a via indenizatória e a restituição. A autora afirma que a necessidade de se impor a adoção da via indenizatória não é neutra, à luz da necessidade de comprovação de culpa para a obtenção de indenização, de forma diversa daquilo que se verifica no enriquecimento sem causa[841].

De outra parte, é essencial prestigiar a essência do enriquecimento sem causa, evitando-se que situações nas quais o lucro do infrator supere o dano possibilitem o benefício daquele que realizou a conduta ilícita. O receio de Nurit-Pontier, neste ponto, é que a exigência de utilização da

838 *idem*, p. 676.

839 *idem, ibidem.*

840 *A subsidiariedade da obrigação de restituir o enriquecimento*, p. 320/325.

841 ob. cit., p. 475/476.

via indenizatória impeça a restituição do enriquecimento sobressalente ao dano. Ao mesmo tempo em que deve impor limites à ação de *in rem verso*, impedindo a subversão das regras de direito, a subsidiariedade deve ser aplicada de forma a garantir a integridade patrimonial do prejudicado[842].

Pietro Sirena compartilha desse entendimento. Para o autor, a vítima do ato ilícito poderá escolher de requerer a restituição do enriquecimento sem causa ou ressarcimento do dano, admitindo-se o chamado concurso alternativo entre as pretensões. Trata-se de questão de coerência lógica, pois não se pode exigir que a parte ingresse com a ação indenizatória, para somente assim poder requerer a restituição do valor sobressalente[843]. Por outro lado, não se pode admitir a restituição do enriquecimento sem causa juntamente com o ressarcimento do dano, à luz da proibição do artigo 2.042, vedando-se o chamado concurso cumulativo[844].

Caso não se possa conceder ao credor a escolha da via adequada, Nurit-Pontier sugere ao menos que as duas pretensões possam ser deduzidas paralelamente. Nesta hipótese, verifica-se a efetiva complementariedade entre a responsabilidade civil e o enriquecimento sem causa para a garantia da integralidade patrimonial[845].

A subsidiariedade não impede que a parte prejudicada escolha entre esse regime e o enriquecimento sem causa, e tampouco que deduza pretensões paralelas com base nesses fundamentos. À luz da diferença das finalidades dos institutos, nada impede que a parte prejudicada prefira se valer do enriquecimento sem causa, por dispensar prova quanto à culpa da parte ou ao risco da atividade, ou mesmo que utilize concomitantemente a responsabilidade e o enriquecimento como pretensões paralelas. A limitação se refere apenas aos valores recebidos, que não podem se sobrepor: à medida em que o enriquecimento do beneficiado coincidir com o prejuízo da parte lesada, o sujeito será ressarcido apenas uma vez, evitando-se eventual *bis in idem*.

[842] *idem*, p. 479.

[843] Por sua vez, Xabier Basozabal Arrue entende que a parte pode pretender obter a indenização com fundamento na responsabilidade civil e a restituição com base no enriquecimento sem causa em momentos distintos, mas não de forma simultânea (*Enriquecimiento Injustificado por Intromision en Derecho Ajeno*. Madri: Civitas, 1998, p. 109).

[844] *La sussidiarietà dell'azione generale di arricchimento senza causa*, p. 404.

[845] ob. cit., p. 480.

A possibilidade de dedução concomitante de pretensões – ou mesmo de escolha da parte – não se contrapõe à subsidiariedade, pois o suporte fático utilizado na pretensão de enriquecimento diverge daquele envolvido no âmbito da responsabilidade civil. A vertente concreta da subsidiariedade apenas veda que os mesmos fatos sejam utilizados como suporte do enriquecimento sem causa, quando houver regime jurídico específico para regulá-los. Todavia, como a responsabilidade civil extracontratual possui outra finalidade, os institutos não se sobrepõem, podendo ser utilizados de forma alternativa ou concomitante.

4.
O Enriquecimento por Intervenção

O presente capítulo se volta especificamente ao enriquecimento por intervenção. Enquanto o capítulo anterior analisa as características gerais aplicáveis ao enriquecimento sem causa, o presente tópico se volta especificamente às peculiaridades do enriquecimento por intervenção, ou seja, àqueles elementos que tornam esse instituto particularmente diferente das demais modalidades de enriquecimento sem causa.

Para tanto, serão abordados os seguintes pontos: (i) o objeto do enriquecimento por intervenção, definindo-se as modalidades de direitos cuja intervenção confere margem para o enriquecimento sem causa; (ii) o objeto da restituição, cujo escopo recai nas regras aplicáveis para se definir a destinação do incremento patrimonial originado da intervenção sobre direitos alheios; e (iii) a relevância da boa-fé do interventor nas consequências provenientes do enriquecimento por intervenção.

4.1. O objeto do enriquecimento por intervenção

O objeto do enriquecimento por intervenção consiste na essência do instituto. A questão consiste em definir os direitos ou posições jurídicas cuja violação confere margem para a restituição dos benefícios auferidos pelo interventor. Por meio dessa análise, definem-se os contornos do enriquecimento por intervenção, delimitando-se seu âmbito de incidência.

A tarefa não é simples. O enriquecimento por intervenção lida com a difícil missão de identificar sujeitos legítimos para receber benefícios patrimoniais originados a partir da ação de terceiros. As inúmeras possibilidades que surgem nesse contexto, juntamente com o possível contraste de diferentes interesses jurídicos, criam dificuldades para as balizas conceituais apontadas pela doutrina, principalmente diante das sutilezas verificadas em determinadas situações fáticas.

Dentro desse cenário, a definição dessa verdadeira moldura jurídica do enriquecimento por intervenção passa pelos seguintes pontos: (i) a análise das teorias que tratam do instituto, definindo qual delas é mais adequada; (ii) a definição, dentro da teoria escolhida, dos parâmetros para aplicação do enriquecimento por intervenção; e (iii) o exame da aplicação do enriquecimento por intervenção em situações pontuais típicas envolvendo a violação de direitos e posições jurídicas.

Passa-se à análise de cada um desses itens.

4.1.1. A teoria da ilicitude

O enriquecimento por intervenção foi inicialmente explicado a partir da teoria da ilicitude. A doutrina foi inicialmente elaborada por Fritz Schulz[846], que afirma que todas as pretensões de enriquecimento sem causa possuem fundamento na incompatibilidade entre a intervenção realizada pelo sujeito sobre o direito alheio, de um lado, e o ordenamento jurídico vigente, de outro.

O enfoque fundamental da teoria da ilicitude reside na aquisição intromissiva, ou seja, na conduta do interventor incompatível com o direito. A teoria não propõe a análise da causa do deslocamento patrimonial, mas da obtenção do enriquecimento com base em causa antijurídica, pois aquele que obtém benefícios a partir de ação antijurídica não merece ter seu interesse resguardado pelo ordenamento. A culpa não consiste em requisito para a restituição, que tampouco deve ser compreendida como punição ao interventor[847].

846 Uma das grandes contribuições da teoria de Fritz Schulz foi o reconhecimento quanto à possibilidade de utilização do enriquecimento sem causa nas situações envolvendo a violação de direitos imateriais (MENEZES LEITÃO, Luís Manuel Teles de. *O enriquecimento sem causa no Direito Civil. Estudo dogmático sobre a viabilidade da configuração unitária do instituto, face à contraposição entre as diferentes categorias de enriquecimento sem causa*, p. 769).

847 ARRUE, Xabier Basozabal. ob. cit., p. 54/55. Pereira Coelho também aponta que a teoria da ilicitude dispensa a culpa como requisito para a caracterização do enriquecimento sem causa (ob. cit., p. 62).

Pereira Coelho explica a teoria inicialmente desenvolvida por Schulz, afirmando que, segundo a doutrina da ilicitude:

> "a pretensão dirigida à restituição do lucro da intervenção nasceria da ingerência ou intromissão antijurídica nos direitos alheios – o 'enriquecimento por intervenção' seria injusto por ter na sua base uma tal ação ilícita –, e não pressuporia mais que um *Eingriffserwerb*, ou seja, um lucro ou vantagem patrimonial advindo ao autor da intervenção na esfera jurídica alheia em consequência da mesma intervenção"[848].

No âmbito da teoria da ilicitude, o enriquecimento por intervenção parte da prática, pelo interventor, de ato ilícito *lato sensu*, que consiste em "toda ação ou omissão voluntária, culposa ou não, conforme a espécie, praticada por pessoa imputável que, implicando infração de dever absoluto ou relativo, viole direito ou cause prejuízo a outrem"[849]. Basta a mera incompatibilidade entre a conduta e o direito para que surja o dever de restituir, dispensando-se eventual culpa ou dolo do enriquecido.

A justificação dogmática para se proibir a manutenção dos benefícios originados a partir de conduta antijurídica se baseia em inversão da mecânica indenizatória. Partindo-se da conduta em violação à lei – ainda que sem avaliar eventual culpa ou dolo do sujeito –, a teoria da ilicitude propõe que o enriquecimento sem causa não discuta o patrimônio da vítima, buscando que ele retome a situação anterior ao prejuízo, mas sim o patrimônio do intromissor, que deve retornar à situação anterior à intromissão[850].

Sob a perspectiva legislativa, a teoria da ilicitude se baseia em leitura peculiar das normas que regulam o enriquecimento sem causa. A expressão "à custa de" – presente em tantas legislações – passa a ser compreendida como necessidade de que o benefício auferido pelo interventor corresponda a perda patrimonial do demandado. Por sua vez, a expressão "sem causa jurídica" deve ser interpretada como "de forma antijurídica"[851].

[848] ob. cit., p. 61/62.

[849] MELLO, Marcos Bernardes de. *Teoria do Fato Jurídico. Plano da Existência*. 10ª ed., São Paulo: Saraiva, 2000, p. 214/215.

[850] ARRUE, Xabier Basozabal. ob. cit., p. 56.

[851] *idem, ibidem*.

A teoria da ilicitude se volta fundamentalmente ao exame do comportamento humano, baseando-se em juízo de reprovação da conduta do intromissor. Trata-se de análise cujo enfoque recai no processo de aquisição do direito, adotando como fundamento da pretensão à restituição não propriamente o incremento patrimonial do beneficiado, mas a ação ilícita que o originou[852]. Por outro lado, discutir a destinação do direito significaria discutir o próprio direito[853], conferindo ao enriquecimento sem causa função quase tautológica, como se apenas refletisse as disposições normativas especiais.

Em última análise, o enriquecimento por intervenção deve ser compreendido como consequência da violação do direito, e não como contrariedade ao destino conferido pelo direito a determinado bem. Sob a ótica dessa teoria, a restituição deve ser compreendida como consequência da mera possibilidade que o titular do direito possui de proibir a conduta do interventor[854], e não como uma correção da desvirtuação do direcionamento conferido pelo ordenamento aos proveitos originados de determinado direito.

Existem diversas críticas à teoria da ilicitude. A primeira delas consiste justamente na vinculação do enriquecimento sem causa à conduta humana, e na consequente aproximação do instituto da responsabilidade civil.

O enfoque conferido pela teoria ao comportamento do agente torna o enriquecimento por intervenção verdadeiro instrumento de compensação de ilícito praticado sem culpa. Com isso, a teoria se contrapõe à função primordial do enriquecimento por intervenção, que consiste em restituir o benefício injustificado, independentemente da conduta do interventor[855].

Menezes Leitão aponta que existem situações nas quais a intervenção no direito não se origina necessariamente de conduta ilícita, mas ainda

852 MENEZES LEITÃO, Luís Manuel Teles de. *O enriquecimento sem causa no Direito Civil. Estudo dogmático sobre a viabilidade da configuração unitária do instituto, face à contraposição entre as diferentes categorias de enriquecimento sem causa*, p. 770.

853 *idem*, p. 772.

854 ARRUE, Xabier Basozabal. ob. cit., p. 60.

855 MENEZES LEITÃO, Luís Manuel Teles de. *O enriquecimento sem causa no Direito Civil. Estudo dogmático sobre a viabilidade da configuração unitária do instituto, face à contraposição entre as diferentes categorias de enriquecimento sem causa*, p. 785/786.

assim é injustificado[856]. É o caso do cedente que recebe de terceiro o valor relativo ao crédito anteriormente cedido ao cessionário. Nesse cenário, o cedente não praticou ato ilícito, e talvez sequer tenha participado das condutas que resultaram no benefício patrimonial auferido, pois pode ter recebido valores em sua conta bancária sem ter conhecimento disso. Ainda assim, e somente em razão do enriquecimento injustificado, o cedente possui obrigação de restituir o cessionário.

Por outro lado, nem toda conduta ilícita confere margem ao enriquecimento por intervenção, pois existem situações nas quais a violação de direito não gera benefício patrimonial à parte. Definir a ilicitude como elemento do enriquecimento por intervenção significa desconsiderar essa realidade, colocando-se ênfase excessiva em fator que é irrelevante dentro da sistemática do enriquecimento por intervenção[857].

De forma paralela, a teoria da ilicitude desafia diferença conceitual relevante entre o enriquecimento sem causa e a responsabilidade civil. Enquanto o primeiro instituto se caracteriza como dever primário de prestação, por não envolver a violação de dever previamente imposto à parte, a responsabilidade civil possui natureza de dever secundário, pois pressupõe a violação de dever que precede ao reconhecimento da responsabilidade[858]. Com isso, a teoria da ilicitude se revela, em certa medida, incompatível com noção um tanto ínsita ao enriquecimento sem causa, que consiste simplesmente em direcionar os bens ao destino que lhe foi conferido pelo ordenamento jurídico, sem se preocupar em vincular essa destinação ao comportamento do indivíduo.

A intenção de Schulz ao elaborar a teoria foi de conferir bases jurídicas próprias à ação de enriquecimento sem causa, em contraste com a

[856] *idem*, p. 785.

[857] Manuel de la Camara e Luiz Diez-Picazo afirmam que a teoria da ilicitude é excessivamente estreita, ao mesmo tempo em que é demasiadamente ampla. É estreita porque torna o enriquecimento inaplicável quando os atos praticados sejam compatíveis com o direito, ou quando não derivem de atos humanos. É ampla porque parece incluir no enriquecimento toda e qualquer situação incompatível com o direito. Nesse contexto, eventual violação contratual não conferiria margem para a indenização dos danos, mas sim para a restituição dos lucros (*Dos estudios sobre el enriquecimiento sin causa*, Madri: Civitas, 1988, p. 118).

[858] MENEZES LEITÃO, Luís Manuel Teles de. *O enriquecimento sem causa no Direito Civil. Estudo dogmático sobre a viabilidade da configuração unitária do instituto, face à contraposição entre as diferentes categorias de enriquecimento sem causa*, p. 786/787.

responsabilidade civil[859]. É possível que essa intenção tenha, em última análise, aproximado os dois institutos, por atribuir a ambos as mesmas bases conceituais, e somente diferenciá-los no tocante ao conteúdo da conduta praticada pelo interventor. Sob a perspectiva da teoria da ilicitude, o enriquecimento por intervenção se aproxima de versão qualificada da responsabilidade civil, cuja diferença fundamental residiria somente na dispensa de análise do elemento subjetivo da conduta do agente ou da característica da atividade por ele praticada

A segunda – e, provavelmente, a mais acertada – crítica à teoria da ilicitude consiste na dificuldade que a doutrina encontra em lidar com o enriquecimento por intervenção, por não compreender a diversidade da natureza jurídica de diferentes normas. Existem normas de proibição cujo escopo reside simplesmente em impor obrigação de não fazer, vedando a prática de determinada conduta, enquanto outras se voltam primordialmente para atribuir o âmbito exclusivo de domínio do bem ao titular, e apenas de forma reflexa impõem a terceiros o dever de não ingerência sobre a coisa[860].

No âmbito das normas proibitivas, o interesse jurídico protegido é de natureza coletiva ou difusa. Aquele que viola norma proibitiva afeta igualmente todos os seus destinatários. Em contrapartida, aquele que viola norma atributiva de direito afeta especificamente o respectivo titular[861].

O problema é que a teoria da ilicitude se revela insensível a essa diferença. Sob a perspectiva da teoria da ilicitude, pouco importa se a norma se volta à proteção do interesse jurídico de determinado sujeito, ou à defesa do interesse público ou de determinada coletividade. Pelos contornos da doutrina, a mera violação normativa caracteriza a prática de ato ilícito e confere base para o enriquecimento por intervenção[862].

Alguns defensores da teoria da ilicitude tentam solucionar essas dificuldades, afirmando que a utilização ilícita sobre bem jurídico identificável é apenas parte dos elementos do enriquecimento por intervenção, não

[859] ARRUE, Xabier Basozabal. ob. cit., p. 56.

[860] *idem*, p. 61.

[861] *idem, ibidem.*

[862] MENEZES LEITÃO, Luís Manuel Teles de. *O enriquecimento sem causa no Direito Civil. Estudo dogmático sobre a viabilidade da configuração unitária do instituto, face à contraposição entre as diferentes categorias de enriquecimento sem causa*, p. 787/788.

resolvendo todos os problemas do instituto. Afirma-se que, para a caracterização do dever de restituir, é necessário requisito adicional, consistente no benefício originado da intervenção ilícita sobre bem jurídico alheio[863].

Também se afirma que a ilicitude deve ser analisada a partir da contradição entre a atuação do interventor e a finalidade do direito violado, deixando-se em segundo plano a proposta inicial da teoria, que recaía na análise do caráter reprovável da conduta do interventor. Ao mesmo tempo em que torna a teoria da ilicitude mais plausível, essa vertente aproxima a doutrina da teoria da destinação, pois aborda a ilicitude não como análise do comportamento do interventor, mas como simples incompatibilidade entre o exercício do direito e o ordenamento jurídico[864].

Em última análise, a dificuldade fundamental da teoria da ilicitude consiste na vinculação do enriquecimento por intervenção à conduta do sujeito beneficiado. Ao adotar essa premissa, a teoria aproxima a restituição da indenização, conferindo ao enriquecimento sem causa contornos de responsabilidade civil qualificada. A doutrina tampouco apresenta mecanismos para compreender as sutilezas envolvidas em benefícios originados de violações de direitos com natureza jurídica diversa, revelando-se insuficiente para definir as hipóteses nas quais o enriquecimento por intervenção se caracteriza.

Ao tentar superar esse óbice, conferindo mais ênfase ao direito do que à reprovabilidade da conduta, a teoria da ilicitude acaba adotando linha próxima àquela seguida pela teoria da destinação, que se volta fundamentalmente aos interesses jurídicos protegidos pela norma e ao direcionamento conferido pelo ordenamento aos benefícios originados do direito.

4.1.2. A teoria do conteúdo de destinação ou de atribuição

A teoria do conteúdo da destinação – também conhecida como conteúdo de atribuição[865] – é a teoria dominante na doutrina e na jurisprudência alemã[866]. Em linhas gerais, a doutrina afirma que direitos subjetivos

[863] ARRUE, Xabier Basozabal. ob. cit., p. 63.

[864] *idem*, p. 64/65.

[865] Ambas as nomenclaturas podem utilizadas de forma indistinta.

[866] DANNEMANN, Gerhard. *The German Law of Unjustified Enrichment and Restitution. A Comparative Introduction*. Nova York: Oxford University Press, 2009, p. 94.

absolutos[867] – tais como direitos reais, direito de personalidade, direitos sobre bens imateriais – conferem ao seu titular a exclusividade do uso e gozo da utilidade econômica do bem. Como resultado dessa exclusividade, eventual enriquecimento originado da violação do direito não possui justa causa, conferindo margem para restituição em favor do titular[868].

A teoria foi desenvolvida inicialmente por Heck, que afirma que o reconhecimento de direito absoluto tem como consequência a atribuição ao seu titular de todos os benefícios dele originados, mesmo que inexista eventual intenção de explorar esse direito[869]. A partir desse pensamento, Wilburg desenvolve a chamada teoria da atribuição, que foi posteriormente consagrada por von Caemmerer[870].

Sob a égide da teoria da ilicitude, identifica-se o enriquecimento por intervenção pela mera violação do direito da parte prejudicada. A obra de von Caemmerer quebra esse paradigma e, a partir de então, a visão majoritária da doutrina alemã passa a defender que a ilegalidade não consiste no critério determinante para indicar o sujeito legitimado para receber o enriquecimento auferido ilicitamente[871].

Nesse sentido, o direito a integridade física é resguardado por uma série de razões, mas não a ponto de permitir que o respectivo titular obtenha lucro a partir dele. Por outro lado, os lucros originados da utilização de bens ou da propriedade são normalmente atribuíveis aos respectivos titulares, assim como ocorre com os ganhos derivados dos direitos de autor dos direitos da propriedade intelectual[872].

867 Os direitos absolutos devem ser compreendidos como aqueles que geram efeitos *erga omnes*.

868 MENEZES LEITÃO, Luís Manuel Teles de. *O enriquecimento sem causa no Direito Civil. Estudo dogmático sobre a viabilidade da configuração unitária do instituto, face à contraposição entre as diferentes categorias de enriquecimento sem causa*, p. 772.

869 *idem*, p. 773.

870 WILBURG, Walter. *Die Lehre von der ungerechtfertigten Bereicherung nach österreichischem und deutschem Recht*, Gras, 1934; VON CAEMMERER, Ernst. *Bereicherung un unerlaubte Handlung*. In: *Gesammelte Schriften*, I, *Rechtsvergleichung und Schuldrecht*, Tübingen, 1968, p. 209 e ss., *apud* ARRUE, Xabier Basozabal. ob. cit., p. 68.

871 DANNEMANN, Gerhard. ob. cit., p. 95.

872 *idem*, p. 95. Nas palavras de Francisco Manuel Pereira Coelho, "o enriquecimento será obtido 'à custa' do empobrecido quando lhe 'pertencia' ou estava 'reservado' para ele, em face do 'conteúdo de destinação' do direito violado" (ob. cit., p. 53).

De acordo com a teoria do conteúdo da destinação, aquele que explora direito alheio sem autorização adquire algo que pertence ao titular[873]. A restituição do benefício patrimonial não deve ser encarada como reação punitiva contra ações ilegítimas, mas como resultado da finalidade do direito de conferir benefícios ao seu respectivo titular. O fundamento do enriquecimento por intervenção reside na materialização da dimensão atributiva do direito indevidamente utilizado, que se aplica mesmo que inexista dano ou eventual necessidade de reprovação do ato praticado pelo interventor. A pretensão de restituição se aplica ao beneficiário mesmo que ele não tenha sido o autor do ato de intromissão, ou que sequer tenha tido condições de realizá-lo[874].

A expressão conteúdo de atribuição significa que existe reconhecimento jurídico acerca do monopólio quanto à utilização do direito[875]. A proteção tradicional do direito, por meio da exclusão de sua utilização por terceiros, deve ser complementada com ação de enriquecimento que resguarde a atribuição exclusiva do uso, gozo e disposição do direito ao respectivo titular. Aquele que consome ou utiliza direito alheio viola faculdades que integram o conteúdo de atribuição do direito, que é resguardado ao respectivo titular[876].

A construção dogmática da teoria da destinação possui como base conceitual o direito de propriedade[877]. O conteúdo de destinação da propriedade exige não apenas a cessação da intromissão indevida realizada por terceiros, a remoção de seus respectivos efeitos e a indenização pelos danos porventura causados, como também a restituição ao

[873] MENEZES LEITÃO, Luís Manuel Teles de. *O enriquecimento sem causa no Direito Civil. Estudo dogmático sobre a viabilidade da configuração unitária do instituto, face à contraposição entre as diferentes categorias de enriquecimento sem causa*, p. 773.

[874] ARRUE, Xabier Basozabal. ob. cit., p. 71.

[875] Nas palavras de Diogo Leite de Campos, o "que é fundamental é averiguar se o direito violado pretende, segundo o seu conteúdo de destinação, reservar para o respectivo titular o seu aproveitamento econômico" (*Enriquecimento sem causa, responsabilidade civil e nulidade.* In: Revista dos Tribunais, v. 560, ano 71, junho/1982, p. 262).

[876] ARRUE, Xabier Basozabal. ob. cit., p. 70.

[877] De acordo com Carles Vendrell Cervantes, a doutrina majoritária vincula o conteúdo de destinação ao monopólio de exploração de direitos, destacando-se particularmente a propriedade sobre bens materiais e os direitos de propriedade intelectual e industrial (ob. cit., p. 1.130).

proprietário do proveito obtido por aquele que realiza a exploração indevida do bem[878].

Em situações envolvendo a alienação de coisa alheia, a ação que surge em favor do proprietário possui como fundamento seu direito sobre todos os proveitos da coisa alienada, inclusive aqueles originados da disposição do bem[879]. A intervenção do terceiro, que realiza a alienação sem possuir direito, contradiz a finalidade atributiva da propriedade, que destina ao titular os valores originados de eventual alienação. Logo, o enriquecimento auferido pelo interventor não possui justa causa, havendo o dever de restituir[880].

Nas palavras de Menezes Leitão, o conteúdo da destinação representa "uma continuação da proteção da ordem jurídica relativa à titularidade dos bens, através da reposição da sua ordenação nos termos que eram por ela determinados. O enriquecimento por intervenção representaria assim uma norma corretora independente, aplicável sempre que se verificasse o aproveitamento de bens em termos desconformes com a sua ordenação jurídica"[881].

O conceito pode ser ilustrado em exemplo de Xabier Basozabal Arrue, que menciona hipótese envolvendo usuários de garagem, que não acessam

[878] ARRUE, Xabier Basozabal. ob. cit., p. 69.

[879] No âmbito da teoria da destinação, existe divergência sobre o objeto da restituição. Wilburg defende a existência de pretensão de restituição do resultado da exploração de forma simultânea com a restituição do valor de substância do bem, mas entende que o resultado da exploração não corresponde a todos os ganhos obtidos pelo interventor, limitando-se àqueles que, sob a perspectiva econômica, sejam imputados exclusivamente ao bem alheio. Wilburg propõe uma repartição do resultado da exploração em relação ao valor das contribuições do interventor e do bem jurídico sobre o qual recai a intervenção. Von Caemmerer rejeita essa concepção, afirmando que o enriquecimento por intervenção não se vincula à restituição de ganhos, pois a devolução decorreria do regime da gestão de negócios imprópria. O enriquecimento por intervenção se vincularia à restituição das vantagens subtraídas do titular do direito, que são restituíveis em dinheiro somente pela impossibilidade de restituição em espécie. (MENEZES LEITÃO, Luís Manuel Teles de. *O enriquecimento sem causa no Direito Civil. Estudo dogmático sobre a viabilidade da configuração unitária do instituto, face à contraposição entre as diferentes categorias de enriquecimento sem causa*, p. 774).

[880] ARRUE, Xabier Basozabal. ob. cit., p. 69.

[881] MENEZES LEITÃO, Luís Manuel Teles de. *O enriquecimento sem causa no Direito Civil. Estudo dogmático sobre a viabilidade da configuração unitária do instituto, face à contraposição entre as diferentes categorias de enriquecimento sem causa*, p. 775.

a via pública em razão da omissão do proprietário em construir o acesso. Por essa razão, eles acabam utilizando o terreno do vizinho para ingressar e sair da garagem. A pretensão do vizinho deve se dirigir ao proprietário da garagem, e não aos usuários, pois o primeiro evita os gastos de construção à custa da intromissão indevida na propriedade alheia, mesmo que o titular da propriedade não tenha sofrido eventual dano em razão da utilização da passagem[882].

A teoria do conteúdo da destinação explica e compreende melhor o enriquecimento por intervenção do que a teoria da ilicitude. O enfoque da teoria da destinação sobre a compatibilidade entre a titularidade do direito e a titularidade dos benefícios dele originados se mostra mais adequada para a doutrina do enriquecimento sem causa do que a noção de comportamento contrário ao direito ínsita à teoria da ilicitude. Sob essa perspectiva, a teoria da destinação respeita a natureza jurídica e os contornos conceituais que são próprios do enriquecimento por intervenção, evitando que o instituto se torne uma versão da responsabilidade civil despida de culpa, dolo ou risco da atividade[883].

Pereira Coelho afirma que a teoria do conteúdo de destinação é positiva, pois corresponde à ideia de conservação estática dos patrimônios, que é ínsita ao enriquecimento sem causa. Nas palavras do autor, "o direito do enriquecimento sem causa se dirige a uma simples proteção estática dos direitos ou dos bens", tendo como escopo "reagir contra modificações juridicamente não sancionadas na sua ordem de atribuição ou destinação"[884]. O autor lusitano também afirma que a teoria possui atributos positivos, pois retira da restituição "aquele caráter odioso de medida de confisco, de reação penal contra uma ação ilícita que assumia no pensamento de Fritz Schulz"[885].

[882] ARRUE, Xabier Basozabal. ob. cit., p. 71/72.

[883] Nas palavras de Aline de Miranda Valverde Terra, "a teoria adotada, portanto, não é a da *deslocação patrimonial*, mas a do *conteúdo da destinação jurídica dos bens*", que estabelece que "o enriquecimento é ilícito precisamente porque, de acordo com a ordenação substancial dos bens aprovada pelo Direito, ele deve, de regra, pertencer a seu titular" (*Privação do uso: dano ou enriquecimento por intervenção*. In: Revista Eletrônica Direito e Política, Programa de Pós-Graduação Stricto Sensu em Ciência Jurídica da UNIVALI, Itajaí, v.9, n.3, 3º quadrimestre de 2014. Disponível em: www.univali.br/direitoepolitica, p. 1.635).

[884] ob. cit., p. 56.

[885] *idem*, p. 65.

Esses importantes atributos teóricos da teoria da destinação são acompanhados de aspecto relevante de natureza prática. A compreensão do conteúdo da destinação pressupõe a análise da essência do direito violado e dos interesses por ele resguardados. Com isso, a doutrina acaba desenvolvendo instrumentos relevantes para definir o sujeito legitimado para receber os benefícios originados do direito. A contribuição é importante, pois cria mecanismos interessantes para superar dificuldade fundamental da teoria da ilicitude, cujo enfoque na conduta do sujeito se mostra insuficiente para distinguir diferentes espécies de direito, bem como para compreender em que medida a violação deles proporciona a restituição ao titular do enriquecimento obtido.

Carles Vendrell Cervantes afirma que a teoria do conteúdo de destinação "é, inevitavelmente, o ponto de partida para fundamentar dogmaticamente a ação de enriquecimento injustificado no Direito espanhol e, sobretudo, para delimitar seu âmbito objetivo de aplicação; e isso, não somente porque nossa doutrina tenha preferido sempre essa tese majoritária, mas porque o legislador espanhol – de forma diversa do alemão – reconheceu essa teoria como fundamento dogmático de uma concreta ação de enriquecimento injustificado por intromissão"[886]. O autor faz referência específica ao artigo 32.1.6 da Lei nº 3/1991, de 10 de janeiro, que trata especificamente do enriquecimento por intervenção no âmbito da concorrência desleal, e que será analisado mais adiante[887].

Sem prejuízo de seus atributos positivos, a teoria da destinação não é isenta de problemas. Parte da doutrina aponta, inicialmente, que a própria

[886] ob. cit., p. 1.139.

[887] De forma semelhante, Fernando Noronha afirma que o "verdadeiro fundamento da obrigação de restituir por enriquecimento sem causa tem sido evidenciado por autores contemporâneos, sobretudo alemães, que falam na teoria da destinação, ou da ordenação, ou da atribuição jurídica dos bens. Em geral, pode-se dizer que o sistema jurídico, ao atribuir às pessoas direitos absolutos, oponíveis *erga omnes*, como são os direitos da personalidade (ao nome, imagem, corpo, liberdade, trabalho, etc.), está reservando a elas, e só a elas, o aproveitamento econômico dos bens, ainda que imateriais, a que dizem respeito tais direitos, é nisto que consiste a *ordenação jurídica dos bens*" (*Enriquecimento sem* causa. In: Revista de Direito Civil, Imobiliário, Agrário e Empresarial, v. 56, São Paulo: Revista dos Tribunais, abril/junho-1991, p. 56).

denominação da teoria é tautológica[888], pois a noção de conteúdo da destinação apenas indica que a exploração de determinada posição jurídica deve ser destinada exclusivamente ao seu titular, sem fornecer critérios para a determinação desse sujeito[889].

Para definir o conteúdo de destinação é necessário analisar o direito subjetivo, definindo-se se ele admite a proteção jurídica dos bens por meio do enriquecimento sem causa[890], ou seja, se a natureza do direito indica que os benefícios dele originados estão reservados ao respectivo titular. A teoria do conteúdo de destinação seria vazia[891], por não determinar por conta própria quais as posições jurídicas atribuem esse monopólio. Caberia a cada ordenamento jurídico realizar essa definição[892].

Os críticos também afirmam que (i) a teoria da destinação não dispensa a ideia de ação antijurídica, pois a noção de aquisição incompatível com o conteúdo de destinação nada mais seria do que uma outra fórmula para explicar a ação antijurídica da teoria da ilicitude; (ii) a propriedade não poderia ser utilizada como base da teoria, pois é direito de exclusão de caráter positivo, servindo apenas para impedir eventual acesso de terceiros sobre a coisa[893].

Quanto ao primeiro ponto, existe relevante distinção a ser feita. A antijuridicidade inerente à teoria da destinação pressupõe somente a violação do direito, sem ingressar no exame da conduta da parte beneficiada, e na eventual caracterização de ato ilícito praticado por ela. É o que se verifica no exemplo do cedente que recebe do devedor os valores relativos ao

888 A crítica é apontada por Luís Manuel Teles de Menezes Leitão (*O enriquecimento sem causa no Direito Civil. Estudo dogmático sobre a viabilidade da configuração unitária do instituto, face à contraposição entre as diferentes categorias de enriquecimento sem causa*, p. 787/788) e por Carles Vendrell Cervantes (ob. cit., p. 1.137).

889 *idem*, p. 787/788. De forma semelhante, Manuel de la Camara e Luis Diez-Picazo afirmam que a teoria exige que se identifique o chamado conteúdo atributivo, algo que não se realiza com facilidade (ob. cit., p. 119/120).

890 *idem, ibidem.*

891 ARRUE, Xabier Basozabal. ob. cit., p. 73/74. Francisco Manuel Pereira Coelho menciona que a teoria do conteúdo da destinação também enfrenta dificuldades, e que sua aplicação tem gerado "resultados tão diferentes" (ob. cit., p. 58).

892 CERVANTES, Carles Vendrell. ob. cit., p. 1.139.

893 MENEZES LEITÃO, Luís Manuel Teles de. *O enriquecimento sem causa no Direito Civil. Estudo dogmático sobre a viabilidade da configuração unitária do instituto, face à contraposição entre as diferentes categorias de enriquecimento sem causa*, p. 777.

crédito cedido a terceiro, e esse pagamento é considerado eficaz. Embora o direito de crédito do cessionário tenha sido violado, é possível que o sujeito beneficiado não tenha praticado ato ilícito que tenha proporcionado o enriquecimento.

Em contrapartida, a concepção original da teoria da ilicitude pressupõe a prática de conduta ilícita por parte do beneficiado. Ao adotar essa linha, a doutrina insere o ato ilícito como elemento do enriquecimento por intervenção, inovando em relação à estrutura conceitual do enriquecimento sem causa, que se volta somente a afastar o deslocamento patrimonial indevido, resguardando a conservação estática dos patrimônios.

Já em relação à afirmação relativa à insuficiência da propriedade como base da teoria, existem dois pontos relevantes que devem ser explorados. A propriedade não consiste em base da teoria da destinação, mas em modalidade de direito – provavelmente o mais relevante deles – cuja violação confere margem para a caracterização do enriquecimento por intervenção. A teoria da destinação se volta, na realidade, à proteção dos direitos subjetivos absolutos.

Tampouco é possível afirmar que a propriedade se limita a restringir o acesso de terceiros sobre a coisa. Assim como se verifica nos demais direitos absolutos, a propriedade resguarda ao titular todos os benefícios originados de seu respectivo objeto. É a apropriação desses benefícios por terceiros que caracteriza o enriquecimento por intervenção, proporcionando a restituição.

Por conseguinte, a teoria da destinação é aquela que melhor explica o fenômeno do enriquecimento por intervenção, bem como o seu âmbito de incidência. Passa-se, então, a analisar os principais critérios adotados pela doutrina para definir as hipóteses de aplicação do instituto.

4.1.2.1. Critérios de determinação do conteúdo de destinação

Sob a perspectiva da teoria do conteúdo de destinação, somente os direitos com conteúdo atributivo conferem ao respectivo titular a pretensão de restituição perante o interventor[894]. A maioria da doutrina identifica essa categoria com aquela dos direitos subjetivos absolutos, que correspondem

[894] CERVANTES, Carles Vendrell. ob. cit., p. 1.130.

àqueles direitos com eficácia *erga omnes*[895]. Em contrapartida, o enriquecimento sem causa não atinge violações aos direitos relativos, que são aqueles voltados para indivíduos específicos, como ocorre com os direitos originados de relações contratuais[896].

Nas palavras de Carles Vendrell Cervantes, o reconhecimento de direitos absolutos reside, por um lado, na atribuição de um bem exclusivamente ao seu titular, de forma que este adquire uma posição jurídica que o permite exigir a abstenção dos demais não autorizados – por norma jurídica ou pelo próprio titular – quanto à intromissão na esfera delimitada pelo objeto de direito"[897].

A questão envolve controvérsia. Existem autores que entendem não são apenas os direitos absolutos que possuem conteúdo de destinação. As normas destinadas à tutela do patrimônio, como as normas de proteção previstas no parágrafo 823, II, do Código Civil alemão, incluindo aquelas que vedam a concorrência desleal, também possuem essa característica[898].

Menezes Leitão afirma que as "hipóteses mais comuns de enriquecimento por intervenção reconduzem-se às intervenções em bens objeto de direitos absolutos", indicando a possibilidade de aplicação do instituto a outras situações[899]. Cervantes segue linha semelhante, afirmando que "o reconhecimento de uma ação de enriquecimento injustificado por intromissão se vinculou ao alcance e natureza do conjunto de faculdades garantidas aos titulares de determinadas posições jurídicas subjetivas, particularmente, dos direitos subjetivos absolutos"[900].

Por outro lado, existem posições que afirmam que somente os direitos absolutos teriam conteúdo de destinação, pois as normas que estabelecem padrões de comportamento não possuem a finalidade de atribuir o

[895] Diogo Leite de Campos acrescenta que "o direito de propriedade, os direitos sobre bens imateriais e os próprios direitos de personalidade reservam para o seu titular toda a utilidade retirável dos bens que têm por objeto" *Enriquecimento sem causa, responsabilidade civil e nulidade.* In: Revista dos Tribunais, v. 560, ano 71, junho/1982, p. 262.

[896] DANNEMANN, Gerhard. ob. cit., p. 92.

[897] CERVANTES, Carles Vendrell. ob. cit., p. 1.147.

[898] MENEZES LEITÃO, Luís Manuel Teles de. *O enriquecimento sem causa no Direito Civil. Estudo dogmático sobre a viabilidade da configuração unitária do instituto, face à contraposição entre as diferentes categorias de enriquecimento sem causa.* Coimbra: Almedina, 2005, p. 684.

[899] *idem, ibidem.*

[900] CERVANTES, Carles Vendrell. ob. cit., p. 1.142.

conteúdo da destinação. Existe, ainda, uma terceira opinião, que entende que nem todos os direitos absolutos possuem conteúdo de destinação, pois direitos sobre marcas, direitos da personalidade e direitos de empresa seriam direitos de exclusão sem conteúdo de destinação[901].

A partir desses elementos, verifica-se que existem modalidades de direitos que resguardam aos seus titulares os benefícios dele originados. Sem prejuízo da inegável e forte identidade entre esses direitos e os direitos subjetivos absolutos, é mais adequado, para fins metodológicos, não vincular o conteúdo de destinação a uma categoria de direito previamente definida. À luz da enorme variedade de direitos subjetivos, é mais adequado identificar o conteúdo de destinação pela análise da natureza e do conteúdo do direito, identificando-se os interesses resguardados por ele.

Houve o desenvolvimento de inúmeros potenciais critérios para identificação dos direitos com conteúdo de destinação. Defendeu-se, por exemplo, a aplicação, no âmbito do enriquecimento sem causa, da relação estabelecida pelo § 823 do Código Civil alemão, que define os direitos cuja violação confere fundamento para a responsabilidade civil[902]. Não se pretendia retornar à teoria da ilicitude, mas sim adotar o rol indicado na norma como parâmetro para definir as hipóteses de enriquecimento por intervenção.

O critério se mostra insustentável, por retirar a flexibilidade inerente ao enriquecimento sem causa, e utilizar como base regime absolutamente diverso do instituto. Além disso, o parâmetro sugerido fica circunscrito ao direito alemão, sendo inaplicável nos ordenamentos que não possuem o rol de direitos previsto no § 823 do Código Civil germânico[903].

Como alternativa, surgiu o critério da pretensão de omissão. Dentro desse modelo, a pretensão do enriquecimento sem causa deve ser concedida aos titulares de direito que podem exigir a omissão de terceiro quanto

[901] MENEZES LEITÃO, Luís Manuel Teles de. *O enriquecimento sem causa no Direito Civil. Estudo dogmático sobre a viabilidade da configuração unitária do instituto, face à contraposição entre as diferentes categorias de enriquecimento sem causa*, p. 775.

[902] § 823. "O sujeito que, de forma intencional ou por negligência, ilicitamente causa danos à vida, ao corpo, à saúde, à liberdade, à propriedade ou a outro direito de outra sujeito é responsável por indenizar a outra parte pelos prejuízos originados de seu ato" (trad. livre do inglês. Obtido em https://www.gesetze-im-internet.de/englisch_bgb/englisch_bgb.html#p3489. Consulta realizada em 28.9.2019).

[903] ARRUE, Xabier Basozabal. ob. cit., p. 75/76.

a eventual intervenção. Sob esse parâmetro, o empresário beneficiado da concorrência desleal deve restituí-la aos concorrentes, à luz da existência de pretensão conferida pelo ordenamento a esses últimos de exigir a sustação de eventuais práticas ilícita. A reserva quanto à exploração de determinado bem somente existe na medida em que o ordenamento confere ao sujeito a pretensão de exigir que terceiros se omitam quanto a eventuais violações do direito[904].

Diversas críticas foram suscitadas em relação a esse critério. A primeira delas consiste na proximidade com a doutrina da ilicitude, inclusive e principalmente em relação a potenciais deficiências. Tal como ocorre na teoria da ilicitude, o critério da pretensão de omissão encontra severas dificuldades em estabplecer distinguir normas meramente proibitivas daquelas que conferem ao titular a exclusividade quanto ao objeto da intervenção.

No âmbito da concorrência desleal, existe a possibilidade de se impedir a prática de condutas contrárias à livre competição. No entanto, o ordenamento não confere ao sujeito prejudicado um bem jurídico do qual ele seja titular, impondo, na realidade, sujeição recíproca de todos os competidores a regras para o funcionamento adequado do mercado. A mera possibilidade de se exigir a omissão quanto a prática ilícita não indica necessariamente a reserva do direito a determinado sujeito[905].

Também houve a proposta da adoção da comerciabilidade, que se aproxima bastante da ideia de monopólio da exploração, para identificação do conteúdo de destinação. Sob essa ótica, haveria fundamento para restituição quando se verificasse a possibilidade de comercialização do direito e de sua avaliação em termos monetários.

A dificuldade, neste ponto, reside na insuficiência do critério mercadológico para a identificação do conteúdo de destinação. A avaliação feita pelo mercado quanto a determinado direito não é decisiva para indicar a possibilidade de restituição dos benefícios dele originados. O dono de determinado estabelecimento comercial pode ceder onerosamente sua clientela a terceiro, mas não pode exigir eventual restituição em caso do exercício de concorrência desleal sobre esses mesmos clientes[906].

[904] *idem*, p. 78.

[905] ARRUE, Xabier Basozabal. ob. cit., p. 79.

[906] *idem*, p. 81/82.

Após extensos debates, o critério que foi adotado pela maioria da doutrina para a identificação do conteúdo de destinação foi o monopólio da exploração. A partir desse parâmetro, o enriquecimento por intervenção se caracteriza a partir da concessão, pelo ordenamento jurídico, da exclusividade da exploração de determinado bem. Aquele que pode explorar o objeto de forma plena e exclusiva pode obter a restituição dos benefícios auferidos por terceiro a partir de utilização irregular[907].

O seguinte exemplo é bastante elucidativo sobre o monopólio da exploração. Imagine-se prédio cujos proprietários possuem servidão em relação a outro imóvel, com o propósito de preservar a vista do imóvel dominante. Caso houvesse violação do direito real, e o prédio serviente usurpasse a vista do dominante, haveria fundamento para o enriquecimento por intervenção[908]. Por sua natureza de direito real, a servidão reserva ao titular todos os benefícios originados de sua exploração, impondo a terceiros a restituição dos benefícios originados a partir da intervenção sobre esse direito.

Nesse mesmo cenário fático, imagine-se que o direito de vista dos proprietários não decorre do direito de servidão, mas de normas municipais que regulam a organização urbanística da região. Caso se verifique a violação desse regramento, e a consequente supressão da vista, inexiste fundamento para pedido restitutório, mas somente eventual punição como resultado do exercício do poder de polícia sancionador pelo ente público. A situação é diferente daquela envolvendo a servidão, pois o direito real reserva a vista e todos os benefícios dela originados para a propriedade dominante, enquanto as normas urbanísticas resguardam somente os interesses da coletividade local[909].

A questão também pode ser analisada na situação envolvendo o locatário que viola a proibição imposta pelo locador quanto à sublocação do prédio. Xabier Basozabal Arrue entende que inexiste fundamento para eventual restituição dos valores recebidos pelo locatário, pois o direito

907 *idem*, p. 80.

908 *idem*, p. 145.

909 *idem*, p. 146. Xabier Basozabal Arrue afirma que houve certa controvérsia sobre o assunto, sendo que Canaris entende que o pedido restitutório seria viável na hipótese de violação às normas urbanas, pois a regulamentação urbanística acrescentaria um atributo à propriedade violada.

de sublocar não integra os atributos da propriedade. Em contrapartida, existe acertada posição doutrinária que entende que o recebimento dos frutos originados do imóvel integram o monopólio do proprietário. Por conseguinte, caso o locatário obtenha esses frutos irregularmente, deverá restituir seu enriquecimento, ou seja, os valores que superarem aquilo que pagou ao proprietário[910].

A principal crítica à doutrina do monopólio da exploração consiste em sua potencial contraposição à livre concorrência. Como o monopólio é naturalmente antagônico à liberdade de atuação dos indivíduos, a concessão reiterada de direitos de exploração exclusiva levaria, em última análise, ao enrijecimento excessivo do mercado e à drástica redução da livre iniciativa[911].

Diante desse cenário, é necessário definir parâmetros mais específicos para a aplicação do monopólio da exploração. Para se resguardar a função social dos direitos de exclusividade concedidos pelo ordenamento, é necessário reconhecer esferas de atividade que estão excluídas da exploração monopolista, definindo-se limites superiores e inferiores de prevalência do monopólio.

Nos chamados limites superiores, devem ser excluídos os bens indisponíveis ou cuja contratualização possa violar a lei ou os bons costumes. Pela eventual ilegalidade do objeto do contrato – e consequente invalidade do negócio jurídico –, não se restituem os valores pagos em prostíbulo ou ao tráfico de entorpecentes. Já nos limites inferiores, nega-se proteção contra condutas que integram a essência da livre iniciativa do indivíduo. Assim, o proprietário da árvore não pode exigir o preço pela sombra que beneficia o vizinho[912].

Os limites superiores possuem como critério fundamental a possibilidade de comercialização dos bens. A ideia fundamental da doutrina é que não se pode conceder restituição caso não se possa obter licença para a utilização regular do direito. Veda-se a restituição pelo uso de bem ou direito que sequer poderia ser comercializado no mercado, seja por violação a normas expressas, seja pela contrariedade aos bons costumes[913].

[910] *idem*, p. 146/147.
[911] *idem*, p. 82.
[912] *idem*, p. 83.
[913] *idem*, p. 137.

É o que ocorre, por exemplo, em situação envolvendo a utilização indevida de marca alheia para a comercialização de produtos contrafeitos. Afirma-se que a restituição é indevida pois, mesmo que a intervenção tenha ocorrido sobre o direito de marca, o respectivo titular não poderia ter realizado a comercialização regular dos produtos, à luz da contrafação verificada[914].

A matéria é bastante controversa. O Tribunal Federal de Justiça da Alemanha concedeu restituição em caso de usurpação de patente acompanhada de indução do público ao erro. Para tanto, afirmou que a concessão da restituição não depende da possibilidade da celebração de contrato válido que legitimasse a ação do interventor. O elemento fundamental consiste em evitar que o interventor que induziu o público a erro receba tratamento mais favorável do que aquele dispensado ao sujeito que interveio ilicitamente em direito alheio, mas atuou de forma regular perante terceiros[915].

A maioria da doutrina adotou posição crítica em relação à decisão, mas alguns estudiosos a defenderam, afirmando que a utilização ilícita do direito usurpado não pode ser utilizada como argumento para afastar a restituição. A eventual invalidade do contrato de cessão porventura celebrado entre as partes não pode ser utilizada para afastar a obtenção de benefício auferido mediante a usurpação de direito alheio. O Tribunal Federal de Justiça manteve esse posicionamento, proferindo decisão semelhante em outra situação na qual o interventor comercializou produtos falsificados[916].

A posição que afasta o direito à restituição parece adotar premissa equivocada relativa à invalidade da hipotética cessão do direito usurpado. Na realidade, existem dois potenciais ilícitos no exemplo ora tratado: (i) a intervenção realizada sobre o direito alheio; e (ii) a utilização desse direito como instrumento para induzir terceiros ao erro. Por mais que o direito tenha sido instrumento de prática irregular, sua obtenção poderia ter ocorrido de forma lícita, ou seja, o direito poderia ser comercializado.

Diante desse cenário, a solução adequada para os casos de utilização ilícita de direito obtido irregularmente consiste em impor ao interventor

[914] *idem*, p. 138.
[915] *idem*, p. 139.
[916] *idem*, p. 139.

a restituição dos benefícios originados da utilização irregular da marca, correspondentes ao valor acrescido pela marca aos bens comercializados indevidamente. Em contrapartida, o valor dos objetos contrafeitos em si não integram eventual direito da restituição, sem prejuízo da aplicação das sanções aplicáveis aos ilícitos cometidos pelo interventor perante terceiros[917].

Já os limites inferiores se relacionam à livre iniciativa do indivíduo, refletindo-se em situações nas quais o aproveitamento de bens alheios recai sobre determinadas funcionalidades que o ordenamento jurídico não reserva ao respectivo titular. Existe linha tênue entre a liberdade do indivíduo de obter benefício a partir do patrimônio alheio, e a pretensão do respectivo titular de excluir terceiros da utilização de seus bens[918]. Os limites inferiores se referem, em última análise, à definição dos atributos do direito que são reservados pelo ordenamento ao respectivo titular.

A posição monopolística do conteúdo de destinação deve ser justificada dentro da economia de mercado. Existe potencial conflito entre reservar o bem ao respectivo titular e engessar excessivamente o mercado, desencorajando-se a iniciativa privada[919]. Definir qual desses interesses deve ser privilegiado consiste em difícil tarefa que deve ser tomada a partir das peculiaridades de cada situação concreta, à luz principalmente da natureza e do conteúdo do direito violado.

Existem alguns casos ilustrativos sobre os limites da aplicação do enriquecimento por intervenção sobre determinados atributos do direito. Os primeiros dois deles se voltam à violação do direito dos proprietários quanto ao uso da imagem de suas respectivas propriedades. Em 1974, o Tribunal Federal alemão acolheu pedido indenizatório pelo uso indevido de imagem de edifício em cartão postal, considerando que as fotografias haviam sido obtidas no próprio prédio. Já em 1989, demanda semelhante foi rejeitada, em situação na qual a fotografia havia sido tirada em local de amplo acesso ao público[920]. A lógica das decisões é a mesma: nada

[917] *idem*, p. 140/141.

[918] *idem*, p. 131.

[919] *idem*, p. 132.

[920] O caso é mencionado por Gehard Dannemann (ob. cit., p. 97) e Luís Manuel Teles de Menezes Leitão (*O enriquecimento sem causa no Direito Civil. Estudo dogmático sobre a viabilidade da configuração unitária do instituto, face à contraposição entre as diferentes categorias de enriquecimento sem causa*, p. 690).

impede que indivíduos tirem fotografias de edifícios em locais públicos, utilizando-as comercialmente, mas as fotografias obtidas de locais privados pertencem ao respectivo proprietário[921].

A definição dos limites inferiores também pode ser verificada em caso bastante elucidativo relativo a situação envolvendo direito antitruste, direitos autorais e propriedade industrial. Determinada sociedade alemã requereu e obteve licença governamental para produzir um novo herbicida. Para a obtenção dessa permissão, a empresa realizou estudo, no qual analisou a toxina de duas substâncias contidas no produto. Aproveitando-se da pesquisa realizada, uma segunda sociedade, concorrente da primeira, realizou pedido semelhante junto ao órgão regulatório germânico.

O pedido restitutório se voltava basicamente sobre os benefícios obtidos pela segunda sociedade, em razão aproveitamento da pesquisa alheia para a apresentação do pedido de autorização. O Tribunal Federal de Justiça negou o pedido restitutório, afirmando que a primeira sociedade possuía proteção contra cópias não autorizadas, distribuição e *marketing* do relatório que havia preparado, mas não da utilização das descobertas que constavam do relatório. O ordenamento não atribui à parte exclusividade sobre o conteúdo da pesquisa realizada para a apresentação do pedido administrativo[922].

Situação semelhante ocorreu em caso envolvendo produção cinematográfica. A sociedade *OLG Karlsruhe*, produtora de cinema, iniciou as medidas para a produção de filme, adquirindo a preferência da cessão de direitos sobre o roteiro. Essa empresa iniciou contato com outra produtora, com o escopo de realizar a coprodução da obra, passando a essa sociedade a documentação relativa ao projeto, incluindo planos de rodagem e financiamento. Todavia, a produção não foi adiante, em razão da impossibilidade de obtenção dos recursos necessários[923].

Em ocasião posterior, a segunda produtora contatou os roteiristas, adquiriu os direitos sobre o roteiro do filme e realizou a produção por conta própria, que foi veiculada na televisão alemã em 1996. Como resultado disso, a primeira produtora ingressou com ação contra a segunda,

921 DANNEMANN, Gerhard. ob. cit., p. 97.

922 *idem*, p. 98.

923 CERVANTES, Carles Vendrell. ob. cit., p. 1.132/1.133.

suscitando a ocorrência de enriquecimento sem causa pelo aproveitamento das informações que haviam sido transferidas voluntariamente na negociação inicialmente mantida entre as sociedades.

O pedido foi rejeitado, pois o tribunal entendeu que a segunda produtora não havia interferido em posição jurídica cujo conteúdo de destinação fosse reservado para o titular[924]. O ordenamento não confere ao titular do planejamento relativo à produção de filme o monopólio sobre os benefícios originados desse trabalho.

Por outro lado, existem direitos que atribuem ao titular o monopólio da exploração, impedindo o exercício da livre iniciativa por terceiros. No direito português, a questão foi colocada em acórdão do Supremo Tribunal de Justiça de 3 de abril de 1964. A situação envolvia o dono de terreno arenoso plantado com amieiros, na margem do rio Dão. O proprietário verificou que o dono do terreno vizinho havia cortado 205 pés de amieiro e retirado daquele terreno 500 caminhões de areia, que foi posteriormente vendida. O autor ingressou com ação baseada na responsabilidade civil. Os réus afirmaram que, por força da ação do rio, o terreno dos autores teria recebido a mesma quantidade de areia retirada de forma indevida.

O Supremo Tribunal de Justiça entendeu que, em razão da força da natureza, inexistiria fundamento para eventual pedido indenizatório relativo à areia, e concedeu indenização somente pela extração indevida dos amieiros. Todavia, por entender que o uso da areia deveria ser reservada ao titular do direito, a corte afirmou que a restituição do enriquecimento sem causa pela extração da areia poderia ser requerida pela via própria[925].

A doutrina seguiu a orientação do acórdão, afirmando que o enriquecimento sem causa poderia ser caracterizado, mesmo sem a verificação de prejuízo por parte do titular do direito. O enriquecimento sem causa se aplica "nas circunstâncias de esses direitos não corresponderem simplesmente a um *ius excludendi omnes alios* (conforme defendeu a concepção personalista do direito real) mas também estabelecerem a afetação de

[924] *idem.*, p. 1.133.

[925] MENEZES LEITÃO, Luís Manuel Teles de. *O enriquecimento sem causa no Direito Civil. Estudo dogmático sobre a viabilidade da configuração unitária do instituto, face à contraposição entre as diferentes categorias de enriquecimento sem causa*, p. 691.

todas as utilidades que advenham da coisa ao seu titular, possuindo assim um conteúdo de destinação"[926].

Estabelecidos esses limites, verifica-se a existência de várias virtudes na doutrina do monopólio de exploração. Inicialmente, o critério exclui do âmbito do enriquecimento sem causa a proteção de simples expectativas, cujo eventual reconhecimento resultaria na excessiva restrição da livre iniciativa do indivíduo[927].

A teoria ainda incorpora perspectiva dinâmica da realidade jurídica, econômica e social. Trata-se de critério estável, porém flexível, que aceita as alterações de compreensão da sociedade sobre determinados temas. Se, no passado, havia dúvida sobre a proteção do direito à imagem, atualmente não existe mais controvérsia sobre a matéria[928], e eventual violação a esse direito confere fundamento para o enriquecimento por intervenção.

De outra parte, a concessão do monopólio de exploração do direito passa por critério de natureza jurídica. A partir do contexto e da percepção da sociedade sobre determinada matéria, o ordenamento decide se a faculdade relativa a determinado direito deve ser atribuída exclusivamente ao seu titular. O mercado e a sociedade podem influenciar o direito, sugerindo critérios que possam oportunamente ser adotados na esfera jurídica[929].

A flexibilidade e a relativa vagueza de significado desses parâmetros dificulta a definição de limites claros para identificar os direitos cujo conteúdo de destinação é reservado ao titular. Em contrapartida, a ausência de parâmetros mais rígidos preserva o caráter dinâmico do enriquecimento sem causa, permitindo que as peculiaridades de cada caso sejam levadas em consideração por ocasião da análise relativa ao cabimento do direito à restituição.

Definidas as balizas relativas aos direitos cuja violação confere margem para o enriquecimento por intervenção, passa-se à análise de direitos específicos, analisando-se sobre o cabimento do direito à restituição em hipóteses pontuais.

[926] *idem*, p. 693.

[927] ARRUE, Xabier Basozabal. ob. cit., p. 84.

[928] *idem, ibidem.*

[929] *idem, ibidem.*

4.1.2.2. Hipóteses de reconhecimento do conteúdo de destinação

As situações mais comuns envolvendo o enriquecimento por intervenção se referem às hipóteses de intromissão em direitos da personalidade, direitos reais, direitos do autor e de propriedade industrial. Existem diferenças pontuais de tratamento, particularmente considerando a natureza material ou imaterial do direito[930], mas há consenso na doutrina[931] que todas essas modalidades de direitos reservam aos titulares os proveitos deles originados.

Nessa categoria, incluem-se tanto os direitos de propriedade, quanto os direitos reais limitados. Todos esses direitos possuem a finalidade não apenas de excluir terceiros de seu âmbito de incidência, mas também de conceder a exclusividade ao titular dos benefícios monetizáveis. O consenso também se volta para os direitos do autor e propriedade industrial. Sob a perspectiva da teoria do conteúdo da destinação, o ordenamento reserva ao respectivo titular poder jurídico exclusivo sobre o objeto, conferindo-lhe o direito à restituição contra aquele que exerça esse poder sem a necessária autorização[932].

A hipótese clássica de enriquecimento por intervenção consiste na intromissão ilícita do direito de propriedade, que reserva ao titular o uso,

[930] MENEZES LEITÃO, Luís Manuel Teles de. *O enriquecimento sem causa no Direito Civil. Estudo dogmático sobre a viabilidade da configuração unitária do instituto, face à contraposição entre as diferentes categorias de enriquecimento sem causa*, p. 684.

[931] No passado, Wilburg afirmava que não são apenas os direitos absolutos que possuem conteúdo de destinação. As normas destinadas à tutela do patrimônio, como as normas de proteção previstas no parágrafo 823, II, do Código Civil, incluindo aquelas que vedam a concorrência desleal. Por sua vez, von Caemmerer entendia que somente os direitos absolutos teriam conteúdo de destinação, pois as normas que estabelecem padrões de comportamento não possuem a finalidade de atribuir o conteúdo da destinação. Já Mestmacker e Raiser entendem que nem todos os direitos absolutos possuem conteúdo de destinação, pois direitos sobre marcas, direitos da personalidade, direitos de empresa e direitos sobre marca seriam direitos de exclusão sem conteúdo de destinação (Menezes Leitão, Luís Manuel Teles de. *O enriquecimento sem causa no Direito Civil. Estudo dogmático sobre a viabilidade da configuração unitária do instituto, face à contraposição entre as diferentes categorias de enriquecimento sem causa*, p. 775). Atualmente, Menezes Leitão (*idem*, p. 684), Gerhard Dannemann (ob. cit., p. 92) e Xabier Basozabal Arrue (ob. cit., p. 129) apontam que a violação de direitos absolutos confere margem para o enriquecimento por intervenção. Arrue afirma especificamente que a posição doutrinária acerca da matéria está consolidada.

[932] ARRUE, Xabier Basozabal. ob. cit., p. 129.

gozo e a disposição do bem. Logo, eventuais intromissões indevidas de terceiros conferem margem para o enriquecimento por intervenção. O instituto também se aplica a direitos reais de menor alcance, bastando que a exploração se verifique no âmbito do conteúdo do direito reservado ao respectivo titular[933].

Na esfera jurisprudencial, o enriquecimento originado da intervenção sobre direitos é verificado em situações envolvendo (i) a construção de linha ferroviária em propriedade alheia sem permissão, ou fora da área autorizada; (ii) a utilização não autorizada de objeto para a realização de obras de construção; (iii) o uso indevido de terreno; e (iv) a utilização indevida de terreno para estacionamento de veículos e para a instalação de cartazes publicitários[934].

No tocante especificamente aos direitos imateriais, a aplicação do enriquecimento por intervenção na Alemanha ocorria tradicionalmente nas situações nas quais a atuação do interventor não era culposa. Nas demais situações, aplicava-se o regime da responsabilidade civil, com a utilização das seguintes alternativas para a definição da indenização: (i) lucros cessantes correspondentes ao lucro que seria originado pelo decurso normal dos fatos; (ii) contrapartida pela cessão regular dos direitos de utilização, considerando-se como dano o valor que seria recebido pela regular utilização do bem; e (iii) restituição dos ganhos obtidos por meio da utilização indevida do direito, presumindo-se a correspondência entre o dano sofrido e o benefício obtido pelo interventor[935].

A aplicação do enriquecimento por intervenção ocorreu inicialmente no âmbito dos direitos do autor. A inovação ocorreu porque a primeira lei alemã que regulou os direitos autorais tratava especificamente de enriquecimento por intervenção, de forma diversa daquilo verificado na esfera de outros direitos imateriais[936].

De acordo com Menezes Leitão, a jurisprudência alemã reconheceu a possibilidade de aplicação do enriquecimento sem causa nos direitos

[933] MENEZES LEITÃO, Luís Manuel Teles de. *O enriquecimento sem causa no Direito Civil. Estudo dogmático sobre a viabilidade da configuração unitária do instituto, face à contraposição entre as diferentes categorias de enriquecimento sem causa*, p. 684/685.

[934] *idem*, p. 686/688.

[935] *idem*, p. 694.

[936] *idem*, p. 699.

autorais já em decisão proferida em 4 de abril de 1917. Naquela ocasião, houve o julgamento de caso envolvendo a assunção da autoria e a comercialização, pelo réu, de modelo ornamental elaborado pela autora, determinando-se a restituição do benefício obtido em razão disso[937].

Já em decisão proferida em 9 de junho de 1928, julgou-se caso no qual o réu havia comercializado obra literária alheia, sem obter a respectiva autorização, e o tribunal aplicou o § 812 do Código Civil alemão. Em 12 de fevereiro de 1952, julgou-se caso no qual o réu estava autorizado a filmar peça de teatro da autora por prazo determinado, mas ultrapassou esse limite, tendo que restituir os valores relacionados ao período superveniente de filmagem[938].

A aplicação do enriquecimento sem causa na esfera dos direitos autorais resultou no abandono definitivo da trilogia dos critérios indenizatórios acima referidos. Desde o caso *Kunststoffhohlprofil II*, em 24 de novembro de 1981[939], a jurisprudência unificou o regime aplicável aos direitos imateriais, pouco importando a existência ou não de conduta culposa por parte do interventor. Ao invés dos três critérios inicialmente existentes, passou-se a propor concepção unitária fundada no enriquecimento sem causa, afirmando-se que a restituição deve corresponder, em qualquer caso, à remuneração adequada pela aquisição regular da licença de uso daquele direito[940].

Na esfera doutrinária, consolidou-se o entendimento quanto à possibilidade de aplicação do enriquecimento sem causa às situações envolvendo a utilização indevida dos direitos autorais. Na atualidade, é incontroverso que a existência de regime especial de responsabilidade civil não afasta a aplicação do enriquecimento por intervenção[941].

[937] *idem*, p. 700. Menezes Leitão ainda menciona decisão proferida em 8 de junho de 1895, mas afirma que o tribunal adotou a responsabilidade civil como fundamento da indenização.

[938] *idem, ibidem*.

[939] Caso do molde plástico. No caso *Kunstoffhohlprofil I*, definiu-se que o enriquecimento sem causa seria aplicável a violações do direito da propriedade industrial. Já no caso *Kunstoffhohlprofil II*, definiu-se não apenas a aplicação do enriquecimento sem causa, como também que a remuneração devida seria equivalente ao valor da cessão regular do direito.

[940] MENEZES LEITÃO, Luís Manuel Teles de. *O enriquecimento sem causa no Direito Civil. Estudo dogmático sobre a viabilidade da configuração unitária do instituto, face à contraposição entre as diferentes categorias de enriquecimento sem causa*, p. 696.

[941] *idem*, p. 700.

No direito português, a questão não é tão clara. O Código do Direito do Autor não possui qualquer norma que estabeleça a aplicação do regime do enriquecimento sem causa nas intromissões indevidas sobre direitos autorais, prevendo apenas a aplicação da disciplina da responsabilidade civil. Diante disso, seria possível admitir a aplicação do enriquecimento por intervenção caso (i) a indenização fosse insuficiente para afastar os benefícios auferidos pelo interventor; ou (ii) não houvesse ato ilícito, pois nesses casos o regime da responsabilidade civil não se aplica[942].

De forma correta, Menezes Leitão entende que "não há qualquer razão para afastar liminarmente a aplicação do enriquecimento sem causa em caso de intervenção em direitos do autor"[943]. A questão consiste em definir o objeto da restituição quando se verifica a intervenção sobre direitos do autor[944], evitando-se que os valores restituídos se sobreponham às demais consequências originadas da prática de ato. O enriquecimento por intervenção deve ser aplicado somente quando os demais institutos se revelarem inócuos para retirar do interventor o benefício originado da intervenção.

Já em relação à propriedade industrial, durante muito tempo a jurisprudência alemã recusou a aplicação do enriquecimento sem causa, afirmando que o §812 do Código Civil não se aplicaria ao caso[945]. Afirmava-se que, ao contrário daquilo verificado na esfera dos direitos da personalidade e autorais, a violação aos direitos da propriedade industrial deveria ser sancionada exclusivamente com base na responsabilidade civil, concedendo-se ao titular indenização com base em um dos três critérios acima descritos. Caso não houvesse culpa do lesante, não haveria eventual indenização e muito menos restituição[946].

942 *idem*, p. 701.

943 *idem, ibidem.*

944 *idem, ibidem.*

945 *idem*, p. 703. Em sentido oposto, Peter Meier-Beck menciona decisão do Tribunal de apelação comercial imperial de 1874, que estabeleceria a restituição dos lucros obtidos pelo contrafator e corresponderia a relevante precedente sobre a matéria (*Les dommages-intérêts pour contrefaçon de brevet en droit allemand. Principes fondamentaux, évaluation et mise en œuvre.* In: Revue mensuelle du JurisClasseur – Propriété Industrielle, novembro/2014, p. 13).

946 MENEZES LEITÃO, Luís Manuel Teles de. *O enriquecimento sem causa no Direito Civil. Estudo dogmático sobre a viabilidade da configuração unitária do instituto, face à contraposição entre as diferentes categorias de enriquecimento sem causa*, p. 703.

Rejeitava-se a aplicação do §812 do Código Civil no âmbito da propriedade industrial, sob a premissa de que a incidência do regime do enriquecimento sem causa resultaria em obrigação de restituição não apenas do lucro, mas também de tudo aquilo originado da violação do direito. Esse grau de responsabilidade seria exagerado em situação na qual inexistisse eventual culpa por parte do infrator, e ainda desconsideraria o capital investido por ele nas atividades que resultaram em lucro[947].

A doutrina alemã majoritária jamais compartilhou esse entendimento, defendendo o enriquecimento sem causa para a violação não culposa sobre direitos de propriedade industrial. A posição da doutrina culminou na alteração do posicionamento jurisprudencial em 1977, no caso *Kunststoffhohlprofil I*, no qual o Tribunal Federal de Justiça reconheceu a possibilidade de utilização do enriquecimento sem causa em caso de violação não culposa de modelos ou patentes industriais, sem se posicionar, todavia, sobre a extensão do enriquecimento. Já na decisão proferida no caso *Kunststoffhohlprofil II*, já mencionada acima, a corte rejeitou a possibilidade ampla de restituição, que incluiria a integralidade dos ganhos obtidos a partir da intervenção, posicionando-se somente pelo pagamento da contraprestação devida pela utilização regular do direito[948].

No direito suíço, afirma-se que a aplicação do regime da responsabilidade civil não afasta a potencial aplicação do enriquecimento sem causa. O fundamento para a restituição não recai no artigo 62 do Código de Obrigações, que regula o enriquecimento sem causa, mas sim no artigo 423, que disciplina a gestão de negócios[949].

Já no direito português, a aplicação do enriquecimento sem causa na propriedade industrial não possui tratamento relevante na doutrina. Pereira Coelho admite a aplicação do enriquecimento por intervenção, afirmando que o objeto da restituição consiste no preço normalmente devido pela utilização do modelo ou da patente[950].

[947] *idem, ibidem.*

[948] *idem*, p. 705.

[949] *idem*, p. 706. Confira-se também CHAPPUIS, Christine. *La restitution des profits illégitimes: le rôle privilégié de la gestion d'affaires sans mandat en droit privé suisse*. Bâle: Helbing & Lichtenhahn, 1991, p. 29 e ss.

[950] ob. cit., p. 59.

Por outro lado, houve dúvidas sobre a possibilidade de aplicação do regime do enriquecimento sem causa nos casos específicos de utilização indevida de marcas alheias, em virtude da controvérsia sobre a natureza jurídica da proteção concedida ao titular desse direito. Na Alemanha, afirmou-se inicialmente que a existência de regime jurídico específico afastaria o enriquecimento sem causa. A marca não seria bem objeto de proteção jurídica em si, mas mero signo indicativo que identifica um produto e sua procedência empresarial.

Com base nesse fundamento, rejeitou-se pedido de restituição pelo uso indevido da marca, que havia sido formulado a partir do regime da gestão de negócios imprópria. Afirmou-se que a marca não consistia em negócio alheio, por não ser propriamente um negócio independente, mas mero instrumento para a realização da atividade empresarial. Admitia-se somente que o titular da marca impedisse sua utilização por terceiros, mas não que o uso indevido conferisse margem para restituição[951].

Essa posição foi paulatinamente alterada. Xabier Basozabal Arrue menciona que o Tribunal Federal de Justiça alemão acolheu, inicialmente, pedido com fundamento na gestão indevida de negócios, depois concedeu indenização com base na responsabilidade civil, até finalmente reconhecer a restituição com base no enriquecimento por intervenção[952]. Menezes Leitão, por sua vez, afirma que a jurisprudência germânica admitia que a indenização deveria ser definida a partir de um dos três modelos existentes para a violação de direitos imateriais mencionados acima, passando a aceitar – ainda que implicitamente – a possibilidade de aplicação do enriquecimento sem causa no caso Meebmee – Tee II, do ano de 1966[953].

Após o julgamento do segundo caso do molde plástico (*Kunststoffhohlprofil II*), que reconheceu a aplicação do enriquecimento por intervenção em situações de intervenção não culposa sobre direitos de patente e modelos industriais, e definiu que a restituição consistiria no valor pela cessão regular do direito, seria natural esperar que a jurisprudência utilizasse

[951] ARRUE, Xabier Basozabal. ob. cit., p. 154.

[952] *idem*, p. 154/155.

[953] *O enriquecimento sem causa no Direito Civil. Estudo dogmático sobre a viabilidade da configuração unitária do instituto, face à contraposição entre as diferentes categorias de enriquecimento sem causa*, p. 709.

o mesmo raciocínio em situações envolvendo a violação de marcas. Esse reconhecimento ocorreu em 1986 no caso *Chanel nº* 5, no qual o Tribunal Federal de Justiça admitiu a aplicação do enriquecimento sem causa, definindo que a restituição deve corresponder ao valor devido pela utilização regular do direito[954].

Existe clássica controvérsia sobre esse ponto na doutrina alemã. De um lado, a teoria da ilicitude afirma que o enriquecimento por intervenção também deve ser aplicado nos casos envolvendo a violação da marca alheia, em razão da intervenção ilícita ocorrida sobre posição juridicamente protegida.

De outro, a teoria do conteúdo da destinação possui posicionamentos diversos. Parte da doutrina pressupõe a existência de bem jurídico com conteúdo de destinação no âmbito das marcas, que permitiria a aplicação do enriquecimento por intervenção. Outra parte dos estudiosos rejeita a existência de conteúdo de destinação nesses casos, afirmando que marcas representam mero direito de exclusão sem destinação. Dentro desse contexto, as leis de proteção das marcas resguardariam apenas a proteção dos sinais distintivos, mas não a proteção dos rendimentos delas originados[955].

A doutrina dominante afirma que, de forma semelhante às patentes, as marcas se aproximam bastante dos direitos de propriedade, pois sua titularidade confere competência de exploração econômica, com a exclusão de outros sujeitos. A proteção ao direito de marca reside não apenas em eventual ganho concorrencial ou na definição de posição de mercado, mas nas faculdades de utilização e produção de rendimento. É natural, portanto, que o titular do direito de marca possa requerer a restituição daquele que utilizou o direito irregularmente[956].

Em se tratando dos direitos da personalidade, a jurisprudência alemã chegou a aplicar o enriquecimento sem causa – ainda que de forma implícita – antes mesmo da promulgação do Código Civil de 1900. A primeira decisão nesse sentido ocorreu no caso *Bismarckfall*, de 28 de dezembro de 1899, que envolvia a obtenção de fotografias do cadáver do chanceler Otto von Bismarck. No entanto, a fundamentação não é clara em reconhecer a

954 *idem*, p. 710.

955 *idem*, p. 711.

956 *idem*, p. 712.

aplicação do enriquecimento por intervenção, pois a situação é compreendida como simples violação do direito de propriedade[957].

No âmbito legislativo, houve relevante reconhecimento do conteúdo patrimonial dos direitos da personalidade na Lei Orgânica 1/1982, de 5 de maio, que estabelece a proteção civil ao direito à honra, à intimidade pessoal e familiar e à própria imagem. Com isso, aceitou-se que os direitos da personalidade consistem em objetos sobre os quais os respectivos titulares possuem exclusividade sobre a exploração, conferindo-se fundamento para a aplicação do enriquecimento sem causa em caso de intervenção indevida de terceiro[958].

A tendência na atualidade consiste justamente na aplicação do enriquecimento sem causa nas situações nas quais o direito possa ser comercializado de forma lícita, incluindo-se não apenas o direito de imagem, como também o direito ao nome e alguns direitos de confidencialidade[959].

A proteção aos direitos da personalidade também encontra os limites gerais que afastam algumas atividades da exploração monopolista do conteúdo da destinação, em situações envolvendo a liberdade de atuação dos indivíduos, ou a inexistência de mercados lícitos para a comercialização dos direitos.

A utilização da imagem ou dos dados da vida privada de determinado sujeito com fins comerciais caracteriza o enriquecimento por intervenção. Todavia, inexiste fundamento para a restituição caso a veiculação da imagem ou dos dados da vida do indivíduo ocorra no exercício da liberdade de imprensa ou expressão. Por sua vez, a eventual intervenção sobre o direito à honra não confere margem para enriquecimento, à luz da impossibilidade de comercialização lícita, cabendo à parte recorrer a outras vias jurídicas para sua proteção[960].

[957] MENEZES LEITÃO, Luís Manuel Teles de. *O enriquecimento sem causa no Direito Civil. Estudo dogmático sobre a viabilidade da configuração unitária do instituto, face à contraposição entre as diferentes categorias de enriquecimento sem causa*, p. 716.

[958] ARRUE, Xabier Basozabal. ob. cit., p. 171.

[959] DANNEMANN, Gerhard. ob. cit., p. 96. Menezes Leitão também aponta a possibilidade de comercialização como um atributo importante para a aplicação do enriquecimento sem causa no âmbito dos direitos da personalidade (*O enriquecimento sem causa no Direito Civil. Estudo dogmático sobre a viabilidade da configuração unitária do instituto, face à contraposição entre as diferentes categorias de enriquecimento sem causa*, p. 720).

[960] ARRUE, Xabier Basozabal. ob. cit., p. 171.

Carlos Vendrell Cervantes analisa a questão sob perspectiva um pouco diversa, embora alcance basicamente essa mesma conclusão. O autor entende que nem todas as posições jurídicas dotadas de conteúdo de destinação conferem ao titular ação fundada no enriquecimento sem causa. Assim, a privacidade não confere margem para restituição, caso tenha sido explorada com base na liberdade de expressão ou informação. Todavia, a noção de disponibilidade seria inadequada para explicar os direitos da personalidade, pois o titular poderia autorizar a prática de condutas que, por exemplo, afetassem sua honra. Logo, o critério fundamental para o reconhecimento do enriquecimento por intervenção não seria a possibilidade de cessão lícita do direito, mas a "existência de um mercado usual e razoável que funcione como meio de determinação e valoração da vantagem patrimonial adquirida pelo interventor não autorizado"[961].

Muito embora a identificação de "mercado usual e razoável" reflita critério adequado para definir o conteúdo de destinação, a oposição de Cervantes ao critério de disponibilidade do direito não possui fundamento. Eventual aquiescência do titular quanto à prática de atos que afetem sua honra não torna o direito disponível. Na realidade, existem duas possibilidades nessa situação: ou bem (i) existe amparo legal para a atuação do terceiro, e a conduta não ingressa na esfera do direito reservada ao titular; ou bem (ii) o titular simplesmente aceita a conduta praticada, não adotando as medidas cabíveis para resguardar seu direito. Em ambas as hipóteses, não é possível afirmar que o direito à honra é disponível.

4.1.2.3. Hipóteses de não reconhecimento do conteúdo de destinação

Como contraponto às situações nas quais se reconhece o conteúdo da destinação, existem hipóteses nas quais a violação do direito não confere margem para a caracterização do enriquecimento por intervenção. São situações nas quais o ordenamento não reserva ao titular o monopólio da exploração do direito, por reconhecer a relevância de outros interesses envolvidos no caso.

Neste ponto, merecem particular destaque à proteção da livre concorrência. No âmbito da teoria da antijuridicidade, é natural reconhecer que a violação desses direitos confere fundamento para o enriquecimento sem causa, à luz da prática de conduta ilícita pelo beneficiado. Já para a teoria

[961] CERVANTES, Carles Vendrell. ob. cit., p. 1.157/1.158 (trad. livre do espanhol).

do conteúdo da destinação, o elemento relevante consiste em verificar se, por meio da intervenção ilícita, o interventor se apropriou de direito ou posição jurídica reservada ao titular[962].

Dentro desse cenário, não se reconhece o conteúdo de destinação nas normas de comportamento que obrigam igualmente todos os concorrentes. A ausência de exclusividade quanto à exploração de direito para algum ou alguns deles afasta a caracterização de eventual usurpação ou intromissão. A mera possibilidade de se exigir a omissão quanto à prática de determinada conduta não confere a determinado sujeito o monopólio da exploração do direito. É o que se verifica, por exemplo, nas situações envolvendo a publicidade enganosa, nas quais inexiste eventual direito a restituição, pois a proteção legal se volta particularmente aos interesses dos consumidores, e não tanto aos interesses dos demais empresários envolvidos naquele segmento de mercado[963].

Nos casos envolvendo cartéis, por exemplo, é natural que os agentes responsáveis pela prática ilícita (i) sofram eventual punição na esfera administrativa, a partir do exercício do poder de polícia sancionador por parte do ente estatal com atribuição legal para regulação da concorrência; e (ii) tenham que pagar eventual indenização aos consumidores, pelo valor adicional pago pelo bem cujo preço sofreu aumento artificial[964].

[962] ARRUE, Xabier Basozabal. ob. cit., p. 157/158.

[963] *idem*, p. 160.

[964] Bruno de Oliveira Maggi aponta que as seguintes modalidades de dano poderiam surgir a partir da prática do cartel: (i) danos emergentes, relativos às "efetivas perdas decorrentes de cada dano-evento", correspondendo ao "valor pago a mais pelo comprador cujo preço foi aumentado em razão das decisões do cartel; (ii) lucros cessantes, que teria como exemplo "a diferença de preço do produto sob a influência do cartel e o preço menor que poderia custar em ambiente concorrencial"; e (iii) dano moral, pois "a diminuição da concorrência desincentiva os agentes a investirem na melhoria de atendimento e qualidade de seus produtos" (*O cartel e seus efeitos no âmbito da responsabilidade civil.* Dissertação de Mestrado apresentada na Faculdade de Direito da Universidade de São Paulo, 2010, p. 149/150/155). Por sua vez, Daniel Costa Caselta afirma que, "no caso do cartel, o dano patrimonial (ou material) decorre do chamado *sobrepreço* (...) e consiste no preço mais elevado pago pelo adquirente dos produtos ou serviços em decorrência do aumento artificial dos preços causados pelo cartel", que a categoria dos lucros cessantes pode se caracterizar nas situações nas quais o empresário é obrigado a aumentar seu preço, em razão dos insumos mais caros decorrentes do cartel, e verifica a queda nas vendas, e que danos morais podem eventualmente ocorrer, por exemplo, caso a perda de insumos em razão da prática de cartel impeça a empresa de atender seus clientes,

Em contrapartida, inexiste fundamento para se impor aos integrantes do cartel a restituição dos benefícios auferidos pela prática ilícita. As normas que vedam a cartelização não resguardam os interesses de sujeitos específicos, mas sim de toda a coletividade que se beneficia de ambiente de mercado no qual prevalece a livre concorrência. Justamente por isso, as normas que vedam o cartel não conferem aos empresários não integrantes da prática os benefícios dela originados. Seria equivocado afirmar que os proveitos originados da prática ilícita estariam destinados pelo ordenamento aos demais concorrentes do segmento de mercado no qual houve a cartelização.

Por mais que, como regra, o enriquecimento por intervenção não se aplique na esfera concorrencial, é possível identificar situações específicas nas quais essa aplicação pode ocorrer. São hipóteses pontuais nas quais as normas da concorrência atribuem direitos absolutos a determinados sujeitos, conferindo-lhes o respectivo conteúdo da destinação.

As hipóteses normalmente aceitas pela doutrina e pela jurisprudência incluem a utilização de segredos industriais alheios, a pirataria de projetos, e algumas situações de violação de pacto de não concorrência ou de confidencialidade. São situações qualificadas pela doutrina como "concorrência por exploração", nas quais é possível identificar o titular do direito resguardado pela norma, bem como definir que o conteúdo desse direito resguarda o monopólio de sua exploração para aquele sujeito específico[965].

Existem alguns critérios apontados pela doutrina para definir os direitos cuja violação confere margem para o enriquecimento por intervenção: (i) a possibilidade de exploração exclusiva da posição concorrencial usurpada; (ii) a finalidade da norma concorrencial de beneficiar exclusivamente um dos competidores, outorgando-lhe poder de disposição sobre o objeto protegido[966]; e (iii) a possibilidade de se exigir remuneração como contrapartida pela posição afetada pela concorrência desleal[967].

sofrendo prejuízos em sua reputação (*Responsabilidade civil por danos decorrentes da prática de cartel.* Dissertação de Mestrado apresentada na Faculdade de Direito da Universidade de São Paulo, 2015, p. 115/131/140).

[965] ARRUE, Xabier Basozabal. ob. cit., p. 163.

[966] *idem*, p. 162.

[967] MENEZES LEITÃO, Luís Manuel Teles de. *O enriquecimento sem causa no Direito Civil. Estudo dogmático sobre a viabilidade da configuração unitária do instituto, face à contraposição entre as diferentes categorias de enriquecimento sem causa*, p. 733/734.

No ordenamento espanhol, essas ideias estão refletidas no artigo 32.1.6 da Lei nº 3/1991, de 10 de janeiro, que regula a concorrência desleal. A norma estabelece a possibilidade de recurso ao enriquecimento sem causa, em situações envolvendo atos de concorrência desleal, somente caso se verifique "lesão de uma posição jurídica amparada por direito de exclusividade ou outra de análogo conteúdo econômico"[968].

A ideia fundamental dos critérios apontados pela doutrina e da norma espanhola consiste na identificação de posição monopolística conferida pelo direito a determinado sujeito. Se existe esse reconhecimento, é porque a norma busca proteger os interesses desse indivíduo. Por conseguinte, a violação do direito confere margem para se exigir a necessária contraprestação por parte do interventor.

A análise da casuística é bastante ilustrativa sobre a aplicação do enriquecimento por intervenção no âmbito da concorrência desleal. Em caso que se tornou notório na Espanha, a revista *Elle* celebrou com Elsa Pataky, conhecida modelo e atriz, contrato por meio do qual a contratada realizaria ensaio fotográfico na Riviera Maia, no México. Durante a realização do ensaio, *paparazzo* não autorizado tirou fotografias clandestinas da atriz, vendendo-as para a revista *Interviú*, que as publicou antes da edição da *Elle* que apresentaria as fotografias contratadas.

A revista *Elle* ingressou com ação, requerendo o reconhecimento da prática de concorrência desleal, a cessação da comercialização das revistas e a restituição dos valores obtidos pela revista *Interviú* com a venda dos exemplares com as fotografias irregulares. A Audiência Provincial de Barcelona acolheu o pedido, determinando a restituição de todo o valor

[968] 32.1 "Contra os atos de concorrência desleal, incluída a publicidade ilícita, é possível exercer as seguintes ações:

(...)

6.ª Ação de enriquecimento injusto, que somente procederá quando a conduta desleal lesionar uma posição jurídica amparada por um direito de exclusividade ou outra de análogo conteúdo econômico". Trad. Livre do espanhol. O original é o seguinte:

32. 1. Contra los actos de competencia desleal, incluida la publicidad ilícita, podrán ejercitarse las siguientes acciones:

(...)

6.ª Acción de enriquecimiento injusto, que sólo procederá cuando la conducta desleal lesione una posición jurídica amparada por un derecho de exclusiva u otra de análogo contenido económico".

obtido em razão da concorrência desleal, por reconhecer a ilicitude da intervenção ocorrida em ensaio fotográfico alheio, bem como a apropriação indevida do resultado dos trabalhos realizados pela autora[969].

A principal crítica a essa decisão é que a cessão de imagem realizada por Elsa Pataky para a revista *Elle* se limitava às fotografias obtidas no ensaio. A publicação não possuía direitos amplos e irrestritos sobre a imagem da atriz, não podendo requerer a restituição dos proveitos originados de fotos obtidas por terceiro, ainda que irregularmente. Sob a perspectiva do conteúdo da destinação, as imagens cujos benefícios estavam reservados para a revista eram somente aquelas das fotos cedidas[970]. Caberia somente à atriz requerer a restituição pela utilização indevida de sua imagem, como resultado das fotografias obtidas clandestinamente[971].

4.1.3. Conclusão

A partir desses elementos, é possível concluir que nem toda violação de direito confere margem para o enriquecimento sem causa. Na tentativa de identificar as intervenções de direito inseridas no escopo do enriquecimento sem causa, duas teorias principais foram desenvolvidas pela doutrina: (i) a teoria da ilicitude, cujo enfoque recai fundamentalmente na conduta do sujeito contrária ao ordenamento; e (ii) a teoria do conteúdo de destinação ou atribuição, que busca identificar o direcionamento conferido pelo direito para os benefícios dele originados.

A teoria do conteúdo de destinação é aquela que melhor explica o fenômeno do enriquecimento por intervenção, e afirma que determinados direitos subjetivos absolutos conferem ao seu titular a exclusividade do uso e gozo da utilidade econômica do bem. O critério fundamental para delimitar o âmbito de incidência do conteúdo de destinação consiste no monopólio da exploração, ou seja, na identificação daqueles direitos que resguardam fundamentalmente os interesses do titular, reservando-lhes a exclusividade de sua exploração.

[969] CERVANTES, Carles Vendrell. ob. cit., p. 1.134/1.135.

[970] *idem*, p. 1.134/1.136.

[971] A ação ajuizada por Elsa Pataky contra a *Interviú* foi acolhida pelo Tribunal Supremo de Justiça, mas as menções ao enriquecimento sem causa são esparsas (Recurso nº 280/2010. Sala Civil. Relator: Juan Antonio Xiol Rios. Obtido em http://www.poderjudicial.es/search/openCDocument/f9caf3b37c843044a9f1f86dce7fdf5b4dcf8d5d5b42d1dc. Consulta realizada em 7.10.2019).

Existem limites específicos que restringem o monopólio de exploração, consistentes (i) na legalidade da disposição do direito, inexistindo enriquecimento sem causa por intervenção em direitos que não podem ser cedidos; e (ii) na livre iniciativa de terceiros, que podem intervir sobre direitos alheios em determinadas situações.

Dentre aqueles direitos que reservam o conteúdo de destinação ao titular incluem-se os direitos reais, os direitos de propriedade industrial e os direitos da personalidade. Em contrapartida, os direitos relacionados à proteção da livre concorrência normalmente não reservam ao titular o monopólio da exploração de eventuais benefícios porventura originados de sua utilização.

4.2. Objeto da restituição e a teoria do duplo limite

O objeto da restituição é matéria bastante controversa na esfera do enriquecimento sem causa[972]. A ausência de parâmetros legais claros e a diversidade de situações envolvendo o desequilíbrio contratual tornam bastante complexa a tarefa de definir exatamente o objeto ou o valor que deve ser restituído.

A questão se torna ainda mais intricada no âmbito específico do enriquecimento por intervenção. Como essa categoria não envolve deslocamento patrimonial entre o prejudicado e o enriquecido, mas apenas o incremento patrimonial decorrente da intromissão indevida sobre direitos alheios, é comum que o benefício obtido por um não corresponda à perda sofrida pela parte prejudicada, ou até mesmo que a perda patrimonial não exista.

É justamente por essa peculiaridade que o objeto da restituição será tratado especificamente no capítulo destinado às características do enriquecimento por intervenção. Embora as regras relativas à definição do objeto da restituição se apliquem de forma genérica ao enriquecimento

[972] Tratando do objeto da restituição, Júlio Manuel Vieira Gomes afirma que "parece pairar uma certa ambiguidade quanto às funções da restituição fundada no enriquecimento sem causa; essa ambiguidade é já patente na célebre afirmação de POMPONIUS segundo a qual é justo, de acordo com o direito natural, que uma pessoa não se enriqueça *cum alterius detrimento et iniura*: como PETER BIRKS fez notar, estas duas palavras representam vetores distintos que podem ou não sobrepor-se. Frequentemente existirá um genuíno empobrecimento (*detrimento*), mas pode ocorrer um enriquecimento à custa da violação de direitos alheios (*iniuria*) sem que se possa falar de um empobrecimento concomitante (ob. cit., p. 807/808).

sem causa, e existam peculiaridades relativas a outras modalidades desse instituto – como, por exemplo, na poupança de despesas –, o enfoque do capítulo recai no objeto da restituição do enriquecimento por intervenção, pois é nesse instituto em que surgem maiores controvérsias sobre a definição daquilo que deve ser restituído.

A regra fundamental da restituição consiste na devolução do próprio bem obtido sem justa causa[973]. Caso isso não se revele possível, ingressa-se na análise do benefício auferido pelo enriquecido e no dano sofrido pela parte lesado. A questão fundamental consiste em definir exatamente em que consistem o enriquecimento e o dano – ou, propriamente, o empobrecimento[974] – e em que medida esses dois conceitos influenciam a definição da extensão da restituição.

Parte substancial da doutrina defende a aplicação da chamada teoria do duplo limite para a definição do objeto da restituição. A teoria estabeleceria dois limites fundamentais para a restituição: de um lado, o enriquecimento da parte beneficiada e, de outro, o prejuízo da parte lesada. A extensão da obrigação de restituir deveria equivaler ao menor desses valores[975].

Na esfera do benefício, já se apontou que a mera análise patrimonial é insuficiente para caracterizar o enriquecimento. A matéria é muito mais complexa, envolvendo avaliação de natureza subjetiva, que parte do valor de mercado do bem, mas admite tanto ao prejudicado demonstrar que o objeto é mais valioso para o enriquecido, quanto a esse último desvalorizar subjetivamente o bem, a partir de sistema de presunções que passa por

[973] De acordo com Xabier Basozabal Arrue, as duas principais vertentes que tratam do objeto da restituição aceitam que a regra fundamental, no enriquecimento por intervenção, consiste na devolução *in natura* do bem utilizado (ob. cit., p. 194/195).

[974] De acordo com Antonio Albanese, o requisito do empobrecimento é relevante para evitar que o enriquecimento sem causa se torne mero instrumento de justiça distributiva (ob. cit., p. 310).

[975] Existe discussão semelhante no direito inglês. O chamado *subtractive enrichment* consiste em hipótese na qual o benefício patrimonial do enriquecido corresponde à perda do prejudicado. O *non-subtractive enrichment*, por sua vez, se traduz em situações nas quais o ganho é diverso da perda patrimonial. Gerhard Dannemann afirma que as situações de *subtractive enrichment* conferem margem para restituição, o que não ocorre necessariamente nas hipóteses de *non-subtractive enrichment* (*The German Law of Unjustified Enrichment and Restitution. A Comparative Introduction*. Nova York: Oxford University Press, 2009, p. 93).

determinados critérios. Nesse último caso, a compreensão do estado psicológico do enriquecido deve ser permeada por sistema de presunções que leva em consideração a necessidade jurídica e fática do deslocamento patrimonial, a aceitação tácita pelo enriquecido e a eventual conversão em dinheiro do objeto do enriquecimento.

Já no âmbito do empobrecimento, a caracterização e a quantificação do prejuízo sofrido pela parte prejudicada também envolvem controvérsia, que se mostra particularmente relevante no âmbito do enriquecimento por intervenção. As diferentes vertentes adotadas sobre a teoria do duplo limite analisam o empobrecimento sob diferentes perspectivas, destacando-se (i) a vertente meramente patrimonial, que compreende o prejuízo como simples redução na quantidade ou valor dos bens da parte prejudicada; (ii) a vertente que pode ser denominada como econômica ou real, voltada especificamente para situações de intervenção sobre bens e direitos alheios, e que qualifica o prejuízo como o valor devido pela utilização regular do bem ou do direito; e (iii) a vertente que defende que o objeto da restituição se relaciona aos benefícios conseguidos a partir da exploração dos bens ou direitos alheios.

4.2.1. A vertente patrimonial

A visão tradicional adota perspectiva puramente patrimonial, limitando o dever de restituir pelo aumento do patrimônio do enriquecido, de um lado, e pela diminuição patrimonial do prejudicado, de outro[976]. O prejuízo seria, portanto, equivalente ao dano[977] verificado na responsabilidade civil. Sob essa perspectiva, a teoria do duplo limite confere ao enriquecimento sem causa contornos estáticos e aritméticos, pois apenas analisa a situação patrimonial do enriquecido e do prejudicado antes e depois do enriquecimento, adotando como parâmetro a menor variação de patrimônio ocorrida no caso[978].

[976] ANTUNES VARELA, João de Matos. ob. cit., p. 515.

[977] Christine Chappuis afirma que a visão tradicional compreende da mesma forma o prejuízo e o dano (*La restitution des profits illégitimes: le rôle privilégié de la gestion d'affaires sans mandat en droit privé suisse.* Bâle: Helbing & Lichtenhahn, 1991, p. 103).

[978] Christine Chappuis menciona justamente a comparação entre a situação patrimonial real e aquela que ocorreria caso o dano não tivesse se verificado (ob. cit., p. 104).

Na Itália, o artigo 2.041 do Código Civil confere margem mais clara para a aplicação dessa visão tradicional da teoria do duplo limite. Diferentemente daquilo que ocorre em outras legislações, a norma italiana estabelece expressamente que aquele que enriquece deve indenizar a parte prejudicada, no limite do enriquecimento, pela "respectiva diminuição patrimonial"[979]. A menção expressa à perda de patrimônio indica possível tendência do legislador a se vincular à vertente estática do enriquecimento, definindo o objeto da restituição pela menor das diferenças entre o patrimônio anterior e àquele posterior do enriquecido e do prejudicado.

Essa perspectiva patrimonial do duplo limite é tradicionalmente aceita pela doutrina e pela jurisprudência italiana[980]. Dentre os autores mais recentes, Enrico Moscati adota essa visão na atualidade, afirmando que o enriquecimento não representa necessariamente o valor da restituição, mas somente seu limite máximo. O segundo limite para a restituição, por sua vez, consistiria justamente no dano sofrido pela parte prejudicada[981].

A justificativa para a adoção da concepção patrimonialista da teoria do duplo limite consistiria em sua compatibilidade com a lógica que seria subjacente ao enriquecimento sem causa. Parte da doutrina entende que o instituto do artigo 2.041 do Código Civil não se voltaria apenas para afastar o enriquecimento sem causa auferido pelo beneficiado, mas sim para remover o benefício obtido em prejuízo alheio[982].

A dupla limitação do enriquecimento – bem como a visão patrimonial da teoria – sequer seria novidade na legislação italiana, segundo Moscati,

[979] Art. 2.041. "Chi, senza una giusta causa, si è arricchito a danno di un'altra persona è tenuto, nei limiti dell'arricchimento, a indennizzare quest'ultima della correlativa diminuzione patrimoniale".

[980] Lelio Barbiera menciona diversos autores e precedentes jurisprudenciais que adotam a visão meramente patrimonial do prejuízo sofrido pela parte prejudicada (ob. cit., p. 315/316). Pietro Sirena também menciona que a tendência da doutrina italiana tradicional consiste em definir o objeto da restituição pelo menor dos valores entre o benefício auferido pelo enriquecido e o prejuízo sofrido pela parte prejudicada. (*L'azione generale di arricchimento senza causa*, In: Obligazioni. Il rapporto obbligatorio, LIPARI, Nicola; RESCIGNO, Pietro (coord), v. III, Milão: Giuffrè, 2009, p. 574).

[981] ob. cit., p. 319.

[982] *idem*, p. 320.

pois o artigo 705 do Código Civil de 1865 já conferia ao possuidor a possibilidade de indenização pelas benfeitorias realizadas no bem, limitando a reparação ao menor dos valores entre as despesas realizadas e o benefício proporcionado pelas melhorias ao proprietário[983].

O artigo 1.303 do Código Civil da França traz problema semelhante àquele que se verifica no artigo 2.041 do Código Civil italiano. O dispositivo francês estabelece que o enriquecimento é delimitado pelo menor dos valores entre o enriquecimento e o empobrecimento, indicando a adoção da teoria patrimonial[984].

Comentando o dispositivo legal, Gaël Chantepie e Mathias Latina[985], bem como Laura Zumaquero Gil[986], afirmam que a norma consagra a teoria do duplo limite. Ao estabelecer que o objeto da restituição é definido pela menor quantia, considerando o valor do enriquecimento do beneficiado e do empobrecimento do prejudicado, o dispositivo estabeleceria dois limites claros para a restituição, impedindo que o prejudicado receba mais do que perdeu e mais do que o beneficiado recebeu.

No âmbito do direito suíço, Christine Chappuis entende que a gestão de negócios, o enriquecimento sem causa e a responsabilidade civil possuem âmbito de incidência específico e delimitado. É necessário compreender o suporte fático de cada um deles, principalmente em relação à repercussão do ato na esfera jurídica do lesado, para definir o instituto aplicável e as consequências jurídicas cabíveis.

No tocante especificamente ao enriquecimento sem causa, Christine Chappuis analisa as diversas posições acerca do significado de empobrecimento. A autora afirma que nenhuma delas é suficientemente convincente

983 *idem, ibidem.*

984 ob. cit., p. 15.

985 CHANTEPIE, Gaël; LATINA, Mathias. *La réforme du droit des obligations. Commentaire théorique et pratique dans l'ordre du Code civil*, p. 646/647.

986 Artigo 1.306. "À parte dos casos de gestão de negócios e pagamento indevido, aqueles que se beneficiam do enriquecimento injustificado em detrimento de outrem devem, para aqueles que se sentem empobrecidos, uma compensação igual ao menor dos valores entre enriquecimento e empobrecimento. (trad. livre do francês. A redação original é a seguinte: Article 1.306. "En dehors des cas de gestion d'affaires et de paiement de l'indu, celui qui bénéficie d'un enrichissement injustifié au détriment d'autrui doit, à celui qui s'en trouve appauvri, une indemnité égale à la moindre des deux valeurs de l'enrichissement et de l'appauvrissement").

para afastar a teoria tradicional, que compreende o empobrecimento como simples diminuição patrimonial sofrida pelo indivíduo[987].

Afastar o empobrecimento como requisito para o enriquecimento sem causa, regulado pelo artigo 62, 1, do Código de Obrigações suíço, significaria estender de forma excessiva o âmbito de incidência desse dispositivo. Haveria, nesse caso, indevida invasão na esfera de aplicação do artigo 423, 1, do Código de Obrigações[988], que regula a gestão de negócios e estabelece que quando "a administração não for realizada no interesse do titular, o gestor não tem direito de se apropriar dos lucros resultantes".

O artigo 423, 1, do Código de Obrigações se volta especificamente para aquele que sabe – ou deveria saber – que interfere sobre o patrimônio alheio, e estabelece que os lucros obtidos por meio do patrimônio de terceiros sejam revertidos ao titular. Portanto, o dolo integra o suporte fático da norma. Por outro lado, o enriquecimento sem causa, nos termos regulados pelo artigo 62, 1, do Código de Obrigações não envolve a análise do elemento subjetivo do enriquecido[989].

Na opinião de Christine Chappuis, o requisito do empobrecimento – no sentido de diminuição de patrimônio – possuiria função relevante, na medida em que substitui a culpa ou dolo da parte na esfera do enriquecimento sem causa. Como o artigo 62 não faz qualquer referência ao estado subjetivo do sujeito beneficiado, é necessária a existência de outra razão particular para que a restituição seja imposta, que consistiria justamente na perda patrimonial do lesado[990].

987 A autora trata especificamente das seguintes teorias suscitadas pela doutrina (i) a inaplicabilidade do empobrecimento em situações envolvendo a poupança de despesas ou na intervenção sobre bens e direitos alheios; (ii) a interpretação gramatical do artigo 62 do Código de Obrigações da Suíça não estabeleceria a exigência de empobrecimento, limitando-se a exigir que o enriquecimento ocorra à custa do outrem; (iii) a interpretação teleológica do mesmo dispositivo também afastaria o requisito, sob pena de se permitir o enriquecimento daquele que interfere ilicitamente sobre bens ou direitos alheios; (iv) a interpretação sistemática do dispositivo indicaria que o empobrecimento não seria propriamente um limite da restituição, mas uma condição para a caracterização do enriquecimento sem causa; e (v) a análise histórica do enriquecimento sem causa afastaria a exigência do empobrecimento (ob. cit., p. 107/112).

988 Trad. livre do francês. O original é o seguinte: "Lorsque la gestion n'a pas été entreprise dans l'intérêt du maître, celui-ci n'en a pas moins le droit de s'approprier les profits qui en résultent".

989 *idem*, p. 114/115.

990 *idem*, p. 115.

Existem, portanto, dois regimes jurídicos distintos e independentes do direito suíço, de acordo com a posição defendida por Christine Chappuis. Em caso de dolo do interventor, seria aplicável a gestão de negócios imprópria (artigo 423, 1, do Código de Obrigações), com a restituição de todo o benefício decorrente da intervenção. Em contrapartida, a ausência do elemento doloso resultaria na incidência do regime do enriquecimento sem causa (artigo 62, 1, do Código de Obrigações), com a consequente limitação da restituição à redução do patrimônio do prejudicado.

4.2.2. A vertente econômica ou do valor de mercado

A segunda vertente da teoria do duplo limite aborda o empobrecimento não sob a perspectiva patrimonial, mas sob a ótica econômica. Mais do que a simples perda de patrimônio, essa vertente analisa o valor do bem ou direito indevidamente apropriado, ou seja, define a restituição pelo custo que deveria ser realizado pelo enriquecido caso pretendesse realizar o uso regular do bem ou do direito.

A vertente econômica – também conhecida como vertente objetiva[991] – afirma que a visão patrimonial deve ser vista com ressalvas, pois muitas vezes o enriquecido aufere benefício, sem que a parte prejudicada incorra em efetiva perda de patrimônio[992]. Alguns exemplos já tratados nos itens acima deixam isso claro: (i) o proprietário poderia não ter recebido aluguel pelo imóvel indevidamente ocupado pelo enriquecido; e (ii) o autor da peça de teatro cujos direitos autorais foram violados poderia não realizar a apresentação regular do espetáculo, ou não auferir rendimentos com isso[993].

Diante desse cenário, essa vertente do duplo limite compreende o empobrecimento sob a perspectiva econômica. Ao invés da análise de

[991] A expressão é adotada por Xabier Basozabal Arrue (ob. cit., p. 187 e ss.).

[992] Júlio Manuel Vieira Gomes faz referência a estudo realizado por Däubler que indica que, já no final do século XIX, os tribunais começaram a introduzir várias exceções ao princípio geral de que a indenização não poderia superar o dano sofrido pela parte. No âmbito da propriedade industrial e dos direitos autorais, entendeu-se que havia três alternativas viáveis: (i) dano poderia ser calculado pela perda patrimonial; ou (ii) o lesado poderia obter o lucro obtido pelo autor; ou ainda (iii) a parte prejudicada poderia requerer o pagamento devido pelo uso regular do bem ou do direito. Os julgados que aplicavam esses critérios utilizavam diversos fundamentos, tais como a gestão imprópria de negócios e os quase-contratos (ob. cit., p. 784/785).

[993] ANTUNES VARELA, João de Matos. ob. cit., p. 515.

eventual perda patrimonial, analisa-se o empobrecimento como lesão a interesse jurídico protegido[994]. Adota-se a linha do chamado *contrato fictício*, na qual se recria a eventual relação contratual que teria possibilitado a cessão regular do direito, definindo-se o objeto da restituição a partir do valor que determinado bem ou direito teria, caso fosse utilizado regularmente pelo enriquecido.

De acordo com Pereira Coelho, a teoria do duplo limite deve ser aplicada em razão do artigo 479 do Código Civil lusitano, que estabelece que a obrigação de restituir compreende "tudo quando se tenha obtido à custa do empobrecido". A expressão "à custa" do prejudicado possuiria dupla função, servindo não apenas para estabelecer nexo causal entre o enriquecimento e o dano, mas também para restringir a restituição ao prejuízo porventura sofrido pelo prejudicado[995].

O autor acrescenta que a visão tradicional do duplo limite – que concebe o prejuízo como mera diferença patrimonial[996] – deve ser rejeitada, pois (i) é insuficiente para lidar com o enriquecimento por intervenção, no qual o titular do direito possui prejuízo inferior ao lucro do interventor; e (ii) é incompatível com o propósito do enriquecimento sem causa, que consiste na remoção do enriquecimento, e não na reparação do prejuízo[997], sendo o dano elemento necessário apenas para estabelecer eventual conexão entre os patrimônios do enriquecido e do prejudicado[998].

A teoria também é criticada por conferir ao enriquecimento sem causa função indenizatória, colocando o instituto em área tradicionalmente ocupada pela responsabilidade civil extracontratual. Essa concepção tornaria

[994] Lelio Barbiera não trata especificamente da teoria do duplo limite, mas afirma que o prejuízo deve ser analisado como reflexo econômico do dano patrimonial, ou ainda como lesão a interesse humano protegido juridicamente (ob. cit., p. 316).

[995] ob. cit., p. 8.

[996] *idem*, p. 49.

[997] Verifica-se, nesse ponto, clara a interessante divergência entre a concepção adotada por Pereira Coelho e aquela seguida por Enrico Moscati sobre o propósito determinante do enriquecimento sem causa. Enquanto o primeiro entende que a finalidade do instituto é apenas a remoção do benefício, o último afirma que o enriquecimento sem causa se volta somente para afastar o benefício recebido em prejuízo alheio.

[998] Nas palavras do autor, a visão tradicional da teoria do duplo limite adota concebe "o enriquecimento e o dano em sentido 'patrimonial', como diferenças no patrimônio, e pretende-se que o montante da obrigação de restituir corresponda *à menor das duas diferenças*" (*idem*, p. 51/52).

o enriquecimento sem causa uma versão qualificada da responsabilidade civil, na qual a existência de benefício por parte do enriquecido/autor do dano dispensaria a exigência de dolo ou culpa, conferindo margem para o surgimento de nova modalidade responsabilidade objetiva[999].

Para compreender o conteúdo e o alcance do duplo limite, é essencial definir o significado da expressão "à custa" do lesado, presente em praticamente todos os textos legislativos. Pereira Coelho entende que o propósito do trecho normativo não consiste necessariamente na identificação de eventual dano sofrido pela parte prejudicada. O escopo seria somente definir que "o enriquecimento será obtido 'à custa' do prejudicado quando lhe 'pertencia' ou estava 'reservado' para ele, em face do 'conteúdo de destinação do direito ou bem jurídico violado"[1000].

Consequência natural disso é que, na esfera do enriquecimento por intervenção, o benefício não decorre necessariamente da perda "do patrimônio do titular do direito, mas é obtido à custa da sua esfera jurídica absolutamente protegida". Deve-se interpretar o direito, e analisar a situação concreta, para se verificar se determinado uso havia sido legalmente reservado para seu respectivo titular[1001].

Logo, "o enriquecimento de A é feito 'à custa' de B quando se apresenta como realização do valor econômico que, segundo o teor de destinação do direito de B, lhe 'pertencia' ou estava 'reservado' para ele"; assim, o valor econômico do bem a que a intervenção se refere – o valor do uso, o valor dos bens consumidos ou alienados – constitui um dos limites da obrigação de restituir, pois, para além desse valor, já não pode dizer-se que o enriquecimento tenha sido obtido 'à custa' do empobrecido"[1002]. O prejuízo não deve ser compreendido como simples diminuição patrimonial, mas

999 ARRUE, Xabier Basozabal. *Enriquecimiento Injustificado por Intromision en Derecho Ajeno*. Madri: Civitas, 1998, p. 100/101.

1000 ob. cit., p. 52/53.

1001 *idem*, p. 54.

1002 *idem*, p. 57. O autor acrescenta que o pagamento do preço pelo uso regular do direito é consiste em solução "razoável do ponto de vista do interventor. O autor afirma, nesse sentido, que "ele [interventor] estava de boa-fé, ignorando que eram alheios os bens sobre que a intervenção recaiu. Sendo assim, parece bem que faça seu o lucro obtido, que é o prêmio da sua iniciativa, a justa compensação das atividades que desenvolveu em ordem à obtenção do lucro, para a qual, de resto, pode até ter contribuído inserindo no seu respectivo processo produtivo os seus próprios bens. Mas também é justo que o interventor *pague* ao titular do direito os

sim como o valor devido pela utilização regular do bem ou direito, ou seja, pelo preço que seria cobrado pelo titular e que deixou de ingressar em seu patrimônio.

Esse raciocínio indica nítida diferença entre a concepção tradicional da teoria do duplo limite, de teor patrimonial, e a vertente econômica da teoria. Deixa-se de lado a mera diferença entre o patrimônio anterior e aquele posterior ao enriquecimento, passando-se a utilizar como limite aquilo que o autor chama de dano real, ou seja, o valor devido pela utilização do bem ou direito alheio. Já no âmbito do enriquecimento obtido pelo beneficiado, o limite permanece sendo o valor patrimonial do benefício auferido[1003].

Em contrapartida, os eventuais benefícios originados a partir da atuação do enriquecido sobre o patrimônio do prejudicado não integram a restituição. Esses valores não estariam reservados ao titular do direito, podendo ser mantidos pelo enriquecido. Logo, deve-se restituir o valor devido pelo uso regular do bem, mas não os valores obtidos como resultado da utilização irregular realizada pelo enriquecido.

Como exemplos dessa vertente do duplo limite, pode-se mencionar (i) a subtração de areia do prédio vizinho, devendo o valor da restituição corresponder ao preço de mercado do objeto desviado, e não ao valor de sua eventual revenda; (ii) a utilização de carvão de terceiro em processo fabril, cuja restituição se restringe ao valor do objeto, e não a eventual parcela proporcional do preço dos bens originados pela produção industrial; e (iii) a violação de direitos autorais, cabendo ao enriquecido restituir apenas o montante necessário para a utilização regular dos direitos, e não os valores obtidos com a comercialização da obra[1004].

A perspectiva econômica do enriquecimento possui posições favoráveis também na Itália, a despeito do teor do artigo 2.041 do Código Civil italiano. Pietro Trimarchi[1005] e Pietro Sirena[1006] se incluem entre os

bens alheios que utilizou, restituindo-lhe o valor objetivo de uso ou dos bens consumidos ou alienados" (ob. cit., p. 84/85).

1003 *idem, ibidem.*

1004 *idem*, p. 58/59.

1005 TRIMARCHI, Pietro. *L'arricchimento senza causa*. Milão: Giuffrè, 1962, p. 55.

1006 Pietro Sirena afirma que a tendência da doutrina italiana tradicional consiste em definir o objeto da restituição pelo menor dos valores entre o benefício auferido pelo enriquecido e o prejuízo sofrido pela parte prejudicada. No entanto, o autor entende que a restituição deve ser

autores que defendem essa linha doutrinária, estabelecendo como limite da restituição o valor devido pelo uso regular do bem ou direito[1007].

A posição de Trimarchi é particularmente interessante. O autor adota como premissa a existência de eventual dicotomia entre a propriedade do direito e a atividade desempenhada pelo interventor, sendo necessário definir a qual desses elementos o lucro originado da atividade se vincula. A ideia do jurista italiano é que existe princípio geral no ordenamento que confere o lucro ao agente que adotou a iniciativa, ainda que esse tenha utilizado coisas não próprias, e que a pretensão do proprietário das coisas utilizadas de boa-fé não podem se estender ao lucro líquido originado da utilização[1008].

Na estrutura das relações econômicas da sociedade, considera-se que a parte do enriquecimento que supera os custos – ou seja, o preço de mercado pelo uso dos bens, os juros, o aluguel e o valor devido por licenças – consiste na remuneração pela iniciativa. Se essa é a remuneração devida ao proprietário que coloca voluntariamente o bem à disposição para uso de terceiros, inexiste razão para permitir ao proprietário que permaneceu inerte o pagamento do lucro decorrente da utilização irregular por terceiros de boa-fé. Caberia a esse sujeito somente a remuneração devida pela cessão voluntária do direito[1009].

O direito positivo confirmaria essa tese, principalmente à luz do artigo 1.148 do Código Civil italiano, que atribui ao possuidor de boa-fé os frutos originados do bem, assim como do artigo 1.150, que trata das benfeitorias realizadas na coisa, e estabelece que o possuidor de boa-fé deve ser indenizado de forma proporcional ao resultado gerado pelas benfeitorias no aumento do valor do imóvel[1010]. As normas consagrariam verdadeiro

definida a partir do valor de mercado da utilidade indevidamente utilizada pelo sujeito beneficiado (*L'azione generale di arricchimento senza causa*, In: Obligazioni. Il rapporto obbligatorio, LIPARI, Nicola; RESCIGNO, Pietro (coord), p. 675).

1007 Paolo Gallo não deixa clara sua posição, mas parece refutar a visão patrimonial, ao afirmar que o pressuposto essencial do enriquecimento sem causa não é propriamente o dano, mas a existência de aumento patrimonial obtido a partir da violação de direito alheio (*Il Codice Civile. Commentario. Arricchimento senza causa*, p. 56).

1008 TRIMARCHI, Pietro. *L'arricchimento senza causa*. Milão: Giuffrè, 1962, p. 63.

1009 *idem*, p. 55.

1010 *idem*, p. 56.

princípio relativo ao direito do interventor de boa-fé sobre o lucro líquido originado pela utilização indevida do bem ou do direito.

Pietro Trimarchi reconhece que existem normas que conferem ao proprietário eventuais benefícios originados da intervenção indevida de terceiros, mencionando especificamente (i) os artigos 936 e 937 do Código Civil, que tratam de benfeitorias realizadas por terceiro não possuidor, atribuindo o respectivo resultado ao proprietário, que deve indenizar o terceiro[1011]; (ii) o artigo 940 do Código Civil, que regula a especificação de coisa alheia, e atribui o bem originado da especificação ao proprietário, caso o valor da matéria supere consideravelmente aquele da mão-de-obra[1012].

Em ambos os casos, as normas regulariam situações específicas e excepcionais, incidindo exclusivamente nas hipóteses nas quais se verificasse a má-fé do interventor. Caso prevaleça a boa-fé do terceiro, que porventura ignore a verdadeira situação jurídica do bem, aplica-se ao caso o princípio geral do artigo 1.150 do Código Civil, que concede ao interventor o lucro líquido originado de sua atuação sobre o bem alheio[1013].

A teoria pode ser ilustrada em exemplo envolvendo terreno utilizado para a agricultura, no qual a produção é baixa. O proprietário decide conferir nova finalidade ao imóvel, realizando a construção de um hotel no local, e contrata empreiteiro para realizar o trabalho. Em circunstâncias normais, o sobrevalor entre o custo da obra e o ganho adquirido pelo imóvel em razão da nova finalidade deve ser destinado ao proprietário.

Suponha-se, então, que o contrato celebrado entre o proprietário e o empreiteiro seja nulo. É injusto, apenas por essa razão, conferir ao empreiteiro o sobrevalor originado do seu trabalho pois, caso o contrato fosse válido, a pretensão do fornecedor se limitaria ao preço e aos custos, e o valor a ele devido não pode superar esse montante. O sobrevalor deve ser direcionado ao proprietário, pois foi ele o responsável por organizar os fatores de produção que originaram o benefício[1014].

Diante desse cenário, Trimarchi entende que existe princípio geral no ordenamento que confere o lucro ao autor da iniciativa, ainda que esse

[1011] *idem*, p. 57 e 61.

[1012] *idem*, p. 61.

[1013] *idem*, p. 57.

[1014] *idem*, p. 58.

tenha utilizado coisas não próprias ou prestações não devidas a outrem, e que a pretensão do proprietário das coisas utilizadas de boa-fé não podem se estender ao lucro líquido originado da sua utilização[1015].

De forma semelhante, Antonio Albanese entende que a noção de dano prevista no artigo 2.041 não pode ser identificada como perda de patrimônio. O autor afirma que o dano do enriquecimento sem causa é diverso daquele da responsabilidade civil extracontratual (artigo 2.043 do Código Civil). Essa conclusão decorre dos seguintes fundamentos: o artigo 2.042, que trata da subsidiariedade, menciona especificamente o "prejuízo" sofrido pela parte prejudicada; (ii) deve-se observar a mesma linha adotada no Código Civil alemão, que utiliza "à custa de", ao invés de "em detrimento", como inicialmente previsto nas fontes romanas, ou do vocábulo "jactura", normalmente adotado no direito comum[1016].

A adoção do dano no dispositivo legal não possui como consequência a limitação da restituição ao menor valor entre o enriquecimento do beneficiado e o empobrecimento da parte prejudicada. Na realidade, o dispositivo somente estabelece que a restituição deve ocorrer no limite do enriquecimento, ou seja, o valor devido ao prejudicado não pode superar o enriquecimento do beneficiado[1017].

O autor acrescenta que a interpretação tradicional do artigo 2.041 seria fundada em "vício lógico", pois pressupõe que, como o escopo do enriquecimento sem causa seria proporcionar o retorno das partes ao estado anterior ao desequilíbrio contratual, permitir que o prejudicado receba valor superior ao prejuízo sofrido significaria conferir-lhe vantagem indevida, substituindo um enriquecimento sem causa por outro. Esse raciocínio se mostra equivocado, pois (i) confere importância reduzida ao caráter abusivo do enriquecimento que – se não for ilícito – é ao menos injusto; e (ii) sobrepõe a função reparatória típica da responsabilidade civil ao escopo restitutório do enriquecimento sem causa[1018].

Sob a perspectiva econômica do duplo limite, inexiste diferença entre os parâmetros de definição do enriquecimento e do empobrecimento. Se todo o raciocínio adota como premissa a vinculação do prejuízo ao

[1015] *idem*, p. 63.

[1016] ob. cit., p. 311.

[1017] *idem*, p. 388/389.

[1018] *idem*, p. 390.

valor que deveria ser destinado, ou seria reservado, ao titular, é natural que o valor do enriquecimento também seja vinculado a esse montante, devendo equivaler àquilo que o beneficiado auferiu por deixar de realizar despesa que decorreria do uso regular do direito.

Na jurisprudência, existem diversos precedentes que vinculam o objeto da restituição ao valor devido pelo uso regular do bem ou do direito. Na Alemanha, houve o conhecido caso *Paul Dahlke*, julgado na década de 1950, no qual a imagem do autor da ação foi utilizada indevidamente em campanha publicitária. O tribunal definiu o valor da condenação com base na contraprestação que seria normalmente devida caso a contratação tivesse sido regularmente realizada.

Decisão semelhante foi proferida no caso *Kunststoffhohlprofil II*, em 1977, no qual o tribunal rejeitou a possibilidade ampla de restituição, que incluiria a integralidade dos ganhos obtidos a partir da intervenção. Definiu-se que a restituição deveria se limitar à contraprestação devida pela utilização regular do direito[1019]. No caso *Chanel nº 5*, em 1986, a corte admitiu a incidência do regime do enriquecimento sem causa ao caso, definindo que a restituição deveria corresponder ao valor devido pela utilização regular do direito[1020].

Em Portugal, o Supremo Tribunal de Justiça português analisou a matéria em situação envolvendo a utilização indevida da marca *Colombo* em empreendimento imobiliário incorporado em Lisboa. Ao definir o objeto da restituição, a decisão de primeiro grau havia adotado o percentual de 2,5% das vendas das unidades imobiliárias, com base nos parâmetros normalmente utilizados para a definição de *royalties* pela utilização de marcas alheias, que seria de aproximadamente 3,0% do faturamento[1021].

A corte suprema concordou que o objeto da destituição deveria ser definido pelo valor do uso regular da marca, mas afirmou que a prova produzida em primeiro grau era insuficiente para demonstrar o valor do enriquecimento, determinando a liquidação de sentença para se determinar a restituição. A perícia deveria levar em consideração o "valor do

[1019] MENEZES LEITÃO, Luís Manuel Teles de. *O enriquecimento sem causa no Direito Civil. Estudo dogmático sobre a viabilidade da configuração unitária do instituto, face à contraposição entre as diferentes categorias de enriquecimento sem causa*, p. 705.

[1020] *idem*, p. 710.

[1021] Supremo Tribunal de Justiça. Processo nº 04B4601. Relator: Custódio Montes, j. 24.2.2005.

uso da denominação 'Colombo'", com base no "preço que normalmente [as rés] pagariam pela utilização do referido sinal distintivo", devendo-se considerar, em contrapartida, que "o sucesso do empreendimento das RR. também se deveu à "excelente relação preço/qualidade e à circunstância de o mesmo ter sido noticiado na imprensa".

De forma semelhante àquilo que se infere da obra de Antunes Varela, Menezes Leitão também entende que o conceito de empobrecimento possui diversos significados, não podendo ser compreendido unitariamente para todas as categorias de enriquecimento sem causa. A lógica da teoria do duplo limite não consiste em determinar a natureza do prejuízo sofrido pela parte prejudicada, mas em qualificar o nexo causal existente entre o enriquecimento e o patrimônio do lesado em cada hipótese de enriquecimento[1022].

O argumento utilizado para se conferir plurissignificação à noção de prejuízo consiste no §818 do Código Civil alemão, que estabelece que o "dever de restituir inclui (...) tudo aquilo que o enriquecido adquire em razão de direito adquirido, ou como compensação pela destruição, dano ou privação do objeto obtido"[1023]. A norma indica que a noção de prejuízo varia de acordo com a modalidade de enriquecimento sem causa. A causa do enriquecimento serve tanto como pressuposto para a caracterização do instituto, quanto para a definição do objeto da restituição[1024].

Nos casos relacionados ao enriquecimento obtido por meio de relações obrigacionais mal sucedidas, a restituição consiste no próprio objeto da prestação. Em contrapartida, nas situações envolvendo o pagamento de

[1022] *O enriquecimento sem causa no Direito Civil. Estudo dogmático sobre a viabilidade da configuração unitária do instituto, face à contraposição entre as diferentes categorias de enriquecimento sem causa*, p. 874. Christine Chappuis menciona que essa mesma posição é adotada por Holenstein, que entende que a questão relevante consiste em definir se o enriquecimento foi obtido à custa de outrem (ob. cit., p. 106).

[1023] Trad. livre do inglês. O texto em inglês é o seguinte: "The duty to make restitution extends to emoluments taken as well as to whatever the recipient acquires by reason of a right acquired or in compensation for destruction, damage or deprivation of the object obtained" (obtido em https://www.gesetze-im-internet.de/englisch_bgb/englisch_bgb.html#p3473. Consulta realizada em 21.6.2019).

[1024] MENEZES LEITÃO, Luís Manuel Teles de. *O enriquecimento sem causa no Direito Civil. Estudo dogmático sobre a viabilidade da configuração unitária do instituto, face à contraposição entre as diferentes categorias de enriquecimento sem causa*, p. 874.

dívida alheia, aquilo obtido à custa de outrem consiste no enriquecimento proporcionado pela extinção da obrigação, em razão do adimplemento realizado pelo prejudicado[1025]. Por sua vez, nas prestações de fato, a restituição consiste no valor do serviço prestado[1026].

Já nas situações envolvendo a intervenção sobre bens ou direitos alheios, existe controvérsia doutrinária acerca do prejuízo sofrido pelo prejudicado. De um lado, a posição majoritária segue a linha acima exposta, que vincula a restituição à poupança das despesas que seriam normalmente realizadas pelo uso regular do objeto. Compreende-se, portanto, que os rendimentos originados pela exploração irregular do bem ou do direito pertencem ao interventor, inexistindo fundamento para a restituição desses valores[1027].

De outro, afirma-se que a intervenção indevida é a causa dos ganhos obtidos pelo interventor. Por conseguinte, a restituição inclui os resultados obtidos pelo enriquecido a partir da utilização sem causa do bem ou direito alheio, discutindo-se a possibilidade (i) de divisão do enriquecimento, de acordo com a participação das partes na obtenção do benefício; ou (ii) de subtração dos valores que seriam obtidos pelo interventor, caso a intervenção não tivesse ocorrido[1028].

De acordo com Menezes Leitão, a posição correta é aquela que estabelece a restituição somente do valor de mercado devido pela utilização regular do bem ou do direito. Trata-se de consequência do artigo 479, nº 1, do Código Civil português, cujo teor estabelece que a restituição "compreende tudo quanto se tenha obtido à custa do empobrecido ou, se a restituição em espécie não for possível, o valor correspondente". A conclusão decorre da interpretação conferida pelo autor à expressão "à custa", que consta em diversas legislações, pois somente o bem ou direito é obtido do respectivo titular, e não os rendimentos ou proveitos dele provenientes[1029].

A eventual devolução dos rendimentos obtidos pelo uso da coisa é consequência de eventual gestão de negócios imprópria ou de posse de

1025 *idem, ibidem.*

1026 *idem*, p. 879.

1027 *idem*, 880.

1028 *idem, ibidem.*

1029 *idem*, p. 881.

má-fé, não decorrendo do regime jurídico aplicável ao enriquecimento sem causa. Em contrapartida, no enriquecimento por intervenção, a restituição se limita aos valores devidos pela utilização regular do bem. Aquilo originado da atuação do interventor lhe pertence, pois não foi obtido à custa do patrimônio da parte lesada[1030].

A situação se modifica em relação à poupança de despesas. De forma semelhante àquilo aplicável ao enriquecimento por intervenção, o autor português adota como premissa o §818 do Código Civil alemão, cujo teor estabelece que o "dever de restituir inclui (...) tudo aquilo que o enriquecido adquire em razão de direito adquirido, ou como compensação pela destruição, dano ou privação do objeto obtido".

A partir desse cenário, caso se realizem eventuais melhorias em determinado bem, a restituição não se limita ao valor das benfeitorias, incluindo também "todo o *commodum ex re*, o qual abrange os frutos da coisa ou outras vantagens obtidas com ela, e os sub-rogados da coisa ou do direito, como aquilo que se adquiriu por virtude do direito obtido ou como indenização ou compensação pela perda, destruição ou deterioração da coisa. Já não haverá, porém, obrigação de restituir o sub-rogados negociais da coisa (como o preço obtido pela sua venda), uma vez que, no enriquecimento sem causa, a lei não exige a restituição do *commodum ex negotiatione*, determinando antes a restituição do valor correspondente"[1031].

A partir desses elementos, verifica-se que a doutrina objetiva ou do valor de mercado se preocupa com aquilo obtido pelo enriquecido, desconsiderando as consequências posteriormente originadas desse ato de atribuição no patrimônio da parte favorecida. A relevância recai no valor do objeto obtido, e não no incremento patrimonial originado como decorrência de sua utilização pelo interventor.

4.2.3. A vertente do resultado da intervenção e o grau de contribuição

Sem prejuízo da contribuição de Pereira Coelho, a vertente econômica do duplo limite – que vincula o dano ao valor pela utilização regular do bem ou direito – enfrentou resistência na doutrina portuguesa. Muitos estudiosos lusitanos adotaram uma terceira e mais flexível concepção

[1030] *idem, ibidem.*

[1031] *idem*, p. 883.

da teoria do duplo limite, que proporciona maior extensão ao objeto da restituição.

Sob essa perspectiva, o limite do dano deve compreender "todos os proventos conseguidos a expensas do titular da coisa, mediante o uso, a fruição e consumo indevidos dela, e que poderão não coincidir com o seu valor objetivo, admitindo apenas que o enriquecido deduza do lucro de intervenção a parte que corresponda ao emprego de fatores que lhe pertençam"[1032]. Realiza-se, em suma, uma divisão proporcional do benefício originado da intervenção, de acordo com a participação que o trabalho do interventor e o direito do titular tiveram no resultado obtido.

A concepção mais ampla da teoria do duplo limite – também conhecida como subjetiva[1033] – também adota como pressuposto a análise da expressão "à custa" do lesado. Todavia, de forma diferente daquilo que ocorre tanto na vertente patrimonial quanto na visão econômica, essa terceira perspectiva analisa a expressão a partir das peculiaridades envolvidas em cada modalidade do enriquecimento sem causa, revelando-se particularmente relevante nas situações nas quais o direito violado é inserido em processo produtivo, cujo resultado é originado como consequência de vários fatores, e não apenas do objeto da intervenção.

Ao defender a adoção dessa perspectiva mais ampla do duplo limite, Antunes Varela suscita o artigo 479 do Código Civil português, cujo teor estabelece que a "obrigação de restituir fundada no enriquecimento sem causa compreende tudo quando se tenha obtido à custa do empobrecido ou, se a restituição em espécie não for possível, o valor correspondente". Partindo do teor do dispositivo, o autor diferencia o objeto da restituição nas situações de enriquecimento decorrente da intervenção sobre bens ou direitos alheios e nas hipóteses envolvendo a poupança de despesas[1034].

Nos casos de intromissão, caso se vinculasse a restituição ao valor objetivo de uso do bem, haveria permissão legislativa tácita para que a parte compelisse a outra a contratar. Pois, mesmo diante da ausência de consentimento do proprietário do bem – ou mesmo de sua discordância

1032 MENEZES LEITÃO, Luís Manuel Teles de. *O enriquecimento sem causa no Direito Civil. Estudo dogmático sobre a viabilidade da configuração unitária do instituto, face à contraposição entre as diferentes categorias de enriquecimento sem causa*, p. 872.

1033 A expressão é de Xabier Basozabal Arrue (ob. cit., p. 191 e ss.).

1034 ANTUNES VARELA, João de Matos. ob. cit., p. 515.

expressa quanto à contratação –, a pior consequência que poderia ser aplicada ao enriquecido consistiria no pagamento do valor devido pela utilização regular do bem. Nas palavras de Antunes Varela, "a solução repugna, principalmente quando o autor da intromissão tenha agido com *dolo* ou *má-fé*"[1035].

De forma semelhante àquilo que se verifica nas demais concepções do duplo limite, a vertente mais ampla da teoria também recorre à lógica subjacente ao enriquecimento sem causa, utilizando-a para defender a maior extensão à restituição. A linha doutrinária se contrapõe principalmente à visão patrimonialista do duplo limite, ao afirmar que, diferentemente daquilo que se verifica na responsabilidade civil, o enriquecimento sem causa não se volta à reparação dos prejuízos sofridos pela parte lesada, mas sim à remoção do enriquecimento obtido sem justa causa.

A premissa se aproxima bastante daquela adotada pela visão econômica do duplo limite. Todavia, e à luz também da concepção adotada sobre a expressão "à custa", a linha mais ampla da teoria compreende que, no caso do enriquecimento por intervenção, a remoção do benefício patrimonial auferido sem justa causa não se limita à restituição do valor devido pela utilização regular do bem ou o direito. Na realidade, todos os benefícios originados pela exploração irregular do bem ou do direito foram obtidos à custa do patrimônio do titular.

Por conseguinte, Antunes Varela conclui que, "nos casos de intromissão de coisa alheia, a restituição terá por objeto tudo aquilo que foi obtido à custa do titular da coisa, mediante o uso, a fruição ou o consumo indevido dela". Caso se verifique que o benefício decorreu não apenas da utilização da coisa, mas também de fatores vinculados ao interventor – como seu trabalho e iniciativa do interventor –, deve-se realizar o abatimento da quantia proporcional, pois "só a diferença se pode, rigorosamente, considerar como alcançada à custa do titular da coisa"[1036].

1035 *idem, ibidem.* De forma semelhante, Júlio Manuel Vieira Gomes, ao tratar da questão, afirma que "a decisão sobre a utilização ou não de um bem cabe, em primeira linha ao seu proprietário; é certo que a inércia deste pode acarretar uma improdutividade socialmente indesejável – no entanto, o modo mais adequado para reagir face a situações extremas de abuso do direito de propriedade consiste, a nosso ver, na expropriação dos referidos bens pelos poderes públicos (...)" (ob. cit., p. 800/801).

1036 ANTUNES VARELA, João de Matos. ob. cit., p. 515.

No direito alemão, a linha doutrinária que defende a vinculação do enriquecimento ao resultado da intervenção entende que essa interpretação corresponde à aplicação adequada do §818, III, do Código Civil[1037], cujo teor estabelece que o dever de restituir é afastado na medida em que o recipiente não mais enriqueceu. Ao contrário daquilo defendido pela vertente do valor de mercado, a norma não se volta ao objeto integrado ao patrimônio do enriquecido, mas às consequências verificadas em sua esfera patrimonial em razão da intervenção sobre direito alheio[1038].

Essa posição resguarda o enriquecido, impedindo que sua situação patrimonial se torne pior do que aquela existente antes da intervenção sobre o direito alheio. Na situação na qual a intervenção indevida sobre o patrimônio alheio não resulta em benefício, ou origina incremento patrimonial inferior ao preço pela cessão regular do direito, a vinculação da restituição ao resultado evita que o sujeito beneficiado tenha que restituir montante superior ao efetivo enriquecimento, impedindo a ocorrência de perda patrimonial para esse indivíduo[1039].

Nas situações envolvendo a poupança de despesas relacionadas a benfeitorias, o duplo limite adquire contornos patrimoniais, ao menos na esfera do empobrecimento. Caso o custo realizado para a realização de benfeitorias seja superior à valorização proporcionada ao imóvel, a restituição ficará restrita ao aumento do valor do bem, ou seja, ao efetivo aumento patrimonial obtido pelo enriquecido[1040].

Por outro lado, se o custo para a realização das benfeitorias for inferior à valorização do imóvel, a restituição corresponderá somente aos gastos realizados pela parte lesada. Nas palavras de Antunes Varela, a "diferença entre o custo das benfeitorias e o valor que elas acrescentam à coisa possuída resultará, em regra, de fatores (localidade, natureza, qualidade da coisa, etc.) que pertencem mais ao proprietário do bem do que ao possuidor, segundo a correta ordenação jurídico-econômica dos bens"[1041].

1037 *idem, ibidem.*

1038 §818, III. "O dever de restituir é afastado na medida em que o recipiente não mais enriqueceu" (trad. livre do inglês. Obtido em https://www.gesetze-im-internet.de/englisch_bgb/englisch_bgb.html#p3473. Consulta realizada em 24.11.2019).

1039 ARRUE, Xabier Basozabal. ob. cit., p. 192.

1040 *idem*, p. 191.

1041 ANTUNES VARELA, João de Matos. ob. cit., p. 515.

Os diferentes tratamentos acima sugeridos decorrem, na realidade, de lógica bastante coerente. Os proventos vinculados diretamente à coisa – sejam originados de sua utilização irregular, sejam decorrentes da valorização pelas benfeitorias – pertencem ao respectivo titular[1042]. Em contrapartida, o valor da atuação do interventor ou das melhorias incorporadas ao bem não se relacionam propriamente ao objeto, integrando o patrimônio do terceiro responsável pela intervenção ou pelas benfeitorias.

Muito embora alcancem raciocínios bastante distintos, os raciocínios adotados por Antunes Varela e Menezes Leitão seguem lógica semelhante, e ambos são igualmente coerentes. Partindo da causalidade – ou seja, da expressão "à custa", prevista em tantas legislações –, ambos os autores buscam atribuir o benefício à sua respectiva causa.

A diferença é que, no enriquecimento por intervenção, Antunes Varela parece compreender que, como regra, os benefícios se originam do objeto, sendo a atuação do interventor excepcional. Já Menezes Leitão adota presunção oposta, vinculando eventuais proventos à atuação do interventor, pois presume que o bem ou direito possui valor intrínseco, que corresponde àquilo que seria pago no âmbito do mercado por sua utilização regular.

Na realização de benfeitorias, Antunes Varela compreende que as melhorias possuiriam valor estático, e que eventual valorização no bem principal deve ser vinculada ao potencial do próprio objeto, e não às modificações introduzidas pela parte prejudicada. Por sua vez, Menezes Leitão entende que a valorização é decorrência natural das benfeitorias – ou seja, da atuação do prejudicado –, e que o proprietário do bem apenas pode ser beneficiado em caso de eventual benefício originado de negócio jurídico, pois, nesse caso, verifica-se sua atuação para a obtenção do incremento patrimonial.

Ao menos na esfera do enriquecimento por intervenção, o entendimento de Antunes Varela também é seguido por Cláudio Michelon

1042 Essa também é a opinião de Rodolfo Sacco. O autor menciona posicionamento de parte da doutrina alemã, que afasta a restituição pela intervenção sobre direitos alheios nas hipóteses nas quais o titular não pudesse, por razões jurídicas ou fáticas, exercer o respectivo direito. O fundamento para essa opinião seria que o enriquecimento não ocorreu à custa do titular. Sacco afirma que, no direito italiano, essa solução não seria aplicável, pois a restituição deveria sempre ocorrer em caso de violação de direito alheio, sem prejuízo do elemento econômico relativo ao prejuízo do titular (ob. cit., p. 146).

Jr.. O autor brasileiro adota como pressuposto a doutrina da destinação econômica do bem, também mencionada por Pereira Coelho. No entanto, ao invés de afirmar que a parcela destinada ao titular do bem corresponderia apenas ao valor devido em caso de utilização regular, Michelon Jr. defende que a destinação deveria ser equivalente à participação do bem ou direito utilizado indevidamente no processo que proporcionou lucro para o interventor[1043].

Nas situações envolvendo o consumo de coisa alheia, e caso se verifique a boa-fé subjetiva do enriquecido, Michelon Jr. propõe critério diverso para a quantificação do enriquecimento. Muito embora reconheça que parte da doutrina impõe a devolução do valor de mercado do bem ou direito, o autor sugere a quantificação do enriquecimento a partir da poupança de despesas do enriquecido. Logo, se o beneficiado provar que pretendia consumir bens de valor inferior àqueles efetivamente consumidos, o valor da restituição deverá se limitar ao preço dos primeiros[1044].

A divisão proporcional do benefício também é adotada por Thiago Lins, que analisa o fenômeno do enriquecimento por intervenção especificamente na violação do direito à imagem. Nas palavras do autor, a definição do objeto da restituição passa necessariamente pelo critério do "enriquecimento patrimonial aferível no caso concreto, de acordo com o subcritério do grau de contribuição de ambas as partes para a produção do lucro"[1045]. É necessário, em suma, sopesar a participação do direito do titular e do trabalho do interventor na produção do benefício patrimonial verificado no caso concreto.

No mesmo sentido, Sérgio Savi aponta o grau de contribuição causal como critério adequado para definir o objeto da restituição. Nas palavras do autor, "trata-se, em suma, de perquirir – à semelhança do verificado na seara da responsabilidade civil por força da causalidade direta e indireta – o concreto grau de contribuição da conduta própria do interventor e do direito explorado na cadeia causal de produção do lucro da intervenção"[1046].

1043 ob. cit., p. 248.

1044 *idem, ibidem.*

1045 LINS, Thiago. O lucro da intervenção e o direito à imagem. Rio de Janeiro: Lumen Juris, 2016, p. 241.

1046 ob. cit., p. 328.

Na esfera jurisprudencial, existe relevante precedente das cortes francesas que indica o possível reconhecimento do grau de contribuição. No chamado *arrêt* Fragonard[1047], a Corte de Cassação analisou questão envolvendo a venda do quadro denominado *Le Verrou*[1048]. A obra havia sido adquirida pelo valor de 55.000 francos, sob a premissa de que seria da escola do pintor francês Jean-Honoré Fragonard, mas que não teria sido resultado do trabalho do artista. Após a realização de análise por especialista, verificou-se que a obra era autêntica, tendo sido produzida pelo próprio Fragonard. Como resultado disso, a pintura sofreu considerável valorização, sendo vendida ao Museu do Louvre por 5.150.000 francos.

A Corte de Apelação anulou a venda, à luz do erro da parte autora, e determinou que o comprador restituísse a quantia de 5.095.000 francos, por considerar inviável a restituição *in natura* da obra. A Corte de Cassação manteve a conclusão do tribunal inferior, mas cassou parcialmente o

[1047] Existem diversos julgados relativos a negócios jurídicos relativos ao referido quadro. Houve ao menos duas compras e vendas controversas envolvendo a obra. Em 1933, houve a venda, e o contrato mencionava que essa obra era "atribuída a Fragonard". Após a descoberta da autenticidade da obra, os herdeiros dos vendedores que celebraram esse negócio jurídico ingressaram com ação buscando a anulação, com fundamento no erro. Em julgado proferido em 24 de março de 1987, a Corte de Cassação manteve a decisão da Corte de Apelação de Paris, que havia negado o pedido, por compreender que a dúvida expressa quanto à autenticidade da obra indicava a assunção de risco de ambos os contratantes, inexistindo fundamento para o erro suscitado pelos vendedores. Esse primeiro *arrêt Fragonard* (também conhecido como *arrêt Fragonard* I) se tornou relevante precedente a respeito dos vícios dos negócios jurídicos (Corte de Cassação. 1ª Câmara Civil, Acórdão nº 85-15736, julgado em 24 de março de 1987). Já o julgado de 25 de maio de 1992 se refere à compra e venda da mesma obra de arte realizada em 1969. Naquela ocasião, os estudos realizados sobre a obra indicavam que a tela não havia sido elaborada por Fragonard, por não possuir as características inerentes ao trabalho do artista, sendo uma obra da "escola de Fragonard". Posteriormente, novos estudos apontaram que a tela era, de fato, resultado do trabalho do artista. Diante desse cenário, os tribunais franceses reconheceram o erro do vendedor, que havia vendido a obra acreditando que não seria de autoria do famoso pintor. Após essa primeira decisão, surgiu a controvérsia sobre a restituição devida ao comprador pelo trabalho realizado no reconhecimento da autenticidade (Corte de Cassação. 1ª Câmara Civil, Acórdão nº 90-18222, 90-18634, 90-18814, julgado em 25 de maio de 1992. Ver também LE HENAFF, Claire. *Les critères juridiques de l'œuvre a l'epreuve de l'art conceptuel*, trabalho apresentado junto à Faculdade de Direito da Universidade de Poitiers, 2005/2006, p. 23).

[1048] *Le Verrou* significa "O Cadeado". A pintura retrata a cena de um casal, na qual o homem aparentemente tenta trancar a porta dos aposentos onde eles se encontram.

julgado, por considerar que o tribunal recorrido não havia fundamentado a análise do pedido do comprador relativo à restituição dos valores inerentes ao trabalho realizado por ele, que teria resultado no reconhecimento da autenticidade da obra, e no substancial benefício originado pela sua posterior venda ao Museu do Louvre.

Após a cassação parcial, houve novo julgamento, que fixou em 1.500.000 francos a restituição[1049] devida ao comprador. O julgado foi mantido pela Corte de Cassação, que afirmou que o enriquecimento do vendedor havia decorrido do reconhecimento da autenticidade da tela. Embora a Corte de Apelação não tivesse considerado o tempo de trabalho e o valor dos meios materiais empregados pelo comprador para a quantificação da restituição, a Corte de Cassação concluiu que essa matéria se inseria na discricionariedade do tribunal inferior, mantendo o julgado recorrido.

O caráter sucinto do julgado da Corte de Cassação impede que se aponte o reconhecimento da teoria do grau de contribuição pela jurisprudência francesa. Todavia, o valor substancial da restituição definida pela Corte de Apelação e a ausência de referência ao valor do trabalho e dos materiais empregados pelo comprador, para o reconhecimento da autenticidade da obra, indicam que o tribunal possivelmente reconheceu, ainda que implicitamente, que esse sujeito – o interventor do direito de propriedade alheio – contribuiu para o resultado obtido, devendo ser remunerado de acordo com essa contribuição.

Também existe relevante precedente da jurisprudência brasileira reconhecendo o grau de contribuição das partes como critério para a definição do objeto da restituição. Por ocasião do julgamento do Recurso Especial nº 1.698.701[1050], que tratava da utilização indevida de imagem de conhecida atriz brasileira para fins comerciais, o Superior Tribunal de Justiça determinou a liquidação da sentença, "observados os seguintes critérios: a) apuração do *quantum debeatur* com base no denominado lucro patrimonial; b) delimitação do cálculo ao período no qual se verificou a indevida intervenção no direito de imagem da autora; c) aferição do grau de contribuição de cada uma das partes mediante abatimento dos valores correspondentes a outros fatores que contribuíram para a obtenção do lucro, tais como a experiência do interventor, suas qualidades pessoais e

[1049] O julgado utiliza o termo "indenização".

[1050] 3ª Turma. Relator: Ricardo Villas Bôas Cueva, j. 2.10.2018.

as despesas realizadas, e d) distribuição do lucro obtido com a intervenção proporcionalmente à contribuição de cada partícipe da relação jurídica".

4.2.4. Conclusão

A solução para o problema não é simples. As dificuldades inerentes ao assunto e as peculiaridades de cada legislação impedem a adoção de uma posição ampla, que poderia ser aplicada de forma indiscriminada a todos os regimes jurídicos.

Neste ponto, os intérpretes do direito italiano enfrentam uma dificuldade adicional, não encontrada nos demais ordenamentos. Por maiores que sejam os esforços interpretativos, é praticamente impossível vincular a limitação do artigo 2.041 do Código Civil – que restringe o objeto do enriquecimento à "respectiva diminuição patrimonial"[1051] do prejudicado – a qualquer outro parâmetro que não seja aquele da redução do patrimônio do sujeito.

Diante desse cenário, é absolutamente natural a preferência dos autores italianos pela adoção da teoria do duplo limite sob a vertente patrimonial. Trata-se, tão somente, de se respeitar o conteúdo – ainda que deficiente – do artigo 2.041 do Código Civil, ao invés de se utilizar artificial e equivocadamente eventual mecanismo interpretativo, apenas para se alcançar a solução desejada pelo intérprete.

Como o difícil obstáculo imposto pela norma italiana não se repete nas demais legislações, inexiste razão para que se afirmar, de forma ampla, que a teoria do duplo limite restringe o objeto da restituição à efetiva redução do patrimônio do prejudicado. Seja pela natureza do enriquecimento sem causa, seja por seu desenvolvimento histórico, não há fundamento para se afirmar que o instituto se vincula, de qualquer modo, ao prejuízo sofrido pela parte prejudicada.

De forma subjacente ao enriquecimento sem causa, reside fundamentalmente o princípio da conservação estática dos patrimônios. Toda a dinâmica do instituto se volta para definir como direcionar bens ou direitos, evitando-se que eles sejam destinados sem causa jurídica reconhecida como justa pelo ordenamento. Em contrapartida, o prejuízo

[1051] Art. 2.041. "Chi, senza una giusta causa, si è arricchito a danno di un'altra persona è tenuto, nei limiti dell'arricchimento, a indennizzare quest'ultima della correlativa diminuzione patrimoniale".

sofrido pela parte prejudicada não ingressa na estrutura conceitual do enriquecimento sem causa, não podendo ser utilizado como parâmetro do objeto da restituição.

Afirma-se que a vertente patrimonial da teoria do duplo limite se preocupa em evitar que a parte prejudicada receba restituição superior ao prejuízo sofrido, beneficiando-se à custa do enriquecido[1052]. Haveria, nesse caso, verdadeiro enriquecimento sem causa às avessas, o que não poderia ser admitido.

O receio se revela infundado, pois eventual benefício patrimonial do prejudicado que supere o prejuízo sofrido possui como justa causa o direito no qual se verificou a intervenção indevida. Se o titular do direito se beneficiou em razão da intervenção alheia, é porque seu direito proporcionou esse benefício. Sob a ótica da conservação estática dos patrimônios, eventual aumento patrimonial não é necessariamente injustificado, desde que se baseie em causa aceita pelo ordenamento jurídico.

Por conseguinte, a teoria do duplo limite não pode ser definida como instrumento para se delimitar a restituição a partir da redução do patrimônio da parte prejudicada. Na esfera do empobrecimento, a doutrina apenas pode ser compreendida como vínculo entre o enriquecimento e o direito da parte prejudicada. O enriquecimento sem causa não ocorre porque o enriquecido se beneficiou à custa do prejuízo do prejudicado, mas sim porque se beneficiou à custa do direito alheio.

Compreendendo-se o duplo limite como vínculo entre o enriquecimento e o direito violado, é necessário definir como avaliar a intromissão ilícita realizada pelo interventor. A doutrina preponderante entende que, justamente por envolver a relação entre o benefício e o direito violado, é natural que o objeto da restituição corresponda ao preço pela utilização regular do direito. Adota-se, no âmbito do enriquecimento por intervenção, dinâmica típica do enriquecimento por poupança de despesas, pressupondo-se que o benefício do enriquecido ocorreu em razão da ausência do pagamento devido à parte prejudicada. O resultado eventualmente originado da intervenção não se vincula ao direito, mas sim à conduta e à capacidade do interventor.

Essa linha doutrinária enfrenta potencial objeção, pois desconsidera que a atividade do interventor – por mais habilidosa que seja – normalmente

[1052] A afirmação é de Sérgio Savi (ob. cit., p. 161).

envolve a potencialização de características inerentes ao direito do titular, sendo praticamente impossível vincular o resultado obtido somente à iniciativa desse indivíduo. Sob essa perspectiva do preço de mercado, todo o valor decorrente da intervenção que superasse o pagamento ao titular decorreria da iniciativa do interventor. O direito não teria potencial de gerar acréscimo patrimonial além do valor devido pela sua utilização regular.

Diante desse cenário, surge potencial contraposição entre dois fatores potencialmente aptos a proporcionar o enriquecimento, quais sejam, o direito do titular e a iniciativa do interventor. Enquanto Pietro Trimarchi entende que existe princípio geral de direito que atribui o lucro líquido da intervenção ao autor da iniciativa[1053], Antunes Varela afirma – ao menos no âmbito da poupança de despesas – que esse benefício deve ser direcionado ao proprietário do bem[1054].

Conferir prioridade a qualquer desses parâmetros sobre o outro significa reconhecer a possibilidade de enriquecimento sem causa, seja do interventor, seja do titular do direito. Em alguma medida, tanto a iniciativa quanto o direito contribuíram para o resultado alcançado. Caso se vincule o enriquecimento exclusivamente à iniciativa, pagando-se ao titular somente o preço pelo uso do direito, permite-se o enriquecimento sem causa do interventor, pois – por mais relevante que tenha sido sua iniciativa –, é inegável que alguma parte do benefício decorre do potencial ínsito ao direito explorado.

A recíproca é verdadeira: a eventual destinação da integralidade do resultado ao titular do direito lhe proporciona enriquecimento sem causa, pois permite que ele se beneficie do trabalho realizado pelo interventor, sem que exista eventual causa justificadora da atribuição patrimonial.

Diante desse cenário, é simplesmente impossível estabelecer uma regra geral aplicável a todos os casos, que estabeleça a preponderância do bem ou da iniciativa em relação ao resultado originado da intervenção. Ambos os fatores são potencialmente relevantes para a obtenção do enriquecimento, e somente o contexto fático concreto poderá indicar em que medida cada um desses elementos contribuiu para o resultado verificado. É a partir da situação concreta que será possível definir o grau de

[1053] TRIMARCHI, Pietro. *L'arricchimento senza causa*. Milão: Giuffrè, 1962, p. 55.

[1054] *idem, ibidem*.

contribuição do direito e da iniciativa do interventor para a obtenção do benefício, que deverá ser dividido proporcionalmente entre o enriquecido e o titular do direito.

Para ilustrar esse ponto, é interessante retomar o exemplo de Pietro Trimarchi, acima exposto. O autor italiano trata da iniciativa do titular do direito em conferir utilidade mais profícua a determinado imóvel rural, transformando-o em hotel. A partir desse cenário, trata sobre a contratação de empreiteiro para a obra, e aponta a eventual injustiça de se conferir a esse profissional parcela dos lucros do negócio, caso o contrato entre as partes seja eventualmente anulado, com a consequente aplicação do regime do enriquecimento sem causa[1055].

Adotando-se o grau de contribuição como parâmetro para se definir o objeto da restituição, as atividades desempenhadas pelo empreiteiro serão apenas um dos inúmeros elementos que devem ser considerados como aptos a proporcionar o resultado obtido pelo hotel. É necessário incluir, ainda, não apenas a propriedade do titular do direito sobre o bem imóvel, como também a própria iniciativa desse sujeito, que organiza e gerencia toda a atividade empresarial, direcionando todos os elementos que integram o negócio para a obtenção do retorno financeiro. Verificado o grau de contribuição de cada um desses elementos no resultado, é possível que o valor devido ao empreiteiro seja próximo àquele que seria pago no âmbito do contrato anulado.

Por conseguinte, a melhor alternativa para a definição do objeto da restituição, no âmbito do enriquecimento por intervenção, consiste em definir em que medida o direito do titular e a iniciativa do interventor contribuíram para que o benefício fosse alcançado. Definida a contribuição de cada um desses elementos, deve-se dividir proporcionalmente o enriquecimento entre o enriquecido e o titular do direito.

Em contrapartida, remunerar o titular do direito apenas pelo preço devido pelo uso regular do direito significa tolerar o enriquecimento sem causa – ainda que parcial – do interventor. Por maior que tenha sido sua contribuição para o resultado atingido, é evidente que ao menos parcela dele decorreu da potencialidade que o direito já possuía para originá-lo, e que deve ser destinada ao respectivo titular.

[1055] *idem*, p. 58.

A adoção do grau de contribuição como parâmetro para definir a repartição do enriquecimento não afasta necessariamente o valor de mercado ou contrato fictício. Pela complexidade e sutileza das categorias do enriquecimento sem causa, é possível que o mesmo fenômeno seja caracterizado como modalidades diferentes do instituto, existindo a possibilidade do surgimento de desfechos diversos para o mesmo benefício patrimonial.

No tocante especificamente à intromissão aos direitos alheios, nada impede que o titular do direito pretenda obter a restituição com base no enriquecimento por intervenção ou, alternativamente, a partir da poupança de despesas. No primeiro caso, adota-se o grau de contribuição e a divisão do benefício de forma proporcional à participação de cada agente no resultado final obtido a partir da intervenção. Já na poupança de despesas, segue-se o valor de mercado, pois – em circunstâncias normais – o interventor remuneraria a utilização do bem a partir de parâmetros mercadológicos, sendo natural vincular seu proveito econômico à não realização do gasto desse montante.

Em última análise, a intervenção sobre direito confere ao titular alternativas interessantes. Pela ótica do enriquecimento por intervenção, afirma-se que o enriquecimento obtido decorreu – em alguma medida – do direito do titular, cabendo a esse último parcela do benefício proporcional à participação do direito no resultado verificado. Já sob a perspectiva da poupança de despesas, o titular apenas cobra o enriquecido pelo uso do direito, como se manifestasse consentimento tardio ao contrato fictício originado do incremento patrimonial sem causa.

A possibilidade de escolha pelo titular do direito se revela particularmente útil nas situações nas quais inexiste incremento patrimonial originado da intervenção inexiste ou quando o benefício obtido é inferior ao valor de mercado do uso do bem ou do direito. Nessa hipótese, o grau de contribuição tornaria o titular do direito verdadeiro sócio do interventor na empreitada mal sucedida, impondo-lhe o recebimento de valores pouco relevantes – ou até mesmo inexistentes –, apenas porque a intervenção indevida não proporcionou resultado significativo.

Como alternativa para evitar a assunção do risco do interventor, o titular do direito pode recorrer à poupança de despesas. Sob esse regime, o resultado da intervenção é irrelevante, importando tão somente que houve a utilização de bem ou direito sem o respectivo pagamento. Nesse caso, o parâmetro adequado para definir o enriquecimento consiste justamente no valor devido pela utilização do bem ou do direito, tal como se houvesse a cobrança de aluguel a partir de contrato fictício celebrado entre as partes.

A adoção da figura do contrato fictício serve apenas como recurso para ilustrar a relação jurídica originada da utilização indevida do direito alheio e as consequências aplicáveis ao caso. Em última análise, o contrato é mero instrumento de ficção, e a base da restituição permanece sendo o enriquecimento sem causa, sob a modalidade da poupança de despesas, inexistindo eventual fundamento contratual para o dever de restituir.

4.3. Outros elementos relativos ao objeto da restituição

4.3.1. A *compensatio lucri cum damno*

Para Antonio Albanese, a teoria do duplo limite deve ser aplicada levando em consideração não apenas a menor soma entre o enriquecimento e o empobrecimento, os eventuais benefícios auferidos pela parte prejudicada em razão do deslocamento patrimonial[1056]. Aplica-se, nesse caso, a *compensatio lucri cum damno*[1057], princípio tradicionalmente utilizado na esfera da responsabilidade civil, que estabelece a subtração dos benefícios ocasionalmente gerados pelo ato ilícito da indenização devida pelo prejuízo.

[1056] ob. cit., p. 305.

[1057] Essa modalidade de compensação não se confunde com aquela prevista no artigo 368 do Código Civil, por meio da qual se opera a extinção das obrigações. Nas palavras de Rafael Peteffi da Silva e Fernando Vieira Luiz, "Não se pode confundir, por certo, a compensação da vantagem havida (*compensatio lucri cum damno*) com a compensação de que trata o artigo 368 do Código Civil. Nessa, há relações jurídicas entre as partes que, por serem ao mesmo tempo credores e devedores uma da outra, justificam a compensação de valores, mantendo-se eventual remanescente. Trata-se, basicamente, da análise das relações jurídicas existentes entre as partes. Naquela, isso não ocorre. O que se observa, exclusivamente, é o patrimônio do lesado, ou seja, o grau de afetação de determinado evento lesivo frente à existência de dano e aos ganhos oriundos do mesmo fato. Não se trata de obrigações recíprocas que se anulam (ou se compensam), eis que, aqui, "não há duas ações distintas e diferenciadas, existe somente uma, a que se deve valorar adequadamente o dano efetivamente sofrido" (*A compensatio lucri cum damno: contornos essenciais do instituto e a necessidade de sua revisão nos casos de benefícios previdenciários*. In: Revista de Direito Civil Contemporâneo, v. 13/2017, outubro-dezembro/2017, p. 281/312).

A ideia seria semelhante na esfera do enriquecimento sem causa. Ao invés de adotar o menor valor entre enriquecimento e prejuízo – tal como definido pelo duplo limite –, o objeto da restituição deveria ser o resultado de subtração entre o aumento patrimonial auferido pelo enriquecido e eventuais benefícios originados ao prejudicado em razão do fato gerador do enriquecimento sem causa.

A aplicação do instituto no âmbito do enriquecimento sem causa – e, mais especificamente, no enriquecimento por intervenção – pode ser vislumbrado em situação de violação de direitos autorais, no qual o interventor publica livro do titular sem a necessária autorização. Sem prejuízo da intervenção indevida em direito alheio, a obra publicada tem enorme aceitação perante o público, a ponto de o respectivo autor se tornar pessoa notória, passando a auferir renda realizando palestras, seminários, publicidade, além de obter maior receita pelo aumento de renda de obras anteriormente publicadas. A questão é definir se – e em que medida – o objeto da restituição deve levar em consideração não apenas o benefício auferido pelo interventor à custa do titular, mas também o incremento patrimonial recebido por esse último como resultado da intervenção[1058].

A análise sobre o âmbito de incidência da *compensatio lucri cum damno* passa pela compreensão do instituto na responsabilidade civil extracontratual. Deve-se não apenas definir se, de fato, eventuais benefícios originados do fato ilícito devem ser compensados com o prejuízo, mas também os requisitos para que isso ocorra e a extensão dessa compensação.

Ao tratar da *compensatio lucri cum damno*, Antunes Varela afirma que "quando o fato determinante da responsabilidade, ao mesmo tempo que causa um dano, proporciona ao lesado a aquisição de uma vantagem, haverá que abater, em princípio, o valor desta ao montante do prejuízo, para se determinar o valor exato da indenização. Só assim se cumprirá o

[1058] Antonio Albanese menciona como exemplo da *compensatio lucri cum damno* situação envolvendo sócio que presta serviços para a própria sociedade, sem que a empresa realize o adimplemento da contraprestação. A definição do objeto da restituição deve levar em consideração não apenas o benefício auferido pela sociedade, mas também eventual incremento patrimonial obtido pelo sócio como reflexo do aumento patrimonial da empresa (ob. cit., p. 305). O exemplo se mostra inadequado, pois eventual enriquecimento do sócio corresponde ao aumento dos dividendos que lhe serão distribuídos. Trata-se, portanto, de enriquecimento com justa causa, decorrente do vínculo societário unindo sócio e empresa. É natural que, caso a sociedade arque com a restituição, esse valor tenha reflexo na distribuição do sócio.

preceituado no artigo 566º, que manda confrontar a situação patrimonial real do lesado com a situação em que ele se encontraria se não fosse o fato danoso, para apuramento do montante de indenização em dinheiro"[1059].

A *compensatio lucri cum damno* não corresponde simplesmente à aplicação da compensação, instituto do direito das obrigações, na esfera da responsabilidade aquiliana[1060]. Trata-se, na realidade, de mecanismo para a definição e quantificação do dano[1061]. Tanto é assim que, diferentemente daquilo que ocorre na modalidade de extinção das obrigações, a caracterização do instituto da *compensatio* depende de requisitos próprios, não envolvendo necessariamente a existência de créditos recíprocos entre credor e devedor.

Na Itália, a doutrina majoritária entende que a aplicação da *compensatio lucri cum damno* possui fundamento no artigo 1.223 do Código Civil italiano[1062]. A norma regula a indenização pelo inadimplemento contratual e estabelece que a reparação compreende tanto a perda sofrida pelo credor, quanto o ganho não auferido, desde que sejam consequências diretas e imediatas do descumprimento da obrigação[1063].

A visão dominante e tradicional da doutrina é mais restrita quanto à aplicação da *compensatio*, limitando sua incidência à satisfação dos seguintes requisitos: (i) dano e lucro deveriam possuir a mesma causa direta

[1059] ob. cit., p. 937.

[1060] De acordo com Paolo Gallo, a *compensatio lucri cum damno* consiste em ampliação do tradicional instituto da compensação, pois o benefício originado do ilícito normalmente não confere fundamento para pretensão restitutória por parte do causador do dano (*Compensatio lucri cum damno e benefici collaterali.* In: Rivista di Diritto Civile, n. 3, 2018, p. 861/862). No mesmo sentido, o Supremo Tribunal de Justiça de Portugal afirmou que "Tem como requisitos a unidade do dano e os prejuízos e a vantagem serem o resultado do mesmo evento, não representando um limite à indemnização, mas um critério do cálculo informador desta" (Processo nº 110/2000, 7ª Seção, Relator: Lopes do Rego).

[1061] ACHILLE, Davide. *Danno e vantaggio nel sistema della responsabilità civile: la c.d. compensatio lucri cum damno*". In: I Contratti, 6/2018, p. 720/721. A Corte de Cassação italiana também afirmou que a "*compensatio*

[1062] O teor original do dispositivo é o seguinte:
Art. 1223 "Risarcimento del danno
Il risarcimento del danno per l'inadempimento o per il ritardo deve comprendere così la perdita subita dal creditore come il mancato guadagno, in quanto ne siano conseguenza immediata e diretta (1382, 1479, 2056 e seguenti)".

[1063] SILVA, Rafael Peteffi da Silva; LUIZ, Fernando Vieira, ob. cit., p. 287.

e imediata; (ii) o evento que originou prejuízo e benefício deveria ser único, afastando-se situações nas quais haveria eventual elemento fático colateral ou concorrente, pois se o dano decorrer de determinado fato, e o benefício de outro, haveria duas hipóteses normativas autônomas e independentes entre si; (iii) o prejuízo e o benefício deveriam se voltar ao patrimônio do mesmo indivíduo; e (iv) o dano e benefício deveriam ser concretos e atuais, e não meramente hipotéticos.

A orientação tradicional, em essência, exige que o dano e a vantagem decorram do mesmo evento, a partir de nexo de causalidade direto e imediato, devendo possuir título homogêneo, no caso, o evento danoso[1064]. Em contrapartida, o conceito não se aplica nas situações nas quais se verifique, além do evento danoso, a concorrência de outros fatores que culminassem no benefício, tal como ocorre nas situações nas quais a vantagem decorre de decisões econômicas realizadas por terceiros, ou que a vítima poderia ter adotado em circunstâncias normais, ou ainda da contrapartida de prestações, de mérito do sujeito lesado ou de riscos assumidos por ele.

Em decisão proferida pelas Seções Unificadas[1065] em abril de 1993, a Corte de Cassação italiana estabeleceu que a *compensatio lucri cum damno* somente se aplica nas situações nas quais o dano e a vantagem se originassem do mesmo fato danoso e a mesmo título, e possuíssem nexo de causalidade direto e imediato com o evento danoso[1066]. Excluem-se do âmbito de incidência do instituto, portanto, os benefícios que não decorrem do evento que gerou o prejuízo, mas sim de outro título, tal como se verifica nas situações nas quais terceiros realizam doações para ajudar vítimas de eventos danosos[1067].

Rodrigo da Silva Guia menciona outro relevante precedente da Corte de Cassação, proferido em junho de 1996[1068]. Tratava-se de pedido indenizatório por danos decorrentes de deslizamento de terra das encostas componentes da Barragem de Vajont, que se localiza a cerca de 100 quilômetros ao norte de Veneza. Verificou-se que os prejuízos haviam

[1064] ACHILLE, Davide. ob. cit., p. 721.

[1065] As Seções Unidas são o órgão mais relevante da Corte de Cassação italiana, possuindo competência para dirimir eventuais controvérsias entre as Seções do tribunal. A competência das Seções Unidas é disciplinada pelo artigo 374 do Código de Processo Civil italiano.

[1066] Julgado proferido pelas Seções Unidas em 15 de abril de 1993.

[1067] ACHILLE, Davide. ob. cit., p. 723.

[1068] Julgado proferido pela III Seção em 19 de junho de 1996.

decorrido de negligência dos projetistas, que teriam desconsiderado sinais da instabilidade geológica no local[1069].

A empresa que havia realizado o projeto afirmou que o montante da indenização deveria ser reduzido, em razão das doações realizadas por entes públicos para as vítimas do evento danoso. A Corte de Cassação rejeitou a alegação *compensatio*, por entender que o auxílio realizado pelas entidades estatais decorreria de solidariedade, e não propriamente de consequência do ilícito[1070].

Essa visão restritiva reduziu excessivamente o âmbito de incidência da *compensatio lucri cum damno*. A necessidade de causalidade direta e imediata entre o benefício e a causa do dano tornou o instituto praticamente inócuo, pois é extremamente remota a hipótese de determinado fato ilícito causar aumento patrimonial sem a concorrência de outros elementos. Ao mesmo tempo em que gera o prejuízo, é natural que o evento danoso desperte outros fatores, que podem contribuir para beneficiar a vítima.

A vertente tradicional da doutrina ainda criava margem para desnecessária iniquidade. Enquanto se admitia que a vinculação entre o dano e o evento danoso não fosse direto e imediato, impunha-se essa condição no nexo entre o mesmo acontecimento e o benefício auferido pela vítima[1071]. Verificava-se, então, a possibilidade da adoção de regimes distintos em termos de causalidade, sendo um voltado ao prejuízo, e outro direcionado ao benefício.

Em ocasião mais recente, verificou-se relevante inovação da jurisprudência da Corte de Cassação sobre a *compensatio lucri cum damno*. Passou-se a admitir a aplicação do instituto não apenas nas excepcionalíssimas situações nas quais o benefício se originava direta e imediatamente da

[1069] *Compensatio lucri cum damno: problemas de quantificação à luz da unidade e complexidade do dano patrimonial*. In: Revista de Direito Privado, v. 90/2018, junho/2018, p. 98.

[1070] O caso também é mencionado por Mariangela Ferrari. A autora também menciona precedentes jurisprudenciais que afastavam a *compensatio*, impedindo que o cálculo de indenização devida a policiais e militares vítimas de terrorismo considerasse o pagamento do benefício legal concedido a esses profissionais (*I nuovi confini dela 'compensatio lucri cum damno*. In: Il diritto degli affari, 26.7.2014, p. 4/5).

[1071] É o que afirmou a Corte de Cassação por ocasião de julgamento acerca da possibilidade de aplicação da *compensatio lucri cum damno i* para subtrair benefício previdenciário recebido pela vítima do valor da indenização (sentença nº 15.534, Seções Unificadas, julgamento em 22.6.2017).

mesma causa que o dano. A identidade do evento originador do dano e do incremento patrimonial permaneceu sendo exigida, mas a eventual intervenção de fatores concorrentes na obtenção do benefício deixou de impedir a caracterização do conceito[1072].

Sob essa nova perspectiva, basta que benefício e prejuízo se originem da mesma causa, ainda que indireta, dispensando-se a vinculação ao mesmo evento. Logo, eventuais vantagens diretamente originadas em razão de disposição legal ou contratual, mas com vinculação ao evento danoso – como por exemplo, o benefício previdenciário ou a indenização securitária – passam a ser sopesados com o dano para o cálculo de eventual indenização. O fato ilícito deixa de ser considerado como mera ocasião na qual o lucro ocorreu, tornando-se causa do benefício[1073].

Diante desse cenário, o critério que passou a ser estabelecido consistiu na mera causalidade, dispensando-se o caráter homogêneo da fonte de benefício e prejuízo. A aplicação da *compensatio lucri cum damno* passou a depender da mera satisfação dos critérios para a verificação do nexo de causalidade, que deveriam ser exatamente os mesmos tanto para a aferição do prejuízo quanto do lucro. Esse raciocínio culminava na adoção da fórmula da *conditio sine qua non* em ambos os casos[1074], ou seja, se a remoção do evento comum da cadeia causal resulta no afastamento do benefício e do dano, a *compensatio* seria aplicável[1075].

Se, por um lado, a visão tradicional se revelava excessivamente restritiva, por outro, a vertente da identidade de causas se mostrava desproporcionalmente permissiva. Como alternativa, passou-se a adotar novo critério, no qual os benefícios colaterais seriam subtraídos do prejuízo se houvesse vinculação causal entre sua concessão e a remoção do dano[1076]. A aplicação da *compensatio lucri cum damno*, portanto, passou a depender da

1072 GALLO, Paolo. *Compensatio lucri cum damno e benefici collaterali*, p. 863.

1073 ACHILLE, Davide. ob. cit., p. 723.

1074 "Influenciada pela perspectiva naturalísitica da causalidade então vigente, a equivalência das condições estabelecia que determinado precedente seria considerado causa se sua relação com o evento final fosse tal que, caso ela fosse retirada – em raciocínio hipotético – da cadeia de eventos, o resultado não teria ocorrido, ou teria se materializado de forma diversa. Por essa razão, a teoria também ficou conhecida como *conditio sine qua non*, ou ainda como teoria das condições" (MORAES, Renato Duarte Franco de. ob. cit., p. 24/25).

1075 *idem*, p. 724.

1076 *idem, ibidem.*

causa justificativa de atribuição do benefício, caracterizando-se somente caso a vantagem fosse concedida com o escopo específico de afastar ou reduzir o prejuízo.

Juntamente com a análise finalística, tornou-se bastante relevante a possibilidade de sub-rogação vigente no caso. É esse, em última análise, o critério definitivo para se verificar a existência de causa atributiva reparatória a eventuais benefícios recebido pela vítima do evento danoso. Caso haja a sub-rogação do crédito indenizatório em favor do terceiro que fornece o benefício, confirma-se que a finalidade da vantagem consiste na reparação do prejuízo, permitindo-se a aplicação da *compensatio lucri cum damno*[1077].

A solução chega a ser intuitiva, e soluciona potencial problema bastante preocupante da linha tradicional do instituto. Caso se adotasse a visão mais restritiva – que exigia título homogêneo e rejeitava eventos concorrentes –, seria possível que a *compensatio lucro cum damni* não se aplicasse mesmo nas hipóteses nas quais terceiro fornecia vantagem à vítima, e recebia o crédito originado do ilícito em sub-rogação. Nessa hipótese, o causador do evento seria submetido ao pior dos cenários possíveis, pois permaneceria vinculado à integralidade da indenização perante o lesado, mas também estaria obrigado a realizar o pagamento ao terceiro que se sub-rogou no crédito. A solução não contraria apenas a disciplina da responsabilidade civil, mas se contrapõe a noções elementares de direito das obrigações.

Em última análise, a evolução da *compensatio lucri cum damno* acabou resultando em duas possibilidades distintas: (i) como regra geral, a causalidade direta e imediata permanece aplicável, permitindo-se a subtração do lucro da indenização se houver a mesma origem e nenhum elemento colateral propiciando a vantagem; (ii) caso se verifique a existência de benefícios colaterais, a aplicação do instituto depende da análise da finalidade do benefício concedido, o que envolve necessariamente o exame quanto à possibilidade de sub-rogação em benefício de terceiro.

Esse viés mais recente foi adotado em julgado proferido pelas Seções Unificadas, proferido em 2008, no qual se reconheceu a aplicação da *compensatio lucri cum damno* em ação de indenização ajuizada contra o governo italiano, em razão da suposta omissão do Ministério da Saúde em adotar as cautelas necessárias para evitar que indivíduos fossem contaminados

[1077] *idem*, p. 725.

a partir de vacinas, transfusões sanguíneas e hemoderivados. A Corte de Cassação aplicou a *compensatio*, abatendo da reparação devida valor de indenização legal prevista na Lei nº 210, de 1992, justamente para esse tipo de situação. Afirmou-se, naquela ocasião, que eventual diferença entre as naturezas das indenizações – uma decorrente do ilícito extracontratual e outra de previsão legal expressa – seria insuficiente para permitir que a vítima obtivesse duas reparações pelo mesmo prejuízo[1078].

O entendimento foi confirmado posteriormente pela Corte de Cassação italiana, em novo exame realizado pelas Seções Unificadas em 2017, que admitiu a aplicação da *compensatio lucro cum damni* em situação na qual a vítima do evento danoso recebeu indenização de natureza previdenciária. Com isso, verificou-se mudança drástica na orientação do tribunal, que passou a adotar visão mais ampla – e, ao mesmo tempo, criteriosa – acerca da aplicação do instituto em situações envolvendo benefícios originados de terceiros[1079].

A tendência da jurisprudência brasileira é semelhante àquela observada pelos tribunais italianos. Em situações envolvendo acidentes automobilísticos, o Superior Tribunal de Justiça reconheceu a possibilidade de compensação dos prejuízos sofridos pela vítima com a indenização paga pelo seguro obrigatório (DPVAT)[1080]. Na esfera previdenciária, a posição

1078 FERRARI, Mariangela. ob. cit., p. 2.

1079 sentença nº 15.534, Seções Unificadas, julgamento em 22.6.2017.
A ementa original é transcrita abaixo:
"Responsabilità civile – Compensatio lucri cum damno – Arricchimento senza causa – Benefici collaterali – Assicurazione – Previdenza sociale".

1080 Rodrigo da Guia Silva analisa a *compensatio lucri cum damno* a partir do acórdão proferido pela 2ª Seção do Superior Tribunal de Justiça por ocasião do julgamento do Embargos de Divergência no Recurso Especial nº 1.191.598/DF (Relator: Ministro Marco Aurélio Bellizze, j. 26.4.2017), na qual a corte decidiu abater de indenização por acidente automobilístico o valor do DPVAT, que não havia sido recebido pela vítima do evento danoso. Compreendeu-se, em última análise, que a mera possibilidade de receber a indenização securitária seria suficiente para abatê-la do montante indenizatório. Nas palavras do autor, "No que diz respeito mais diretamente à conclusão exarada pelo STJ, o raciocínio ora empreendido a propósito da incidência da *compensatio lucri cum damno* parece apontar para a inadequação da dedução do valor do seguro obrigatório DPVAT por ocasião da definição do montante do dano a ser indenizado. O valor eventualmente pago em referência ao seguro obrigatório não parece, assim, passível de qualificação como vantagem a ser sopesada com os prejuízos no processo de delimitação da extensão do dano indenizável. Trata-se – quando efetivamente realizado o

originária da corte afastava a compensação dos prejuízos com eventuais benefícios auferidos pela vítima como resultado de regime de previdência, suscitando-se o tradicional fundamento relativo à ausência de causalidade vinculando o dano e acréscimo de patrimônio. Em ocasião mais recente, todavia, o tribunal proferiu decisão determinando a dedução do benefício previdenciário recebido por viúva da indenização devida pela parte considerada culpada por acidente que resultou em dano morte[1081].

pagamento – de parcela com escopo indenizatório, a justificar não a alteração do montante do dano (previamente definido sem aplicação da *compensatio*), mas sim a redução da quantia a ser paga pelo causador do dano diretamente à vítima. Com efeito, caso se considerasse que o valor do DPVAT integra o cálculo do dano indenizável, haver-se-ia de reconhecer que todo pagamento de parcela indenizatória igualmente afetaria o cálculo do dano indenizável. Em suma, pode-se concluir que, embora dependente de avaliação complexa, a definição do dano indenizável constitui uma etapa logicamente precedente de qualquer discussão sobre a indenização a ser efetivamente suportada por cada responsável" (*Compensatio lucri cum damno no direito brasileiro: estudo a partir da jurisprudência do Superior Tribunal de Justiça sobre o pagamento do DPVAT*. In: Revista Brasileira de Direito Civil, v. 16, abril/junho de 2018, p. 163).

[1081] "Civil. Processo civil. Recursos especiais. Ação de indenização por danos morais e materiais. Acidente de trânsito que levou juiz de direito à morte. Responsabilidade solidária entre a condutora do veículo que causou o acidente e a pessoa jurídica proprietária do automóvel. Aplicação da teoria da guarda da coisa. Alegação de violação ao art. 535 do CPC afastada. Discussão sobre o valor da compensação devida a título de danos morais. Condenação ao pagamento de pensão mensal vitalícia à esposa do falecido, não obstante esta receber pensão vitalícia integral do Estado, em face de específica legislação aplicável à magistratura. Impossibilidade. Incidência de juros compostos. Afastamento. Pretensão de reconhecimento de culpa concorrente da vítima do acidente de trânsito, pois esta dirigia com a carteira de habilitação vencida. Análise da situação fática relativa ao acidente que exclui a concorrência de culpas. (...)

- O acórdão recorrido determinou o pagamento à viúva, por parte da causadora do evento danoso, de pensão mensal vitalícia em face dos danos materiais sofridos; contudo, o falecido era magistrado estadual e, em face de seu cargo, a viúva tem assegurada pensão mensal vitalícia, a ser paga pelo Estado, no valor integral dos vencimentos do de cujus.
- A indenização por dano material, porém, só pode dizer respeito ao ressarcimento daquilo que, em cada situação, representou uma diminuição indevida do patrimônio do ofendido.
- Colocada tal premissa, o que se verifica é a existência de uma previsão legal de assunção dos riscos previdenciários relativos à carreira da magistratura pelo Estado, em razão da importância e seriedade do exercício desse mister.
- Se assim é, e se o acórdão afirma existir o direito da viúva à percepção integral, a título de pensão por morte, dos vencimentos do magistrado falecido, qualquer quantia recebida a mais sobre a mesma base representaria a fruição de uma vantagem pecuniária indevida, ultrapassando os limites do ressarcimento ao dano causado.

A concepção atual da *compensatio lucro cum damni* não confere ao instituto âmbito de incidência excessivamente amplo, pois em diversas situações deixa de subtrair eventuais benefícios auferidos pela vítima do montante da indenização. É o que ocorre, por exemplo, com eventuais prestações recebidas pelo lesado em razão de conduta altruísta de terceiros, como a vítima de acidente automobilístico que é operada gratuitamente por cirurgião, ou que recebe novo carro de presente do pai, bem como no caso do sujeito que sofre dano em sua residência e recebe ajuda voluntária de pedreiro[1082]. Nesse caso, a existência de fatores colaterais relacionados ao benefício consiste em óbice à aplicação da *compensatio*, afastando a incidência do instituto na quantificação da indenização.

Em ação levada a julgamento perante o Supremo Tribunal de Justiça de Portugal[1083], pretendia-se o pagamento de indenização, em razão da omissão da requerida em conceder ao requerente direito de preferência em terrenos nos quais seriam construídas edificações para posterior venda a terceiros. Verificada a prática do ato ilícito, houve a condenação da requerida ao pagamento de indenização correspondente ao lucro que seria obtido pelo requerente com a venda dos imóveis que seriam construídos no local.

A controvérsia relativa à *compensatio lucro cum damni* se verificou por ocasião da liquidação de sentença. Buscando reduzir o valor da condenação, a sociedade requerida sustentou que deveriam ser deduzidos do montante da indenização os lucros auferidos pela parte requerente em outro empreendimento. Afirmou-se que o capital que seria inicialmente

(...)". (Recurso Especial nº 604.758/RS. 3ª Turma. Relator: Ministro Humberto Gomes de Barros; Relatora para acórdão: Ministra Nancy Andrighi, j. 17.10.2006). O acórdão é mencionado por SILVA, Rafael Peteffi da; LUIZ, Fernando Vieira. ob. cit., p. 292/293.

1082 ACHILLE, Davide. ob. cit., p. 725.

1083 "Na atividade de alegação e prova dos factos relevantes para se aferir, já não da existência jurídica do direito de indemnização, mas do objeto, conteúdo e montante concreto da obrigação de indemnizar –nomeadamente para aplicação dos cálculos informadores da *teoria da diferença* contida no art. 566º, nº2, do CC – recai sobre o lesante o ónus de alegar e provar os factos, favoráveis à oposição ou contestação que deduziu, que são determinantes de uma redução do valor normal da indemnização pretendida pelo lesado – nomeadamente, os que estão subjacentes ao instituto da *compensatio lucri cum damno*, provando quais as concretas vantagens que o lesado teria auferido em consequência do facto danoso, determinantes de uma redução do valor indenizatório peticionado" (Processo nº 110/2000, 7ª Seção, Relator: Lopes do Rego).

destinado para a incorporação não realizada em razão do descumprimento da preferência acabou sendo direcionado para novo projeto. Logo, ao mesmo tempo em que gerou danos para a parte autora, o ilícito da ré teria proporcionado os benefícios correspondentes ao novo negócio realizado.

O pedido foi rejeitado fundamentalmente por ausência de prova. Todavia, a corte suprema lusitana havia determinado, por ocasião do acórdão proferido no processo de conhecimento, que se levasse em consideração "para a fixação da indemnização os lucros ou vantagens que o antecessor dos AA auferiu pelo facto de não ter investido na aquisição dos lotes e na construção a levar a cabo nos mesmos e que nessa liquidação se recorresse a uma 'ponderação prudência e casuística das circunstâncias do caso' para fixar a indemnização", admitindo a possibilidade – ao menos em tese – de aplicação da *compensatio lucro cum damni.*

A fundamentação adotada pelo Supremo Tribunal de Justiça de Portugal contrasta com a linha adotada pela jurisprudência italiana. Na situação examinada pela corte lusitana, inexiste causalidade direta e imediata entre evento danoso e benefício, pois se verifica ao menos um elemento colateral – quiçá existam vários – entre o inadimplemento do direito de preferência e o benefício, consistente na decisão do autor de investir o capital em outro empreendimento. Por outro lado, inexiste eventual iniciativa de terceiro, e muito menos sub-rogação, que levasse à aplicação da *compensatio lucro cum damni.*

Logo, o julgado da corte suprema lusitana tende a adotar perspectiva mais ampla acerca da *compensatio.* A interferência de fatores colaterais se mostrou pouco relevante para o tribunal, que aparentemente admite a aplicação do instituto pela mera constatação de causalidade *sine qua non* entre o evento danoso e o benefício auferido pela parte, pouco importando a interferência de outros fatores na cadeia causal.

A análise das diversas vertentes da *compensatio lucro cum damni* indica enorme dificuldade – senão a absoluta impossibilidade – de sua aplicação no âmbito do enriquecimento sem causa. Até mesmo por se vincular à responsabilidade civil extracontratual, a teoria que estabelece o balanceamento entre prejuízo e benefícios originados do ato ilícito adota como pressuposto a perspectiva patrimonial do dano, ou seja, analisa o prejuízo exclusivamente como redução de patrimônio.

Muito embora não rejeite a visão patrimonial do empobrecimento por completo, o enriquecimento sem causa vai além dela. A lógica subjacente a isso passa pela interpretação teleológica, sistemática e até mesmo literal do instituto.

No âmbito da interpretação teleológica do instituto, verifica-se que a finalidade do enriquecimento sem causa consiste precipuamente à remoção do benefício auferido pelo enriquecido sem a existência do indispensável amparo jurídico. O âmbito de incidência do instituto recai normalmente em situações nas quais a soma das esferas patrimoniais envolvidas no caso possui resultado superior – na pior das hipóteses, igual – àquela existente antes da ocorrência de determinado evento.

Dentro desse contexto, o eventual prejuízo sofrido pela vítima possui importância apenas marginal, sendo relevante apenas como fator de limitação da restituição. Sem a análise do dano sofrido pela parte prejudicada, é possível que eventual enriquecimento sem causa do enriquecido se torne o enriquecimento sem causa do prejudicado. Trata-se de situação absolutamente diversa daquilo que se verifica na responsabilidade civil, cujo escopo primordial consiste na remoção do prejuízo sofrido pela vítima.

Sob a perspectiva sistemática, é natural que as concepções de dano sejam diversas no âmbito da responsabilidade aquiliana e do enriquecimento sem causa. Caso se conferissem contornos idênticos ao conceito nos dois institutos, a aplicação da teoria do duplo limite tornaria o enriquecimento sem causa mera versão da responsabilidade civil na qual o elemento subjetivo do ofensor possuísse relevância mitigada. Surpreenderia que o enriquecimento sem causa, com sua evolução ao longo dos séculos e seus intrincados e sofisticados elementos, servisse como mero reflexo da responsabilidade aquiliana, aplicando-se nas situações nas quais houvesse dificuldade na caracterização de culpa ou dolo.

Já a questão da literalidade decorre do teor das normas que regulam o enriquecimento sem causa nos diversos ordenamentos jurídicos. Exceção feita ao artigo 2.041 do Código Civil italiano – que, de fato, trata expressamente de "diminuição patrimonial", gerando dificuldade de difícil superação aos intérpretes –, nenhuma das normas que disciplinam o instituto nas legislações acima referidas fazem referência expressa a dano ou perda patrimonial. Adota-se, no lugar de referência ao patrimônio, a mais aberta – e infinitamente mais sutil – expressão "à custa de".

Sabe-se atualmente que a escolha pela fórmula não decorreu de mero acaso. Muito pelo contrário: as diversas legislações que adotam "à custa de" foram influenciadas pelo Código Civil alemão de 1900. O monumental diploma legislativo germânico, por sua vez, é resultado de processo legislativo que substituiu a expressão "com o seu patrimônio" – indicativo da necessidade de perda patrimonial –, que constava no §748 do primeiro projeto, por "à sua custa", como consta atualmente no §812 do Código Civil[1084].

Na realidade, a noção do prejuízo obtido "à custa de" reflete a necessidade de simples vínculo entre o benefício do sujeito e o patrimônio alheio, que pode ou não ser acompanhado de eventual perda patrimonial. É simplesmente impossível compensar eventual benefício proporcionado à parte prejudicada com o dano por ela sofrido, pois esse último elemento é pouco relevante e não possui necessariamente conotação patrimonial no enriquecimento sem causa, não equivalendo à simples perda de patrimônio.

Por outro lado, o enfoque enriquecimento sem causa não recai sobre eventual dano sofrido pelo titular do direito, voltando-se sempre para o benefício obtido pelo interventor e na existência de justa causa de atribuição. Se, por alguma razão, a conduta que resulta no enriquecimento do beneficiado gerar proveito patrimonial ao interventor, inexistem elementos passíveis de compensação, pois o enriquecimento sem causa não confronta prejuízos com benefícios, preocupando-se apenas em conferir se o aumento de patrimônio é justificado.

A possibilidade do surgimento de benefícios ao empobrecimento se mostra particularmente possível no âmbito do enriquecimento por intervenção. Imagine-se situação na qual o enriquecido realiza publicação de obra literária alheia, obtendo significantes recursos como resultado da venda não autorizada de milhares de exemplares. Todavia, ao mesmo tempo em que propicia receita significante ao enriquecido, a intervenção torna o autor da obra amplamente conhecido, permitindo que ele passe a receber recursos em razão de palestras e aparições em eventos, a par do aumento significativo das vendas de outras obras publicadas em ocasiões anteriores.

A aplicação da *compensatio lucri cum damno* nesses casos – que reduziria o montante da restituição, à luz do lucro auferido pelo titular do direito – é inviável. A impossibilidade decorre da incompatibilidade entre

[1084] ANTUNES VARELA, João de Matos, ob. cit., p. 490.

a natureza jurídica da *compensatio* e aquela do dano sob a perspectiva do enriquecimento por intervenção. Enquanto o primeiro conceito possui contornos nitidamente patrimonialistas – pois corresponde a mecanismo de definição e quantificação do prejuízo –, o segundo consiste em simples vínculo entre o enriquecimento e o patrimônio do titular do direito. É simplesmente impossível realizar eventual subtração entre elementos que não possuem qualquer identidade entre si.

Por outro lado, o propósito do enriquecimento sem causa consiste fundamentalmente na análise da justa causa do aumento patrimonial, com a consequente remoção do benefício indevido. Sob essa perspectiva, o ato de intervenção benéfico ao autor de obra literária teve como consequência, ao mesmo tempo, o enriquecimento sem causa do interventor e o enriquecimento com causa do titular, pois se originou da utilização de seus direitos. Aplica-se, neste ponto, a disciplina do enriquecimento imposto, sopesando-se elementos como a expectativa e a boa-fé das partes envolvidas no caso.

Esses elementos indicam que a aplicação da *compensatio lucri cum damno* é inexistente no âmbito do enriquecimento sem causa. Seja pela diferença conceitual entre a *compensatio* e o prejuízo "à custa" do prejudicado, seja pela existência de justa causa em eventual benefício auferido por esse último, o conceito dificilmente possui margem para aplicação em situações envolvendo incrementos patrimoniais indevidos.

4.3.2. A relevância da boa-fé do interventor

Delineados os parâmetros para a definição dos direitos que conferem margem ao enriquecimento por intervenção, e verificada a necessidade de distribuição do enriquecimento à luz da contribuição proporcional do interventor e do titular do direito, passa-se a examinar outra questão bastante relevante no âmbito da restituição. Trata-se de definir se – e em que medida – a boa ou má-fé do interventor possui relevância na definição da extensão do dever de restituir.

A situação adquire peculiaridades interessantes nas hipóteses nas quais as atividades desenvolvidas pelo interventor geram benefícios que provavelmente não seriam proporcionados caso a intervenção não tivesse ocorrido. Imagine-se, por exemplo, determinado editor que realiza publicação não autorizada de obra literária, e proporciona a venda de quantidade significante de exemplares, gerando substancial retorno financeiro. Esse expressivo resultado decorre do trabalho e da capacidade do editor, e provavelmente não teria sido alcançado caso a intervenção sobre direitos autorais não tivesse ocorrido.

Suponha-se, ainda, que os direitos autorais da obra haviam sido objeto de sucessão hereditária, e que a cessão desses direitos não observou os requisitos legais aplicáveis, não produzindo efeitos jurídicos. Deve-se definir se a eventual boa-fé do editor – que pode, por exemplo, desconhecer o vício da cessão – interfere na distribuição dos valores originados da intervenção ocorrida.

A matéria possui relação íntima com a definição do objeto da restituição, devendo-se estabelecer se o tratamento legal conferido ao interventor de boa-fé difere daquele conferido ao sujeito que interfere no direito alheio ciente da ilicitude de sua conduta. A análise da questão passa fundamentalmente pelo exame da possibilidade de aplicação por analogia de disciplinas normativas específicas que regulam hipóteses pontuais de intervenção sobre direitos alheios.

A primeira potencial solução para o problema consiste na aplicação do regime jurídico aplicável ao possuidor, por analogia, às situações envolvendo o enriquecimento por intervenção. Na tradição romano-germânica, os ordenamentos jurídicos normalmente conferem ao possuidor determinadas vantagens caso a posse tenha sido exercida de boa-fé, principalmente em relação aos frutos[1085]. Por outro lado, o possuidor de má-fé deve restituir ao proprietário a integralidade dos frutos obtidos ao longo do exercício da posse[1086].

Essa solução é defendida por Xabier Basozabal Arrue. O autor entende que a devolução dos frutos por parte do possuidor reflete a restituição do valor de uso da coisa frutífera. À luz dessa equiparação, a pretensão voltada à restituição dos frutos, regulada pelo regime possessório, deve ser estendida a todas as situações nas quais o objeto usurpado origine renda ou valor pela cessão[1087].

[1085] O artigo 1.214 do Código Civil brasileiro, por exemplo, estabelece o direito do possuidor de boa-fé aos frutos percebidos. Regra semelhante consta no artigo 1.148 do Código Civil italiano.

[1086] Essa é a regra do artigo 1.216 do Código Civil brasileiro.

[1087] ob. cit., p. 263/265.

Por conseguinte, os artigos 451[1088] e 455[1089] do Código Civil espanhol, que são as normas voltadas para regular o destino dos frutos obtidos pelo possuidor, tornam-se disciplina geral para tratar do valor de uso do bem usurpado. Enquanto o artigo 455 consiste na regra geral, ao determinar a devolução dos frutos pelo possuidor de má-fé, o artigo 451 possui caráter de privilégio ou exceção pois, ao eximir o possuidor de boa-fé da obrigação de restituir os frutos percebidos, lhe atribui o valor de uso do objeto possuído de forma indevida[1090].

Deve-se analisar se os frutos percebidos consistem no valor de gozo da coisa mesmo nas situações em que não existirem, não proporcionando restituição ao titular do direito, ou se o valor de mercado do bem consistiria no montante mínimo devido, que poderia ser aumentado caso os frutos o superassem, mantendo-se a função punitiva subjacente ao artigo 455 do Código Civil espanhol. A última solução seria adequada, por evitar duvidosa distribuição do lucro, e por ser a única que possibilita desfecho razoável para todas aquelas situações nas quais a utilização da coisa não se traduz na obtenção de frutos[1091].

[1088] Artigo 455. O possuidor de má-fé devolverá os frutos percebidos e aqueles que o possuidor legítimo poderia ter percebido, e somente terá direito a ser reintegrado nos gastos necessários, realizados para a conservação da coisa. Os gastos feitos com melhoras de luxo e recreio não são restituídos ao possuidor de má-fé, mas ele poderá levar os objetos em que os gastos se tenham convertidos, sempre que a coisa não sofra deterioração, e o possuidor legítimo não prefira ficar com eles pagando o valor que tenham no momento em que ingressar na posse. (trad. livre do espanhol. O original é o seguinte: "El poseedor de mala fe abonará los frutos percibidos y los que el poseedor legítimo hubiera podido percibir, y sólo tendrá derecho a ser reintegrado de los gastos necesarios hechos para la conservación de la cosa. Los gastos hechos en mejoras de lujo y recreo no se abonarán al poseedor de mala fe; pero podrá éste llevarse los objetos en que esos gastos se hayan invertido, siempre que la cosa no sufra deterioro, y el poseedor legítimo no prefiera quedarse con ellos abonando el valor que tengan en el momento de entrar en la posesión").

[1089] Artigo 451. O possuidor de boa-fé faz seus os frutos percebidos enquanto não seja interrompida legalmente a posse. Entendem-se como percebidos os frutos naturais e industriais que se levantam ou separam. Os frutos civis se consideram produzidos por dias, e pertencem ao possuidor de boa-fé" (trad. livre do espanhol. O original é o seguinte: El poseedor de buena fe hace suyos los frutos percibidos mientras no sea interrumpida legalmente la posesión. Se entienden percibidos los frutos naturales e industriales desde que se alzan o separan. Los frutos civiles se consideran producidos por días, y pertenecen al poseedor de buena fe en esa).

[1090] ARRUE, Xabier Bazozabal. ob. cit., p. 263/265.

[1091] *idem*, p. 266.

Os autores italianos se dividem sobre o tema. Rodolfo Sacco entende que a posse não pode ser utilizada como regra ampla e geral para lidar com a matéria. Existem diversas normas que regulam situações específicas de intervenção sobre direitos alheios, e que conferem soluções heterogêneas para o problema. Enquanto o possuidor de boa-fé é exonerado da restituição dos frutos obtidos, o gestor de negócios alheios e o sujeito que aliena bem de terceiro respondem pelo preço ou pela utilidade obtida, ainda que estejam de boa-fé[1092].

À luz da divergência entre os diversos regimes, surgiu controvérsia entre definir qual seria a regra geral e qual a excepcional: ou seria geral o benefício concedido ao possuidor, excepcionando-se apenas as situações de má-fé, ou seria geral a atribuição dos benefícios ao titular do direito, sendo excepcional a hipótese de boa-fé do possuidor[1093].

O autor italiano entende que o regime aplicável ao possuidor de má-fé corresponde à regra geral, ou seja, os frutos normalmente são direcionados ao titular do direito. A exoneração do possuidor de boa-fé pelo enriquecimento obtido a partir do exercício da posse corresponderia a verdadeiro favor legal que, por seu caráter excepcional, não seria aplicável por analogia a outras situações de intervenção sobre direito alheio[1094].

Em sentido contrário, Pietro Trimarchi entende que a disciplina possessória teria amplo alcance, aplicando-se às demais hipóteses de intervenção sobre direitos alheios. O autor menciona especificamente o artigo 1.150 do Código Civil italiano, que trata das benfeitorias realizadas na coisa pelo possuidor de boa-fé, e confere a esse sujeito indenização correspondente à contribuição das melhorias no aumento do valor do bem[1095]. Já nas situações nas quais a lesão ocorra mediante ato de má-fé, a obrigação de restituir a integralidade do enriquecimento é justificada, por função sancionatória do direito[1096].

O regime da posse é peculiar em relação ao enriquecimento por intervenção, pois confere ao possuidor de boa-fé a integralidade dos

[1092] SACCO, Rodolfo. *L'arricchimento ottenuto mediante fatto ingiusto*. Torino: Editrice Torinense, 1959, p. 185.

[1093] *idem, ibidem*.

[1094] *idem, ibidem*.

[1095] TRIMARCHI, Pietro. *L'arricchimento senza causa*. Milão: Giuffrè, 1962, p. 56.

[1096] *idem*, p. 55.

frutos colhidos, enquanto que o regime restitutório estabelece a divisão proporcional dos benefícios de acordo com a contribuição do direito e da iniciativa do interventor para o resultado atingido, ou – na pior das hipóteses – o pagamento ao titular do valor devido pela cessão regular do direito. Trimarchi reconhece que inexiste razão para se conferir ao possuidor a integralidade dos rendimentos originados do bem, e justifica a divergência entre os regimes afirmando que houve opção legislativa, nesse caso específico, de se beneficiar o possuidor de boa-fé[1097].

Por sua vez, Antonio Albanese afirma que o problema não é decisivo como possa parecer. O autor reconhece que a regra geral do artigo 2.041 impõe ao interventor, mesmo de boa-fé, a obrigação de restituir do enriquecimento. Todavia, afirma que impor a obrigação de restituir a integralidade do benefício poderia desestimular a iniciativa produtiva, principalmente quando o titular não explorasse o bem ou direito. Diante disso, e à luz do caráter equitativo do remédio restitutório, deve-se admitir que o juiz possa limitar a restituição quando o enriquecimento for consequência de qualidade excepcional do interventor de boa-fé[1098].

No direito português, Pereira Coelho confronta o enriquecimento por intervenção com a aquisição da propriedade pela acessão, e também analisa eventuais pontos de aproximação do enriquecimento com o regime aplicável ao possuidor de boa-fé. A acessão se identifica com o enriquecimento por intervenção pois consiste em iniciativa exercida sobre bens alheios, com o surgimento de novo valor econômico. Em determinadas situações, o resultado desse processo é atribuído ao autor da iniciativa, enquanto em outras vezes é direcionado ao titular do direito[1099].

No âmbito da acessão, a lei atribui a obrigação de restituir àquele que adquire a propriedade da coisa. A situação é muito semelhante ao consumo de coisa alheia pois, sob a perspectiva jurídica, o titular do bem principal praticamente consome o acessório, devendo restituir o proprietário do valor do bem incorporado. Já nas hipóteses de especificação de coisa alheia, a situação é inversa: o sujeito que adota a iniciativa adquire a

1097 *idem*, p. 75.

1098 ALBANESE, Antonio. *Ingiustizia del profitto e arricchimento senza causa*, Verona: CEDAM, 2005, p. 398.

1099 COELHO, Francisco M. Pereira. *O enriquecimento e o dano*. Coimbra: Almedina, 1970, p. 97.

propriedade do bem, e somente restitui ao proprietário o valor do objeto original[1100].

Essas soluções são incompatíveis com a ideia de destinar o enriquecimento originado da intervenção ao titular do direito, e tampouco com a atribuição integral desse benefício ao interventor. Pereira Coelho entende que a destinação do lucro originado da intromissão sobre direitos deve seguir o mesmo regime destinado à acessão, ou seja, o interventor adquire o benefício originado da intromissão, pagando ao titular o valor devido pela cessão regular do direito[1101].

Por outro lado, é impossível cogitar eventual aplicação, no enriquecimento por intervenção, da regra que atribui ao possuidor de boa-fé os frutos percebidos no decorrer do exercício da posse. Neste ponto, Pereira Coelho se opõe ao posicionamento de Pietro Trimarchi, afirmando que a aplicação à posse de disciplina semelhante àquela do enriquecimento por intervenção levaria o possuidor a "restituir ao proprietário, até o limite do seu enriquecimento, o valor do uso feito e dos frutos que poderiam extrair-se durante o tempo da posse (frutos percipiendos), e isto embora o proprietário não colhesse efetivamente esses frutos"[1102].

Como o regime destinado à posse não determina essa restituição, pois permite que o possuidor mantenha a integralidade dos frutos percebidos, sem indenizar o proprietário pelo uso do bem, verifica-se a existência de regra específica e excepcional em relação ao regime geral do enriquecimento sem causa. A norma que atribui a totalidade dos frutos ao possuidor confere causa a enriquecimento que, a princípio, seria injustificado. Existe regra excepcional que permite ao possuidor manter frutos recebidos, embora não possua justa causa para tanto[1103].

Justamente por isso, é impossível afirmar que o artigo 1.270º do Código Civil português[1104], que regula os frutos na posse de boa-fé, seja resultado de regra geral, que conferiria ao interventor de boa-fé a integralidade do

[1100] *idem*, p. 100.

[1101] *idem, ibidem*.

[1102] *idem*, p. 101.

[1103] *idem, ibidem*.

[1104] Artigo 1270º. "Frutos na posse de boa fé.
1. O possuidor de boa fé faz seus os frutos naturais percebidos até ao dia em que souber que está a lesar com a sua posse o direito de outrem, e os frutos civis correspondentes ao mesmo período.

enriquecimento originado da intervenção sobre bens ou direitos alheios. Pela natureza especial da norma, a regra apenas é aplicável na hipótese específica nela prevista, ou seja, caso a intervenção ocorra por meio do exercício da posse sobre bens alheios, e somente sobre os frutos originados nessa situação[1105].

Pereira Coelho afirma que esse raciocínio decorre do artigo 11º do Código Civil português, que impede a aplicação por analogia de norma excepcional em relação à regra geral. Por conseguinte, o artigo 1.270º, que regula especificamente a situação dos frutos na posse de boa-fé, não pode ser aplicado por analogia em relação à regra geral do enriquecimento sem causa prevista no artigo 473 do Código Civil português[1106].

A mesma opinião é manifestada por Diogo Leite de Campos. O autor entende a proteção do possuidor de boa-fé, prevista no artigo 1.270 do Código Civil português, estabelece regime especial para as situações envolvendo a posse, não podendo ser aplicada como regra geral. A norma "contraria claramente a doutrina geral do enriquecimento sem causa", sendo que a "ponderação de interesses a que o legislador procedeu na elaboração do artigo1.270º exclui qualquer analogia entre o caso aqui previsto e as hipóteses de enriquecimento por intervenção". Como resultado disso, "o intrometido que não seja possuidor não pode abrigar-se no regime favorável do art. 1.270º, tendo de sujeitar-se às regras gerais do enriquecimento sem causa"[1107].

De forma semelhante, Manuel de la Camara e Luis Diez-Picazo afirmam que a norma do artigo 451 do Código Civil espanhol – que prevê a conservação pelo possuidor de boa-fé dos frutos percebidos – possui notório caráter excepcional, pois com boa ou má-fé o enriquecimento do

2. Se ao tempo em que cessa a boa fé estiverem pendentes frutos naturais, é o titular obrigado a indemnizar o possuidor das despesas de cultura, sementes ou matérias-primas e, em geral, de todas as despesas de produção, desde que não sejam superiores ao valor dos frutos que vierem a ser colhidos.

3. Se o possuidor tiver alienado frutos antes da colheita e antes de cessar a boa fé, a alienação subsiste mas o produto da colheita pertence ao titular do direito, deduzida a indemnização a que o número anterior se refere.

1105 COELHO, Francisco M. Pereira. *O enriquecimento e o dano*. Coimbra: Almedina, 1970, p. 102.

1106 *idem*, p. 103/104.

1107 ob. cit., p. 511.

sujeito é injustificado. A concessão dos frutos ao possuidor de boa-fé não se justifica a partir dos parâmetros do enriquecimento sem causa, mas sim no merecimento da tutela ao possuidor que age sob o estado de ignorância ou na conveniência de conceder essa proteção para resguardar interesses gerais[1108].

Na doutrina brasileira, a tendência também é afastar a aplicação analógica do regime jurídico da posse em situações de enriquecimento por intervenção. Fernando Noronha aponta o caráter especial da previsão que confere ao possuidor de boa-fé os frutos ou rendimentos da coisa já colhidos ou percebidos. A norma acaba conferindo justa causa ao enriquecimento do possuidor pois, pela teoria da destinação, esse acréscimo patrimonial deveria ser direcionado ao proprietário[1109].

Se o interventor age de boa-fé, não será compelido a restituir a integralidade daquilo que recebeu, mas apenas a parcela que ainda persiste em seu patrimônio no momento da restituição. Noronha extrai essa conclusão a partir da aplicação analógica dos artigos 968 e 933, parágrafo único, do Código Civil, que regulam, respectivamente, a alienação do imóvel indevidamente recebido e o adimplemento de obrigação pela entrega de coisa consumível feita por quem não tinha poderes para transferi-la[1110].

Em contrapartida, o interventor de má-fé deve reparar todos os danos, sem direito de exigir eventual enriquecimento que a sua ação tenha proporcionado, caso a conduta seja ilícita. Todavia, quando o resultado se originar – ainda que parcialmente – da atividade lícita do agente, parcela do benefício deve ser destinada a remunerar a atividade desempenhada pelo interventor, ainda que ele conheça a titularidade alheia sobre o direito explorado[1111].

No mesmo sentido, Thiago Lins afirma que o regime jurídico da posse regula situação especial, voltando-se a proteger o possuidor que colheu os frutos acreditando ter direito a eles, ou mesmo a função social da tutela possessória, na qual não se admite eventual omissão do proprietário

[1108] ob. cit, p. 122.

[1109] *Enriquecimento sem causa*. In: Revista de Direito Civil, Imobiliário, Agrário e Empresarial. São Paulo: Revista dos Tribunais, v. 56, abril/junho-1991, p. 61.

[1110] *idem, ibidem*.

[1111] NORONHA, Fernando. *Enriquecimento sem causa*. In: Revista de Direito Civil, Imobiliário, Agrário e Empresarial. São Paulo: Revista dos Tribunais, v. 56, abril/junho-1991, p. 62.

quanto ao exercício do direito. A situação é diversa em relação ao direito à imagem – hipótese tratada na dissertação do autor –, que confere ao titular a faculdade de utilizá-la ou não[1112].

Diante disso, a primeira conclusão que se pode alcançar consiste na incompatibilidade do regime jurídico aplicável à boa ou má-fé do possuidor para regular o enriquecimento por intervenção. Pelo caráter excepcional dessa disciplina – que, inclusive, confere justa causa a hipótese específica de enriquecimento –, é impossível aplicá-la de forma ampla e genérica para todas as inúmeras situações envolvendo benefícios originados da intervenção sobre direitos alheios.

Tampouco é possível aceitar a aplicação analógica dos regimes normativos específicos voltados a regular a má-fé do agente, pois isso poderia resultar em distorção do enriquecimento por intervenção, que se volta fundamentalmente à restituição do benefício auferido pelo interventor. Sob essa perspectiva, o enriquecimento sem causa se tornaria instrumento para punição fora das hipóteses legais, o que se mostra incompatível com a finalidade restitutória do instituto e com a teoria da destinação[1113].

Diante desse cenário, é difícil compatibilizar a função da proteção à boa-fé e de desestímulo à má-fé – que é subjacente a inúmeros institutos jurídicos – com a lógica de conservação estática dos patrimônios inerente ao enriquecimento sem causa. Neste ponto, surge questionamento interessante – e, ao mesmo tempo, complexo –, consistente em definir se a essência do enriquecimento reside somente na remoção do benefício, cabendo aos demais institutos do direito lidar com o eventual dolo do sujeito, ou se – e em que medida – o estado anímico do indivíduo interfere diretamente na obrigação de restituir[1114].

Todo o anteparo conceitual inerente ao enriquecimento sem causa se volta e se limita – ao menos a princípio – a afastar atribuições patrimoniais injustificadas. Dentro da estrutura desse instituto, e sob a perspectiva da conservação estática dos patrimônios, o estado psicológico do sujeito é irrelevante para se definir se o patrimônio deve permanecer com ele ou ser restituído.

[1112] LINS, Thiago. *O lucro da intervenção e o direito à imagem*. Rio de Janeiro: Lumen Juris, 2016, p. 173.

[1113] *idem*, p. 174.

[1114] *idem*, p. 166.

Existe um único ponto de potencial contato entre o enriquecimento sem causa e a boa ou a má-fé do interventor: a justa causa do enriquecimento. Na ausência de previsão normativa ou negócio jurídico que justifique o enriquecimento, esse amplo e intrincado conceito permite a interferência de valores ínsitos ao ordenamento para a compreensão da justiça da atribuição patrimonial. Na essência, a ideia fundamental da justa causa consiste em definir em que medida o ordenamento compreende que determinado enriquecimento é justificado ou deve ser destinado a sujeito diverso daquele que o recebeu[1115].

Dentre os potenciais parâmetros utilizados para a identificar a justa causa do enriquecimento, a boa-fé subjetiva adquire relevância. É possível afirmar que o ordenamento jurídico, como regra, busca resguardar benefícios patrimoniais obtidos de boa-fé, ao mesmo tempo em que rejeita o acréscimo de patrimônio obtido pelo sujeito de má-fé.

Existem diversos exemplos que indicam a preservação da atribuição patrimonial conferida ao sujeito de boa-fé. É possível mencionar, nesse sentido, a proteção concedida (i) ao terceiro de boa-fé beneficiado por atos jurídicos dissimulados (artigo 167, § 2 , do Código Civil brasileiro); (ii) ao terceiro de boa-fé que celebra contrato com mandatário desconhecendo a revogação do mandato (artigo 686 do Código Civil); (iii) ao sujeito que adquire a propriedade por meio da usucapião ordinária (artigo 1.242 do Código Civil brasileiro); (iv) ao sujeito que planta ou edifica em terreno alheio de boa-fé, e adquire a propriedade caso a construção ou edificação exceda consideravelmente o valor do terreno (artigo 1.255, parágrafo único, do Código Civil brasileiro); e (v) ao especificador de boa-fé, que adquire a propriedade da coisa especificada (artigo 1.269 do Código Civil brasileiro). Embora excepcional, o tratamento conferido ao possuidor de boa-fé (artigo 1.214 do Código Civil brasileiro) também reflete a proteção jurídica conferida ao sujeito que ignora a realidade.

Mesmo nas situações nas quais inexista direito à propriedade do bem, o sujeito de boa-fé possui o direito a indenização, preservando-se o equilíbrio patrimonial das partes envolvidas na relação jurídica. É o que se verifica, por exemplo, com o sujeito que planta ou constrói de boa-fé em terreno alheio, sem que a plantação ou construção exceda o valor do terreno. Se, por um lado, o indivíduo perde da propriedade da construção

[1115] ALBANESE, Antonio. ob. cit., p. 269.

ou plantação em favor do dono do terreno, por outro, ele possui direito a indenização por esses bens (artigo 1.255 do Código Civil brasileiro).

O tratamento jurídico é diverso em bastante relação ao sujeito de má-fé. Existe verdadeira repulsa do ordenamento ao benefício patrimonial obtido pelo sujeito que interfere em direito alheio ciente dessa condição. Como regra geral, não se admite que o sujeito que agiu de má-fé receba eventual proveito dessa atuação, havendo duas alternativas para essas hipóteses: ou bem (i) o sujeito é indenizado por eventuais despesas realizadas por ele; ou bem (ii) ele não recebe nenhuma forma de compensação.

A primeira hipótese pode ser ilustrada nas situações envolvendo (i) o possuidor de má-fé, que deve restituir a integralidade dos frutos porventura percebidos, sendo indenizado por eventuais despesas realizadas no bem (artigo 1.216 do Código Civil brasileiro); e (ii) o sujeito que realiza a confusão, comissão ou adjunção de coisas, podendo a parte inocente decidir pela aquisição da propriedade do todo, indenizando o indivíduo que agiu de má-fé em razão da perda da propriedade sobre as coisas originais (artigo 1.273 do Código Civil brasileiro).

Já a segunda hipótese se verifica no caso do especificador de coisa alheia que agiu de má-fé, e não apenas perde a propriedade da coisa nova, mas também não possui direito a indenização pelo trabalho empregado na especificação (artigos 1.270, §1, e 1.271 do Código Civil).

A aceitação do enriquecimento obtido de má-fé é excepcionalíssima no ordenamento jurídico. A hipótese mais conhecida é a usucapião extraordinária, na qual o sujeito adquire a propriedade mesmo tendo exercido a posse de má-fé ao longo de 15 (quinze) anos (artigo 1.238 do Código Civil brasileiro). A aquisição do domínio nesses casos decorre de regime jurídico específico e ocorre sob circunstâncias bastante peculiares, justificando-se principalmente à luz da necessidade de se conferir segurança às relações jurídicas.

Diante desse cenário, deve-se tentar compreender em que medida o ordenamento jurídico aceita a influência da boa ou má-fé do sujeito para reconhecer a justa causa da atribuição patrimonial, em caso de intervenção sobre o patrimônio alheio.

Caso o interventor tenha agido de boa-fé, a solução parece ser mais simples, pois tanto ele quanto o titular do direito encontram-se no mesmo estado psicológico. Inexiste, por conseguinte, razão para se conferir ao interventor tratamento jurídico diverso daquele atribuído ao titular. Por conseguinte, a melhor alternativa para essa hipótese consiste na aplicação da regra do grau de contribuição do direito e da iniciativa do interventor ao resultado final, com a repartição proporcional do benefício originado pela intervenção. Admitir situação diversa equivaleria a aceitar o enriquecimento sem causa do titular do direito – que se beneficiaria do trabalho do interventor –, ou do interventor – que se enriqueceria à custa do direito alheio.

A situação é diversa em relação ao interventor de má-fé. Nesse caso, existe diferença entre o *animus* desse sujeito e aquele do titular do direito, sendo natural – e até mesmo necessário – que o ordenamento jurídico seja sensível a essa peculiaridade, conferindo tratamento diverso a esses indivíduos. Deve-se sopesar a importante regra do grau de contribuição do direito e da iniciativa do interventor com a repulsa do ordenamento pela intervenção realizada de forma maliciosa, ou seja, é necessário analisar se é preferível destinar o resultado da iniciativa ao titular que não possui justa causa para receber o benefício gerado pela iniciativa, ou ao interventor que agiu conhecendo a titularidade alheia sobre o direito.

Como existe tendência do ordenamento jurídico de não reconhecer o benefício recebido pelo sujeito de má-fé – exceto em circunstâncias bastante extraordinárias –, o interventor que conhece a titularidade alheia sobre o direito não pode ser beneficiado pela intervenção realizada. Sob perspectiva sistemática, é preferível preterir a conservação estática dos patrimônios, evitando-se a concessão de benefício ao sujeito que agiu maliciosamente. Existem algumas hipóteses nas quais o ordenamento confere o patrimônio a quem não possui justa causa para obtê-lo, mas são raras as normas que atribuem benefício a sujeito que agiu de má-fé.

Por conseguinte, o grau de contribuição não se aplica caso o interventor tenha agido de má-fé. Nessa hipótese, a integralidade do benefício originado pela intervenção deve ser destinada ao titular do direito, pois é preferível aceitar o enriquecimento sem causa do titular do que beneficiar aquele que realiza a intervenção eivado de dolo. Sob a ótica dos princípios, a má-fé do interventor confere justa causa ao enriquecimento do titular do direito.

Muito embora não tenha direito aos benefícios originados da intervenção, o interventor deve ser remunerado dentro dos estritos limites dos trabalhos realizados e das despesas porventura realizadas junto ao direito alheio. Embora não seja idêntica, a solução se aproxima daquilo que se verifica no exemplo do possuidor de má-fé, que é indenizado pelas despesas realizadas no bem (artigo 1.216 do Código Civil brasileiro), e do sujeito que realiza a confusão, comissão ou adjunção de coisas, e deve ser indenizado pela perda do material utilizado no trabalho (artigo 1.273 do Código Civil brasileiro). A repulsa do ordenamento pela má-fé impede que o interventor obtenha acréscimo de patrimônio pelo resultado originado do seu trabalho, mas não afasta o reequilíbrio patrimonial proporcionado pela remuneração devida pelo trabalho em si.

Como o enriquecimento sem causa se baseia na conservação estática dos patrimônios, o interventor de má-fé não pode sofrer eventual perda, devendo ser remunerado nos estritos limites do valor de mercado do trabalho realizado. Admitir hipótese contrária significa aceitar que o interventor seja penalizado em razão de sua conduta irregular, conferindo-se ao enriquecimento sem causa função punitiva que é incompatível com o instituto[1116].

A partir desses elementos, é possível afirmar que (i) a aferição de boa ou má-fé do interventor possui reflexos na definição do objeto da restituição; (ii) caso o interventor esteja de boa-fé, deve-se observar o grau de contribuição do direito e da iniciativa para o resultado obtido, repartindo-se o benefício proporcionalmente; e (iii) o interventor de má-fé não deve receber a parcela relativa à sua iniciativa no benefício originado pela intervenção, mas deve ser ressarcido pelo trabalho realizado, a partir de parâmetros de mercado.

[1116] Nelson Rosenvald e Bernard Korman Kuperman adotam posição diversa, afirmando o seguinte em relação à má-fé do sujeito que enriquece indevidamente: "Todavia, isso não quer dizer que existam outras situações em que será justo e adequado que o réu desista de seus ganhos ao invés de simplesmente ser condenado a um "preço" por um fictício acordo. Partindo da frugalidade do exemplo da bicicleta e pensando na propriedade de uma patente, marca ou direito autoral, se A utiliza o ativo intangível de B sabendo que o bem imaterial não lhe pertence, ou negligentemente não se importando se ele é ou não de titularidade alheia, pode então haver uma boa razão para B ajuizar uma demanda contra A com o objetivo de remoção total ou parcial de lucros decorrentes do uso inconsentido, para se assegurar que A não lucrará com a prática do ato ilícito e, também, para desencorajar outras pessoas que estariam propícias a praticar semelhante comportamento antijurídico. Porém, se restar comprovado que o uso não autorizado ocorreu sem culpa – talvez por uma confusão de uma pessoa diligente –, será mais adequado atribuir ao titular do bem uma espécie de taxa pela utilização do bem, apenas para assegurar que o seu direito não seja fragilizado por intervenções injustificadas". (*Restituição de ganhos ilícitos: há espaço no Brasil para o disgorgement?* In: Revista Fórum de Direito Civil, ano 6, nº 14, janeiro-abril/2017, p. 28).

CONCLUSÕES

A partir da análise realizada na presente tese, é possível concluir que:

1. A responsabilidade civil extracontratual é inadequada para lidar com hipóteses de enriquecimento originado da intervenção sobre direitos alheios, por se voltar ao prejuízo sofrido pela vítima e por exigir, como regra geral, a prática de conduta culposa *lato sensu* ou o exercício de atividade potencialmente arriscada para terceiros.
2. O instituto da gestão de negócios é incompatível com as hipóteses de benefício patrimonial decorrente da intervenção sobre direitos alheios, por exigir a intenção de satisfazer os interesses do titular (*animus negotia aliena gerendi*), havendo normas pontuais que excepcionalmente estendem o âmbito de vigência do instituto para a gestão realizada no interesse exclusivo do gestor.
3. Inexiste fundamento normativo para se admitir, no direito brasileiro e nos principais ordenamentos continentais, que a simples prática de ato ilícito resulte na expropriação dos ganhos obtidos pelo infrator, ainda que sem relação com o patrimônio da parte prejudicada.
4. A situação fática na qual a intervenção sobre direitos alheios gera benefício patrimonial, também conhecida como enriquecimento por intervenção, deve ser qualificada como modalidade de enriquecimento sem causa.
5. O enriquecimento sem causa adquiriu contornos similares ao instituto atual no Direito Romano, por ocasião do período

justinianeu, no qual a *condictio sine causa* adquiriu preponderância sobre as demais *condictiones* e se fundiu com as *actiones utiles*, tornando-se fundamento geral para afastar atribuições patrimoniais injustificadas.

6. A restituição como consequência de atos ilícitos apenas foi reconhecida de forma esporádica no Direito Romano, principalmente nas situações nas quais as consequências da responsabilidade civil se revelavam insuficientes para proporcionar reequilíbrio patrimonial.
7. Enquanto requisito do enriquecimento sem causa, o enriquecimento deve ser compreendido sob o viés subjetivo, levando em consideração o estado pessoal do sujeito beneficiado, que deve ser permeado e mitigado por sistema presunções baseado nos seguintes elementos: (i) existência de obrigação legal do enriquecido quanto à realização de despesas realizadas pela parte prejudicada; (ii) existência de necessidade fática, que deve ser verificada de acordo com as circunstâncias concretas; (iii) eventual aceitação tácita do beneficiado; e (iv) conversão do enriquecimento em dinheiro.
8. A justa causa do enriquecimento consiste em conceito jurídico indeterminado, cuja caracterização depende da análise de alguns parâmetros. Como regra geral, a existência de negócio jurídico ou lei – sendo esta última analisada sob a perspectiva da finalidade – deve ser compreendida como justa causa da atribuição patrimonial. Na ausência de lei ou negócio jurídico, a casuística se torna mais ampla e complexa, e a caracterização da justa causa passa pela análise dos seguintes parâmetros: (i) vontade do indivíduo de beneficiar o outro; (ii) boa-fé subjetiva dos sujeitos envolvidos na relação de enriquecimento; e (iii) eventual assunção de riscos no âmbito do contexto no qual se verifica o enriquecimento.
9. A imediação não consiste em requisito do enriquecimento sem causa. A caracterização do conceito prescinde de causalidade qualificada, bastando que exista relação entre o benefício do enriquecido e o patrimônio da parte prejudicada.
10. A subsidiariedade consiste em requisito pertinente ao enriquecimento sem causa, pois complementa a noção de justa causa, possuindo importância nas situações nas quais o regime específico

nega o direito ao prejudicado, ao mesmo tempo em que não justifica o enriquecimento do beneficiado, tal como se verifica na prescrição.

11. A vertente concreta da subsidiariedadc é mais apropriada, pois a mera existência teórica de ação específica não constitui empecilho insuperável para a utilização da via restitutória. É necessário verificar se ação, em seus termos concretos, é suficiente para resguardar a pretensão da parte.
12. A subsidiariedade significa que óbices jurídicos à ação específica impedem o recurso à via do enriquecimento sem causa. Por outro lado, elementos de natureza fática não afastam a pretensão restitutória.
13. A subsidiariedade não impede que a parte prejudicada escolha entre a responsabilidade civil e o enriquecimento sem causa, e tampouco que deduza pretensões paralelas com base nesses fundamentos, à luz da diferença entre as finalidades dos institutos. Caso o enriquecimento do beneficiado corresponda ao prejuízo do lesado, haverá um único pagamento a título de reparação e ressarcimento.
14. A teoria da ilicitude é inadequada para definir os direitos cuja violação leva ao enriquecimento por intervenção, na medida em que (i) vincula o enriquecimento sem causa à conduta humana; e (ii) não compreende a diversidade existente entre a natureza jurídica das normas, pois algumas apenas reprimem a prática de determinada conduta, enquanto outras reservam o monopólio da exploração do direito ao titular.
15. A teoria do conteúdo de destinação ou de atribuição é a mais adequada para definir o âmbito de incidência do enriquecimento por intervenção e estabelece que somente a intervenção sobre aqueles direitos que reservam o monopólio dos respectivos benefícios ao titular confere fundamento para o enriquecimento sem causa.
16. A teoria do duplo limite não pode ser compreendida como limitação do objeto da restituição à perda de patrimônio do titular do direito.
17. A teoria do duplo limite deve ser definida a partir do grau de contribuição do direito do titular e da iniciativa do interventor para a obtenção do acréscimo patrimonial, devendo haver a divisão

proporcional do resultado entre esses sujeitos, de acordo com as peculiaridades do caso concreto. Como alternativa, o titular do direito pode buscar a restituição com base na vertente do enriquecimento sem causa conhecida como poupança de despesas, vinculando o enriquecimento ao valor de mercado pela utilização do bem ou direito.

18. É inviável a aplicação da *compensatio lucri cum damno* no âmbito do enriquecimento sem causa, pois o enfoque fundamental desse instituto recai no benefício patrimonial do enriquecido, sendo irrelevantes a eventual perda patrimonial da parte prejudicada e sua relação com potenciais ganhos que lhe tenham sido proporcionados.
19. O interventor de boa-fé deve receber parcela do benefício correspondente ao grau de contribuição de sua iniciativa para o resultado obtido. Em contrapartida, o interventor de má-fé não deve receber a parcela proporcional à sua iniciativa, mas deve ser ressarcido pelo trabalho realizado, a partir de parâmetros de mercado.

REFERÊNCIAS

ACHILLE, Davide. *Danno e vantaggio nel sistema della responsabilità civile: la c.d. compensatio lucri cum damno"*. In: I Contratti, 6/2018, p. 719/728.

ALBANESE, Antonio. *Ingiustizia del profitto e arricchimento senza causa*, Verona: CEDAM, 2005.

ALMEIDA, L. P. Moitinho de. *Enriquecimento sem causa*. 2ª ed., Coimbra: Almedina, 1998.

ALMEIDA COSTA, Mário Júlio. *Direito das Obrigações*, 12ª ed., Coimbra: Almedina, 2018.

ALVAREZ-CAPEROCHIPI, José Antonio. *El enriquecimento sin causa*, Granada: Comares, 1989.

ALVIM, Agostinho. *Do enriquecimento sem causa*. In: Doutrinas Essenciais Obrigações e Contratos, v. 1, junho/2011, p. 911/953.

AMARAL NETO, Francisco dos Santos. *O caráter jurídico da regra moral*. In: Doutrinas Essenciais de Direito Civil, v. 1, outubro/2010.

ANTUNES VARELA, João de Matos. *Das obrigações em geral*, 10ª ed., v. 1, Coimbra: Almedina, 2016.

ARRUE, Xabier Basozabal. *Enriquecimiento Injustificado por Intromisión en Derecho Ajeno*. Madri: Civitas, 1998.

ASTUTI, Guido. *Tradizione romanística e civiltà giuridica europea*. Napoli: Edizioni Scientifiche Italiane, 1984.

AUBRY, Charles; RAU, Charles. *Cours de droit civil français: d'après la méthode de Zachariae*, t. IX, 5ª ed., Paris: Imprimerie et Librerie Générale de Jurisprudence, 1917.

BAR, Christian von; SWANN, Stephen. *Principles of European Law. Unjustified Enrichment*. European Publishers, 2010.

BARBIERA, Lelio. *L'ingiustificato arricchimento*. Napoli: Jovene Napoli, 1964.

BARCELONA. Pietro. *Note critiche in tema de rapporti fra negozio e giusta causa dell'atribuzione*, RTDP, 1965, p. 11/79.

BELLING, Detlev W. *European Trends in the Law of Unjustified Enrichment – from the German perspective*. In: Korea University Law Review, v. 13, primavera de 2013, p. 43/59.

BEVILÁQUA, Clovis. *Direito das obrigações*, 8ª ed., Rio de Janeiro: Livraria Francisco Alves, 1957.

BIERWAGEN, Mônica Yoshizato. *Princípios e Regras de Interpretação dos Contratos no Novo Código Civil*. São Paulo: Saraiva, 2002.

BIRCHAL, Leonardo de Abreu. *Reparação por danos: indenização por valor subjetivo (private valuation) ou objetivo (market value)?*. In: Revista de Direito Civil Contemporâneo, v. 17/2018, outubro-dezembro/2018, p. 105/133.

BIRKS, Peter. *An introduction to the law of restitution*. Oxford: Oxford University Press, 2003.

BRANDSMA, F. *Some remarks on Dutch Private Law and the Ius Commune*. In: Electronic Journal of Comparative Law, v. 11.1, maio/2007, disponível em http://www.ejcl.org.

CABELEIRA, Caio Martins. *A teoria das condictiones e o direito brasileiro: uma nova abordagem do enriquecimento sem causa*. Tese de doutorado apresentada na Faculdade de Direito da Universidade de São Paulo, 2018.

CAMARA, Manuel de la; DIEZ-PICAZO, Luis. *Dos estudios sobre el enriquecimiento sin causa*, Madri: Civitas, 1988.

CAMPOS. Diogo José Paredes Leite de. *A subsidiariedade da obrigação de restituir o enriquecimento*. Coimbra: Almedina, 2003.

___. *Enriquecimento sem causa, responsabilidade civil e nulidade*. In: Revista dos Tribunais, v. 560, ano 71, junho/1982, p. 259/266.

___. *Enriquecimento sem causa e responsabilidade civil*. Enriquecimento sem causa e responsabilidade civil. In: Revista da Ordem dos Advogados, ano 42. Lisboa: Ordem dos Advogados Portugueses, 1982.

CAPRIELLO, Luigi. *L'arricchimento ingiustificato. Ipotesi applicative e profili processuali*. Santarcangelo di Romagna: Maggioli, 2018.

CARVALHO SANTOS, J.M.. *Código Civil Brasileiro Interpretado. Direito das obrigações. Arts. 1.265-1.362*. v. XVIII, 8ª ed., São Paulo: Livraria Freitas Bastos, 1972.

CASELTA, Daniel Costa. *Responsabilidade civil por danos decorrentes da prática de cartel*. Dissertação de Mestrado apresentada na Faculdade de Direito da Universidade de São Paulo, 2015.

CAVALIERI FILHO, Sérgio. *Programa de responsabilidade civil*, 8ª ed, São Paulo: Atlas, 2008.

CERVANTES, Carles Vendrell. *La acción de enriquecimiento injustificado por intromisión en los derechos al honor, a la intimidad y a la propria imagen*. In. ADC, tomo LXV, 2012, fasc. III, p. 1.109/1.244.

CHAGAS, Carlos Orlandi. *Novos Defeitos do Negócio Jurídico*, Tese de Doutorado apresentada na Faculdade de Direito da Universidade de São Paulo, 2014.

CHAKIRIAN, Laurence. *Vers une redefinition du principe de subsidiarite de l'action de in rem verso*. In: Revue de la Rccherche Juridique Droit Prospectif, N. 85, 2000-4, obtido em http://www.laurence-chakirian.fr/2018/08/08/vers-une-redefinition-du-principe-de-subsidiarite-de-laction-de-in-rem-verso--commentaire-a-consulter/.

CHANTEPIE, Gaël; LATINA, Mathias. *La réforme du droit des obligations. Commentaire théorique et pratique dans l'ordre du Code civil*, Paris: Dalloz, 2016.

CHAPPUIS, Christine. *La restitution des profits illégitimes: le rôle privilégié de la gestion d'affaires sans mandat en droit privé suisse*. Bâle: Helbing & Lichtenhahn, 1991.

CHAVES, Antonio. *Gestão de negócios alheios*. In: Revista de Informação Legislativa, v. 13, n. 51, julho/setembro 1976, p. 101/114.

CHÉNEDÉ, François. *Le nouveau droit de obligations e des contrats*. 10ª ed, Paris: Dalloz, 2018.

COELHO, Francisco M. Pereira. *O enriquecimento e o dano*. Coimbra: Almedina, 1970.

CORREA DE ANDRADE, André Gustavo. *Indenização punitiva*. In: Revista da EMERJ, v. 9, no 36, 2006, p. 135/169.

DANNEMANN, Gerhard. *The German Law of Unjustified Enrichment and Restitution. A Comparative Introduction*. Nova York: Oxford University Press, 2009.

DAWSON, John P. *Negotiorum gestio: the altruistic intermeddler*. In: Harvard Law Review, v. 74, n. 5, março/1961, p. 817/865.

DESHAYES, Olivier; GENICON, Thomas; LAITHIER, Yves Marie. *Réforme du droit des contrats, du régime general et la preuve des obligations*. Paris: LexisNexis, 2016.

DIAS, José de Aguiar. *Da responsabilidade civil*. v. II, 5ª ed., Rio de Janeiro: Forense, 1973.

DICKSON, Brice. *Unjust Enrichment Claims: A Comparative Overview*. In: The Cambridge Law Journal, N. 1, v. 54, março/1995, p. 100/126.

___. *The Law of Restitution in the Federal Republic of Germany: A Comparison with English Law*. In: International and Comparative Law Quaterly, v. 36, 1987, p. 751/789.

DORSNER-DOLIVET. *Contribution a la restauration de la faute, conditions des responsabilités civile et penale dans l'homicide et les blessures par imprudence: a propos de la chirurgie*, Paris: Librarie Generale de Droit et Jurisprudence, 1986.

FATTORI. Sara Corrêa. *A responsabilidade pela reparação do dano no Direito Romano*. In.: Revista da Procuradoria Geral do Estado de São Paulo, n. 47/48, p. 135–153, jan./dez., 1997, disponível em http://www.pge.sp.gov.br/centrodeestudos/revistaspge/revista3/rev9.htm

FERRARI, Mariangela. *I nuovi confini dela 'compensatio lucri cum damno'*. In: Il diritto degli affari, 26.7.2014, p. 1/12.

FERGUS, T.D.; GORDON, W.M.; ROBINSON, O.F. *European legal history*. 3a. ed., Oxford University: Oxford, 2000.

FORGIONI, Paula A.. *Contrato de Distribuição*. 3ª ed., São Paulo: Revista dos Tribunais, 2014.

FRANÇOIS, Clément. *Présentation des articles 1303 à 1303-4 du nouveau chapitre III. L'enrichissement injustifié"*, disponível em https://iej.univ-paris1.fr/openaccess/reforme-contrats/titre3/stitre3/chap3-enrichissement-injustifie/.

FRATTAROLO, Vittorio. *L'azione di arricchimento nella giurisprudenza*, Veneza: Vittore Gualandi, 1974.

FROTA, José Eduardo da Rocha. *Ação de enriquecimento sem causa*. In: Revista de Processo, v. 36/1984, outubro-dezembro/1984, p. 43/78.

GAGNÉ, Jacques. *Enrichissement san cause et services rendus*. In: Les Cahiers de droit, v. 1, n. 1, 1954, p. 25/33 (disponível em https://doi.org/10.7202/1003641ar).

GALLO, Paolo. *Trattato di Diritto Civile. Arricchimento senza causa e quasi contratti*, 2ª ed., Turim: UTET, 2008.

___. *Compensatio lucri cum damno e benefici collaterali*. In: Rivista di Diritto Civile, n. 3, 2018, p. 852/872.

___. *Gestione d'affari altrui*. In: Digesto dele Discipline Privatistiche. Sezione Civile, p. 424/432.

___. *Il Codice Civile. Commentario. Arricchimento senza causa*. Milão: Giuffrè, 2003.

GHERSI, Carlos Alberto. *Teoría general de la reparación de daños*. 3ª ed., Buenos Aires: Astrea, 2003.

GIAMPIETRO, Franco. *Responsabilità civile per danno all'ambiente. Iniziative internazionali ed esperienza italiana*. In: Il foro italiano, v. 109, nº 12.

GIGLIO, Francesco. *The foundations of restitution for wrongs*. HART: Portland, 2007.

GIL, Laura Zumaquero. *El enriquecimento injustificado en el Derecho Privado Europeo*. In: InDret Revista para el análisis del Derecho, v. 2/2017.

GUARINO, Antonio. *Diritto romano privato*. Napoli: Jovene Napoli, 2001.

HALLEBEEK, Jan. *Developments in Mediaeval Roman Law*. In: Unjust Enrichment. The Comparative Legal History of the Law of Restitution. SCHRAGE, Eltjo J.H. (org.), 2ª ed., Berlim: Duncker & Humblot,1999, p. 59/120.

HILDEBRAND. Lucas Fajardo Nunes. *Pressupostos da obrigação de restituir o enriquecimento sem causa no Código Civil brasileiro*. Dissertação de mestrado apresentada na Faculdade de Direito da Universidade de São Paulo, 2010.

HIRONAKA, Giselda Maria Fernandes Novaes. *Responsabilidade Pressuposta*, Belo Horizonte: Del Rey.

HOGG, Martin A. *Lowlands to Low Country: Perspectives on the Scottish and Dutch Law of Unjustified Enrichment*. In: Electronic Journal of Comparative Law, v. 5.1, março/2001, disponível em http://www.ejcl.org/ejcl/51/art51-1.html.

ITURRASPE, Jorge Mosset. *Responsabilidad por daños*, t. I, Buenos Aires: Rubinzal--Culzoni.

JUNQUEIRA DE AZEVEDO. Antonio. *Natureza jurídica do contrato de consórcio. Classificação dos atos jurídicos quanto ao número de partes e quanto aos efeitos. Os contratos relacionais. A boa-fé nos contratos relacionais. Contratos de duração. Alteração das circunstâncias e onerosidade excessiva. Sinalagma e resolução contratual. Resolução parcial do contrato. Função social do contrato.* In: Revista dos Tribunais, v. 832/2005, fevereiro/2005, p. 115 – 137.

___. *Negócio Jurídico e Declaração Negocial.* Tese de titularidade apresentada na Faculdade de Direito da Universidade de São Paulo, 1986.

___. *Negócio Jurídico. Existência, validade e eficácia.* 4ª. ed., São Paulo: Saraiva, 2002

KONDER. Carlos Nelson. *Dificuldades de uma abordagem unitária do lucro da intervenção.* in Revista de Direito Civil Contemporâneo, v. 13/2017, outubro-dezembro/2017, p. 231/248.

KOURI, Robert; LEMIEUX, Charlotte. *La gestion d'affaires inopportune, l'indemnisation du faux gérant, et la portée de l'article 1490 c.c.Q.*. In: Revue de droit de l'Université de Sherbrooke, n. 93, 1993, p. 503/520).

LEME, Lino de Morais. *A causa nos contratos.* In: Revista da Faculdade de Direito da Universidade de São Paulo, v. 52, 1957, p. 72/79.

LE HENAFF, Claire. *Les critères juridiques de l'œuvre a l'epreuve de l'art conceptuel*, trabalho apresentado junto à Faculdade de Direito da Universidade de Poitiers, 2005/2006.

LEVY, Daniel de Andrade. *Uma visão cultural dos punitive damages.* In: Revista de Direito Privado, v. 45/2011, janeiro-março/2011.

LIMA, Alvino. *Culpa e risco.* São Paulo: Revista dos Tribunais, 1960.

LINS, Thiago. *O lucro da intervenção e o direito à imagem.* Rio de Janeiro: Lumen Juris, 2016.

LONDERS, Ghislain; MOSSELMANS, Sven; BOSSUYT, Amaryllis. *Deux principes généraux du droit issus du droit national et du droit communautaire: l'enrichissement sans cause ou l'enrichissement injustifié et l'interdiction de l'abus de droit.* In: Actes du colloque pour le cinquantième anniversaire des Traités de Rome, p. 95/126. Obtido em https://curia.europa.eu/common/dpi/col_londers_fr.pdf.

LORENZEN, Ernest G. *The negotiorum gestio in Roman and modern civil law.* In: Cornell Law Review, v. 13, n. 2, fevereiro/1928, p. 190/210.

MAGGI, Bruno de Oliveira. *O cartel e seus efeitos no âmbito da responsabilidade civil.* Dissertação de Mestrado apresentada na Faculdade de Direito da Universidade de São Paulo, 2010.

MAIA. Paulo Sávio Peixoto. *A contribuição do tomismo para a institucionalização do ensino jurídico: glosadores e comentadores no contexto medieval.* In: Revista de Direito Privado, v. 40, outubro-dezembro/ 2009, p. 253/287.

MARINO, Francisco Paulo De Crescenzo. *Interpretação do negócio jurídico.* São Paulo: Saraiva, 2011.

MARTINS-COSTA, Judith; Pargendler, Mariana. *Usos e abusos da função punitiva (punitive damages e o Direito brasileiro.* In: Revista CEJ, 9(28), p. 15-32. Obtido em https://revistacej.cjf.jus.br/revcej/article/view/643.

MATTIA. Fábio Maria de. *Direitos da Personalidade. Aspectos Gerais.* In: Doutrinas Essenciais de Direito Civil, v. 3, outubro/2010, p. 245/268.

MEIER-BECK, Peter. *Les dommages-intérêts pour contrefaçon de brevet en droit allemand. Principes fondamentaux, évaluation et mise en œuvre.* In: Revue mensuelle du JurisClasseur – Propriété Industrielle, novembro/2014, p. 11/15.

MELLO, Marcos Bernardes de. *Teoria do Fato Jurídico. Plano da Existência.* 10ª ed., São Paulo: Saraiva, 2000.

MENEZES CORDEIRO, António. *Tratado de Direito Civil.* Direito das Obrigações. Gestão de negócios. Enriquecimento sem causa. Responsabilidade civil. v. VIII. Coimbra: Almedina, 2017.

MENEZES LEITÃO, Luís Manuel Teles de. *A responsabilidade do gestor perante o dono do negócio.* Coimbra: Almedina, 2005.

___. *O enriquecimento sem causa no Código Civil brasileiro.* Conferência proferida na II Jornada de Direito Civil, realizada pelo Centro de Estudos Judiciários do Conselho da Justiça Federal, de 17 a 25 de novembro de 2003.

___. *O enriquecimento sem causa no Direito Civil. Estudo dogmático sobre a viabilidade da configuração unitária do instituto, face à contraposição entre as diferentes categorias de enriquecimento sem causa.* Coimbra: Almedina, 2005.

MICHELON JR., Cláudio. *Direito Restitutório. Enriquecimento sem causa. Pagamento indevido. Gestão de negócios.* In: REALE, Miguel; MARTINS-COSTA, Judith. Estudos em homenagem ao Professor Miguel Reale. São Paulo: Revista dos Tribunais, 2007.

___. *Native sources and comparative resources: unjustified enrichment in Brazil after the 2002 Civil Code*, in Revista de Direito Civil Contemporâneo, v. 9/2016, outubro--dezembro/2016, p. 243/276.

MORAES, Maria Celina Bodin de. *Danos à pessoa humana: uma leitura civil-constitucional dos danos morais.* Rio de Janeiro: Renovar, 2003. *Punitive damages* em sistemas civilistas: problemas e perspectivas. In: *Revista Trimestral de Direito Civil.* v. 5. n. 18. Rio de Janeiro: Padma, abril – junho. 2004.

MORAES, Renato Duarte Franco de, *A causalidade alternativa e a responsabilidade civil dos múltiplos ofensores.* São Paulo: LiberArs, 2017.

MOREIRA, Mario Thiago. *Aplicação do princípio de vedação ao enriquecimento sem causa no ordenamento jurídico civil brasileiro: o caso da sub-rogação das seguradoras.* Revista da Faculdade de Direito da Universidade de São Paulo, v. 108, janeiro/dezembro 2013, p. 803/830.

MOREIRA ALVES, José Carlos. *Direito Romano*, 13ª ed., v. 1 e 2, São Paulo: Forense.

MOSCATI, Enrico. *Studi sull'indebito e sull'arricchimento senza causa*. Padova: CEDAM, 2012.

MOTA, Mauricio Jorge Pereira; PEREIRA, Daniel Queiroz. *O enriquecimento sem causa: uma análise histórico-comparada*. in: *Quaestio Iuris*, v. 4, N. 1, p. 161/189.

NANNI, Giovanni Ettore. *Enriquecimento sem causa*. 2ª ed., São Paulo: Saraiva, 2010.

___. *Promessa de fato de terceiro. Coligação contratual e extinção do contrato pela frustração de seu fim (parecer)*. in Revista de Direito Civil Contemporâneo. v. 9/2016, outubro/dezembro de 2016.

NEGREIROS, Teresa Paiva de Abreu Trigo de. *Enriquecimento sem causa. Aspectos de sua aplicação no Brasil como um princípio geral de direito*. in Revista da Ordem dos Advogados. Lisboa, v. 55, n.3., dezembro-1995, p. 757-845.

NEVES. José Roberto Castro. *O enriquecimento sem causa como fonte das obrigações*. In: Doutrinas Essenciais Obrigações e Contratos, v. 1, junho/2011, p. 1235/1256.

NICOLUSSI, Andrea. *Lesione del potere di disposizione e arricchimento. Un'indagine sul danno non aquiliano*. Milão: Giuffrè, 1998.

NONATO. Orosimbo. *Curso de Obrigações*. 1ª ed., 2ª Parte, v. II, Rio de Janeiro: Forense, 1960.

NORONHA, Fernando. *Direito das Obrigações*, v. 1, São Paulo: Saraiva, 2003.

___. *Enriquecimento sem causa*. in Revista de Direito Civil, Imobiliário, Agrário e Empresarial, v. 56, São Paulo: Revista dos Tribunais, abril/junho-1991, p. 51/78.

NURIT-PONTIER, Laure. *La garantie de l'intégrité patrimoniale au travers des règles de la responsabilité civile et de l'enrichissement sans cause*. in: Revue juridique de l'Ouest, 1993-3, p. 465/490.

PAES, Pedro. *Enriquecimento sem causa*. Resenha Universitária: São Paulo, 1977.

PENTEADO, Luciano de Camargo. *Doação com encargo e causa contratual*. Dissertação de mestrado apresentada na Faculdade de Direito da Universidade de São Paulo, 2002.

PEREIRA, Caio Mário da Silva Pereira. *Instituições de Direito Civil – Introdução ao Direito Civil – Teoria Geral de Direito Civil*. v. I, 33ª ed., São Paulo: Grupo GEN, 2020.

PONTES DE MIRANDA, Francisco Cavalcanti. *Tratado de Direito Privado. Direito das Obrigações: Mandato. Gestão de negócios alheios sem outorga. Mediação. Comissão. Corretagem*. t. XLIII.

POSEZ, Alexis. *La subsidiarité de l'enrichissement sans cause: étude de droit français à la lumière du droit comparé*. In: Revue de droit international et de droit comparé, Emile Bruylant, 2014 (disponível em ffhttp://www.ledroitcritique.fr/la-subsidiarite-de-l-enrichissement-sans-cause/ff)

REALE, Miguel. *Visão geral do projeto de Código Civil*. in Revista dos Tribunais, v. 752/1998, junho/1998, p. 22/30.

ROSENVALD, Nelson. *A reponsabilidade civil pelo ilícito lucrativo. O disgorgement e a indenização restitutória*. Salvador: JusPudivm, 2019.

ROSENVALD, Nelson; KUPERMAN, Bernard Korman. *Restituição de ganhos ilícitos: há espaço no Brasil para o disgorgement?* In: Revista Fórum de Direito Civil, ano 6, nº 14, janeiro-abril/2017, p. 11/31.

SACCO, Rodolfo. *L'arricchimento ottenuto mediante fatto ingiusto*. Torino: Editrice Torinense, 1959.

SARAIVA, David Emanuel. *A tutela preventiva da responsabilidade civil*. Dissertação de mestrado apresentada na Faculdade de Direito da Universidade Nova de Lisboa, 2015.

SAVI, Sérgio. *Responsabilidade Civil e Enriquecimento sem Causa – o Lucro da Intervenção*. São Paulo: Atlas, 2012.

SAVIGNY, Friederich Carl von. *Sistema del Diritto Romano Attuale*. v. V, Turim: Unione Tipografico, 1898.

SCHLECHTRIEM, Peter. *Some Thoughts on the Decision of the BGH concerning Princess Caroline of Monaco*. In: MARKENSINIS, Basil (org.). Protecting Privacy, Oxford: Oxford University Press, 1999, p. 131/138.

SCHREIBER, Anderson. *Novos paradigmas da responsabilidade civil. Da erosão dos filtros da reparação à diluição dos danos*. São Paulo: Atlas, 2007.

___; SILVA, Rodrigo da Guia. *Lucro da Intervenção. Perspectivas de qualificação e quantificação*. In: Direito Civil: Estudos | Coletânea do XV Encontro dos Grupos de Pesquisa – IBDCivil, HIRONAKA, Giselda Maria Fernandes Novaes; SANTOS, Romualdo Baptista (coord.) 1ª ed., 2018, p. 175/206.

SCHULZ, Fritz. *Derecho romano clásico*, Barcelona: Bosch, 1960.

SERPA, Pedro. *Indenização Punitiva*. Dissertação de Mestrado apresentada na Faculdade de Direito da Universidade de São Paulo, 2011.

SIMÕES, Marcel Edvar. *Transmissão em direito das obrigações: cessão de crédito, assunção de dívida e sub-rogação pessoal*. Dissertação de Mestrado apresentada na Faculdade de Direito da Universidade de São Paulo, 2011.

SION, Dephine. *De l'apport de l'enrichissement sans cause au droit des contrats administratifs*. Tese de doutorado apresentada na Faculdade de Direito de D'Aix-En-Provence, 2016.

SILVA, Clóvis do Couto e. *O Direito Privado brasileiro na visão de Clóvis do Couto e Silva*. FRADERA, Vera Maria Jacob de (org.), Porto Alegre: Livraria do Advogado, 1997.

SILVA, Rafael Peteffi da; LUIZ, Fernando Vieira. *A compensatio lucri cum damno: contornos essenciais do instituto e a necessidade de sua revisão nos casos de benefícios previdenciários*. In: Revista de Direito Civil Contemporâneo, v. 13/2017, outubro--dezembro/2017, p. 281/312.

SILVA, Rodrigo da Guia. *Contornos do enriquecimento sem causa e da responsabilidade civil: estudo a partir da diferença entre lucro da intervenção e lucros cessantes*. civilistica.com, a. 5. n. 2. 2016.

___. *Compensatio lucri cum damno: problemas de quantificação à luz da unidade e complexidade do dano patrimonial.* In: Revista de Direito Privado, v. 90/2018, junho/2018, p. 91/145.

___. *Compensatio lucri cum damno no direito brasileiro: estudo a partir da jurisprudência do Superior Tribunal de Justiça sobre o pagamento do DPVAT.* In: Revista Brasileira de Direito Civil, v. 16, abril/junho de 2018, p. 139/165.

___. *Enriquecimento sem causa. As obrigações restitutórias no direito civil.* São Paulo: Revista dos Tribunais, 2018.

SION, Dephine. *De l'apport de l'enrichissement sans cause au droit des contrats administratifs Contribution au règlement indemnitaire des situations péri-contractuellesi.* Tese de Doutorado apresentada na Universidade de Aix Marseille, 2016.

SIRENA, Pietro. *L'azione generale di arricchimento senza causa,* In: Obligazioni. Il rapporto obbligatorio. LIPARI, Nicola; RESCIGNO, Pietro (coord), v. III, Milão: Giuffrè, 2009, p. 553/581.

___. *La gestione di affari altrui. Ingerenze altruistiche, ingenze egoistiche e restituzione del profitto.* Turim: Giappichelli, 2000.

___. *La restituzione dell'arricchimento e il risarcimento del danno.* In: Rivista di Diritto Civile, ano LV, N. 1, janeiro/fevereiro 2009.

___. *La sussidiarietà dell'azione generale di arricchimento senza causa.* in Rivista di Diritto Civile, ano LXIV, N. 2, março/abril 2018, p. 379/405.

___. *L'obbligo di protezione a carico di chi si ingerisce nell'altrui sfera giuridica e la restituzione del profitto ingiustificato.* In: Contratto e Impresa/Europa, 1-2010, p. 9/22.

___. *Towards a European Law of Unjustified Enrichment.* Società Editrice il Mulino, 2012.

SMITS, Jan M. *The Principle of Unjust Enrichment and Formation of Contract: The Importance of a Hidden Policy Factor.* In: European Review of Private Law. n. 3-2006, p. 423/435.

STEIN, Peter. *Roman law in European history.* Cambridge: Cambridge University Press, 1999.

TAKAHASHI, Samanta Midori. *Neminem cum alterius detrimento et iniuria fieri locupletiorem.* Bases romanísticas do enriquecimento sem causa. Dissertação de mestrado apresentada na Faculdade de Direito da Universidade de São Paulo, 2015.

TERRA, Aline de Miranda Valverde. *Privação do uso: dano ou enriquecimento por intervenção.* In: Revista Eletrônica Direito e Política, Programa de Pós-Graduação Stricto Sensu em Ciência Jurídica da UNIVALI, Itajaí, v.9, n.3, 3º quadrimestre de 2014. Disponível em: www.univali.br/direitoepolitica.

___; GUEDES, Gisela Sampaio da Cruz. *Considerações acerca da exclusão do lucro ilícito do patrimônio do agente ofensor.* In: Revista da Faculdade de Direito da Universidade do Estado do Rio de Janeiro, nº 28, dezembro-2015.

TERRÉ, François; LEQUETTE, Yves. *Enrichissement sans cause. Fournitures faites a un fermier. Action de in rem verso contre le propriétaire. Conditions d'exercice. Effet relatif des contrats*. In: Les grands arrêts de la jurisprudence civile, 12ª ed., 2008, p. 553/559.

TERRÉ, François; SIMLER, Philippe; LEQUETTE, Yves. *Droit Civil. Les obligations.* 9ª ed., Paris: Dalloz, 2005.

THEODORO JÚNIOR, HUMBERTO. *Prescrição e Decadência*. São Paulo: Grupo GEN, 2018.

TONIOLO. Ernesto José. *A evolução do conceito de reformatio in peius e a sua proibição no sistema recursal do processo civil*. In: Revista de Processo, v. 254/2016, abril/2016, p. 257/280.

TRIMARCHI, Pietro. *L'arricchimento senza causa*. Milão: Giuffrè, 1962.

VICENTE, Dario Moura. *Direito Comparado. Obrigações*, v. II, São Paulo: Almedina, 2018.

VIEIRA GOMES, Júlio Manuel. *O conceito de enriquecimento, o enriquecimento forçado e os vários paradigmas do enriquecimento sem causa*. Braga: Universidade Católica Portuguesa, 1998.

VILLELA, João Baptista. *Equilíbrio do contrato: os números e a vontade*. In: Revista dos Tribunais, v. 900/2010, outubro/2010, p. 85/122.

VINEY, Geneviève; JOURDAIN, Patrice. *Les conditions de la responsabilité*, 3ª ed., Paris: L.G.D.J., 2006.

___. *Les effets de la responsabilité*, 2ª ed., Paris: L.G.D.J., 2001.

VIRGO, Graham. *The principles of the Law of Restitution*, 2ª ed., Oxford: Oxford University Press, 2006.

___. *Demolishing the Pyramid – the Presence of Basis and Risk-Taking in the Law of Unjust Enrichment*, artigo digital fornecido diretamente pelo autor.

VON CAEMMERER, Ernst. *Problèmes fondamentaux de l'erichissement sans cause*. In: Revue Internationale de droit comparé. v. 18, julho/setembro 1966, p. 573/592.

ZIMMERMANN, Reinhard. *Direito Romano e cultura europeia*. In: Revista de Direito Civil Contemporâneo, v. 7/2016, abril-junho/2016, trad. Otavio Luiz Rodrigues Júnior e Marcela Paes de Andrade Lopes de Oliveira, p. 243/278.

___; PLESSIS, Jacques du. *Basic Features of the German Law of Unjustified Enrichment*. In: Restitution Law Review, 2, 1994, p. 31.